全国期货从业人员资格考试辅导教材

期货法律法规汇编

第八版

本书编写组／编

Futures

人民邮电出版社
北　京

图书在版编目（CIP）数据

期货法律法规汇编：第八版 /《期货法律法规汇编》
编写组编. -- 北京：人民邮电出版社，2016.11
全国期货从业人员资格考试辅导教材
ISBN 978-7-115-43742-6

Ⅰ. ①期… Ⅱ. ①期… Ⅲ. ①期货交易－法规－中国
－资格考试－自学参考资料 Ⅳ. ①D922.287.9

中国版本图书馆CIP数据核字(2016)第242390号

内 容 提 要

本书是根据中国期货业协会新颁布的期货从业人员资格考试大纲和统编教材而精心编写的一本同步辅导考试用书。

本书从期货从业人员资格考试的特点出发，针对《期货法律法规汇编》的内容特点，全面介绍了该科目的各项内容，着重对书中的重点、难点进行了深入的讲解，运用各种案例进行多角度分析，帮助考生从容面对考试。同时，本书附赠全真机考模拟软件（网络下载），内含各章练习题与三套模拟试题，便于考生熟悉考试形式，提高答题操作技能。

本书适合所有参加期货从业人员资格考试的考生使用，也可作为相关专业在校师生和从业人员的学习、工作参考用书。

◆ 编 本书编写组
　　责任编辑 李宝琳
　　责任印制 焦志炜

◆ 人民邮电出版社出版发行　　北京市丰台区成寿寺路 11 号
　　邮编 100164　　电子邮件 315@ ptpress. com. cn
　　网址 http://www. ptpress. com. cn
　　大厂聚鑫印刷有限责任公司印刷

◆ 开本：787×1092　1/16
　　印张：15.5　　　　　　　　　　　　2016 年 11 月第 1 版
　　字数：300 千字　　　　　　　　　2016 年 11 月河北第 1 次印刷

定　价：45.00 元
读者服务热线：（010）81055656　印装质量热线：（010）81055316
反盗版热线：（010）81055315
广告经营许可证：京东工商广字第 8052 号

出 版 前 言

随着我国经济建设发展步伐的加快，我国在国际市场的影响力越来越大，我国期货市场的发展潜力不可估量。国家正逐步重视期货行业的发展，该行业的就业前景十分可观。期货从业人员资格考试合格证是期货行业的准入证，从事期货业务的专业人员必须取得该证书才能从事相关工作。而该证书必须通过考试取得。

期货从业人员资格考试由中国期货业协会组办，相应的考试大纲和教材由协会组织有关专家编写。该考试每年举办多次，2016 年为 5 次，时间分别为 3 月、5 月、7 月、9 月和 11月。为了帮助参加期货从业人员资格考试的人员更加有效地学习考试教材，熟练掌握有关内容，顺利通过考试，人民邮电出版社特地聘请多年参加考前辅导的专家老师，严格按照中国期货业协会颁布的《考试大纲》和指定教材，在认真分析和总结"期货及衍生品基础""期货法律法规汇编"两个考试科目内容和考试形式的基础上，精心编写了《全国期货从业人员资格考试辅导教材——期货及衍生品基础》和《全国期货从业人员资格考试辅导教材－－期货法律法规汇编（第八版）》这两本辅导书。

本套书具有以下几个方面的特点。

首先，本套书是配合学习课程的同步辅导书。期货从业人员资格考试采取计算机考试方式进行，题型比较简单，只有选择题和判断是非题，其中单项选择题 60 道，每道 0.5 分，共30 分；多项选择题 40 道，每道 1 分，共 40 分；判断是非题 20 道，每道 0.5 分，共 10 分；综合题 20 道，每道 1 分，共 20 分。因此许多相关辅导书都只是以练习册的形式出现，只有练习题，没有内容的讲解，尤其是重点难点的分析，考生无法透彻地学习。本套书则充分弥补了这些不足。考生参照教材，以本套书为主线展开复习，即可透彻掌握教材内容，并获得有效的训练。

其次，本套书针对性强，重难点突出，便于自学。书中每一章内容的安排为：首先用知识清单的形式把本章的知识点清晰地罗列出来；紧接着开宗明义指出考试大纲的要求；接着对应教材的顺序，对重难点进行详细梳理分析，并以例题的形式进行讲解；最后则提供了充足的针对性模拟训练题，使考生能得到充足的复习训练。

最后，书中配有三套考前模拟训练试卷，方便考生在复习完教材内容之后进行全方位的检测，查漏补缺，为正式走进考场做好充分的准备。并且，纸质介质和互联网手段的相结合，使得考生能够随时进行复习与练习，能够边练习边熟悉考试环境，大大方便了考生，充分体现了本套书的高附加值。

附赠的全真机考模拟软件（网络下载）包含各章练习题与三套模拟试题。大家可以登录 eshu. so/a/95DECD 进行下载，无须安装，打开下载包中的 exe 文件即可使用。该软件模拟考试环境，使考生切身体验真实考试环境，熟悉答题技巧和方法，为其顺利通过考试打下良好的基础。使用过程中如有任何问题请咨询服务热线：400 - 900 - 8858。

我们的出版理念是以精准的内容为考生提供价值最大化的辅导书，使考生从众多的复习书中解脱出来，真正让学习更轻松，让复习更有效。

朋友，选择我们的书，你就选择了一条正确的复习道路，选择了一条轻松的成功之路。

我们真诚地祝福你考试取得成功！

目 录

一、行政法规

期货交易管理条例 ·········· 3

　　考纲分析 ·········· 3

　　知识结构 ·········· 3

　　内容解析 ·········· 3

　　第一章　总　则 ·········· 3

　　第二章　期货交易所 ·········· 4

第三章　期货公司 ·········· 5

第四章　期货交易基本规则 ·········· 6

第五章　期货业协会 ·········· 8

第六章　监督管理 ·········· 9

第七章　法律责任 ·········· 11

第八章　附　则 ·········· 14

　　练习题 ·········· 15

二、部门规章与规范性文件

期货投资者保障基金管理暂行办法 ·········· 21

　　考纲分析 ·········· 21

　　知识结构 ·········· 21

　　内容解析 ·········· 21

　　第一章　总　则 ·········· 21

　　第二章　保障基金的筹集 ·········· 22

　　第三章　保障基金的管理和监管 ·········· 22

　　第四章　保障基金的使用 ·········· 23

　　第五章　罚　则 ·········· 23

　　第六章　附　则 ·········· 23

　　练习题 ·········· 24

期货交易所管理办法 ·········· 27

　　考纲分析 ·········· 27

　　知识结构 ·········· 27

　　内容解析 ·········· 27

　　第一章　总　则 ·········· 27

　　第二章　设立、变更与终止 ·········· 28

　　第三章　组织机构 ·········· 29

　　　　第一节　会员制期货交易所 ·········· 29

　　　　第二节　公司制期货交易所 ·········· 30

　　第四章　会员管理 ·········· 32

　　第五章　基本业务规则 ·········· 33

第六章　监督管理 ·········· 35

第七章　法律责任 ·········· 36

第八章　附　则 ·········· 36

　　练习题 ·········· 36

期货公司监督管理办法 ·········· 39

　　考纲分析 ·········· 39

　　知识结构 ·········· 39

　　内容解析 ·········· 39

第一章　总　则 ·········· 39

第二章　设立、变更与业务终止 ·········· 40

第三章　公司治理 ·········· 44

第四章　业务规则 ·········· 45

　　第一节　一般规定 ·········· 45

　　第二节　期货经纪业务 ·········· 45

　　第三节　期货投资咨询业务 ·········· 46

　　第四节　资产管理业务 ·········· 46

第五章　客户资产保护 ·········· 47

第六章　监督管理 ·········· 48

第七章　法律责任 ·········· 50

第八章　附　则 ·········· 51

　　练习题 ·········· 51

期货公司董事、监事和高级管理人员任职
资格管理办法 ·············· 54

　考纲分析 ·············· 54

　知识结构 ·············· 54

　内容解析 ·············· 54

　　第一章　总　　则 ·············· 54
　　第二章　任职资格条件 ·············· 55
　　第三章　任职资格的申请与核准 ·············· 56
　　第四章　行为规则 ·············· 58
　　第五章　监督管理 ·············· 59
　　第六章　法律责任 ·············· 61
　　第七章　附　　则 ·············· 61
　　练习题 ·············· 61

期货从业人员管理办法 ·············· 65

　考纲分析 ·············· 65

　知识结构 ·············· 65

　内容解析 ·············· 65

　　第一章　总　　则 ·············· 65
　　第二章　从业资格的取得和注销 ·············· 66
　　第三章　执业规则 ·············· 66
　　第四章　监督管理 ·············· 67
　　第五章　罚　　则 ·············· 68
　　第六章　附　　则 ·············· 68
　　练习题 ·············· 69

期货公司首席风险官管理规定（试行） ··· 71

　考纲分析 ·············· 71

　知识结构 ·············· 71

　内容解析 ·············· 71

　　第一章　总　　则 ·············· 71
　　第二章　任免与行为规范 ·············· 71
　　第三章　职责与履职保障 ·············· 72
　　第四章　监督管理 ·············· 74
　　第五章　附　　则 ·············· 74
　　练习题 ·············· 75

期货公司金融期货结算业务试行办法 ··· 77

　考纲分析 ·············· 77

　知识结构 ·············· 77

　内容解析 ·············· 77

　　第一章　总　　则 ·············· 77
　　第二章　资格的取得与终止 ·············· 77
　　第三章　业务规则 ·············· 79
　　第四章　监督管理 ·············· 81
　　第五章　附　　则 ·············· 82
　　练习题 ·············· 82

期货公司风险监管指标管理办法 ·············· 85

　考纲分析 ·············· 85

　知识结构 ·············· 85

　内容解析 ·············· 85

　　第一章　总　　则 ·············· 85
　　第二章　风险监管指标的计算 ·············· 85
　　第三章　风险监管指标标准 ·············· 86
　　第四章　编制和披露 ·············· 87
　　第五章　监督管理 ·············· 88
　　第六章　附　　则 ·············· 88
　　练习题 ·············· 89

证券公司为期货公司提供中间介绍业务
试行办法 ·············· 91

　考纲分析 ·············· 91

　知识结构 ·············· 91

　内容解析 ·············· 91

　　第一章　总　　则 ·············· 91
　　第二章　资格条件与业务范围 ·············· 91
　　第三章　业务规则 ·············· 93
　　第四章　监督管理 ·············· 94
　　第五章　附　　则 ·············· 94
　　练习题 ·············· 95

期货市场客户开户管理规定 ·············· 97

　考纲分析 ·············· 97

　知识结构 ·············· 97

　内容解析 ·············· 97

　　第一章　总　　则 ·············· 97
　　第二章　客户开户及交易编码申请 ·············· 98

第三章 客户资料修改 ……………… 99
第四章 客户交易编码的注销 ……… 100
第五章 客户资料管理 ……………… 100
第六章 监督管理 …………………… 100
第七章 附　则 ……………………… 101
　练习题 …………………………… 101

关于建立金融期货投资者适当性制度
的规定 …………………………… 104

　考纲分析 ………………………… 104
　知识结构 ………………………… 104
　内容解析 ………………………… 104
　练习题 …………………………… 106

期货公司期货投资咨询业务试行办法 … 107

　考纲分析 ………………………… 107
　知识结构 ………………………… 107
　内容解析 ………………………… 107
第一章 总　则 …………………… 107

第二章 公司业务资格和人员从业资格 … 108
第三章 业务规则 …………………… 109
第四章 防范利益冲突 ……………… 110
第五章 监督管理和法律责任 ……… 110
第六章 附　则 ……………………… 111
　练习题 …………………………… 111

期货公司资产管理业务试点办法 ……… 112

　考纲分析 ………………………… 112
　知识结构 ………………………… 112
　内容解析 ………………………… 112
第一章 总　则 …………………… 112
第二章 业务试点资格 ……………… 113
第三章 业务规范 …………………… 113
第四章 业务管理和风险控制制度 … 115
第五章 账户监测监控 ……………… 116
第六章 监督管理和法律责任 ……… 116
第七章 附　则 ……………………… 117
　练习题 …………………………… 117

三、协会自律规则

期货从业人员执业行为准则（修订）
………………………………………… 121

　考纲分析 ………………………… 121
　知识结构 ………………………… 121
　内容解析 ………………………… 121
第一章 总　则 …………………… 121
第二章 基本准则 …………………… 122
第三章 合规执业 …………………… 122
第四章 专业胜任能力 ……………… 123
第五章 对投资者的责任 …………… 123
第六章 竞业准则 …………………… 123
第七章 其他责任 …………………… 124

第八章 监督及惩戒 ………………… 124
第九章 附　则 ……………………… 125
　练习题 …………………………… 125

期货公司执行金融期货投资者适当性制度
管理规则（修订） ………………… 128

　考纲分析 ………………………… 128
　知识结构 ………………………… 128
　内容解析 ………………………… 128
　练习题 …………………………… 129

四、其他

中华人民共和国刑法修正案 ……… 133

　考纲分析 ………………………… 133

　知识结构 ………………………… 133

　内容解析 ………………………… 133

练习题 ·········· 135

中华人民共和国刑法修正案（六）摘选 ···
·········· 136

考纲分析 ·········· 136

知识结构 ·········· 136

内容解析 ·········· 136

练习题 ·········· 137

最高人民法院关于审理期货纠纷案件若干问题的规定（一） ·········· 138

考纲分析 ·········· 138

知识结构 ·········· 138

内容解析 ·········· 138

一、一般规定 ·········· 138

二、管辖 ·········· 139

三、承担责任的主体 ·········· 139

四、无效合同责任 ·········· 139

五、交易行为责任 ·········· 139

六、透支交易责任 ·········· 140

七、强行平仓责任 ·········· 141

八、实物交割责任 ·········· 141

九、保证合约履行责任 ·········· 142

十、侵权行为责任 ·········· 142

十一、举证责任 ·········· 142

十二、保全和执行 ·········· 142

十三、其他 ·········· 143

练习题 ·········· 143

最高人民法院关于审理期货纠纷案件若干问题的规定（二） ·········· 145

考纲分析 ·········· 145

知识结构 ·········· 145

内容解析 ·········· 145

练习题 ·········· 146

金融期货投资者适当性制度实施办法 ··· 148

考纲分析 ·········· 148

知识结构 ·········· 148

内容解析 ·········· 148

练习题 ·········· 150

金融期货投资者适当性制度操作指引 ··· 151

考纲分析 ·········· 151

知识结构 ·········· 151

内容解析 ·········· 151

第一章 总 则 ·········· 151

第二章 金融期货投资者适当性标准操作要求
·········· 151

第一节 可用资金要求 ·········· 151

第二节 知识测试要求 ·········· 152

第三节 交易经历要求 ·········· 152

第四节 一般单位客户的特殊要求 ··· 152

第五节 其他要求 ·········· 152

第三章 金融期货投资者适当性综合评估操作要求 ·········· 152

第一节 一般规定 ·········· 152

第二节 基本情况评估 ·········· 153

第三节 投资经历评估 ·········· 153

第四节 财务状况评估 ·········· 153

第五节 诚信状况评估 ·········· 154

第四章 附 则 ·········· 154

练习题 ·········· 154

法律法规模拟试题 ·········· 155

模拟试题（一） ·········· 155

模拟试题（二） ·········· 165

模拟试题（三） ·········· 175

练习题答案与解析 ·········· 186

法律法规模拟试题答案与解析 ·········· 216

一、行政法规

期货交易管理条例

　　本条例主要对期货交易机构及期货业协会职责、期货交易基本规则、期货交易的监督管理，以及违反本条例的法律责任做出了具体规定。其中，期货交易机构及期货业协会的性质和组成、期货交易基本规则和期货交易的监督管理等规定尤为重要，需要考生在理解的基础上牢固掌握，并能在相关案例中加以灵活应用。

●●●●●●●●● 知 识 结 构 ●●●●●●●●●

期货交易
管理条例 {
　　总则
　　期货交易所
　　期货公司
　　期货交易基本规则
　　期货业协会
　　监督管理
　　法律责任
　　附则

●●●●●●●●● 内 容 解 析 ●●●●●●●●●

第一章　总　　则

　　第一条　为了规范期货交易行为，加强对期货交易的监督管理，维护期货市场秩序，防范风险，保护期货交易各方的合法权益和社会公共利益，促进期货市场积极稳妥发展，特制定本条例。

　　第二条　任何单位和个人从事期货交易及其相关活动，应当遵守本条例。

　　期货交易：采用公开的集中交易方式或者国务院期货监督管理机构批准的其他方式进行的以期货合约或者期权合约为交易标的的交易活动。

　　期货合约：指期货交易场所统一制定的、规定在将来某一特定的时间和地点交割一定数量标的物的标准化合约。期货合约包括商品期货合约和金融期货合约及其他期货合约。

　　期权合约：指期货交易场所统一制定的、规定买方有权在将来某一时间以特定价格买入或者卖出约定标的物（包括期货合约）的标准化合约。

　　第三条　从事期货交易活动，应当遵循公平、公开、公正和诚实信用的原则。禁止欺诈、内幕交易和操纵期货交易价格等违法行为。

　　第四条　期货交易应当在依照本条例第六条第一款规定设立的期货交易所、国务院批准的或者国务院期货监督管理机构批准的其他期货交易场所进行。

　　禁止在前款规定的期货交易场所之外进行期货交易。

　　第五条　国务院期货监督管理机构对期货市场实行集中统一的监督管理。

　　国务院期货监督管理机构派出机构依照本条例的有关规定和国务院期货监督管理机构的授权，履行监督管理职责。

【例题1】根据《期货交易管理条例》的规定，对期货市场实行集中统一的监督管理的机构是（　）。

A. 中国银监会

B. 商务部

C. 中国期货业协会

D. 国务院期货监督管理机构

【答案】D

【解析】根据《期货交易管理条例》第五条规定，国务院期货监督管理机构对期货市场实行集中统一的监督管理。

【例题2】判断是非题

期权合约指期货交易场所统一制定的、规定买方有权在将来某一时间以特定价格买入或者卖出约定标的物（包括期货合约）的标准化合约。

【答案】正确

第二章　期货交易所

第六条　设立期货交易所，由国务院期货监督管理机构审批。

未经国务院批准或者国务院期货监督管理机构批准，任何单位或者个人不得设立期货交易场所或者以任何形式组织期货交易及其相关活动。

第七条　期货交易所不以营利为目的，按照其章程的规定实行自律管理。期货交易所以其全部财产承担民事责任。期货交易所的负责人由国务院期货监督管理机构任免。

期货交易所的管理办法由国务院期货监督管理机构制定。

第八条　期货交易所会员应当是在中华人民共和国境内登记注册的企业法人或者其他经济组织。

期货交易所可以实行会员分级结算制度。实行会员分级结算制度的期货交易所会员由结算会员和非结算会员组成。

第九条　有《中华人民共和国公司法》第一百四十七条规定的情形或者下列情形之一的，不得担任期货交易所的负责人、财务会计人员：

（一）因违法行为或者违纪行为被解除职务的期货交易所、证券交易所、证券登记结算机构的负责人，或者期货公司、证券公司的董事、监事、高级管理人员，以及国务院期货监督管理机构规定的其他人员，自被解除职务之日起未逾5年；

（二）因违法行为或者违纪行为被撤销资格的律师、注册会计师或者投资咨询机构、财务顾问机构、资信评级机构、资产评估机构、验证机构的专业人员，自被撤销资格之日起未逾5年。

第十条　期货交易所应当依照本条例和国务院期货监督管理机构的规定，建立、健全各项规章制度，加强对交易活动的风险控制和对会员以及交易所工作人员的监督管理。期货交易所履行下列职责：

（一）提供交易的场所、设施和服务；

（二）设计合约，安排合约上市；

（三）组织并监督交易、结算和交割；

（四）为期货交易提供集中履约担保；

（五）按照章程和交易规则对会员进行监督管理；

（六）国务院期货监督管理机构规定的其他职责。

期货交易所不得直接或者间接参与期货交易。未经国务院期货监督管理机构审核并报国务院批准，期货交易所不得从事信托投资、股票投资、非自用不动产投资等与其职责无关的业务。

第十一条　期货交易所应当按照国家有关规定建立、健全下列风险管理制度：

（一）保证金制度；

（二）当日无负债结算制度；

（三）涨跌停板制度；

（四）持仓限额和大户持仓报告制度；

（五）风险准备金制度；

（六）国务院期货监督管理机构规定的其他风险管理制度。

实行会员分级结算制度的期货交易所，还应当建立、健全结算担保金制度。

第十二条　当期货市场出现异常情况时，期货交易所可以按照其章程规定的权限和程序，决定采取下列紧急措施，并应当立即报告国务院期货监督管理机构：

（一）提高保证金；

（二）调整涨跌停板幅度；

（三）限制会员或者客户的最大持仓量；

（四）暂时停止交易；

（五）采取其他紧急措施。

前款所称异常情况，是指在交易中发生操纵期货交易价格的行为或者发生不可抗拒的突发事件以及国务院期货监督管理机构规定的其他情形。

异常情况消失后，期货交易所应当及时取消紧急措施。

第十三条 期货交易所办理下列事项，应当经国务院期货监督管理机构批准：

（一）制定或者修改章程、交易规则；

（二）上市、中止、取消或者恢复交易品种；

（三）国务院期货监督管理机构规定的其他事项。

国务院期货监督管理机构批准期货交易所上市新的交易品种，应当征求国务院有关部门的意见。

第十四条 期货交易所的所得收益按照国家有关规定管理和使用，但应当首先用于保证期货交易场所、设施的运行和改善。

【例题3】期货交易所设立应当经（ ）批准。

A. 国务院期货监督管理机构

B. 中国期货业协会

C. 银监会

D. 所在地法院

【答案】A

【解析】根据《期货交易管理条例》第六条，设立期货交易所，由国务院期货监督管理机构审批。

【例题4】期货交易所应当按照国家有关规定建立、健全（ ）风险管理制度。

A. 保证金制度

B. 当日无负债结算制度

C. 涨跌停板制度

D. 持仓限额和大户持仓报告制度

【答案】ABCD

【例题5】判断是非题

期货交易所以营利为目的，按照其章程的规定实行自律管理。

【答案】错误

【解析】期货交易所不以营利为目的，按照其章程的规定实行自律管理。

第三章 期货公司

第十五条 期货公司是依照《中华人民共和国公司法》和本条例规定设立的经营期货业务的金融机构。设立期货公司，应当在公司登记机关登记注册，并经国务院期货监督管理机构批准。

未经国务院期货监督管理机构批准，任何单位或者个人不得设立或者变相设立期货公司，经营期货业务。

第十六条 申请设立期货公司，应当符合《中华人民共和国公司法》的规定，并具备下列条件：

（一）注册资本最低限额为人民币3 000万元；

（二）董事、监事、高级管理人员具备任职条件，从业人员具有期货从业资格；

（三）有符合法律、行政法规规定的公司章程；

（四）主要股东以及实际控制人具有持续盈利能力，信誉良好，最近3年无重大违法违规记录；

（五）有合格的经营场所和业务设施；

（六）有健全的风险管理和内部控制制度；

（七）国务院期货监督管理机构规定的其他条件。

国务院期货监督管理机构根据审慎监管原则和各项业务的风险程度，可以提高注册资本最低限额。注册资本应当是实缴资本。股东应当以货币或者期货公司经营必需的非货币财产出资，货币出资比例不得低于85%。

国务院期货监督管理机构应当在受理期货公司设立申请之日起6个月内，根据审慎监管原则进行审查，做出批准或者不批准的决定。

未经国务院期货监督管理机构批准，任何单位和个人不得委托或者接受他人委托持有或者管理期货公司的股权。

第十七条 期货公司业务实行许可制度，由国务院期货监督管理机构按照其商品期货、金融期货业务种类颁发许可证。期货公司除申请经营境内期货经纪业务外，还可以申请经营境外期货经纪、期货投资咨询以及国务院期货监督管理机构规定的其他期货业务。

期货公司不得从事与期货业务无关的活动，法律、行政法规或者国务院期货监督管理机构另有规定的除外。

期货公司不得从事或者变相从事期货自营业务。

期货公司不得为其股东、实际控制人或者其他关联人提供融资，不得对外担保。

第十八条 期货公司从事经纪业务，接受客户委托，以自己的名义为客户进行期货交易，交易结果由客户承担。

第十九条 期货公司办理下列事项，应当经国务院期货监督管理机构批准：

（一）合并、分立、停业、解散或者破产；

（二）变更业务范围；

（三）变更注册资本且调整股权结构；

（四）新增持有 5% 以上股权的股东或者控股股东发生变化；

（五）国务院期货监督管理机构规定的其他事项。

前款第三项、第五项所列事项，国务院期货监督管理机构应当自受理申请之日起 20 日内做出批准或者不批准的决定；前款所列其他事项，国务院期货监督管理机构应当自受理申请之日起 2 个月内做出批准或者不批准的决定。

第二十条 期货公司或者其分支机构有《中华人民共和国行政许可法》第七十条规定的情形或者下列情形之一的，国务院期货监督管理机构应当依法办理期货业务许可证注销手续：

（一）营业执照被公司登记机关依法注销；

（二）成立后无正当理由超过 3 个月未开始营业，或者开业后无正当理由停业连续 3 个月以上；

（三）主动提出注销申请；

（四）国务院期货监督管理机构规定的其他情形。

期货公司在注销期货业务许可证前，应当结清相关期货业务，并依法返还客户的保证金和其他资产。

期货公司分支机构在注销经营许可证前，应当终止经营活动，妥善处理客户资产。

第二十一条 期货公司应当建立、健全并严格执行业务管理规则、风险管理制度，遵守信息披露制度，保障客户保证金的存管安全，按照期货交易所的规定，向期货交易所报告大户名单、交易情况。

第二十二条 从事期货投资咨询业务的其他期货经营机构应当取得国务院期货监督管理机构批准的业务资格，具体管理办法由国务院期货监督管理机构制定。

【例题6】申请设立期货公司，股东应当以货币或者期货公司经营必需的非货币财产出资，货币出资比例不得低于（ ）。

A. 20%   B. 45%

C. 70%   D. 85%

【答案】D

【解析】根据《期货交易管理条例》第十六条第二款规定，申请设立期货公司，其注册资本应当是实缴资本。股东应当以货币或者期货公司经营必需的非货币财产出资，货币出资比例不得低于85%。

【例题7】判断是非题

申请设立期货公司，注册资本最低限额为人民币5 000万元。

【答案】错误

【解析】申请设立期货公司，注册资本最低限额为人民币3 000万元。

第四章　期货交易基本规则

第二十三条 在期货交易所进行期货交易的，应当是期货交易所会员。

符合规定条件的境外机构，可以在期货交易所从事特定品种的期货交易。具体办法由国务院期货监督管理机构制定。

第二十四条 期货公司接受客户委托为其进行期货交易，应当事先向客户出示风险说明书，经客户签字确认后，与客户签订书面合同。期货公司不得未经客户委托或者不按照客户委托内容，擅自进行期货交易。

期货公司不得向客户作获利保证；不得在经纪业务中与客户约定分享利益或者共担风险。

第二十五条 下列单位和个人不得从事期货交易，期货公司不得接受其委托为其进行期货交易：

（一）国家机关和事业单位；

（二）国务院期货监督管理机构、期货交易所、期货保证金安全存管监控机构和期货业协会的工作人员；

（三）证券、期货市场禁止进入者；

（四）未能提供开户证明材料的单位和个人；

（五）国务院期货监督管理机构规定不得从事期货交易的其他单位和个人。

第二十六条 客户可以通过书面、电话、互联网或者国务院期货监督管理机构规定的其他方式，向期货公司下达交易指令。客户的交易指令应当明确、全面。

期货公司不得隐瞒重要事项或者使用其他不正当手段诱骗客户发出交易指令。

第二十七条　期货交易所应当及时公布上市品种合约的成交量、成交价、持仓量、最高价与最低价、开盘价与收盘价和其他应当公布的即时行情，并保证即时行情的真实、准确。期货交易所不得发布价格预测信息。

未经期货交易所许可，任何单位和个人不得发布期货交易即时行情。

第二十八条　期货交易应当严格执行保证金制度。期货交易所向会员、期货公司向客户收取的保证金，不得低于国务院期货监督管理机构、期货交易所规定的标准，并应当与自有资金分开，专户存放。

期货交易所向会员收取的保证金，属于会员所有，除用于会员的交易结算外，严禁挪作他用。

期货公司向客户收取的保证金，属于客户所有，除下列可划转的情形外，严禁挪作他用：

（一）依据客户的要求支付可用资金；

（二）为客户存交保证金，支付手续费、税款；

（三）国务院期货监督管理机构规定的其他情形。

第二十九条　期货公司应当为每一个客户单独开立专门账户、设置交易编码，不得混码交易。

第三十条　期货公司经营期货经纪业务又同时经营其他期货业务的，应当严格执行业务分离和资金分离制度，不得混合操作。

第三十一条　期货交易所、期货公司、非期货公司结算会员应当按照国务院期货监督管理机构、财政部门的规定提取、管理和使用风险准备金，不得挪用。

第三十二条　期货交易的收费项目、收费标准和管理办法由国务院有关主管部门统一制定并公布。

第三十三条　期货交易的结算，由期货交易所统一组织进行。

期货交易所实行当日无负债结算制度。期货交易所应当在当日及时将结算结果通知会员。

期货公司根据期货交易所的结算结果对客户进行结算，并应将结算结果按照与客户约定的方式及时通知客户。客户应当及时查询并妥善处理自己的交易持仓。

第三十四条　期货交易所会员的保证金不足时，应当及时追加保证金或者自行平仓。会员未在期货交易所规定的时间内追加保证金或者自行平仓的，期货交易所应当将该会员的合约强行平仓，强行平仓的有关费用和发生的损失由该会员承担。

客户保证金不足时，应当及时追加保证金或者自行平仓。客户未在期货公司规定的时间内及时追加保证金或者自行平仓的，期货公司应当将该客户的合约强行平仓，强行平仓的有关费用和发生的损失由该客户承担。

第三十五条　期货交易的交割，由期货交易所统一组织进行。

交割仓库由期货交易所指定。期货交易所不得限制实物交割总量，并应当与交割仓库签订协议，明确双方的权利和义务。交割仓库不得有下列行为：

（一）出具虚假仓单；

（二）违反期货交易所业务规则，限制交割商品的入库、出库；

（三）泄露与期货交易有关的商业秘密；

（四）违反国家有关规定参与期货交易；

（五）国务院期货监督管理机构规定的其他行为。

第三十六条　会员在期货交易中违约的，期货交易所先以该会员的保证金承担违约责任；保证金不足的，期货交易所应当以风险准备金和自有资金代为承担违约责任，并由此取得对该会员的相应追偿权。

客户在期货交易中违约的，期货公司先以该客户的保证金承担违约责任；保证金不足的，期货公司应当以风险准备金和自有资金代为承担违约责任，并由此取得对该客户的相应追偿权。

第三十七条　实行会员分级结算制度的期货交易所，应当向结算会员收取结算担保金。期货交易所只对结算会员结算，收取和追收保证金，以结算担保金、风险准备金、自有资金代为承担违约责任，以及采取其他相关措施；对非结算会员的结算、收取和追收保证金、代为承担违约责任，以及采取其他相关措施，由结算会员执行。

第三十八条　期货交易所、期货公司和非期货公司结算会员应当保证期货交易、结算、交割资料的完整和安全。

第三十九条　任何单位或者个人不得编造、传播有关期货交易的虚假信息，不得恶意串通、联手买卖或者以其他方式操纵期货交易价格。

第四十条　任何单位或者个人不得违规使用信贷资金、财政资金进行期货交易。

银行业金融机构从事期货交易融资或者担保业务的资格，由国务院银行业监督管理机构批准。

第四十一条　国有以及国有控股企业进行境内外期货交易，应当遵循套期保值的原则，严格遵守国务院国有资产监督管理机构以及其他有关部门关于企业以国有资产进入期货市场的有关规定。

第四十二条 国务院商务主管部门对境内单位或者个人从事境外商品期货交易的品种进行核准。

境外期货项下购汇、结汇以及外汇收支，应当符合国家外汇管理有关规定。

境内单位或者个人从事境外期货交易的办法，由国务院期货监督管理机构会同国务院商务主管部门、国有资产监督管理机构、银行业监督管理机构、外汇管理部门等有关部门制定，报国务院批准后施行。

【例题8】下列单位或个人中，可以依法从事期货交易的是（　　）。

A. 国家机关

B. 国务院期货监督管理机构

C. 期货业协会的工作人员

D. 作为期货交易所会员的某企业法人

【答案】D

【解析】根据《期货交易管理条例》第25条规定，下列单位和个人不得从事期货交易，期货公司不得接受其委托为其进行期货交易：

（一）国家机关和事业单位；

（二）国务院期货监督管理机构、期货交易所、期货保证金安全存管监控机构和期货业协会的工作人员；

（三）证券、期货市场禁止进入者；

（四）未能提供开户证明材料的单位和个人；

（五）国务院期货监督管理机构规定不得从事期货交易的其他单位和个人。

【例题9】在我国，交割仓库不得有（　　）行为。

A. 出具虚假仓单

B. 泄露与期货交易有关的商业秘密

C. 违反国家有关规定参与期货交易

D. 违反期货交易所业务规则，限制交割商品的入库

【答案】ABCD

【解析】根据《期货交易管理条例》第35条规定，交割仓库不得有下列行为：

（一）出具虚假仓单；

（二）违反期货交易所业务规则，限制交割商品的入库、出库；

（三）泄露与期货交易有关的商业秘密；

（四）违反国家有关规定参与期货交易；

（五）国务院期货监督管理机构规定的其他行为。

第五章　期货业协会

第四十三条　期货业协会是期货业的自律性组织，是社会团体法人。

期货公司以及其他专门从事期货经营的机构应当加入期货业协会，并缴纳会员费。

第四十四条　期货业协会的权力机构为全体会员组成的会员大会。

期货业协会的章程由会员大会制定，并报国务院期货监督管理机构备案。

期货业协会设理事会。理事会成员按照章程的规定选举产生。

第四十五条　期货业协会履行下列职责：

（一）教育和组织会员遵守期货法律法规和政策；

（二）制定会员应当遵守的行业自律性规则，监督、检查会员行为，对违反协会章程和自律性规则的，按照规定给予纪律处分；

（三）负责期货从业人员资格的认定、管理以及撤销工作；

（四）受理客户与期货业务有关的投诉，对会员之间、会员与客户之间发生的纠纷进行调解；

（五）依法维护会员的合法权益，向国务院期货监督管理机构反映会员的建议和要求；

（六）组织期货从业人员的业务培训，开展会员间的业务交流；

（七）组织会员就期货业的发展、运作以及有关内容进行研究；

（八）期货业协会章程规定的其他职责。

期货业协会的业务活动应当接受国务院期货监督管理机构的指导和监督。

【例题10】中国期货业协会的组成机构有（　　）。

A. 董事会

B. 监事会

C. 理事会

D. 会员大会

【答案】CD

【解析】会员大会是期货业协会的权力机构。期货业协会还设理事会。

第六章　监督管理

第四十六条　国务院期货监督管理机构对期货市场实施监督管理，依法履行下列职责：

（一）制定有关期货市场监督管理的规章、规则，并依法行使审批权；

（二）对品种的上市、交易、结算、交割等期货交易及其相关活动，进行监督管理；

（三）对期货交易所、期货公司及其他期货经营机构、非期货公司结算会员、期货保证金安全存管监控机构、期货保证金存管银行、交割仓库等市场相关参与者的期货业务活动，进行监督管理；

（四）制定期货从业人员的资格标准和管理办法，并监督实施；

（五）监督检查期货交易的信息公开情况；

（六）对期货业协会的活动进行指导和监督；

（七）对违反期货市场监督管理法律、行政法规的行为进行查处；

（八）开展与期货市场监督管理有关的国际交流、合作活动；

（九）法律、行政法规规定的其他职责。

第四十七条　国务院期货监督管理机构依法履行职责，可以采取下列措施：

（一）对期货交易所、期货公司及其他期货经营机构、非期货公司结算会员、期货保证金安全存管监控机构和交割仓库进行现场检查；

（二）进入涉嫌违法行为发生场所调查取证；

（三）询问当事人和与被调查事件有关的单位和个人，要求其对与被调查事件有关的事项做出说明；

（四）查阅、复制与被调查事件有关的财产权登记等资料；

（五）查阅、复制当事人和与被调查事件有关的单位和个人的期货交易记录、财务会计资料以及其他相关文件和资料；对可能被转移、隐匿或者毁损的文件和资料，可以予以封存；

（六）查询与被调查事件有关的单位的保证金账户和银行账户；

（七）在调查操纵期货交易价格、内幕交易等重大期货违法行为时，经国务院期货监督管理机构主要负责人批准，可以限制被调查事件当事人的期货交易，但限制的时间不得超过15个交易日；案情复杂的，可以延长至30个交易日；

（八）法律、行政法规规定的其他措施。

第四十八条　期货交易所、期货公司及其他期货经营机构、期货保证金安全存管监控机构，应当向国务院期货监督管理机构报送财务会计报告、业务资料和其他有关资料。

对期货公司及其他期货经营机构报送的年度报告，国务院期货监督管理机构应当指定专人进行审核，并制作审核报告。审核人员应当在审核报告上签字。审核中发现问题的，国务院期货监督管理机构应当及时采取相应措施。

必要时，国务院期货监督管理机构可以要求非期货公司结算会员、交割仓库，以及期货公司股东、实际控制人或者其他关联人报送相关资料。

第四十九条　国务院期货监督管理机构依法履行职责，进行监督检查或者调查时，被检查、调查的单位和个人应当配合，如实提供有关文件和资料，不得拒绝、阻碍和隐瞒；其他有关部门和单位应当给予支持和配合。

第五十条　国家根据期货市场发展的需要，设立期货投资者保障基金。

期货投资者保障基金的筹集、管理和使用的具体办法，由国务院期货监督管理机构会同国务院财政部门制定。

第五十一条　国务院期货监督管理机构应当建立、健全保证金安全存管监控制度，设立期货保证金安全存管监控机构。

客户和期货交易所、期货公司及其他期货经营机构、非期货公司结算会员以及期货保证金存管银行，应当遵守国务院期货监督管理机构有关保证金安全存管监控的规定。

第五十二条　期货保证金安全存管监控机构依照有关规定对保证金安全实施监控，进行每日稽核，发现问题应当立即报告国务院期货监督管理机构。国务院期货监督管理机构应当根据不同情况，依照本条例有关规定及时处理。

第五十三条　国务院期货监督管理机构对期货交易所和期货保证金安全存管监控机构的董事、监事、高级管理人员，实行资格管理制度。

第五十四条　国务院期货监督管理机构应当制定期货公司持续性经营规则，对期货公司的净资本与净资产的比例，净资本与境内期货经纪、境外期货经纪等业务规模的比例，流动资产与流动负债的比例等风险监管指标做出规定；对期货公司及其分支机构的经营条件、风险管理、内部控制、保证金存管、关联交易等方面提出要求。

第五十五条 期货公司及其分支机构不符合持续性经营规则或者出现经营风险的，国务院期货监督管理机构可以对期货公司及其董事、监事和高级管理人员采取谈话、提示、记入信用记录等监管措施或者责令期货公司限期整改，并对其整改情况进行检查验收。

期货公司逾期未改正，其行为严重危及期货公司的稳健运行、损害客户合法权益，或者涉嫌严重违法违规正在被国务院期货监督管理机构调查的，国务院期货监督管理机构可以区别情形，对其采取下列措施：

（一）限制或者暂停部分期货业务；

（二）停止批准新增业务；

（三）限制分配红利，限制向董事、监事、高级管理人员支付报酬、提供福利；

（四）限制转让财产或者在财产上设定其他权利；

（五）责令更换董事、监事、高级管理人员或者有关业务部门、分支机构的负责人员，或者限制其权利；

（六）限制期货公司自有资金或者风险准备金的调拨和使用；

（七）责令控股股东转让股权或者限制有关股东行使股东权利。

对经过整改符合有关法律、行政法规规定以及持续性经营规则要求的期货公司，国务院期货监督管理机构应当自验收完毕之日起3日内解除对其采取的有关措施。

对经过整改仍未达到持续性经营规则要求，严重影响正常经营的期货公司，国务院期货监督管理机构有权撤销其部分或者全部期货业务许可，关闭其分支机构。

第五十六条 期货公司违法经营或者出现重大风险，严重危及期货市场秩序、损害客户利益的，国务院期货监督管理机构可以对该期货公司采取责令停业整顿、指定其他机构托管或者接管等监管措施。经国务院期货监督管理机构批准，可以对该期货公司直接负责的董事、监事、高级管理人员和其他直接责任人员采取以下措施：

（一）通知出境管理机关依法阻止其出境；

（二）申请司法机关禁止其转移、转让或者以其他方式处分财产，或者在财产上设定其他权利。

第五十七条 期货公司的股东有虚假出资或者抽逃出资行为的，国务院期货监督管理机构应当责令其限期改正，并可责令其转让所持期货公司的股权。

在股东按照前款要求改正违法行为、转让所持期货公司的股权前，国务院期货监督管理机构可以限制其股东权利。

第五十八条 当期货市场出现异常情况时，国务院期货监督管理机构可以采取必要的风险处置措施。

第五十九条 期货公司的交易软件、结算软件，应当满足期货公司审慎经营和风险管理以及国务院期货监督管理机构有关保证金安全存管监控规定的要求。期货公司的交易软件、结算软件不符合要求的，国务院期货监督管理机构有权要求期货公司予以改进或者更换。

国务院期货监督管理机构可以要求期货公司的交易软件、结算软件的供应商提供该软件的相关资料，供应商应当予以配合。国务院期货监督管理机构对供应商提供的相关资料负有保密义务。

第六十条 期货公司涉及重大诉讼、仲裁，或者股权被冻结或者用于担保，以及发生其他重大事件时，期货公司及其相关股东、实际控制人应当自该事件发生之日起5日内向国务院期货监督管理机构提交书面报告。

第六十一条 会计师事务所、律师事务所、资产评估机构等中介服务机构向期货交易所和期货公司等市场相关参与者提供相关服务时，应当遵守期货法律、行政法规以及国家有关规定，并按照国务院期货监督管理机构的要求提供相关资料。

第六十二条 国务院期货监督管理机构应当与有关部门建立监督管理的信息共享和协调配合机制。

国务院期货监督管理机构可以和其他国家或者地区的期货监督管理机构建立监督管理合作机制，实施跨境监督管理。

第六十三条 国务院期货监督管理机构、期货交易所、期货保证金安全存管监控机构和期货保证金存管银行等相关单位的工作人员，应当忠于职守，依法办事，公正廉洁，保守国家秘密和有关当事人的商业秘密，不得利用职务便利牟取不正当的利益。

【例题11】国务院期货监督管理机构职责包括（　）。

A. 制定有关期货市场监督管理的规章、规则，并依法行使审批权

B. 对品种的上市、交易、结算、交割等期货交

易及其相关活动，进行监督管理

C. 对期货交易所、期货公司进行监督管理

D. 制定期货从业人员的资格标准和管理办法，并监督实施

【答案】ABCD

第七章　法律责任

第六十四条　期货交易所、非期货公司结算会员有下列行为之一的，责令改正，给予警告，没收违法所得：

（一）违反规定接纳会员的；

（二）违反规定收取手续费的；

（三）违反规定使用、分配收益的；

（四）不按照规定公布即时行情的，或者发布价格预测信息的；

（五）不按照规定向国务院期货监督管理机构履行报告义务的；

（六）不按照规定向国务院期货监督管理机构报送有关文件、资料的；

（七）不按照规定建立、健全结算担保金制度的；

（八）不按照规定提取、管理和使用风险准备金的；

（九）违反国务院期货监督管理机构有关保证金安全存管监控规定的；

（十）限制会员实物交割总量的；

（十一）任用不具备资格的期货从业人员的；

（十二）违反国务院期货监督管理机构规定的其他行为。

有前款所列行为之一的，对直接负责的主管人员和其他直接责任人员给予纪律处分，处1万元以上10万元以下的罚款。

有本条第一款第二项所列行为的，应当责令退还多收取的手续费。

期货保证金安全存管监控机构有本条第一款第五项、第六项、第九项、第十一项、第十二项所列行为的，依照本条第一款、第二款的规定处罚、处分。期货保证金存管银行有本条第一款第九项、第十二项所列行为的，依照本条第一款、第二款的规定处罚、处分。

第六十五条　期货交易所有下列行为之一的，责令改正，给予警告，没收违法所得，并处违法所得1倍以上5倍以下的罚款；没有违法所得或者违法所得不满10万元的，并处10万元以上50万元以下的罚款；情节严重的，责令停业整顿：

（一）未经批准，擅自办理本条例第十三条所列事项的；

（二）允许会员在保证金不足的情况下进行期货交易的；

（三）直接或者间接参与期货交易，或者违反规定从事与其职责无关的业务的；

（四）违反规定收取保证金，或者挪用保证金的；

（五）伪造、涂改或者不按照规定保存期货交易、结算、交割资料的；

（六）未建立或者未执行当日无负债结算、涨跌停板、持仓限额和大户持仓报告制度的；

（七）拒绝或者妨碍国务院期货监督管理机构监督检查的；

（八）违反国务院期货监督管理机构规定的其他行为。

有前款所列行为之一的，对直接负责的主管人员和其他直接责任人员给予纪律处分，处1万元以上10万元以下的罚款。

非期货公司结算会员有本条第一款第二项、第四项至第八项所列行为之一的，依照本条第一款、第二款的规定处罚、处分。

期货保证金安全存管监控机构有本条第一款第三项、第七项、第八项所列行为的，依照本条第一款、第二款的规定处罚、处分。

第六十六条　期货公司有下列行为之一的，责令改正，给予警告，没收违法所得，并处违法所得1倍以上3倍以下的罚款；没有违法所得或者违法所得不满10万元的，并处10万元以上30万元以下的罚款；情节严重的，责令停业整顿或者吊销期货业务许可证：

（一）接受不符合规定条件的单位或者个人委托的；

（二）允许客户在保证金不足的情况下进行期货交易的；

（三）未经批准，擅自办理本条例第十九条所列事项的；

（四）违反规定从事与期货业务无关的活动的；

（五）从事或者变相从事期货自营业务的；

（六）为其股东、实际控制人或者其他关联人提供融资，或者对外担保的；

（七）违反国务院期货监督管理机构有关保证金安全存管监控规定的；

（八）不按照规定向国务院期货监督管理机构履行报告义务或者报送有关文件、资料的；

（九）交易软件、结算软件不符合期货公司审慎经营和风险管理以及国务院期货监督管理机构有关保证金安全存管监控规定的要求的；

（十）不按照规定提取、管理和使用风险准备金的；

（十一）伪造、涂改或者不按照规定保存期货交易、结算、交割资料的；

（十二）任用不具备资格的期货从业人员的；

（十三）伪造、变造、出租、出借、买卖期货业务许可证或者经营许可证的；

（十四）进行混码交易的；

（十五）拒绝或者妨碍国务院期货监督管理机构监督检查的；

（十六）违反国务院期货监督管理机构规定的其他行为。

期货公司有前款所列行为之一的，对直接负责的主管人员和其他直接责任人员给予警告，并处 1 万元以上 5 万元以下的罚款；情节严重的，暂停或者撤销期货从业人员资格。

期货公司之外的其他期货经营机构有本条第一款第八项、第十二项、第十三项、第十五项、第十六项所列行为的，依照本条第一款、第二款的规定处罚。

期货公司的股东、实际控制人或者其他关联人未经批准擅自委托他人或者接受他人委托持有或者管理期货公司股权的，拒不配合国务院期货监督管理机构的检查，拒不按照规定履行报告义务、提供有关信息和资料，或者报送、提供的信息和资料有虚假记载、误导性陈述或者重大遗漏的，依照本条第一款、第二款的规定处罚。

第六十七条　期货公司有下列欺诈客户行为之一的，责令改正，给予警告，没收违法所得，并处违法所得 1 倍以上 5 倍以下的罚款；没有违法所得或者违法所得不满 10 万元的，处 10 万元以上 50 万元以下的罚款；情节严重的，责令停业整顿或者吊销期货业务许可证：

（一）向客户作获利保证或者不按照规定向客户出示风险说明书的；

（二）在经纪业务中与客户约定分享利益、共担风险的；

（三）不按照规定接受客户委托或者不按照客户委托内容擅自进行期货交易的；

（四）隐瞒重要事项或者使用其他不正当手段，诱骗客户发出交易指令的；

（五）向客户提供虚假成交回报的；

（六）未将客户交易指令下达到期货交易所的；

（七）挪用客户保证金的；

（八）不按照规定在期货保证金存管银行开立保证金账户，或者违规划转客户保证金的；

（九）国务院期货监督管理机构规定的其他欺诈客户的行为。

期货公司有前款所列行为之一的，对直接负责的主管人员和其他直接责任人员给予警告，并处 1 万元以上 10 万元以下的罚款；情节严重的，暂停或者撤销期货从业人员资格。

任何单位或者个人编造并且传播有关期货交易的虚假信息，扰乱期货交易市场的，依照本条第一款、第二款的规定处罚。

第六十八条　期货公司及其他期货经营机构、非期货公司结算会员、期货保证金存管银行提供虚假申请文件或者采取其他欺诈手段隐瞒重要事实骗取期货业务许可的，撤销其期货业务许可，没收违法所得。

第六十九条　期货交易内幕信息的知情人或者非法获取期货交易内幕信息的人，在对期货交易价格有重大影响的信息尚未公开前，利用内幕信息从事期货交易，或者向他人泄露内幕信息，使他人利用内幕信息进行期货交易的，没收违法所得，并处违法所得 1 倍以上 5 倍以下的罚款；没有违法所得或者违法所得不满 10 万元的，处 10 万元以上 50 万元以下的罚款。单位从事内幕交易的，还应当对直接负责的主管人员和其他直接责任人员给予警告，并处 3 万元以上 30 万元以下的罚款。

国务院期货监督管理机构、期货交易所和期货保证金安全存管监控机构的工作人员进行内幕交易的，从重处罚。

第七十条　任何单位或者个人有下列行为之一，操纵期货交易价格的，责令改正，没收违法所得，并处违法所得 1 倍以上 5 倍以下的罚款；没有违法所得或者违法所得不满 20 万元的，处 20 万元以上 100 万元以下的罚款：

（一）单独或者合谋，集中资金优势、持仓优势或者利用信息优势联合或者连续买卖合约，操纵期货交易价格的；

（二）蓄意串通，按事先约定的时间、价格和方式相互进行期货交易，影响期货交易价格或者期货交易量的；

（三）以自己为交易对象，自买自卖，影响期货交易价格或者期货交易量的；

（四）为影响期货市场行情囤积现货的；

（五）国务院期货监督管理机构规定的其他操纵期货交易价格的行为。

单位有前款所列行为之一的，对直接负责的主管人员和其他直接责任人员给予警告，并处1万元以上10万元以下的罚款。

第七十一条　交割仓库有本条例第三十六条第二款所列行为之一的，责令改正，给予警告，没收违法所得，并处违法所得1倍以上5倍以下的罚款；没有违法所得或者违法所得不满10万元的，并处10万元以上50万元以下的罚款；情节严重的，责令期货交易所暂停或者取消其交割仓库资格。对直接负责的主管人员和其他直接责任人员给予警告，并处1万元以上10万元以下的罚款。

第七十二条　国有以及国有控股企业违反本条例和国务院国有资产监督管理机构以及其他有关部门关于企业以国有资产进入期货市场的有关规定进行期货交易，或者单位、个人违规使用信贷资金、财政资金进行期货交易的，给予警告，没收违法所得，并处违法所得1倍以上5倍以下的罚款；没有违法所得或者违法所得不满10万元的，并处10万元以上50万元以下的罚款。对直接负责的主管人员和其他直接责任人员给予降级直至开除的纪律处分。

第七十三条　境内单位或者个人违反规定从事境外期货交易的，责令改正，给予警告，没收违法所得，并处违法所得1倍以上5倍以下的罚款；没有违法所得或者违法所得不满20万元的，处20万元以上100万元以下的罚款；情节严重的，暂停其境外期货交易。对单位直接负责的主管人员和其他直接责任人员给予警告，并处1万元以上10万元以下的罚款。

第七十四条　非法设立期货交易场所或者以其他形式组织期货交易活动的，由所在地县级以上地方人民政府予以取缔，没收违法所得，并处违法所得1倍以上5倍以下的罚款；没有违法所得或者违法所得不满20万元的，处20万元以上100万元以下的罚款。对单位直接负责的主管人员和其他直接责任人员给予警告，并处1万元以上10万元以下的罚款。

非法设立期货公司及其他期货经营机构，或者擅自从事期货业务的，予以取缔，没收违法所得，并处违法所得1倍以上5倍以下的罚款；没有违法所得或者违法所得不满20万元的，处20万元以上100万元以下的罚款。对单位直接负责的主管人员和其他直接责任人员给予警告，并处1万元以上10万元以下的罚款。

第七十五条　期货公司的交易软件、结算软件供应商拒不配合国务院期货监督管理机构调查，或者未按照规定向国务院期货监督管理机构提供相关软件资料，或者提供的软件资料有虚假、重大遗漏的，责令改正，处3万元以上10万元以下的罚款。对直接负责的主管人员和其他直接责任人员给予警告，并处1万元以上5万元以下的罚款。

第七十六条　会计师事务所、律师事务所、资产评估机构等中介服务机构未勤勉尽责，所出具的文件有虚假记载、误导性陈述或者重大遗漏的，责令改正，没收业务收入，暂停或者撤销相关业务许可，并处业务收入1倍以上5倍以下的罚款。对直接负责的主管人员和其他直接责任人员给予警告，并处3万元以上10万元以下的罚款。

第七十七条　任何单位或者个人违反本条例规定，情节严重的，由国务院期货监督管理机构宣布该个人、该单位或者该单位的直接责任人员为期货市场禁止进入者。

第七十八条　国务院期货监督管理机构、期货交易所、期货保证金安全存管监控机构和期货保证金存管银行等相关单位的工作人员，泄露知悉的国家秘密或者会员、客户商业秘密，或者徇私舞弊、玩忽职守、滥用职权、收受贿赂的，依法给予行政处分或者纪律处分。

第七十九条　违反本条例规定，构成犯罪的，依法追究刑事责任。

第八十条　对本条例规定的违法行为的行政处罚，除本条例已有规定的外，由国务院期货监督管理机构决定；涉及其他有关部门法定职权的，国务院期货监督管理机构应当会同其他有关部门处理；属于其他有关部门法定职权的，国务院期货监督管理机构应当移交其他有关部门处理。

【例题12】判断是非题

国务院期货监督管理机构、期货交易所和期货保证金安全存管监控机构的工作人员进行内幕交易的，从轻处罚。

【答案】错误

【解析】国务院期货监督管理机构、期货交易所和期货保证金安全存管监控机构的工作人员进行内幕交易的,从重处罚。

【例题13】操纵期货交易价格的行为包括（ ）。

A. 单独或者合谋,集中资金优势、持仓优势或者利用信息优势联合或者连续买卖合约,操纵期货交易价格的

B. 蓄意串通,按事先约定的时间、价格和方式相互进行期货交易,影响期货交易价格或者期货交易量的

C. 以自己为交易对象,自买自卖,影响期货交易价格或者期货交易量的

D. 为影响期货市场行情囤积现货的

【答案】ABCD

第八章 附 则

第八十一条 本条例下列用语的含义。

（一）商品期货合约,是指以农产品、工业品、能源和其他商品及其相关指数产品为标的物的期货合约。

（二）金融期货合约,是指以有价证券、利率、汇率等金融产品及其相关指数产品为标的物的期货合约。

（三）保证金,是指期货交易者按照规定交纳的资金或者提交的价值稳定、流动性强的标准仓单、国债等有价证券,用于结算和保证履约。

（四）结算,是指根据期货交易所公布的结算价格对交易双方的交易结果进行的资金清算和划转。

（五）交割,是指合约到期时,按照期货交易所的规则和程序,交易双方通过该合约所载标的物所有权的转移,或者按照规定结算价格进行现金差价结算,了结到期未平仓合约的过程。

（六）平仓,是指货交易者买入或者卖出与其所持合约的品种、数量和交割月份相同但交易方向相反的合约,了结期货交易的行为。

（七）持仓量,是指期货交易者所持有的未平仓合约的数量。

（八）持仓限额,是指期货交易所对期货交易者的持仓量规定的最高数额。

（九）标准仓单,是指交割仓库开具并经期货交易所认定的标准化提货凭证。

（十）涨跌停板,是指合约在1个交易日中的交易价格不得高于或者低于规定的涨跌幅度,超出该涨跌幅度的报价将被视为无效,不能成交。

（十一）内幕信息,是指可能对期货交易价格产生重大影响的尚未公开的信息,包括:国务院期货监督管理机构以及其他相关部门制定的对期货交易价格可能发生重大影响的政策,期货交易所做出的可能对期货交易价格发生重大影响的决定,期货交易所会员、客户的资金和交易动向以及国务院期货监督管理机构认定的对期货交易价格有显著影响的其他重要信息。

（十二）内幕信息的知情人员,是指由于其管理地位、监督地位或者职业地位,或者作为雇员、专业顾问履行职务,能够接触或者获得内幕信息的人员,包括:期货交易所的管理人员以及其他由于任职可获取内幕信息的从业人员,国务院期货监督管理机构和其他有关部门的工作人员以及国务院期货监督管理机构规定的其他人员。

第八十二条 国务院期货监督管理机构可以批准设立期货专门结算机构,专门履行期货交易所的结算以及相关职责,并承担相应法律责任。

第八十三条 境外机构在境内设立、收购或者参股期货经营机构,以及境外期货经营机构在境内设立分支机构（含代表处）的管理办法,由国务院期货监督管理机构会同国务院商务主管部门、外汇管理部门等有关部门制定,报国务院批准后施行。

第八十四条 在期货交易所之外的国务院期货监督管理机构批准的交易场所进行的期货交易,依照本条例的有关规定执行。

第八十五条 不属于期货交易的商品或者金融产品的其他交易活动,由国家有关部门监督管理,不适用本条例。

【例题14】判断是非题

内幕信息,是指对期货交易价格产生影响的所有信息。

【答案】错误

【解析】内幕信息,是指可能对期货交易价格产生重大影响的尚未公开的信息。

【例题15】下列属于期货交易内幕信息的是（ ）。

A. 国务院期货监督管理机构以及其他相关部门制定的对期货交易价格可能发生重大影响的政策

B. 期货交易所做出的可能对期货交易价格发生

重大影响的决定

　　C. 期货交易所会员、客户的资金和交易动向

　　D. 国务院期货监督管理机构认定的对期货交易价格有显著影响的其他重要信息

　　【答案】ABCD

　　【解析】期货交易内幕信息，是指可能对期货交易价格产生重大影响的尚未公开的信息，包括国务院期货监督管理机构以及其他相关部门制定的对期货交易价格可能发生重大影响的政策，期货交易所做出的可能对期货交易价格发生重大影响的决定，期货交易所会员、客户的资金和交易动向以及国务院期货监督管理机构认定的对期货交易价格有显著影响的其他重要信息。

练习题

一、单项选择题

1. 根据《期货交易管理条例》的规定，对期货市场实行集中统一的监督管理的机构是（　　）。

　　A. 中国期监会

　　B. 中国保监会

　　C. 中国期货业协会

　　D. 国务院期货监督管理机构

2. 根据《期货交易管理条例》的规定，因违法行为或者违纪行为被撤销资格的律师、注册会计师或者投资咨询机构、财务顾问机构、资信评级机构、资产评估机构、验证机构的专业人员，自被撤销资格之日起未逾（　　）年，不得担任期货交易所的负责人、财务会计人员。

　　A. 3　　　　　　　　　　B. 4

　　C. 5　　　　　　　　　　D. 6

3. 期货交易所合并、分立、停业、解散，应当经（　　）批准。

　　A. 国务院期货监督管理机构

　　B. 中国期货业协会

　　C. 银监会

　　D. 所在地法院

4. 申请设立期货公司，股东应当以货币或者期货公司经营必需的非货币财产出资，货币出资比例不得低于（　　）。

　　A. 20%　　　　　　　　B. 45%

　　C. 70%　　　　　　　　D. 85%

5. 期货公司变更公司业务范围，国务院期货监督管理机构应当自受理申请之日起（　　）内做出批准或者不批准的决定。

　　A. 15 日　　　　　　　　B. 1 个月

　　C. 2 个月　　　　　　　　D. 3 个月

6. 期货公司合并、分立、停业、解散，国务院期货监督管理机构派出机构应当自受理申请之日起（　　）内做出批准或者不批准的决定。

　　A. 20 日　　　　　　　　B. 1 个月

　　C. 2 个月　　　　　　　　D. 3 个月

7. 期货公司变更注册资本且调整股权结构，国务院期货监督管理机构派出机构应当自受理申请之日起（　　）内做出批准或者不批准的决定。

A. 20 日　　　　　　　　B. 1 个月

C. 2 个月　　　　　　　 D. 6 个月

8. 期货公司成立后无正当理由超过（　　）未开始营业，或者开业后无正当理由停业连续（　　）以上，国务院期货监督管理机构应当依法办理期货业务许可证注销手续。

A. 1 个月；1 个月　　　 B. 1 个月；2 个月

C. 2 个月；3 个月　　　 D. 3 个月；3 个月

9. 期货公司接受客户委托为其进行期货交易，应当事先向客户出示（　　），经客户签字确认后，与客户签订书面合同。

A. 风险说明书　　　　　B. 营业执照

C. 公司章程　　　　　　D. 公司资信证明

10. 下列有关期货交易基本规则的说法正确的是（　　）。

A. 期货公司可以依法向客户作获利保证

B. 期货公司不得未经客户委托或者不按照客户委托内容，擅自进行期货交易

C. 期货公司可以在经纪业务中与客户约定分享利益

D. 期货公司可以在经纪业务中与客户约定共担风险

11. 下列单位或个人中，可以依法从事期货交易的是（　　）。

A. 国家机关

B. 国务院期货监督管理机构

C. 期货业协会的工作人员

D. 作为期货交易所会员的某企业法人

12. 依据《期货交易管理条例》的规定，期货交易所不得发布（　　）。

A. 上市品种合约的成交量、成交价

B. 上市品种合约的最高价与最低价

C. 上市品种合约的开盘价与收盘价

D. 价格预测信息

13. 期货公司向客户收取的保证金，属于（　　）所有。

A. 期货公司

B. 客户

C. 期货交易所

D. 国务院期货交易管理机构

14. 期货公司经营期货经纪业务又同时经营其他期货业务的，应当严格执行（　　）制度。

A. 混合操作

B. 业务分离和资金分离

C. 业务混合和资金分离

D. 业务分离和资金混合

二、多项选择题

1. 金融期货合约的标的物包括（　　）。

A. 能源　　　　　　　　B. 有价证券

C. 利率　　　　　　　　D. 汇率

2. 中国期货业协会的组成机构有（　　）。

A. 董事会　　　　　　　B. 监事会

C. 理事会　　　　　　　D. 会员大会

3. 《期货交易管理条例》中明令禁止的行为有（　　）。

A. 内幕交易

B. 操纵期货交易价格

C. 欺诈

D. 变相期货交易

4. 下列属于期货交易内幕信息的是（　　）。

A. 国务院期货监督管理机构以及其他相关部门制定的对期货交易价格可能发生重大影响的政策

B. 期货交易所做出的可能对期货交易价格发生重大影响的决定

C. 期货交易所会员、客户的资金和交易动向

D. 国务院期货监督管理机构认定的对期货交易价格有显著影响的其他重要信息

5. 下列人员中，属于期货交易内幕信息的知情人员的有（　　）。

A. 国务院期货监督管理机构和其他有关部门的工作人员

B. 期货交易所的管理人员

C. 国务院期货监督管理机构规定的其他人员

D. 由于任职可获取内幕信息的从业人员

6. 下列单位和个人中，不得从事期货交易，期货公司不得接受其委托为其进行期货交易的有（　　）。

A. 证券、期货市场禁止进入者

B. 国务院期货监督管理机构

C. 期货交易所及其工作人员

D. 未能提供开户证明材料的单位和个人

7. 在我国，交割仓库不得（　　）。

A. 出具虚假仓单

B. 泄露与期货交易有关的商业秘密

C. 违反国家有关规定参与期货交易

D. 违反期货交易所业务规则，限制交割商品的入库

8. 下列有关期货业协会的说法正确的有（　　）。

A. 期货业协会的章程由会员大会制定

B. 期货业协会设理事会，理事会成员按照章程的规定选举产生

C. 期货业协会的权力机构为全体会员组成的会员大会

D. 期货业协会是期货业的他律性组织，其业务活动受国务院期货监督管理机构的领导

9. 期货业协会履行的职责有（　　）。

A. 教育和组织会员遵守期货法律法规和政策

B. 负责期货从业人员资格的认定、管理以及撤销工作

C. 依法维护会员的合法权益，向国务院期货监督管理机构反映会员的建议和要求

D. 组织期货从业人员的业务培训，开展会员间的业务交流

10. 国务院期货监督管理机构对期货市场实施监督管理，其依法履行的职责包括（　　）。

A. 制定有关期货市场监督管理的规章、规则，并依法行使审批权

B. 对违反期货市场监督管理法律、行政法规的行为进行查处

C. 监督检查期货交易的信息公开情况

D. 开展与期货市场监督管理有关的国际交流、合作活动

11. 依照《期货交易管理条例》的规定，国务院期货监督管理机构依法履行职责，可以采取的措施有（　　）。

A. 对期货交易所、期货公司、期货保证金安全存管监控机构和交割仓库进行现场检查

B. 查阅、复制与被调查事件有关的财产权登记等资料

C. 进入涉嫌违法行为发生场所调查取证

D. 查询与被调查事件有关的单位的保证金账户和银行账户

12. 国务院期货监督管理机构应当制定期货公司持续性经营规则，对期货公司的（　　）等风险监管指标做出规定；对期货公司及其分支机构的经营条件、风险管理、内部控制、保证金存管、关联交易等方面提出要求。

A. 净资本与净资产的比例

B. 净资本与境内期货经纪业务规模的比例

C. 净资本与境外期货经纪业务规模的比例

D. 流动资产与流动负债的比例

13. 期货公司及其分支机构不符合持续性经营规则或者出现经营风险的，国务院期货监督管理机构可以对期货公司及其董事、监事和高级管理人员采取的措施有（　　）。

A. 谈话

B. 提示

C. 通知出境管理机关依法阻止其出境

D. 记入信用记录

三、判断是非题

1. 持仓限额，是指国务院期货监督管理机构对期货交易者的持仓量规定的最低数额。（　　）

2. 国务院期货监督管理机构可以批准设立期货专门结算机构，专门履行期货交易所的结算以及相关职责，并承担相应法律责任。（　　）

3. 内幕信息，是指对期货交易价格产生影响的所有信息。（　　）

4. 期货公司在注销期货业务许可证前，应当将客户的保证金划转至期货交易所设立的账户。（　　）

5. 在期货交易所进行期货交易的，应当是期货交易所会员。（　　）

6. 期货交易所向会员收取的保证金，属于期货交易所所有，除用于期货交易所的日常管理和保证期货交易所各项设施的正常运行外，严禁挪作他用。（　　）

7. 期货公司应当为每一个客户单独开立专门账户、设置交易编码，不得混码交易。（　　）

8. 期货交易所向会员、期货公司向客户收取的保证金，由期货交易所和期货公司自行确定数额，并应当与自有资金存放在同一账户。（　　）

9. 期货交易应当采用公开的集中交易方式或者国务院期货监督管理机构批准的其他方式。（　　）

10. 期货公司客户保证金不足时，期货公司应当首先将该客户的合约强行平仓。（　　）

11. 交割仓库由期货交易所指定，期货交易所可以限制实物交割总量。（　　）

12. 客户在期货交易中违约的，期货公司应当先以风险准备金和自有资金代为承担违约责任；风险准备金和自有资金不足的，期货公司应以该客户的保证金承担违约责任。（　　）

13. 期货公司以及其他专门从事期货经营的机构应当加入期货业协会，并缴纳会员费。（　　）

四、综合题

2010年吴某在某期货公司营业部开户并存入5 000万元准备进行棉花期货交易。由于某些原因吴某一直没有交易，营业部经理李某擅自利用这些资金以自己名义买进了多手期货合约。根据题中所给信息，回答下列问题。

（1）在上述案例中，李某违反规定的行为有（　　）。

A. 挪用客户保证金

B. 违规划转客户保证金

C. 收取保证金不入账

D. 不按照规定接受客户委托

（2）在上述案例中，李某应受到的惩罚有（　　）。

A. 给予纪律处分，处2万元以上5万元以下的罚款

B. 给予纪律处罚，并处1万元以上3万元以下的罚款；情节严重的，暂停或者撤销任职资格、期货从业人员资格

C. 给予警告，并处1万元以上10万元以下的罚款；情节严重的，暂停或者撤销任职资格、期货从业人员资格

D. 给予警告，并处3万元以上5万元以下的罚款；情节严重的，暂停或者撤销任职资格、期货从业人员资格

二、部门规章与规范性文件

期货投资者保障基金管理暂行办法

本办法主要对保障基金的筹集、管理和监督，以及保障基金的使用做出了具体规定。通过学习，考生要重点掌握保障基金的筹集和使用的相关规定。

保障基金的管理和监管
- 总则
- 保障基金的筹集
- 期货投资者保障
- 保障基金的使用
- 罚则
- 附则

第一章　总　　则

第一条　为保护期货投资者的合法权益，根据《期货交易管理条例》，特制定本办法。

第二条　期货投资者保障基金（以下简称保障基金）是在期货公司严重违法违规或者风险控制不力等导致保证金出现缺口，可能严重危及社会稳定和期货市场安全时，补偿投资者保证金损失的专项基金。

第三条　期货交易活动实行公平、公正、公开和投资者投资决策自主、投资风险自担的原则。

投资者在期货投资活动中因期货市场波动或者投资品种价值本身发生变化所导致的损失，由投资者自行负担。

第四条　保障基金按照取之于市场、用之于市场的原则筹集。

第五条　保障基金由中国证监会集中管理、统筹使用。

第六条　保障基金的管理和运用遵循公开、合理、有效的原则。

第七条　保障基金的使用遵循保障投资者合法权益和公平救助原则，实行比例补偿。

【例题1】期货投资者保障基金的筹集原则是（　　）。

A. 取之于民、用之于民

B. 取之于市场、用之于市场

C. 保障投资者合法权益

D. 安全、稳健

【答案】B

【解析】期货投资者保障基金按照取之于市场、用之于市场的原则筹集。

【例题2】期货投资者保障基金的使用应遵循的原则是（　　）。

A. 安全、稳健

B. 保障投资者合法权益

C. 多元化

D. 公平救助

【答案】BD

【解析】期货投资者保障基金的使用遵循保障投资者合法权益和公平救助原则。

第二章　保障基金的筹集

第八条　保障基金管理机构应当以保障基金名义设立资金专用账户，专户存储保障基金。

第九条　保障基金的启动资金由期货交易所从其积累的风险准备金中按照截至 2006 年 12 月 31 日风险准备金账户总额的百分之十五缴纳形成。

保障基金的后续资金来源包括：

（一）期货交易所按其向期货公司会员收取的交易手续费的百分之三缴纳；

（二）期货公司从其收取的交易手续费中按照代理交易额的千万分之五至十的比例缴纳；

（三）保障基金管理机构追偿或者接受的其他合法财产。

对于因财务状况恶化、风险控制不力等存在较高风险的期货公司，应当按照较高比例缴纳保障基金，各期货公司的具体缴纳比例由中国证监会根据期货公司风险状况确定。期货交易所、期货公司缴纳的保障基金在其营业成本中列支。

第十条　期货交易所应当在本办法实施之日起 1 个月内，将应当缴纳的启动资金划入保障基金专户。

期货交易所、期货公司应当按季度缴纳后续资金。期货交易所应当在每季度结束后 15 个工作日内，缴纳前一季度应当缴纳的保障基金，并按照本办法第九条确定的比例代扣代缴期货公司应当缴纳的保障基金。

第十一条　有下列情形之一的，经中国证监会、财政部批准，期货交易所、期货公司可以暂停缴纳保障基金：

（一）保障基金总额达到 8 亿元人民币；

（二）期货交易所、期货公司遭受重大突发市场风险或者不可抗力。

保障基金的规模、缴纳比例和缴纳方式，由中国证监会根据期货市场发展状况、市场风险水平等情况调整确定。

第十二条　鼓励保障基金来源多元化，保障基金可以接受社会捐赠和其他合法财产。

保障基金产生的利息以及运用所产生的各种收益等孳息归属保障基金。

【例题3】若期货交易所、期货公司遭受重大突发市场风险或者不可抗力，经（　）批准，期货交易所、期货公司可以暂停缴纳期货投资者保障基金。

A. 中国证监会、财政部

B. 中国期货业协会

C. 期货投资者保障基金管理机构

D. 商务部

【答案】A

【解析】根据《期货投资者保障基金管理暂行办法》第十一条规定，若期货交易所、期货公司遭受重大突发市场风险或者不可抗力，经中国证监会、财政部批准，期货交易所、期货公司可以暂停缴纳期货投资者保障基金。

第三章　保障基金的管理和监管

第十三条　中国证监会、财政部可以指定相关机构作为保障基金管理机构，代为管理保障基金。

第十四条　对保障基金的管理应当遵循安全、稳健的原则，保证保障基金的安全。

保障基金的资金运用限于银行存款、购买国债、中央银行债券（包括中央银行票据）和中央级金融机构发行的金融债券，以及中国证监会和财政部批准的其他资金运用方式。

第十五条　保障基金应当实行独立核算，分别管理，并与保障基金管理机构管理的其他资产有效隔离。

保障基金管理机构应当定期编报保障基金的筹集、管理、使用报告，经会计师事务所审计后，报送中国证监会和财政部。

第十六条　保障基金管理机构、期货交易所及期货公司，应当妥善保存有关保障基金的财务凭证、账簿和报表等资料，确保财务记录和档案完整、真实。

第十七条　财政部负责保障基金财务监管。保障基金的年度收支计划和决算报财政部批准。

第十八条　中国证监会负责保障基金业务监管，对保障基金的筹集、管理和使用等情况进行定期核查。

中国证监会定期向保障基金管理机构通报期货公司总体风险状况。存在较高风险的期货公司应当每月向保障基金管理机构提供财务监管报表。

【例题4】期货投资者保障基金的管理应遵循的原则是（　）。

A. 安全、稳健

B. 保障投资者合法权益

C. 多元化

D. 公平救助

【答案】A

【解析】对保障基金的管理应当遵循安全、稳健的原则，保证保障基金的安全。

第四章　保障基金的使用

第十九条　期货公司因严重违法违规或者风险控制不力等导致保证金出现缺口的，中国证监会可以按照本办法规定决定使用保障基金，对不能清偿的投资者保证金损失予以补偿。

第二十条　对期货投资者的保证金损失，保障基金按照下列原则予以补偿：

（一）对每位个人投资者的保证金损失在 10 万元以下（含 10 万元）的部分全额补偿，超过 10 万元的部分按百分之九十补偿；

（二）对每位机构投资者的保证金损失在 10 万元以下（含 10 万元）的部分全额补偿，超过 10 万元的部分按百分之八十补偿。

现有保障基金不足补偿的，由后续缴纳的保障基金补偿。

第二十一条　使用保障基金前，中国证监会和保障基金管理机构应当监督期货公司核实投资者保证金权益及损失，积极清理资产并变现处置，应当先以自有资金和变现资产弥补保证金缺口。不足弥补或者情况危急的，方能决定使用保障基金。

第二十二条　对投资者因参与非法期货交易而遭受的保证金损失，保障基金不予补偿。

对机构投资者以个人名义参与期货交易的，按照机构投资者补偿规则进行补偿。

第二十三条　动用保障基金对期货投资者的保证金损失进行补偿后，保障基金管理机构依法取得相应的受偿权，可以依法参与期货公司清算。

第二十四条　保障基金管理机构应当及时将保障基金的使用、补偿、追偿等情况报告中国证监会和财政部。

【例题 5】判断是非题

对投资者因参与非法期货交易而遭受的保证金损失，保障基金不予补偿。对机构投资者以个人名义参与期货交易的，按照个人补偿规则进行补偿。

【答案】错误

【解析】对投资者因参与非法期货交易而遭受的保证金损失，保障基金不予补偿。对机构投资者以个人名义参与期货交易的，按照机构投资者补偿规则进行补偿。

第五章　罚　　则

第二十五条　期货公司因严重违法违规或者风险控制不力等导致保证金出现缺口的，中国证监会根据《期货交易管理条例》第七十条、第七十一条进行处罚，吊销期货业务许可证。涉嫌犯罪的，依法移送司法机关。

第二十六条　期货交易所、期货公司违反本办法规定，延期缴纳或者拒不缴纳保障基金以及不按规定

保存、报送有关信息和资料的，中国证监会根据《期货交易管理条例》第六十八条、第七十条进行处罚。

第二十七条　对挪用、侵占、骗取保障基金的违法行为，依法查处；对有关失职人员，依法追究法律责任；涉嫌犯罪的，依法移送司法机关。

第六章　附　　则

第二十八条　本办法自 2007 年 8 月 1 日起施行。

【例题 6】《期货投资者保障基金管理暂行办法》的施行时间是（　　）。

A. 2006 年 4 月 15 日

B. 2006 年 8 月 1 日

C. 2007 年 4 月 15 日

D. 2007 年 8 月 1 日

【答案】D

【解析】《期货投资者保障基金管理暂行办法》经中国证监会和财政部审议通过，自 2007 年 8 月 1 日起施行。

练 习 题

一、单项选择题

1. 《期货投资者保障基金管理暂行办法》的施行时间是（　）。

A. 2006 年 4 月 15 日　B. 2006 年 8 月 1 日

C. 2007 年 4 月 15 日　D. 2007 年 8 月 1 日

2. 期货投资者保障基金的筹集原则是（　）。

A. 取之于民、用之于民

B. 取之于市场、用之于市场

C. 保障投资者合法权益

D. 安全、稳健

3. 若期货交易所、期货公司遭受重大突发市场风险或者不可抗力，经（　）批准，期货交易所、期货公司可以暂停缴纳期货投资者保障基金。

A. 中国证监会、财政部

B. 中国期货业协会

C. 期货投资者保障基金管理机构

D. 商务部

4. 期货投资者保障基金产生的利息以及运用所产生的各种收益等孳息归属（　）。

A. 期货交易所

B. 期货公司

C. 财政部

D. 期货投资者保障基金

5. 期货投资者保障基金管理机构应当定期编报保障基金的筹集、管理、使用报告，经会计师事务所审计后，报送（　）。

A. 中国证监会和财政部

B. 财政部

C. 中国期货业协会

D. 期货交易所

6. 在我国，负责期货投资者保障基金财务监管的是（　）。

A. 中国证监会　　　B. 财政部

C. 中国银监会　　　D. 中国期货业协会

7. 在我国，负责期货投资者保障基金业务监管，对保障基金的筹集、管理和使用等情况进行定期核查的机构是（　）。

A. 中国证监会　　　B. 中国银监会

C. 中国期货业协会　　D. 期货交易所

8. 期货投资者保障基金的年度收支计划和决算报（　）批准。

A. 中国证监会　　　　B. 中国银监会

C. 财政部　　　　　D. 中国期货业协会

9. 根据《期货投资者保障基金管理暂行办法》的规定，（　）定期向保障基金管理机构通报期货公司总体风险状况。

A. 财政部　　　　　B. 中国证监会

C. 期货交易所　　　D. 中国银监会

10. 根据《期货投资者保障基金管理暂行办法》的规定，存在较高风险的期货公司应当（　）向期货投资者保障基金管理机构提供财务监管报表。

A. 每日　　　　　　B. 每月

C. 每年　　　　　　D. 每季度

11. 现有期货投资者保障基金不足补偿期货投资者保证金损失的，由（　）。

A. 后续缴纳的保障基金补偿

B. 风险准备金补偿

C. 期货交易所的自有资金补偿

D. 期货公司的自有资金补偿

12. 期货公司因严重违法违规或者风险控制不力等导致保证金出现缺口的，（　）可以按照《期货投资者保障基金管理暂行办法》规定决定使用保障基金，对不能清偿的投资者保证金损失予以补偿。

A. 中国证监会　　　B. 期货交易所

C. 中国期货业协会　D. 财政部

13. 使用期货投资者保障基金前，中国证监会和保障基金管理机构应当监督期货公司核实投资者保证金权益及损失，积极清理资产并变现处置，应当先以（　）弥补保证金缺口。

A. 风险准备金

B. 期货投资者保障基金

C. 公积金

D. 自有资金和变现资产

二、多项选择题

1. 期货交易活动实行的原则有（　）。

A. 公平、公正、公开

B. 投资者投资决策自主

C. 分享利益，共担风险

D. 投资风险自担

2. 期货投资者保障基金的使用应遵循的原则是（　）。

A. 安全、稳健

B. 保障投资者合法权益

C. 多元化

D. 公平救助

3. 期货投资者保障基金的资金运用限于（　　）。

A. 银行存款

B. 购买国债

C. 购买中央级金融机构发行的金融债券

D. 购买中央银行票据

4. 下列关于期货投资者保障基金的管理和监管的说法正确的有（　　）。

A. 对保障基金的管理应当遵循安全、稳健的原则

B. 保障基金应当实行独立核算、分别管理

C. 保障基金应当与保障基金管理机构管理的其他资产有效隔离

D. 保障基金管理机构、期货交易所及期货公司，应当妥善保存有关保障基金的财务凭证、账簿和报表等资料，确保财务记录和档案完整、真实

5. 对期货投资者的保证金损失，期货投资者保障基金予以补偿的原则是（　　）。

A. 对每位个人投资者的保证金损失在 10 万元以下（含 10 万元）的部分全额补偿，超过 10 万元的部分按 90% 补偿

B. 对每位个人投资者的保证金损失在 10 万元以下（含 10 万元）的部分全额补偿，超过 10 万元的部分按 80% 补偿

C. 对每位机构投资者的保证金损失在 10 万元以下（含 10 万元）的部分全额补偿，超过 10 万元的部分按 90% 补偿

D. 对每位机构投资者的保证金损失在 10 万元以下（含 10 万元）的部分全额补偿，超过 10 万元的部分按 80% 补偿

三、判断是非题

1. 动用期货投资者保障基金对期货投资者的保证金损失进行补偿后，中国证监会依法取得相应的受偿权，可以依法参与期货公司清算。（　　）

2. 期货投资者保障基金管理机构应当及时将保障基金的使用、补偿、追偿等情况报告中国证监会和财政部。（　　）

3. 期货投资者保障基金不可以接受社会捐赠。（　　）

4. 中国证监会、财政部可以指定相关机构作为保障基金管理机构，代为管理保障基金。（　　）

5. 对投资者因参与非法期货交易而遭受的保证金损失，期货投资者保障基金不予补偿。（　　）

四、综合题

1. 甲期货交易所截至 2009 年第二季度末，已缴纳的期货投资者保障基金总额为 50 亿元，该期货交易所 2009 年第二季度向期货公司会员收取的交易手续费为 1 000 万元。

（1）根据《期货投资者保障基金管理暂行办法》，该期货交易所（　　）。

A. 若不含代扣代缴期货公司的保障基金后续资金，那么 2009 年第二季度应缴纳的保障基金后续资金的金额为 15 万元

B. 若不含代扣代缴期货公司的保障基金后续资金，那么 2009 年第二季度应缴纳的保障基金后续资金的金额为 30 万元

C. 若不含代扣代缴期货公司的保障基金后续资金，那么 2009 年第二季度应缴纳的保障基金后续资金的金额为 45 万元

D. 经中国证监会、财政部批准，可以暂停缴纳保障基金

（2）根据《期货投资者保障基金管理暂行办法》，该期货交易所（　　）。

A. 应当妥善保存有关保障基金的财务凭证、账簿和报表资料

B. 应确保财务记录和档案完整、真实

C. 缴纳的保障基金在其营业成本中列支

D. 在保障基金总额达到 8 亿元后，可向中国证监会、财政部申请暂停缴纳保障基金

2. 某期货公司因风险控制不力导致保证金出现缺口，中国证监会按照《期货投资者保障基金管理暂行办法》规定决定使用保障基金，对不能清偿的投资者保证金损失予以补偿。甲投资者的保证金遭受损失，问：

（1）若甲为个人投资者，其保证金损失数额为 9 万元，则甲可以得到的保障基金补偿金额为（　　）；

A. 5 万元　　　　B. 9 万元

C. 8.1 万元　　　D. 6.4 万元

（2）若甲为个人投资者，其保证金损失数额为 50 万元，则甲可以得到的保障基金补偿金额为（　　）；

A. 50 万元　　　B. 45 万元

C. 40 万元　　　D. 46 万元

（3）若甲为机构投资者，其保证金损失数额为 500 万元，则甲可以得到的保障基金补偿金额为（　　）；

A. 500 万元　　　B. 450 万元

C. 402 万元   D. 400 万元

（4）如果甲因参与非法期货交易而遭受保证金损失的，则（ ）；

A. 经中国证监会批准，期货投资者保障基金按照保证金损失额的30%予以补偿

B. 经中国证监会批准，期货投资者保障基金按照保证金损失额的10%予以补偿

C. 经中国证监会和财政部批准，期货投资者保障基金按照保证金损失额的5%予以补偿

D. 期货投资者保障基金不予补偿

（5）如果甲作为机构投资者而以个人名义参与期货交易并遭受保证金损失的，按照（ ）补偿规则进行补偿。

A. 个人投资者

B. 机构投资者

C. 个人投资者和机构投资者

D. 保证金损失的50%

期货交易所管理办法

考 纲 分 析

本办法主要对期货交易所的设立、变更与终止，期货交易所的组织机构，期货交易所会员管理，以及期货交易所的基本业务规则、法律责任等做出了规定。其中，期货交易所的设立、变更与终止，期货交易所的组织机构，期货交易所会员管理，以及期货交易所的基本业务规则等规定尤其重要，需要考生重点掌握。

知 识 结 构

期货交易所
管理办法
- 总则
- 设立、变更与终止
- 期货交易所组织机构 —— 会员制期货交易所 / 公司制期货交易所
- 会员管理
- 基本业务规则
- 监督管理
- 法律责任
- 附则

内 容 解 析

第一章　总　　则

第一条　为了加强对期货交易所的监督管理，明确期货交易所职责，维护期货市场秩序，促进期货市场积极稳妥发展，根据《期货交易管理条例》，特制定本办法。

第二条　本办法适用于在中华人民共和国境内设立的期货交易所。

第三条　本办法所称期货交易所是指依照《期货交易管理条例》和本办法规定设立，不以营利为目的，履行《期货交易管理条例》和本办法规定的职责，按照章程和交易规则实行自律管理的法人。

第四条　经中国证券监督管理委员会（以下简称中国证监会）批准，期货交易所可以采取会员制或者公司制的组织形式。

会员制期货交易所的注册资本划分为均等份额，由会员出资认缴。

公司制期货交易所采用股份有限公司的组织形式。

第五条　中国证监会依法对期货交易所实行集中统一的监督管理。

【例题1】（　）依法对期货交易所实行集中统一的监督管理。

A. 国务院期货监督管理机构

B. 中国证监会

C. 期货业协会

D. 中国银监会

【答案】B

【解析】中国证监会依法对期货交易所实行集中统一的监督管理。

第二章 设立、变更与终止

第六条 设立期货交易所，由中国证监会审批。未经批准，任何单位或者个人不得设立期货交易所或者以任何形式组织期货交易及其相关活动。

第七条 经中国证监会批准设立的期货交易所，应当标明"商品交易所"或者"期货交易所"字样。其他任何单位或者个人不得使用期货交易所或者近似的名称。

第八条 期货交易所除履行《期货交易管理条例》规定的职责外，还应当履行下列职责：

（一）制定并实施期货交易所的交易规则及其实施细则；

（二）发布市场信息；

（三）监管会员及其客户、指定交割仓库、期货保证金存管银行及期货市场其他参与者的期货业务；

（四）查处违规行为。

第九条 申请设立期货交易所，应当向中国证监会提交下列文件和材料：

（一）申请书；

（二）章程和交易规则草案；

（三）期货交易所的经营计划；

（四）拟加入会员或者股东名单；

（五）理事会成员候选人或者董事会和监事会成员名单及简历；

（六）拟任用高级管理人员的名单及简历；

（七）场地、设备、资金证明文件及情况说明；

（八）中国证监会规定的其他文件、材料。

第十条 期货交易所章程应当载明下列事项：

（一）设立目的和职责；

（二）名称、住所和营业场所；

（三）注册资本及其构成；

（四）营业期限；

（五）组织机构的组成、职责、任期和议事规则；

（六）管理人员的产生、任免及其职责；

（七）基本业务制度；

（八）风险准备金管理制度；

（九）财务会计、内部控制制度；

（十）变更、终止的条件、程序及清算办法；

（十一）章程修改程序；

（十二）需要在章程中规定的其他事项。

第十一条 除本办法第十条规定的事项外，会员制期货交易所章程还应当载明下列事项：

（一）会员资格及其管理办法；

（二）会员的权利和义务；

（三）对会员的纪律处分。

第十二条 期货交易所交易规则应当载明下列事项：

（一）期货交易、结算和交割制度；

（二）风险管理制度和交易异常情况的处理程序；

（三）保证金的管理和使用制度；

（四）期货交易信息的发布办法；

（五）违规、违约行为及其处理办法；

（六）交易纠纷的处理方式；

（七）需要在交易规则中载明的其他事项。

公司制期货交易所还应当在交易规则中载明本办法第十一条规定的事项。

第十三条 期货交易所变更名称、注册资本的，应当经中国证监会批准。

第十四条 期货交易所的合并、分立，由中国证监会批准。

期货交易所合并可以采取吸收合并和新设合并两种方式，合并前各方的债权、债务由合并后存续或者新设的期货交易所承继。

期货交易所分立的，其债权、债务由分立后的期货交易所承继。

第十五条 期货交易所联网交易的，应当于决定之日起 10 日内报告中国证监会。

第十六条 未经中国证监会批准，期货交易所不得设立分所或者其他任何期货交易场所。

第十七条 期货交易所因下列情形之一解散：

（一）章程规定的营业期限届满；

（二）会员大会或者股东大会决定解散；

（三）中国证监会决定关闭。

期货交易所因前款第（一）项、第（二）项情形解散的，由中国证监会批准。

第十八条 期货交易所因合并、分立或者解散而终止的，由中国证监会予以公告。

期货交易所终止的，应当成立清算组进行清算。清算组制定的清算方案，应当报中国证监会批准。

【例题2】期货交易所因合并、分立或者解散而终止的，由（ ）予以公告。

A. 中国银监会

B. 中国证监会

C. 中国期货业协会

D. 商务部

【答案】B

【解析】期货交易所因合并、分立或者解散而终止的，由中国证监会予以公告。

第三章　组织机构

第一节　会员制期货交易所

第十九条　会员制期货交易所设会员大会。会员大会是期货交易所的权力机构，由全体会员组成。

第二十条　会员大会行使下列职权：

（一）审定期货交易所章程、交易规则及其修改草案；

（二）选举和更换会员理事；

（三）审议批准理事会和总经理的工作报告；

（四）审议批准期货交易所的财务预算方案、决算报告；

（五）审议期货交易所风险准备金使用情况；

（六）决定增加或者减少期货交易所注册资本；

（七）决定期货交易所的合并、分立、解散和清算事项；

（八）决定期货交易所理事会提交的其他重大事项；

（九）期货交易所章程规定的其他职权。

第二十一条　会员大会由理事会召集，每年召开一次。

有下列情形之一的，应当召开临时会员大会：

（一）会员理事不足期货交易所章程规定人数的2/3；

（二）1/3 以上会员联名提议；

（三）理事会认为必要。

第二十二条　会员大会由理事长主持。召开会员大会，应当将会议审议的事项于会议召开 10 日前通知会员。临时会员大会不得对通知中未列明的事项做出决议。

第二十三条　会员大会有 2/3 以上会员参加方为有效。会员大会应当对表决事项制作会议纪要，由出席会议的理事签名。

会员大会结束之日起 10 日内，期货交易所应当将大会全部文件报告中国证监会。

第二十四条　期货交易所设理事会，每届任期 3 年。理事会是会员大会的常设机构，对会员大会负责。

第二十五条　理事会行使下列职权：

（一）召集会员大会，并向会员大会报告工作；

（二）拟订期货交易所章程、交易规则及其修改草案，提交会员大会审定；

（三）审议总经理提出的财务预算方案、决算报告，提交会员大会通过；

（四）审议期货交易所合并、分立、解散和清算的方案，提交会员大会通过；

（五）决定专门委员会的设置；

（六）决定会员的接纳和退出；

（七）决定对违规行为的纪律处分；

（八）决定期货交易所变更名称、住所或者营业场所；

（九）审议批准根据章程和交易规则制定的细则和办法；

（十）审议结算担保金的使用情况；

（十一）审议批准风险准备金的使用方案；

（十二）审议批准总经理提出的期货交易所发展规划和年度工作计划；

（十三）审议批准期货交易所对外投资计划；

（十四）监督总经理组织实施会员大会和理事会决议的情况；

（十五）监督期货交易所高级管理人员和其他工作人员遵守国家有关法律、行政法规、规章、政策和期货交易所章程、交易规则及其实施细则的情况；

（十六）组织期货交易所年度财务会计报告的审计工作，决定会计师事务所的聘用和变更事项；

（十七）期货交易所章程规定和会员大会授予的其他职权。

第二十六条　理事会由会员理事和非会员理事组成；其中会员理事由会员大会选举产生，非会员理事由中国证监会委派。

第二十七条　理事会设理事长 1 人、副理事长 1 至 2 人。理事长、副理事长的任免，由中国证监会提名，理事会通过。理事长不得兼任总经理。

第二十八条　理事长行使下列职权：

（一）主持会员大会、理事会会议和理事会日常工作；

（二）组织协调专门委员会的工作；

（三）检查理事会决议的实施情况并向理事会

报告。

副理事长协助理事长工作。理事长因故临时不能履行职权的，由理事长指定的副理事长或者理事代其履行职权。

第二十九条　理事会会议至少每半年召开一次。每次会议应当于会议召开10日前通知全体理事。

有下列情形之一的，应当召开理事会临时会议：

（一）1/3以上理事联名提议；

（二）期货交易所章程规定的情形；

（三）中国证监会提议。

理事会召开临时会议，可以另定召集理事会临时会议的通知方式和通知时限。

第三十条　理事会会议须有2/3以上理事出席方为有效，其决议须经全体理事1/2以上表决通过。

理事会会议结束之日起10日内，理事会应当将会议决议及其他会议文件报告中国证监会。

第三十一条　理事会会议应当由理事本人出席。理事因故不能出席的，应当以书面形式委托其他理事代为出席；委托书中应当载明授权范围。每位理事只能接受一位理事的委托。

理事会应当对会议表决事项作成会议记录，由出席会议的理事和记录员在会议记录上签名。

第三十二条　理事会可以根据需要设立监察、交易、结算、交割、会员资格审查、纪律处分、调解、财务和技术等专门委员会。

各专门委员会对理事会负责，其职责、任期和人员组成等事项由理事会规定。

第三十三条　期货交易所设总经理1人，副总经理若干人。总经理、副总经理由中国证监会任免。总经理每届任期3年，连任不得超过两届。

总经理是期货交易所的法定代表人，总经理是当然理事。

第三十四条　总经理行使下列职权：

（一）组织实施会员大会、理事会通过的制度和决议；

（二）主持期货交易所的日常工作；

（三）根据章程和交易规则拟定有关细则和办法；

（四）决定结算担保金的使用；

（五）拟订风险准备金的使用方案；

（六）拟订并实施经批准的期货交易所发展规划、年度工作计划；

（七）拟订并实施经批准的期货交易所对外投资计划；

（八）拟订期货交易所财务预算方案、决算报告；

（九）拟订期货交易所合并、分立、解散和清算的方案；

（十）拟订期货交易所变更名称、住所或者营业场所的方案；

（十一）决定期货交易所机构设置方案，聘任和解聘工作人员；

（十二）决定期货交易所员工的工资和奖惩；

（十三）期货交易所章程规定的或者理事会授予的其他职权。

总经理因故临时不能履行职权的，由总经理指定的副总经理代其履行职权。

第三十五条　期货交易所任免中层管理人员，应当在决定之日起10日内向中国证监会报告。

【例题3】（　）是会员大会的常设机构。

A. 理事会　　　　　　　　B. 股东大会

C. 董事会　　　　　　　　D. 监事会

【答案】A

【解析】理事会是会员大会的常设机构，对会员大会负责。

【例题4】下列属于会员制期货交易所理事会行使的职权的有（　）。

A. 审定期货交易所章程、交易规则及其修改草案

B. 拟定期货交易所章程、交易规则及其修改草案，提交会员大会审定

C. 决定会员的接纳和退出

D. 选举和更换会员理事

【答案】BC

【解析】A、D属于会员大会行使的职权。

【例题5】会员制期货交易所会员大会结束之日起（　）内，期货交易所应当将大会全部文件报告中国证监会。

A. 7日　　　　　　　　　B. 10日

C. 15日　　　　　　　　　D. 30日

【答案】B

【解析】会员大会结束之日起10日内，期货交易所应当将大会全部文件报告中国证监会。

第二节　公司制期货交易所

第三十六条　公司制期货交易所设股东大会。股东大会是期货交易所的权力机构，由全体股东组成。

第三十七条　股东大会行使下列职权：

（一）本办法第二十条第（一）项、第（四）项

权有（　　）。

A. 选举和更换由职工代表担任的董事、监事

B. 决定期货交易所董事会提交的其他重大事项

C. 审议批准董事会、监事会和总经理的工作报告

D. 审定期货交易所章程、交易规则及其修改草案

【答案】BCD

【解析】A 应该是"选举和更换非由职工代表担任的董事、监事"。

【例题 7】判断是非题

公司制期货交易所设监事会，每届任期 5 年。监事会成员不得少于 3 人。

【答案】错误

【解析】公司制期货交易所设监事会，每届任期 3 年。监事会成员不得少于 3 人。

第四章　会员管理

第五十三条　期货交易所会员应当是在中华人民共和国境内登记注册的企业法人或者其他经济组织。

第五十四条　取得期货交易所会员资格，应当经期货交易所批准。

期货交易所批准、取消会员的会员资格，应当向中国证监会报告。

第五十五条　期货交易所应当制定会员管理办法，规定会员资格的取得与终止的条件和程序、对会员的监督管理等内容。

第五十六条　会员制期货交易所会员享有下列权利：

（一）参加会员大会，行使选举权、被选举权和表决权；

（二）在期货交易所从事规定的交易、结算和交割等业务；

（三）使用期货交易所提供的交易设施，获得有关期货交易的信息和服务；

（四）按规定转让会员资格；

（五）联名提议召开临时会员大会；

（六）按照期货交易所章程和交易规则行使申诉权；

（七）期货交易所章程规定的其他权利。

第五十七条　会员制期货交易所会员应当履行下列义务：

（一）遵守国家有关法律、行政法规、规章和政策；

（二）遵守期货交易所的章程、交易规则及其实施细则及有关决定；

（三）按规定缴纳各种费用；

（四）执行会员大会、理事会的决议；

（五）接受期货交易所监督管理。

第五十八条　公司制期货交易所会员享有下列权利：

（一）本办法第五十六条第（二）项和第（三）

项规定的权利；

（二）按照交易规则行使申诉权；

（三）期货交易所交易规则规定的其他权利。

第五十九条　公司制期货交易所会员应当履行本办法第五十七条第（一）项至第（三）项、第（五）项规定的义务。

第六十条　期货交易所每年应当对会员遵守期货交易所交易规则及其实施细则的情况进行抽样或者全面检查，并将检查结果报告中国证监会。

期货交易所行使监管职权时，可以按照期货交易所章程和交易规则及其实施细则规定的权限和程序对会员进行调查取证，会员应当配合。

第六十一条　经中国证监会批准，期货交易所可以实行全员结算制度或者会员分级结算制度。

第六十二条　实行全员结算制度的期货交易所会员均具有与期货交易所进行结算的资格。

第六十三条　实行全员结算制度的期货交易所会员由期货公司会员和非期货公司会员组成。期货公司会员按照中国证监会批准的业务范围开展相关业务；非期货公司会员不得从事《期货交易管理条例》规定的期货公司业务。

第六十四条　实行全员结算制度的期货交易所对会员结算，会员对其受托的客户结算。

第六十五条　实行会员分级结算制度的期货交易所会员由结算会员和非结算会员组成。结算会员具有与期货交易所进行结算的资格，非结算会员不具有与期货交易所进行结算的资格。

期货交易所对结算会员结算，结算会员对非结算会员结算，非结算会员对其受托的客户结算。

第六十六条　结算会员由交易结算会员、全面结算会员和特别结算会员组成。

全面结算会员、特别结算会员可以为与其签订结算协议的非结算会员办理结算业务。交易结算会员不

得为非结算会员办理结算业务。

第六十七条 申请成为结算会员的,应当取得中国证监会批准的结算业务资格。

第六十八条 实行会员分级结算制度的期货交易所可以根据结算会员资信和业务开展情况,限制结算会员的结算业务范围,但应当于3日内报告中国证监会。

【例题8】会员制期货交易所会员享有的权利有( )。

A. 参加会员大会,行使选举权、被选举权和表决权

B. 按规定转让会员资格

C. 在期货交易所从事规定的交易、结算和交割等业务

D. 联名提议召开临时会员大会

【答案】ABCD

【解析】会员制期货交易所会员享有下列权利:①参加会员大会,行使选举权、被选举权和表决权;②在期货交易所从事规定的交易、结算和交割等业务;③使用期货交易所提供的交易设施,获得有关期货交易的信息和服务;④按规定转让会员资格;⑤联名提议召开临时会员大会;⑥按照期货交易所章程和交易规则行使申诉权;⑦期货交易所章程规定的其他权利。

第五章 基本业务规则

第六十九条 期货交易所向会员收取的保证金,只能用于担保期货合约的履行,不得查封、冻结、扣划或者强制执行。期货交易所应当在期货保证金存管银行开立专用结算账户,专户存储保证金,不得挪用。

保证金分为结算准备金和交易保证金。结算准备金是指未被合约占用的保证金;交易保证金是指已被合约占用的保证金。

实行会员分级结算制度的期货交易所只向结算会员收取保证金。

第七十条 期货交易所应当建立保证金管理制度。保证金管理制度应当包括下列内容:

(一)向会员收取保证金的标准和形式;

(二)专用结算账户中会员结算准备金最低余额;

(三)当会员结算准备金余额低于期货交易所规定最低余额时的处置方法。

会员结算准备金最低余额由会员以自有资金向期货交易所缴纳。

第七十一条 期货交易所可以接受以下有价证券充抵保证金:

(一)经期货交易所认定的标准仓单;

(二)可流通的国债;

(三)中国证监会认定的其他有价证券。

以前款规定的有价证券充抵保证金的,充抵的期限不得超过该有价证券的有效期限。

第七十二条 标准仓单充抵保证金的,期货交易所以充抵日前一交易日该标准仓单对应品种最近交割月份期货合约的结算价为基准计算价值。

国债充抵保证金的,期货交易所以充抵日前一交易日该国债在上海证券交易所、深圳证券交易所较低的收盘价为基准计算价值。

期货交易所可以根据市场情况对用于充抵保证金的有价证券的基准计算价值进行调整。

第七十三条 有价证券充抵保证金的金额不得高于以下标准中的较低值:

(一)有价证券基准计算价值的80%;

(二)会员在期货交易所专用结算账户中的实有货币资金的4倍。

第七十四条 期货交易的相关亏损、费用、货款和税金等款项,应当以货币资金支付,不得以有价证券充抵的金额支付。

第七十五条 客户以有价证券充抵保证金的,会员应当将收到的有价证券提交期货交易所。

非结算会员的客户以有价证券充抵保证金的,非结算会员应将收到的有价证券提交结算会员,由结算会员提交期货交易所。

第七十六条 客户以有价证券充抵保证金的,期货交易所应当将用于充抵的有价证券的种类和数量如实反映在该客户的交易编码下。

第七十七条 实行会员分级结算制度的期货交易所应当建立结算担保金制度。结算担保金包括基础结算担保金和变动结算担保金。

结算担保金由结算会员以自有资金向期货交易所缴纳。结算担保金属于结算会员所有,用于应对结算会员违约风险。期货交易所应当按照有关规定管理和使用,不得挪作他用。

期货交易所调整基础结算担保金标准的,应当在

调整前报告中国证监会。

第七十八条 期货交易所应当按照手续费收入的20%的比例提取风险准备金,风险准备金应当单独核算,专户存储。

中国证监会可以根据期货交易所业务规模、发展计划以及潜在的风险决定风险准备金的规模。

第七十九条 期货交易实行客户交易编码制度。会员和客户应当遵守一户一码制度,不得混码交易。

第八十条 期货交易实行限仓制度和套期保值审批制度。

第八十一条 期货交易实行大户持仓报告制度。会员或者客户持仓达到期货交易所规定的持仓报告标准的,会员或者客户应当向期货交易所报告。客户未报告的,会员应当向期货交易所报告。

期货交易所可以根据市场风险状况制定并调整持仓报告标准。

第八十二条 期货交易实行当日无负债结算制度。

第八十三条 实行全员结算制度的期货交易所对会员进行风险管理,会员对其受托的客户进行风险管理。

实行会员分级结算制度的期货交易所对结算会员进行风险管理,结算会员对与其签订结算协议的非结算会员进行风险管理,会员对其受托的客户进行风险管理。

第八十四条 会员在期货交易中违约的,应当承担违约责任。

期货交易所先以违约会员的保证金承担该会员的违约责任,保证金不足的,实行全员结算制度的期货交易所应当以违约会员的自有资金、期货交易所风险准备金和期货交易所自有资金承担;实行会员分级结算制度的期货交易所应当以违约会员的自有资金、结算担保金、期货交易所风险准备金和期货交易所自有资金承担。

期货交易所以结算担保金、期货交易所风险准备金和期货交易所自有资金代为承担责任后,由此取得对违约会员的相应追偿权。

第八十五条 有根据认为会员或者客户违反期货交易所交易规则及其实施细则并且对市场正在产生或者即将产生重大影响,为防止违规行为后果进一步扩大,期货交易所可以对该会员或者客户采取下列临时处置措施:

(一)限制入金;

(二)限制出金;

(三)限制开仓;

(四)提高保证金标准;

(五)限期平仓;

(六)强行平仓。

期货交易所按交易规则及其实施细则规定的程序采取前款第(四)项、第(五)项或者第(六)项措施的,应当在采取措施后及时报告中国证监会。

期货交易所对会员或者客户采取临时处置措施,应当按照期货交易所交易规则及其实施细则规定的方式通知会员或者客户,并列明采取临时处置措施的根据。

第八十六条 期货价格出现同方向连续涨跌停板的,期货交易所可以采用调整涨跌停板幅度、提高交易保证金标准及按一定原则减仓等措施化解风险。

第八十七条 期货交易所实行风险警示制度。期货交易所认为必要的,可以分别或同时采取要求会员和客户报告情况、谈话提醒、发布风险提示函等措施,以警示和化解风险。

第八十八条 在期货交易过程中出现以下情形之一的,期货交易所可以宣布进入异常情况,采取紧急措施化解风险:

(一)地震、水灾、火灾等不可抗力或者计算机系统故障等不可归责于期货交易所的原因导致交易无法正常进行;

(二)会员出现结算、交割危机,对市场正在产生或者即将产生重大影响;

(三)出现本办法第八十六条规定的情形经采取相应措施后仍未化解风险;

(四)期货交易所交易规则及其实施细则中规定的其他情形。

期货交易所宣布进入异常情况并决定采取紧急措施前应当报告中国证监会。

第八十九条 期货交易所宣布进入异常情况并决定暂停交易的,暂停交易的期限不得超过3个交易日,但经中国证监会批准延长的除外。

第九十条 期货交易所应当以适当方式发布下列信息:

(一)即时行情;

(二)持仓量、成交量排名情况;

(三)期货交易所交易规则及其实施细则规定的其他信息。

期货交易涉及商品实物交割的,期货交易所还应当发布标准仓单数量和可用库容情况。

第九十一条 期货交易所应当编制交易情况周报

表、月报表和年报表，并及时公布。

第九十二条　期货交易所对期货交易、结算、交割资料的保存期限应当不少于20年。

【例题9】期货交易所应当按照手续费收入的（　）的比例提取风险准备金，风险准备金应当单独核算，专户存储。

A. 10%　　　　　　　B. 20%

C. 30%　　　　　　　D. 50%

【答案】B

【解析】期货交易所应当按照手续费收入的20%的比例提取风险准备金，风险准备金应当单独核算，专户存储。

第六章　监督管理

第九十三条　期货交易所制定或者修改章程、交易规则，上市、中止、取消或者恢复交易品种，上市、修改或者终止合约，应当经中国证监会批准。

第九十四条　期货交易所应当对违反期货交易所交易规则及其实施细则的行为制定查处办法，并报中国证监会批准。

期货交易所对会员及其客户、指定交割仓库、期货保证金存管银行及期货市场其他参与者与期货业务有关的违规行为，应当在前款所称办法规定的职责范围内及时予以查处；超出前款所称办法规定的职责范围的，应当向中国证监会报告。

第九十五条　期货交易所制定或者修改交易规则的实施细则，应当征求中国证监会的意见，并在正式发布实施前，报告中国证监会。

第九十六条　期货交易所的交易结算系统和交易结算业务应当满足期货保证金安全存管监控的要求，真实、准确和完整地反映会员保证金的变动情况。

第九十七条　期货交易所应当按照中国证监会有关期货保证金安全存管监控的规定，向期货保证金安全存管监控机构报送相关信息。

第九十八条　公司制期货交易所收购本期货交易所股份、股东转让所持股份或者对其股份进行其他处置，应当经中国证监会批准。

第九十九条　期货交易所的高级管理人员应当具备中国证监会要求的条件。未经中国证监会批准，期货交易所的理事长、副理事长、董事长、副董事长、监事会主席、监事会副主席、总经理、副总经理、董事会秘书不得在任何营利性组织中兼职。

未经批准，期货交易所的其他工作人员和非会员理事不得以任何形式在期货交易所会员单位及其他与期货交易有关的营利性组织兼职。

第一百条　期货交易所工作人员应当自觉遵守有关法律、行政法规、规章和政策，恪尽职守，勤勉尽责，诚实信用，具有良好的职业操守。

期货交易所工作人员不得从事期货交易，不得泄露内幕消息或者利用内幕消息获得非法利益，不得从期货交易所会员、客户处谋取利益。

期货交易所的工作人员履行职务，遇有与本人或者其亲属有利害关系的情形时，应当回避。

第一百零一条　期货交易所的所得收益按照国家有关规定管理和使用，但应当首先用于保证期货交易场所、设施的运行和改善。

第一百零二条　期货交易所应当向中国证监会履行下列报告义务：

（一）每一年度结束后4个月内提交经具有证券、期货相关业务资格的会计师事务所审计的年度财务报告；

（二）每一季度结束后15日内、每一年度结束后30日内提交有关经营情况和有关法律、行政法规、规章、政策执行情况的季度和年度工作报告；

（三）中国证监会规定的其他事项。

第一百零三条　发生下列重大事项，期货交易所应当及时向中国证监会报告：

（一）发现期货交易所工作人员存在或者可能存在严重违反国家有关法律、行政法规、规章、政策的行为；

（二）期货交易所涉及占其净资产10%以上或者对其经营风险有较大影响的诉讼；

（三）期货交易所的重大财务支出、投资事项以及可能带来较大财务或者经营风险的重大财务决策；

（四）中国证监会规定的其他事项。

第一百零四条　中国证监会可以根据市场情况调整期货交易所收取的保证金标准，暂停、恢复或者取消某一期货交易品种的交易。

第一百零五条　中国证监会认为期货市场出现异常情况的，可以决定采取延迟开市、暂停交易、提前闭市等必要的风险处置措施。

第一百零六条　中国证监会认为有必要的，可以对期货交易所高级管理人员实施提示。

第一百零七条　中国证监会派出机构对期货交易

所会员进行风险处置，采取监管措施的，经中国证监会批准，期货交易所应当在限制会员资金划转、限制会员开仓、移仓和强行平仓等方面予以配合。

第一百零八条　中国证监会可以向期货交易所派驻督察员。督察员依照中国证监会的有关规定履行职责。

督察员履行职责，期货交易所应当予以配合。

第一百零九条　期货交易所应当按照国家有关规定及时缴纳期货市场监管费。

【例题10】中国证监会可以向期货交易所派驻（　　）。

A. 巡视员　　　　　B. 督察员
C. 审计员　　　　　D. 管理员

【答案】B

【解析】根据《期货交易所管理办法》第一百零八条规定，中国证监会可以向期货交易所派驻督察员。

【例题11】发生下列（　　）重大事项，期货交易所应当及时向中国证监会报告。

A. 发现期货交易所工作人员存在或者可能存在严重违反国家有关法律、行政法规、规章、政策的行为

B. 期货交易所涉及占其净资产5%以上的诉讼

C. 期货交易所的重大财务支出、投资事项以及可能带来较大财务或者经营风险的重大财务决策

D. 期货交易所涉及对其经营风险有较大影响的诉讼

【答案】ACD

【解析】根据《期货交易所管理办法》第一百零三条规定，发生下列重大事项，期货交易所应当及时向中国证监会报告：①发现期货交易所工作人员存在或者可能存在严重违反国家有关法律、行政法规、规章、政策的行为；②期货交易所涉及占其净资产10%以上或者对其经营风险有较大影响的诉讼；③期货交易所的重大财务支出、投资事项以及可能带来较大财务或者经营风险的重大财务决策；④中国证监会规定的其他事项。

第七章　法律责任

第一百一十条　期货交易所未按照本办法第十五条、第三十五条、第五十二条、第六十八条、第八十八条、第九十五条、第一百零二条和第一百零三条的规定履行报告义务，或者未按照本办法第二十三条、第三十条、第三十八条、第四十三条、第五十一条和第九十七条的规定报送有关文件、资料和信息的，根据《期货交易管理条例》第六十八条处罚。

第一百一十一条　期货交易所有下列行为之一的，根据《期货交易管理条例》第六十九条处罚：

（一）未经批准变更名称或者注册资本；

（二）未经批准设立分所或者其他任何交易场所；

（三）违反有价证券充抵保证金规定；

（四）不按照规定对会员进行检查；

（五）未建立或者未执行客户交易编码制度、保证金管理制度；

（六）交易结算系统和交易结算业务不符合本办法第九十六条的规定。

第一百一十二条　期货交易所工作人员违反本办法第一百条规定的，根据《期货交易管理条例》第八十二条处罚。

第八章　附　则

第一百一十三条　在中国证监会批准的其他交易场所进行期货交易的，依照本办法的有关规定执行。

第一百一十四条　本办法自2007年4月15日起施行。2002年5月17日发布的《期货交易所管理办法》（中国证券监督管理委员会令第6号）同时废止。

练习题

一、单项选择题

1.《期货交易所管理办法》的施行时间是（　　）。

A. 2007年3月28日　B. 2007年4月15日
C. 2007年9月1日　D. 2008年1月1日

2. 中国证监会可以向期货交易所派驻（　　）。

A. 巡视员　　　　　B. 督察员

C. 审计员　　　　　D. 管理员

3. 期货交易所应当按照国家有关规定及时缴纳期货市场（　　）。

A. 监管费　　　　　B. 交易费

C. 管理费　　　　　D. 检查费

4. 期货交易所因合并、分立或者解散而终止的，由（　　）予以公告。

A. 中国银监会　　　B. 中国证监会

C. 中国期货业协会　D. 商务部

5. 会员制期货交易所会员理事不足期货交易所章程规定人数的（　　），应当召开临时会员大会。

A.1/2　　B.1/3　　C.2/3　　D.3/4

6. 会员制期货交易所的权力机构是（　　）。

A. 会员大会　　　　B. 股东大会

C. 董事会　　　　　D. 监事会

7. 会员制期货交易所会员大会由（　　）主持。

A. 董事长　　　　　B. 理事长

C. 监事长　　　　　D. 总经理

8. 会员制期货交易所召开会员大会，应当将会议审议的事项于会议召开（　　）前通知会员。

A.5 日　　B.7 日　　C.10 日　　D.15 日

9. 会员制期货交易所会员大会有（　　）会员参加方为有效。

A.1/3 以上　　　　B.2/3 以上

C.1/4 以上　　　　D.3/4 以上

10. 会员制期货交易所会员大会结束之日起（　　）内，期货交易所应当将大会全部文件报告中国证监会。

A.7 日　　B.10 日　　C.15 日　　D.30 日

11. 会员制期货交易所设理事会，每届任期（　　）。

A.2 年　　B.3 年　　C.5 年　　D.7 年

12. 下列有关会员制期货交易所理事会的说法不正确的是（　　）。

A. 理事会是会员大会的常设机构，对会员大会负责

B. 理事会设理事长 1 人、副理事长 1 ~ 2 人

C. 理事会会议至少每半年召开一次

D. 理事会每次会议应当于会议召开 15 日前通知全体理事

13. 会员制期货交易所理事会的非会员理事由（　　）。

A. 中国证监会委派

B. 中国期货业协会委派

C. 会员大会选举产生

D. 理事会选举产生

二、多项选择题

1. 发生下列（　　）等重大事项，期货交易所应当及时向中国证监会报告。

A. 发现期货交易所工作人员存在或者可能存在严重违反国家有关法律、行政法规、规章、政策的行为

B. 期货交易所涉及占其净资产 10% 以上的诉讼

C. 期货交易所的重大财务支出、投资事项以及可能带来较大财务或者经营风险的重大财务决策

D. 期货交易所涉及对其经营风险有较大影响的诉讼

2. 中国证监会认为期货市场出现异常情况的，可以决定采取（　　）等必要的风险处置措施。

A. 暂停交易　　　　B. 延迟开市

C. 提前闭市　　　　D. 以上都正确

3. 下列属于会员制期货交易所理事会行使的职权的有（　　）。

A. 召集会员大会，并向会员大会报告工作

B. 拟定期货交易所章程、交易规则及其修改草案，提交会员大会审定

C. 决定会员的接纳和退出

D. 选举和更换会员理事

4. 会员制期货交易所理事长行使的职权有（　　）。

A. 主持会员大会、理事会会议和理事会日常工作

B. 组织协调专门委员会的工作

C. 检查理事会决议的实施情况并向理事会报告

D. 主持期货交易所的日常工作

5. 会员制期货交易所理事会根据需要可以设立的专门委员会有（　　）。

A. 监察委员会

B. 会员资格审查委员会

C. 纪律处分委员会

D. 调解委员会

6. 会员制期货交易所总经理行使的职权有（　　）。

A. 决定期货交易所机构设置方案，聘任和解聘工作人员

B. 组织实施会员大会、理事会通过的制度和决议

期货法律法规 | 全国期货从业人员资格考试辅导教材

C. 主持期货交易所的日常工作

D. 决定结算担保金的使用

7. 公司制期货交易所股东大会行使的职权有（ ）。

A. 选举和更换非由职工代表担任的董事、监事

B. 决定期货交易所董事会提交的其他重大事项

C. 审议批准董事会、监事会和总经理的工作报告

D. 审定期货交易所章程、交易规则及其修改草案

8. 下列属于公司制期货交易所董事会行使的职权的有（ ）。

A. 召集股东大会会议，并向股东大会报告工作

B. 审议总经理提出的财务预算方案、决算报告，提交股东大会通过

C. 监督总经理组织实施股东大会和董事会决议的情况

D. 审议期货交易所合并、分立、解散和清算的方案，提交股东大会通过

9. 在组织机构的设置上，会员制期货交易所与公司制期货交易所的异同点有（ ）。

A. 会员制期货交易所设会员大会，而公司制期货交易所设股东大会

B. 会员制期货交易所设理事会，而公司制期货交易所设董事会

C. 会员制期货交易所与公司制期货交易所都设总经理

D. 会员制期货交易所与公司制期货交易所都设监事会

10. 下列有关公司制期货交易所监事会的说法正确的有（ ）。

A. 每届任期 3 年

B. 监事会成员不得少于 2 人

C. 监事会设主席 1 人，副主席若干人

D. 监事会会议结束之日起 10 日内，监事会应当将会议决议及其他会议文件报告中国证监会

11. 公司制期货交易所监事会行使的职权有（ ）。

A. 决定对违规行为的纪律处分

B. 检查期货交易所财务

C. 监督期货交易所董事、高级管理人员执行职务行为

D. 向股东大会会议提出提案

12. 会员制期货交易所会员享有的权利有（ ）。

A. 参加会员大会，行使选举权、被选举权和表决权

B. 按规定转让会员资格

C. 在期货交易所从事规定的交易、结算和交割等业务

D. 联名提议召开临时会员大会

三、判断是非题

1. 会员制期货交易所理事长经中国证监会批准，可以兼任总经理。（ ）

2. 会员制期货交易所理事长因故临时不能履行职权的，由理事长指定的副理事长或者理事代其履行职权。（ ）

3. 会员制期货交易所理事会会议结束之日起 15 日内，理事会应当将会议决议及其他会议文件报告中国证监会。（ ）

4. 会员制期货交易所理事因故不能出席理事会会议的，应当以书面形式委托其他理事代为出席，每位理事只能接受一位理事的委托。（ ）

5. 会员制期货交易所理事会应当将会议表决事项做成会议记录，由出席会议的理事和记录员在会议记录上签名。（ ）

6. 会员制期货交易所总经理每届任期 5 年，没有届数限制，可连选连任。（ ）

7. 会员制期货交易所的总经理是当然理事。（ ）

8. 股东大会是公司制期货交易所的权力机构，由全体股东组成。（ ）

9. 公司制期货交易所设董事会，每届任期 5 年。（ ）

10. 公司制期货交易所设董事长 1 人，副董事长 1～2 人，董事长不得兼任总经理。（ ）

四、综合题

2009 年 7 月 8 日，某期货交易所会员甲在该交易日买入大量的小麦期货合约。合约的保证金总额超过了其现有资金，甲准备用其持有的国债 0213 充抵部分保证金。2009 年 7 月 7 日，国债 0213 在上海证券交易所和深圳证券交易所的开盘价分别为 79.65 元/手、79.62 元/手；最高价分别为 79.69 元/手、79.66 元/手；最低价分别为 79.37 元/手、79.45 元/手；收盘价分别为 79.51 元/手、79.44 元/手。根据《期货交易所管理办法》的规定，以国债 0213 充抵保证金，期货交易所应以（ ）为基准计算价值。

A. 79.44 元/手　　　　B. 79.69 元/手

C. 79.62 元/手　　　　D. 79.37 元/手

38

期货公司监督管理办法

本办法主要对期货公司的设立、变更与终止，公司治理以及期货公司的业务规则、法律责任等做出了规定。其中，期货公司的设立、变更与终止、业务规则、客户资产保护等规定尤其重要，需要考生重点掌握。

期货公司监督管理办法
- 总则
- 设立、变更与业务终止
- 公司治理
- 业务规则
  - 一般规定
  - 期货经纪业务
  - 期货投资咨询业务
  - 资产管理业务
- 客户资产保护
- 监督管理
- 法律责任
- 附则

第一章 总 则

第一条 为了规范期货公司经营活动，加强对期货公司监督管理，保护客户合法权益，推进期货市场建设，根据《公司法》和《期货交易管理条例》等法律、行政法规，特制定本办法。

第二条 在中华人民共和国境内设立的期货公司，适用本办法。

第三条 期货公司应当遵守法律、行政法规和中国证券监督管理委员会（以下简称中国证监会）的规定，审慎经营，防范利益冲突，履行对客户的诚信义务。

第四条 期货公司的股东、实际控制人和其他关联人不得滥用权利，不得占用期货公司资产或者挪用客户资产，不得侵害期货公司、客户的合法权益。

第五条 中国证监会及其派出机构依法对期货公司及其分支机构实行监督管理。

中国期货业协会、期货交易所按照自律规则对期货公司实行自律管理。

期货保证金安全存管监控机构依法对客户保证金安全实施监控。

【例题1】判断是非题

中国证监会及其派出机构依法对期货公司及其分支机构实行自律管理。

【答案】错误

【解析】中国证监会及其派出机构依法对期货公司及其分支机构实行监督管理。

第二章　设立、变更与业务终止

第六条　申请设立期货公司，除应当符合《期货交易管理条例》第十六条规定的条件外，还应当具备下列条件：

（一）具有期货从业人员资格的人员不少于15人；

（二）具备任职资格的高级管理人员不少于3人。

第七条　持有5%以上股权的股东为法人或者其他组织的，应当具备下列条件：

（一）实收资本和净资产均不低于人民币3 000万元；

（二）净资产不低于实收资本的50%，或有负债低于净资产的50%，不存在对财务状况产生重大不确定影响的其他风险；

（三）没有较大数额的到期未清偿债务；

（四）近3年未因重大违法违规行为受到行政处罚或者刑事处罚；

（五）未因涉嫌重大违法违规正在被有权机关立案调查或者采取强制措施；

（六）近3年作为公司（含金融机构）的股东或者实际控制人，未滥用股东权利、逃避股东义务等不诚信行为；

（七）不存在中国证监会根据审慎监管原则认定的其他不适合持有期货公司股权的情形。

第八条　持有期货公司5%以上股权的个人股东应当符合本办法第七条第（三）项至第（七）项规定的条件，且其个人金融资产不低于人民币3 000万元。

第九条　持有期货公司5%以上股权的境外股东，除应当符合本办法第七条规定的条件外，还应当具备下列条件：

（一）依其所在国家或者地区法律设立、合法存续的金融机构；

（二）近3年各项财务指标及监管指标符合所在国家或者地区法律的规定和监管机构的要求；

（三）所在国家或者地区具有完善的期货法律和监督管理制度，其期货监管机构已与中国证监会签订监管合作备忘录，并保持有效的监管合作关系；

（四）期货公司外资持股比例或者拥有的权益比例，累计（包括直接持有和间接持有）不得超过我国期货业对外或者对我国香港特别行政区、澳门特别行政区和台湾地区开放所作的承诺。

境外股东应当以可自由兑换货币或者合法取得的人民币出资。

第十条　期货公司有关联关系的股东持股比例合计达到5%的，持股比例最高的股东应当符合本办法第七条至第九条规定的条件。

第十一条　申请设立期货公司，应当向中国证监会提交下列申请材料：

（一）申请书；

（二）公司章程草案；

（三）经营计划；

（四）发起人名单及其审计报告或者个人金融资产证明；

（五）拟任用高级管理人员和从业人员名单、简历和相关资格证明；

（六）拟定的期货业务制度、内部控制制度和风险管理制度文本；

（七）场地、设备、资金证明文件；

（八）律师事务所出具的法律意见书；

（九）中国证监会规定的其他申请材料。

第十二条　外资持有股权的期货公司，应当按照法律、行政法规的规定，向国务院商务主管部门申请办理外商投资企业批准证书，并向外汇管理部门申请办理外汇登记、资本金账户开立以及有关资金结购汇手续。

第十三条　按照本办法设立的期货公司，可以依法从事商品期货经纪业务；从事金融期货经纪、境外期货经纪、期货投资咨询的，应当取得相应业务资格。从事资产管理业务的，应当依法登记备案。

期货公司经批准可以从事中国证监会规定的其他业务。

第十四条　期货公司申请金融期货经纪业务资格，应当具备下列条件：

（一）申请日前2个月风险监管指标持续符合规定标准；

（二）具有健全的公司治理、风险管理制度和内部控制制度，并有效执行；

（三）符合中国证监会期货保证金安全存管监控的规定；

（四）业务设施和技术系统符合相关技术规范且运行状况良好；

（五）高级管理人员近2年内未受到刑事处罚，未因违法违规经营受到行政处罚，无不良信用记录，且不存在因涉嫌违法违规经营正在被有权机关调查的情形；

（六）不存在被中国证监会及其派出机构采取《期货交易管理条例》第五十六条第二款、第五十七条规定的监管措施的情形；

（七）不存在因涉嫌违法违规正在被有权机关立案调查的情形；

（八）近2年内未因违法违规行为受过刑事处罚或者行政处罚。但期货公司控股股东或者实际控制人变更，高级管理人员变更比例超过50%，对出现上述情形负有责任的高级管理人员和业务负责人已不在公司任职，且已整改完成并经期货公司住所地中国证监会派出机构验收合格的，可不受此限制；

（九）控股股东净资产或者个人金融资产不低于人民币3 000万元；

（十）中国证监会根据审慎监管原则规定的其他条件。

第十五条　期货公司申请金融期货经纪业务资格，应当向中国证监会提交下列申请材料：

（一）申请书；

（二）加盖公司公章的营业执照和业务许可证复印件；

（三）股东会或者董事会决议文件；

（四）申请日前2个月风险监管报表；

（五）公司治理、风险管理制度和内部控制制度执行情况报告；

（六）业务设施和技术系统运行情况报告；

（七）控股股东经具有证券、期货相关业务资格的会计师事务所审计的最近一期财务报告或者个人金融资产证明；

（八）律师事务所出具的法律意见书；

（九）若存在本办法第十四条第（八）项规定的情形的，还应提供期货公司住所地中国证监会派出机构出具的整改验收合格意见书；

（十）中国证监会规定的其他申请材料。

第十六条　期货公司申请境外期货经纪、期货投资咨询以及经批准的其他业务的条件，由中国证监会另行规定。

第十七条　期货公司变更股权有下列情形之一的，应当经中国证监会批准：

（一）变更控股股东、第一大股东；

（二）单个股东或者有关联关系的股东持股比例增加到100%；

（三）单个股东的持股比例或者有关联关系的股

东合计持股比例增加到5%以上，且涉及境外股东的。

除前款规定情形外，期货公司单个股东的持股比例或者有关联关系的股东合计持股比例增加到5%以上，应当经期货公司住所地中国证监会派出机构批准。

第十八条　期货公司变更股权有本办法第十七条所列情形的，应当具备下列条件：

（一）拟变更的股权不存在被查封、冻结等情形；

（二）期货公司与股东之间不存在交叉持股的情形，期货公司不存在为股权受让方提供任何形式财务支持的情形；

（三）涉及的股东符合本办法第七条至第十条规定的条件。

第十九条　期货公司变更股权，有本办法第十七条所列情形的，应当提交下列相关申请材料：

（一）申请书；

（二）关于变更股权的决议文件；

（三）股权转让或者变更出资合同，以及有限责任公司其他股东放弃优先购买权的承诺书；

（四）所涉及股东的基本情况报告、变更后期货公司股东股权背景情况图以及期货公司关于变更后股东是否存在关联关系、期货公司是否为股权受让方提供任何形式财务支持的情况说明；

（五）所涉及股东的股东会、董事会或者其他决策机构做出的相关决议；

（六）所涉及股东的审计报告或者个人金融资产证明；

（七）律师事务所出具的法律意见书；

（八）中国证监会规定的其他材料。

期货公司单个境外股东的持股比例或者有关联关系的境外股东合计持股比例增加到5%以上的，还应当提交下列申请材料：

（一）境外股东的章程、营业执照或者注册证书和相关业务资格证书复印件；

（二）境外股东所在国家或者地区的相关监管机构或者中国证监会认可的境外机构出具的关于其符合本办法第七条第（四）项、第（五）项与第九条第一款第（二）项规定条件的说明函。

期货公司发生本办法第十七条规定情形以外的股权变更，应当自完成工商变更登记手续之日起5个工作日内向公司住所地中国证监会派出机构报备下列书面材料：

（一）变更持有 5% 以下股权股东情况报告；

（二）股权受让方相关背景材料；

（三）股权背景情况图；

（四）股权变更相关文件；

（五）公司章程、准予变更登记文件、营业执照复印件；

（六）中国证监会规定的其他材料。

第二十条　期货公司变更法定代表人，拟任法定代表人应当具备任职资格。期货公司应当向住所地中国证监会派出机构提交下列申请材料：

（一）申请书；

（二）关于变更法定代表人的决议文件；

（三）拟任法定代表人任职资格证明；

（四）中国证监会规定的其他材料。

第二十一条　期货公司变更住所，应当妥善处理客户资产，拟迁入的住所和拟使用的设施应当符合业务需要。期货公司在中国证监会不同派出机构辖区变更住所的，还应当符合下列条件：

（一）符合持续性经营规则；

（二）近 2 年未因重大违法违规行为受到行政处罚或者刑事处罚；

（三）中国证监会根据审慎监管原则规定的其他条件。

第二十二条　期货公司变更住所，应当向拟迁入地中国证监会派出机构提交下列申请材料：

（一）申请书；

（二）拟变更后的住所所有权或者使用权证明和相关消防合格证明材料；

（三）客户资产处理情况报告；

（四）中国证监会规定的其他材料。

第二十三条　期货公司可以设立营业部、分公司等分支机构。

期货公司申请设立分支机构，应当具备下列条件：

（一）公司治理健全，内部控制制度符合有关规定并有效执行；

（二）申请日前 3 个月符合风险监管指标标准；

（三）符合有关客户资产保护和期货保证金安全存管监控的规定；

（四）未因涉嫌违法违规经营正在被有权机关调查，近 1 年内未因违法违规经营受到行政处罚或者刑事处罚；

（五）具有符合业务发展需要的分支机构设立方案；

（六）中国证监会根据审慎监管原则规定的其他条件。

第二十四条　期货公司申请设立分支机构，应当向公司所在地中国证监会派出机构提交下列申请材料：

（一）申请书；

（二）拟设立分支机构的决议文件；

（三）公司治理和内部控制制度运行情况报告；

（四）申请日前 3 个月风险监管报表；

（五）分支机构设立方案；

（六）中国证监会规定的其他材料。

期货公司在提交申请材料时，应当将申请材料同时抄报拟设立分支机构所在地的中国证监会派出机构。

第二十五条　期货公司变更分支机构营业场所的，应当妥善处理客户资产，拟迁入的营业场所和拟使用的设施应当满足业务需要。

本办法所称期货公司变更分支机构营业场所仅限于在中国证监会同一派出机构辖区内变更营业场所。

第二十六条　期货公司终止分支机构的，应当先行妥善处理该分支机构客户资产，结清分支机构业务并终止经营活动。

期货公司应当向分支机构住所地中国证监会派出机构提交下列申请材料：

（一）申请书；

（二）拟终止分支机构的决议文件；

（三）关于处理客户资产、结清分支机构业务并终止经营活动的情况报告；

（四）中国证监会规定的其他材料。

第二十七条　期货公司申请设立、收购或者参股境外期货类经营机构，应当具备下列条件：

（一）申请日前 6 个月符合风险监管指标标准；

（二）近 2 年内未因重大违法违规行为受到行政处罚或者刑事处罚；

（三）具有完备的境外机构管理制度，能够有效隔离风险；

（四）拟设立、收购或者参股机构所在国家或者地区的期货监管机构已与中国证监会签署监管合作备忘录；

（五）中国证监会根据审慎监管原则规定的其他条件。

第二十八条　期货公司申请设立、收购或者参股境外期货类经营机构，应当向中国证监会提交下列申请材料：

（一）申请书；

（二）拟设立、收购或者参股境外期货类经营机构的决议文件；

（三）申请日前6个月风险监管报表；

（四）境外机构管理制度文本；

（五）经具有证券、期货相关业务资格的会计师事务所审计的前一年度财务报告；申请日在下半年的，还应当提供经审计的半年度财务报告；

（六）律师事务所出具的法律意见书；

（七）中国证监会规定的其他材料。

第二十九条 期货公司申请设立、收购或者参股境外期货类经营机构，应当按照外汇管理部门相关规定，办理外汇登记、有关资金划转以及结购汇手续。

第三十条 期货公司因遭遇不可抗力等正当事由申请停业的，应当妥善处理客户资产，清退或者转移客户。

期货公司恢复营业的，应当符合期货公司持续性经营规则。停业期限届满后，期货公司未能恢复营业或者不符合持续性经营规则的，中国证监会可以根据《期货交易管理条例》第二十一条第一款规定注销其期货业务许可证。

第三十一条 期货公司停业的，应当向中国证监会提交下列申请材料：

（一）申请书；

（二）停业决议文件；

（三）关于处理客户资产、处置或者清退客户情况的报告；

（四）中国证监会规定的其他材料。

第三十二条 期货公司被撤销所有期货业务许可的，应当妥善处理客户资产，结清期货业务；公司继续存续的，应当依法办理名称、营业范围和公司章程等工商变更登记，存续公司不得继续以期货公司名义从事业务，其名称中不得有"期货"或者近似字样。

期货公司解散、破产的，应当先行妥善处理客户资产，结清业务。

第三十三条 期货公司设立、变更、停业、解散、破产、被撤销期货业务许可或者其分支机构设立、变更、终止的，期货公司应当在中国证监会指定的媒体上公告。

第三十四条 期货公司及其分支机构的许可证由中国证监会统一印制。许可证正本或者副本遗失或者

灭失的，期货公司应当在30个工作日内在中国证监会指定的媒体上声明作废，并持登载声明向中国证监会重新申领。

【例题2】期货公司单个股东的持股比例或者有关联关系的股东合计持股比例增加到（　）以上，应当经期货公司住所地中国证监会派出机构批准。

A. 3%　　　　　　　　B. 5%

C. 10%　　　　　　　D. 15%

【答案】B

【解析】期货公司单个股东的持股比例或者有关联关系的股东合计持股比例增加到5%以上，应当经期货公司住所地中国证监会派出机构批准。

【例题3】期货公司变更法定代表人的，应当向（　）提交变更法定代表人申请书等申请材料。

A. 住所地的期货交易所

B. 住所地的中国证监会派出机构

C. 拟任法定代表人所在地的工商行政管理机构

D. 国务院国有资产监督管理机构

【答案】B

【解析】期货公司变更法定代表人，拟任法定代表人应当具备任职资格。期货公司应当向住所地中国证监会派出机构提交申请材料。

【例题4】期货公司在中国证监会不同派出机构辖区变更住所的，应当符合的条件有（　）。

A. 高级管理人员近3年内未受过刑事处罚，无不良信用记录

B. 符合持续性经营规则

C. 近5年内无重大违法违规经营记录，未发生重大风险事件

D. 近2年未因重大违法违规行为受到行政处罚或者刑事处罚

【答案】BD

【解析】期货公司变更住所，应当妥善处理客户资产，拟迁入的住所和拟使用的设施应当符合业务需要。期货公司在中国证监会不同派出机构辖区变更住所的，还应当符合下列条件：

（一）符合持续性经营规则；

（二）近2年未因重大违法违规行为受到行政处罚或者刑事处罚；

（三）中国证监会根据审慎监管原则规定的其他条件。

第三章　公司治理

第三十五条　期货公司应当按照明晰职责、强化制衡、加强风险管理的原则，建立并完善公司治理。

第三十六条　期货公司与其控股股东、实际控制人在业务、人员、资产、财务等方面应当严格分开，独立经营，独立核算。

未依法经期货公司股东会或者董事会决议，期货公司控股股东、实际控制人不得任免期货公司的董事、监事、高级管理人员，或者非法干预期货公司经营管理活动。

期货公司向股东、实际控制人及其关联人提供服务的，不得降低风险管理要求。

第三十七条　持有期货公司5%以上股权的股东或者实际控制人出现下列情形之一的，应当在3个工作日内通知期货公司：

（一）所持有的期货公司股权被冻结、查封或者被强制执行；

（二）质押所持有的期货公司股权；

（三）决定转让所持有的期货公司股权；

（四）不能正常行使股东权利或者承担股东义务，可能造成期货公司治理的重大缺陷；

（五）涉嫌重大违法违规被有权机关调查或者采取强制措施；

（六）因重大违法违规行为受到行政处罚或者刑事处罚；

（七）变更名称；

（八）合并、分立或者进行重大资产、债务重组；

（九）被采取停业整顿、撤销、接管、托管等监管措施，或者进入解散、破产、关闭程序；

（十）其他可能影响期货公司股权变更或者持续经营的情形。

持有期货公司5%以上股权的股东发生前款规定情形的，期货公司应当自收到通知之日起3个工作日内向期货公司住所地中国证监会派出机构报告。

期货公司实际控制人发生第一款第（五）项至第（九）项所列情形的，期货公司应当自收到通知之日起3个工作日内向住所地中国证监会派出机构报告。

第三十八条　期货公司有下列情形之一的，应当立即书面通知全体股东或进行公告，并向住所地中国证监会派出机构报告：

（一）公司或者其董事、监事、高级管理人员因涉嫌违法违规被有权机关立案调查或者采取强制措施；

（二）公司或者其董事、监事、高级管理人员因违法违规行为受到行政处罚或者刑事处罚；

（三）风险监管指标不符合规定标准；

（四）客户发生重大透支、穿仓，可能影响期货公司持续经营；

（五）发生突发事件，对期货公司或者客户利益产生或者可能产生重大不利影响；

（六）其他可能影响期货公司持续经营的情形。

中国证监会及其派出机构对期货公司及其分支机构采取《期货交易管理条例》第五十六条第二款、第四款或者第五十七条规定的监管措施或者做出行政处罚，期货公司应当书面通知全体股东或进行公告。

第三十九条　期货公司股东会应当按照《公司法》和公司章程，对职权范围内的事项进行审议和表决。股东会每年应当至少召开一次会议。期货公司股东应当按照出资比例或者所持股份比例行使表决权。

第四十条　期货公司应当设立董事会，并按照《公司法》的规定设立监事会或监事，切实保障监事会和监事对公司经营情况的知情权。

期货公司可以设立独立董事，期货公司的独立董事不得在期货公司担任董事会以外的职务，不得与本期货公司存在可能妨碍其做出独立、客观判断的关系。

第四十一条　期货公司应当设首席风险官，对期货公司经营管理行为的合法合规性、风险管理进行监督、检查。

首席风险官发现涉嫌占用、挪用客户保证金等违法违规行为或者可能发生风险的，应当立即向住所地中国证监会派出机构和公司董事会报告。

期货公司拟解聘首席风险官的，应当有正当理由，并向住所地中国证监会派出机构报告。

第四十二条　期货公司的董事长、总经理、首席风险官之间不得存在近亲属关系。董事长和总经理不得由一人兼任。

第四十三条　期货公司应当合理设置业务部门及其职能，建立岗位责任制度，不相容岗位应当分离。交易、结算、财务业务应当由不同部门和人员分开办理。

期货公司应当设立风险管理部门或者岗位，管理和控制期货公司的经营风险。

期货公司应当设立合规审查部门或者岗位，审查和稽核期货公司经营管理的合法合规性。

第四十四条　期货公司应当对分支机构实行集中统一管理，不得与他人合资、合作经营管理分支机构，不得将分支机构承包、租赁或者委托给他人经营管理。

分支机构经营的业务不得超出期货公司的业务范围，并应当符合中国证监会对相关业务的规定。

期货公司应当按照规定对营业部实行统一结算、统一风险管理、统一资金调拨、统一财务管理和会计核算。

第四十五条　期货公司可以按照规定，运用自有资金投资于股票、投资基金、债券等金融类资产，与业务相关的股权以及中国证监会规定的其他业务，但不得从事《期货交易管理条例》禁止的业务。

【例题5】持有期货公司5%以上股权的股东或者实际控制人所持有的期货公司股权被冻结、查封或者被强制执行，应当在（　）内通知期货公司。

A. 3 个工作日　　　　　　B. 7 个工作日

C. 10 个工作日　　　　　　D. 15 个工作日

【答案】A

【解析】持有期货公司5%以上股权的股东或者实际控制人所持有的期货公司股权被冻结、查封或者被强制执行，应当在 3 个工作日内通知期货公司。

【例题6】判断是非题

期货公司应当对分支机构实行集中统一管理，不得与他人合资、合作经营管理分支机构，不得将分支机构承包、租赁或者委托给他人经营管理。

【答案】正确

【例题7】期货公司应当按照（　）的原则，建立并完善公司治理。

A. 明晰职责

B. 强化制衡

C. 加强风险管理

D. 统一核算

【答案】ABC

【解析】期货公司应当按照明晰职责、强化制衡、加强风险管理的原则，建立并完善公司治理。

第四章　业务规则

第一节　一般规定

第四十六条　期货公司应当建立并有效执行风险管理、内部控制、期货保证金存管等业务制度和流程，有效隔离不同业务之间的风险，确保客户资产安全和交易安全。

第四十七条　期货公司应当按照规定实行投资者适当性管理制度，建立执业规范和内部问责机制，了解客户的经济实力、专业知识、投资经历和风险偏好等情况，审慎评估客户的风险承受能力，提供与评估结果相适应的产品或者服务。

期货公司应当向客户全面客观介绍相关法律法规、业务规则、产品或者服务的特征，充分揭示风险，并按照合同的约定，如实向客户提供与交易相关的资料、信息，不得欺诈或者误导客户。

期货公司应充分了解和评估客户风险承受能力，加强对客户的管理。

第四十八条　期货公司应当在营业场所公示业务流程。

期货公司应当提供从业人员资格证明等资料供客户查阅，并在本公司网站和营业场所提示客户可以通过中国期货业协会网站查询。

第四十九条　期货公司应当具有符合行业标准和自身业务发展需要的信息系统，制定信息技术管理制度，按照规定设置信息技术部门或岗位，保障信息系统安全运行。

第五十条　期货公司应当承担投资者投诉处理的首要责任，建立、健全客户投诉处理制度，公开投诉处理流程，妥善处理客户投诉及与客户的纠纷。

第五十一条　期货公司应当建立数据备份制度，对交易、结算、财务等数据进行备份管理。

期货公司应当妥善保存客户资料，除依法接受调查和检查外，应当为客户保密。客户资料保存期限不得少于20年。

【例题8】判断是非题

期货公司应当妥善保存客户资料，除依法接受调查和检查外，应当为客户保密。客户资料保存期限不得少于20年。

【答案】正确

第二节　期货经纪业务

第五十二条　期货公司不得接受下列单位和个人的委托，为其进行期货交易：

（一）国家机关和事业单位；

（二）中国证监会及其派出机构、期货交易所、期货保证金安全存管监控机构、中国期货业协会工作人员及其配偶；

（三）期货公司工作人员及其配偶；

（四）证券、期货市场禁止进入者；

（五）未能提供开户证明材料的单位和个人；

（六）中国证监会规定的不得从事期货交易的其他单位和个人。

第五十三条　客户开立账户，应当出具合法有效的单位、个人身份证明或者其他证明材料。

第五十四条　期货公司在为客户开立期货经纪账户前，应当向客户出示《期货交易风险说明书》，由客户签字确认，并签订期货经纪合同。

《〈期货经纪合同〉指引》和《期货交易风险说明书》由中国期货业协会制定。

第五十五条　客户可以通过书面、电话、计算机、互联网等委托方式下达交易指令。

期货公司应当建立交易指令委托管理制度，并与客户就委托方式和程序进行约定。期货公司应当按照客户委托下达交易指令，不得未经客户委托或者未按客户委托内容，擅自进行期货交易。期货公司从业人员不得未经过其依法设立的营业场所私下接受客户委托进行期货交易。

以书面方式下达交易指令的，客户应当填写书面交易指令单；以电话方式下达交易指令的，期货公司应当同步录音；以计算机、互联网等委托方式下达交易指令的，期货公司应当以适当方式保存。以互联网方式下达交易指令的，期货公司应当对互联网交易风险进行特别提示。

第五十六条　期货公司应当在传递交易指令前对客户账户资金和持仓进行验证。

期货公司应当按照时间优先的原则传递客户交易指令。

第五十七条　期货公司应当在每日结算后为客户提供交易结算报告，并提示客户可以通过期货保证金安全存管监控机构进行查询。客户应当按照期货经纪合同约定方式对交易结算报告内容进行确认。

客户对交易结算报告有异议的，应当在期货经纪合同约定的时间内以书面方式提出，期货公司应当在约定时间内进行核实。客户未在约定时间内提出异议的，视为对交易结算报告内容的确认。

第五十八条　期货公司应当制定并执行错单处理业务规则。

第五十九条　期货公司应当按照规定为客户申请、注销交易编码。客户与期货公司的委托关系终止的，应当办理销户手续。期货公司不得将客户未注销的资金账号、交易编码借给他人使用。

第六十条　期货公司可以按照规定委托其他机构或者接受其他机构委托从事中间介绍业务。

【例题9】期货公司不得接受（　　）的委托，为其进行期货交易。

A. 国家机关和事业单位

B. 中国证监会及其派出机构、期货交易所、期货保证金安全存管监控机构、中国期货业协会工作人员及其配偶

C. 期货公司工作人员及其配偶

D. 证券、期货市场禁止进入者

【答案】ABCD

第三节　期货投资咨询业务

第六十一条　期货公司可以依法从事期货投资咨询业务，接受客户委托，向客户提供风险管理顾问、研究分析、交易咨询等服务。

第六十二条　期货公司从事期货投资咨询业务，应当与客户签订服务合同，明确约定服务内容、收费标准及纠纷处理方式等事项。

第六十三条　期货公司及其从业人员从事期货投资咨询业务，不得有下列行为：

（一）向客户做获利保证；

（二）以虚假信息、市场传言或者内幕信息为依据向客户提供期货投资咨询服务；

（三）对价格涨跌或者市场走势做出确定性的判断；

（四）利用向客户提供投资建议谋取不正当利益；

（五）利用期货投资咨询活动传播虚假、误导性信息；

（六）以个人名义收取服务报酬；

（七）法律、行政法规和中国证监会规定禁止的其他行为。

【例题10】判断是非题

期货公司从事期货投资咨询业务，不用与客户签订服务合同。

【答案】错误

【解析】期货公司从事期货投资咨询业务，应当与客户签订服务合同，明确约定服务内容、收费标准及纠纷处理方式等事项。

第四节　资产管理业务

第六十四条　期货公司可以依法从事资产管理业

务，接受客户委托，运用客户资产进行投资。投资收益由客户享有，损失由客户承担。

第六十五条　期货公司从事资产管理业务，应当与客户签订资产管理合同，通过专门账户提供服务。

第六十六条　期货公司可以依法从事下列资产管理业务：

（一）为单一客户办理资产管理业务；

（二）为特定多个客户办理资产管理业务。

第六十七条　资产管理业务的投资范围包括：

（一）期货、期权及其他金融衍生产品；

（二）股票、债券、证券投资基金、集合资产管理计划、央行票据、短期融资券、资产支持证券等；

（三）中国证监会认可的其他投资品种。

第六十八条　期货公司及其从业人员从事资产管理业务，不得有下列行为：

（一）以欺诈手段或者其他不当方式误导、诱导客户；

（二）向客户做出保证其资产本金不受损失或者取得最低收益的承诺；

（三）接受客户委托的初始资产低于中国证监会规定的最低限额；

（四）占用、挪用客户委托资产；

（五）以转移资产管理账户收益或者亏损为目的，在不同账户之间进行买卖，损害客户利益；

（六）以获取佣金或者其他利益为目的，使用客户资产进行不必要的交易；

（七）利用管理的客户资产为第三方谋取不正当利益，进行利益输送；

（八）法律、行政法规以及中国证监会规定禁止的其他行为。

第五章　客户资产保护

第六十九条　客户的保证金和委托资产属于客户资产，归客户所有。客户资产应当与期货公司的自有资产相互独立、分别管理。非因客户本身的债务或者法律、行政法规规定的其他情形，不得查封、冻结、扣划或者强制执行客户资产。期货公司破产或者清算时，客户资产不属于破产财产或者清算财产。

第七十条　期货公司应当在期货保证金存管银行开立期货保证金账户。

期货公司开立、变更或者撤销期货保证金账户的，应于当日向期货保证金安全存管监控机构备案，并通过规定方式向客户披露账户开立、变更或者撤销情况。

第七十一条　客户应当向期货公司登记以本人名义开立的用于存取期货保证金的结算账户。

期货公司和客户应当通过备案的期货保证金账户和登记的期货结算账户转账存取保证金。

第七十二条　期货公司存管的客户保证金应当全额存放在期货保证金账户和期货交易所专用结算账户内，严禁在期货保证金账户和期货交易所专用结算账户之外存放。

第七十三条　期货公司应当按照规定及时向期货保证金安全存管监控机构报送信息。

第七十四条　期货保证金存管银行未按规定向期货保证金安全存管监控机构报送信息，被期货交易所采取自律监管措施或者被中国证监会采取监管措施、处以行政处罚的，期货公司应当暂停在该存管银行开立期货保证金账户，并将期货保证金转存至其他符合规定的期货保证金存管银行。

第七十五条　期货公司应当按照期货交易所规则，缴存结算担保金，并维持最低数额的结算准备金等专用资金，确保客户正常交易。

第七十六条　除依据《期货交易管理条例》第二十九条划转外，任何单位或者个人不得以任何形式占用、挪用客户保证金。

客户在期货交易中违约造成保证金不足的，期货公司应当以风险准备金和自有资金垫付，不得占用其他客户保证金。

期货公司应当按照规定提取、管理和使用风险准备金，不得挪作他用。

【例题11】判断是非题

期货公司开立、变更或者撤销期货保证金账户的，应在 3 日内向其住所地的中国证监会派出机构和期货保证金安全存管监控机构备案，并履行信息披露义务。

【答案】错误

【解析】期货公司开立、变更或者撤销期货保证金账户的，应于当日向期货保证金安全存管监控机构备案，并通过规定方式向客户披露账户开立、变更或者撤销情况。

【例题12】判断是非题

期货公司存管的客户保证金应当一部分存放在期货保证金账户和期货交易所专用结算账户内，一部分存放在期货公司的自有资金账户内，而不应全额存放在期货保证金账户和期货交易所专用结算账户内。

【答案】错误

【解析】期货公司存管的客户保证金应当全额存放在期货保证金账户和期货交易所专用结算账户内，严禁在期货保证金账户和期货交易所专用结算账户之外存放。

第六章 监督管理

第七十七条 期货公司应当按照规定报送年度报告、月度报告等资料。

期货公司法定代表人、经营管理主要负责人、首席风险官、财务负责人应当对年度报告和月度报告签署确认意见；监事会或监事应对年度报告进行审核并提出书面审核意见；期货公司董事应当对年度报告签署确认意见。

期货公司年度报告、月度报告签字人员应当保证报告内容真实、准确、完整；对报告内容有异议的，应当注明意见和理由。

第七十八条 中国证监会及其派出机构可以要求下列机构或者个人，在指定期限内报送与期货公司经营相关的资料：

（一）期货公司及其董事、监事、高级管理人员及其他工作人员；

（二）期货公司股东、实际控制人或者其他关联人；

（三）期货公司控股、参股或者实际控制的企业；

（四）为期货公司提供相关服务的会计师事务所、律师事务所、资产评估机构等中介服务机构。

报送、提供或者披露的资料、信息应当真实、准确、完整，不得有虚假记载、误导性陈述或者重大遗漏。

第七十九条 持有期货公司5%以上股权的股东、实际控制人或者其他关联人在期货公司从事期货交易的，期货公司应当自开户之日起5个工作日内向住所地中国证监会派出机构报告开户情况，并定期报告交易情况。

第八十条 发生下列事项之一的，期货公司应当在5个工作日内向住所地中国证监会派出机构书面报告：

（一）变更公司名称、形式、章程；

（二）发生本办法第十七条规定情形以外的股权或者注册资本变更；

（三）变更分支机构负责人或者营业场所；

（四）做出终止业务等重大决议；

（五）被有权机关立案调查或者采取强制措施；

（六）发生影响或者可能影响期货公司经营管理、财务状况或者客户资产安全等重大事件；

（七）中国证监会规定的其他事项。

上述事项涉及期货公司分支机构的，期货公司应当同时向分支机构住所地中国证监会派出机构书面报告。

第八十一条 期货公司聘请或者解聘会计师事务所的，应当自做出决定之日起5个工作日内向住所地中国证监会派出机构报告；解聘会计师事务所的，应当说明理由。

第八十二条 期货公司应当按照规定，公示基本情况、历史情况、分支机构基本情况、董事及监事信息、高级管理人员及从业人员信息、公司股东信息、公司诚信记录以及中国证监会要求的其他信息。

第八十三条 中国证监会可以按照规定对期货公司进行分类监管。

第八十四条 中国证监会及其派出机构可以对期货公司及其分支机构进行定期或者不定期现场检查。

中国证监会及其派出机构依法进行现场检查时，检查人员不得少于2人，并应当出示合法证件和检查通知书，必要时可以聘请外部专业人士协助检查。

中国证监会及其派出机构可以对期货公司子公司以及期货公司的控股股东、实际控制人进行延伸检查。

第八十五条 中国证监会及其派出机构对期货公司及其分支机构进行检查，有权采取下列措施：

（一）询问期货公司及其分支机构的工作人员，要求其对被检查事项做出解释、说明；

（二）查阅、复制与被检查事项有关的文件、资料；

（三）查询期货公司及其分支机构的客户资产账户；

（四）检查期货公司及其分支机构的信息系统，调阅交易、结算及财务数据。

第八十六条 中国证监会及其派出机构认为期货公司可能存在下列情形之一的，可以要求其聘请中介服务机构进行专项审计、评估或者出具法律意见：

（一）期货公司年度报告、月度报告或者临时报告等存在虚假记载、误导性陈述或者重大遗漏；

（二）违反客户资产保护、期货保证金安全存管监控规定或者风险监管指标管理规定；

（三）中国证监会根据审慎监管原则认定的其他情形。

期货公司应当配合中介服务机构工作。

第八十七条 期货公司违反本办法有关规定的，中国证监会及其派出机构可以对其采取监管谈话、责令改正、出具警示函等监督管理措施。

第八十八条 期货公司或其分支机构有下列情形之一的，中国证监会及其派出机构可以依据《期货交易管理条例》第五十六条规定采取监管措施：

（一）公司治理不健全，部门或者岗位设置存在较大缺陷，关键业务岗位人员缺位或者未履行职责，可能影响期货公司持续经营；

（二）业务规则不健全或者未有效执行，风险管理或者内部控制等存在较大缺陷，经营管理混乱，可能影响期货公司持续经营或者可能损害客户合法权益；

（三）不符合有关客户资产保护或者期货保证金安全存管监控规定，可能影响客户资产安全；

（四）未按规定执行分支机构统一管理制度，经营管理存在较大风险或者风险隐患；

（五）未按规定实行投资者适当性管理制度，存在较大风险或者风险隐患；

（六）未按规定委托或者接受委托从事中间介绍业务；

（七）交易、结算或者财务信息系统存在重大缺陷，可能造成有关数据失真或者损害客户合法权益；

（八）信息系统不符合规定；

（九）股东、实际控制人或者其他关联人停业、发生重大风险或者涉嫌严重违法违规，可能影响期货公司治理或者持续经营；

（十）存在重大纠纷、仲裁、诉讼，可能影响持续经营；

（十一）未按规定进行信息报送、披露或者报送、披露的信息存在虚假记载、误导性陈述或者重大遗漏；

（十二）其他不符合持续性经营规则规定或者出现其他经营风险的情形。

对经过整改仍未达到经营条件的分支机构，中国证监会派出机构有权依法关闭。

第八十九条 期货公司股东、实际控制人、其他关联人，为期货公司提供相关服务的会计师事务所、律师事务所、资产评估机构等中介服务机构违反本办法规定的，中国证监会及其派出机构可以对其采取监管谈话、责令改正、出具警示函等监督管理措施。

第九十条 期货公司的股东、实际控制人或者其他关联人有下列情形之一的，中国证监会及其派出机构可以责令其限期整改：

（一）占用期货公司资产；

（二）直接任免期货公司董事、监事、高级管理人员，或者非法干预期货公司经营管理活动；

（三）股东未按照出资比例或者所持股份比例行使表决权；

（四）报送、提供或者出具的材料、信息或者报告等存在虚假记载、误导性陈述或者重大遗漏。

因前款情形致使期货公司不符合持续性经营规则或者出现经营风险的，中国证监会及其派出机构可以依据《期货交易管理条例》第五十六条的规定责令控股股东转让股权或者限制其行使股东权利。

第九十一条 未经中国证监会或其派出机构批准，任何个人或单位及其关联人擅自持有期货公司5%以上股权，或者通过提供虚假申请材料等方式成为期货公司股东的，中国证监会或其派出机构可以责令其限期转让股权。该股权在转让之前，不具有表决权、分红权。

【例题13】期货公司及其股东、实际控制人或者其他关联人，为期货公司提供相关服务的会计师事务所、律师事务所等中介服务机构涉嫌违反《期货公司管理办法》有关规定的，中国证监会及其派出机构可以（　　）。

A. 监管谈话

B. 责令改正

C. 出具警示函

D. 对负责人采取拘留等强制措施

【答案】ABC

【解析】期货公司股东、实际控制人、其他关联人，为期货公司提供相关服务的会计师事务所、律师事务所、资产评估机构等中介服务机构违反本办法规定的，中国证监会及其派出机构可以对其采取监管谈话、责令改正、出具警示函等监督管理措施。

【例题14】期货公司或其营业部有下列哪些情形的，中国证监会及其派出机构可以依据《期货交易管理条例》第五十六条的相关规定，采取相应的监管措施？（　　）

A. 未按规定委托或者接受委托从事中间介绍业务

B. 未按规定执行分支机构统一管理制度，经营管理存在较大风险或者风险隐患

C. 信息系统不符合规定

D. 报送、披露的信息存在虚假记载、误导性陈述或者重大遗漏

【答案】ABCD

【解析】根据《期货公司监督管理办法》第八十八条规定，选项 A、B、C、D 符合题干要求。

第七章 法律责任

第九十二条 期货公司及其分支机构接受未办理开户手续的单位或者个人委托进行期货交易，或者将客户的资金账号、交易编码借给其他单位或者个人使用的，给予警告，单处或者并处 3 万元以下罚款。

第九十三条 期货公司及其分支机构有下列行为之一的，根据《期货交易管理条例》第六十七条处罚：

（一）未按规定实行投资者适当性管理制度，损害客户合法权益；

（二）未按规定将客户资产与期货公司自有资产相互独立、分别管理；

（三）在期货保证金账户和期货交易所专用结算账户之外存放客户保证金；

（四）占用客户保证金；

（五）向期货保证金安全存管监控机构报送的信息存在虚假记载、误导性陈述或者重大遗漏；

（六）违反期货保证金安全存管监控管理相关规定，损害客户合法权益；

（七）未按规定缴存结算担保金，或者未能维持最低数额的结算准备金等专用资金；

（八）在传递交易指令前未对客户账户资金和持仓进行验证；

（九）违反中国证监会有关结算业务管理规定，损害其他期货公司及其客户合法权益；

（十）信息系统不符合规定，损害客户合法权益；

（十一）违反中国证监会风险监管指标规定；

（十二）违反规定从事期货投资咨询或者资产管理业务，情节严重的；

（十三）违反规定委托或者接受其他机构委托从事中间介绍业务；

（十四）对股东、实际控制人及其关联人降低风险管理要求，侵害其他客户合法权益；

（十五）以合资、合作、联营方式设立分支机构，或者将分支机构承包、出租给他人，或者违反分支机构集中统一管理规定；

（十六）拒不配合、阻碍或者破坏中国证监会及其派出机构的监督管理；

（十七）违反期货投资者保障基金管理规定。

第九十四条 期货公司及其分支机构有下列情形之一的，根据《期货交易管理条例》第六十八条处罚：

（一）发布虚假广告或者进行虚假宣传，诱骗客户参与期货交易；

（二）不按照规定变更或者撤销期货保证金账户，或者不按照规定方式向客户披露期货保证金账户信息。

第九十五条 会计师事务所、律师事务所、资产评估机构等中介服务机构不按照规定履行报告义务，提供或者出具的材料、报告、意见不完整，责令改正，没收业务收入，单处或者并处 3 万元以下罚款。对直接负责的主管人员和其他责任人员给予警告，并处 3 万元以下罚款。

第九十六条 未经中国证监会或其派出机构批准，任何个人或者单位及其关联人擅自持有期货公司 5% 以上股权，或者通过提供虚假申请材料等方式成为期货公司股东，情节严重的，给予警告，单处或者并处 3 万元以下罚款。

【例题15】未经中国证监会批准，任何个人或者单位及其关联人擅自持有期货公司 5% 以上股权，或者通过提供虚假申请材料等方式成为期货公司股东，情节严重的（ ）。

A. 责令改正，没收业务收入，单处或者并处 3 万元以下罚款

B. 责令改正，单处或者并处 1 万元以下罚款

C. 给予警告，单处 5 万元以下罚款

D. 给予警告，单处或者并处 3 万元以下罚款

【答案】D

【解析】未经中国证监会批准，任何个人或者单位及其关联人擅自持有期货公司 5% 以上股权，或者通过提供虚假申请材料等方式成为期货公司股东，情节严重的，给予警告，单处或者并处 3 万元以下罚款。

第八章　附　则

第九十七条　经中国证监会批准，其他期货经营机构可以从事特定期货业务。具体办法由中国证监会另行制定。

第九十八条　期货公司参与其他交易场所交易的，应当遵守法律、行政法规及其他交易场所业务规则的规定。

第九十九条　本办法中所称金融资产包括银行存款、股票、债券、基金份额、资产管理计划、银行理财产品、信托计划、保险产品、期货权益等。

第一百条　本办法自公布之日起施行。2005 年 8月 19 日发布的《关于香港、澳门服务提供者参股期货经纪公司有关问题的通知》（证监期货字〔2005〕138 号）、2007 年 2 月 25 日发布的《关于加强期货公司客户风险控制有关工作的通知》（证监期货字〔2007〕18 号）、2007 年 4 月 9 日发布的《期货公司管理办法》（证监会令第 43 号）、2011 年 11 月 3 日发布的《期货营业部管理规定（试行）》（证监会公告〔2011〕33 号）、2012 年 5 月 10 日发布的《关于期货公司变更注册资本或股权有关问题的规定》（证监会公告〔2012〕11 号）同时废止。

练 习 题

一、单项选择题

1. 期货公司单个股东的持股比例或者有关联关系的股东合计持股比例增加到（　　）以上，应当经期货公司住所地中国证监会派出机构批准。

A. 3%　　　　　　　　B. 5%

C. 10%　　　　　　　D. 15%

2. 未经中国证监会批准，任何个人或者单位及其关联人擅自持有期货公司 5% 以上股权，或者通过提供虚假申请材料等方式成为期货公司股东，情节严重的（　　）。

A. 责令改正，没收业务收入，单处或者并处 3万元以下罚款

B. 责令改正，单处或者并处 1 万元以下罚款

C. 给予警告，单处 5 万元以下罚款

D. 给予警告，单处或者并处 3 万元以下罚款

3. 持有期货公司 5% 以上股权的股东或者实际控制人所持有的期货公司股权被冻结、查封或者被强制执行，应当在（　　）内通知期货公司。

A. 3 个工作日　　　　B. 7 个工作日

C. 10 个工作日　　　D. 15 个工作日

4. 期货公司变更法定代表人的，应当向（　　）提交变更法定代表人申请书等申请材料。

A. 住所地的期货交易所

B. 住所地的中国证监会派出机构

C. 拟任法定代表人所在地的工商行政管理机构

D. 国务院国有资产监督管理机构

5. 期货公司变更住所，应当向（　　）提交变更住所申请书等申请材料。

A. 迁出地期货交易所

B. 迁出地工商行政管理机构

C. 拟迁入地期货交易所

D. 拟迁入地中国证监会派出机构

6. 期货公司申请设立分支机构，应当向公司所在地中国证监会派出机构提交申请日前（　　）的风险监管报表。

A. 1 个月　　　　　　B. 2 个月

C. 3 个月　　　　　　D. 5 个月

7. 期货公司营业部终止的，期货公司应当向营业部所在地的中国证监会派出机构提交的申请材料不包括（　　）。

A. 申请书

B. 营业部的管理制度文本

C. 拟终止营业部的决议文件

D. 关于处理客户资产、结清分支机构业务并终止经营活动的情况报告

8. 期货公司停业的，应当向中国证监会提交的申请材料不包括（　　）。

A. 申请书

B. 停业决议文件

C. 关于处理客户资产、处置或者清退客户情况的报告

D. 申请日前 2 个月月末的风险监管报表

9. 期货公司及其营业部的许可证由（　　）统一印制。

A. 期货交易所　　　　B. 中国证监会

C. 国家工商总局　　　D. 商务部

10. 期货公司及其营业部的许可证正本或者副本遗失或者灭失的，期货公司应当在（　　）内在中国

证监会指定的报刊或者媒体上声明作废，并持登载声明向中国证监会重新申领。

 A. 10 个工作日   B. 15 个工作日

 C. 30 个工作日   D. 45 个工作日

二、多项选择题

1. 期货公司及其股东、实际控制人或者其他关联人，为期货公司提供相关服务的会计师事务所、律师事务所等中介服务机构涉嫌违反《期货公司管理办法》有关规定的，中国证监会及其派出机构可以（ ）。

 A. 监管谈话

 B. 责令改正

 C. 出具警示函

 D. 对负责人采取拘留等强制措施

2. 期货公司或其营业部有下列哪些情形的，中国证监会及其派出机构可以依据《期货交易管理条例》第五十六条的相关规定，采取相应的（ ）监管措施。

 A. 公司治理不健全，部门或者岗位设置存在较大缺陷

 B. 未按规定执行分支机构统一管理制度，经营管理存在较大风险或者风险隐患

 C. 存在重大纠纷、仲裁、诉讼，可能影响持续经营

 D. 报送、披露的信息存在虚假记载、误导性陈述或者重大遗漏

3. 期货公司的股东、实际控制人或其他关联人有下列（ ）情形的，中国证监会及其派出机构可以责令其限期整改。

 A. 直接任免期货公司的董事、监事、高级管理人员

 B. 占用期货公司的资产

 C. 非法干预期货公司经营管理活动

 D. 股东未按照出资比例行使表决权

4. 期货公司在中国证监会不同派出机构辖区变更住所的，应当符合的条件有（ ）。

 A. 高级管理人员近 3 年内未受过刑事处罚，无不良信用记录

 B. 符合持续性经营规则

 C. 近 5 年内无重大违法违规经营记录，未发生重大风险事件

 D. 近 2 年未因重大违法违规行为受到行政处罚或者刑事处罚

5. 期货公司变更住所，应当向拟迁入地中国证监会派出机构提交的申请材料包括（ ）。

 A. 申请书

 B. 客户资产处理情况报告

 C. 变更住所的详细计划

 D. 拟变更后的住所所有权或者使用权证明和消防检验合格证明

6. 期货公司申请设立分支机构，应当具备的条件有（ ）。

 A. 未因涉嫌违法违规经营正在被有权机关调查，近 1 年内未因违法违规经营受到行政处罚或者刑事处罚

 B. 申请日前 2 个月符合期货公司风险监管指标标准

 C. 公司治理健全，内部控制制度符合有关规定并有效执行

 D. 符合有关客户资产保护和期货保证金安全存管监控的规定

7. 期货公司应当按照（ ）的原则，建立并完善公司治理。

 A. 明晰职责   B. 强化制衡

 C. 加强风险管理   D. 统一核算

8. 期货公司与其控股股东在（ ）等方面应当严格分开，独立经营，独立核算。

 A. 业务   B. 人员

 C. 资产   D. 场所

三、判断是非题

1. 中国期货业协会、期货交易所按照自律规则对期货公司实行监督管理。（ ）

2. 期货公司开立、变更或者撤销期货保证金账户的，应在 3 日内向其住所地的中国证监会派出机构和期货保证金安全存管监控机构备案，并履行信息披露义务。（ ）

3. 期货公司存管的客户保证金应当一部分存放在期货保证金账户和期货交易所专用结算账户内，一部分存放在期货公司的自有资金账户内，而不应全额存放在期货保证金账户和期货交易所专用结算账户内。（ ）

4. 客户应当向期货公司登记以本人名义开立的用于存取保证金的期货结算账户。（ ）

5. 在期货公司年度报告、月度报告上签字的人员，应当保证报告的内容真实、准确、完整；对报告内容有异议的，应当注明自己的意见和理由。（ ）

6. 期货公司解聘会计师事务所的，无须说明理由。（ ）

7. 未经中国证监会批准，任何个人或者单位通过提供虚假申请材料等方式成为期货公司股东，中国证监会可以责令其限期转让股权；该股权在转让之前，具有表决权、分红权。（ ）

8. 期货公司及其营业部接受未办理开户手续的单位或者个人委托进行期货交易，或者将客户的资金账号、交易编码借给其他单位或者个人使用的，给予警告，单处或者并处 3 万元以下罚款。（ ）

9. 期货公司解散、破产的，应当先行妥善处理客户的保证金和其他资产，结清期货业务。（ ）

期货公司董事、监事和高级管理人员任职资格管理办法

考 纲 分 析

本条例主要对董事、监事、高级管理人员任职资格条件、任职资格的申请与核准、行为规则以及违反本条例的法律责任做出了具体规定。其中，董事、监事、高级管理人员任职资格的申请与核准尤为重要，需要考生在理解的基础上牢固掌握，并能在相关案例中加以灵活应用。

知 识 结 构

期货公司董事、监事和高级管理人员任职资格管理办法
- 总则
- 任职资格条件
- 任职资格的申请与核准
- 行为规则
- 监督管理
- 法律责任
- 附则

内 容 解 析

第一章 总 则

第一条 为了加强对期货公司董事、监事和高级管理人员任职资格的管理，规范期货公司运作，防范经营风险，根据《公司法》和《期货交易管理条例》，特制定本办法。

第二条 期货公司董事、监事和高级管理人员的任职资格管理，适用本办法。

本办法所称高级管理人员，是指期货公司的总经理、副总经理、首席风险官（以下简称经理层人员），财务负责人、营业部负责人以及实际履行上述职务的人员。

第三条 期货公司董事、监事和高级管理人员应当在任职前取得中国证券监督管理委员会（以下简称中国证监会）核准的任职资格。

期货公司不得任用未取得任职资格的人员担任董事、监事和高级管理人员。

第四条 期货公司董事、监事和高级管理人员应当遵守法律、行政法规和中国证监会的规定，遵守自律规则、行业规范和公司章程，恪守诚信，勤勉尽责。

第五条 中国证监会依法对期货公司董事、监事和高级管理人员进行监督管理。

中国证监会派出机构依照本办法和中国证监会的授权对期货公司董事、监事和高级管理人员进行监督管理。

中国期货业协会、期货交易所依法对期货公司董事、监事和高级管理人员进行自律管理。

【例题1】 在我国，依法对期货公司董事、监事和高级管理人员进行自律管理的机构是（　　）。

A. 期货交易所

B. 中国证监会

C. 中国期货业协会

D. 商务部

【答案】AC

【解析】中国期货业协会、期货交易所依法对期货公司董事、监事和高级管理人员进行自律管理。

第二章 任职资格条件

第六条 申请期货公司董事、监事和高级管理人员的任职资格，应当具有诚实守信的品质、良好的职业道德和履行职责所必需的经营管理能力。

第七条 申请除董事长、监事会主席、独立董事以外的董事、监事的任职资格，应当具备下列条件：

（一）具有从事期货、证券等金融业务或者法律、会计业务3年以上经验，或者经济管理工作5年以上经验；

（二）具有大学专科以上学历。

第八条 申请独立董事的任职资格，应当具备下列条件：

（一）具有从事期货、证券等金融业务或者法律、会计业务5年以上经验，或者具有相关学科教学、研究的高级职称；

（二）具有大学本科以上学历，并且取得学士以上学位；

（三）通过中国证监会认可的资质测试；

（四）有履行职责所必需的时间和精力。

第九条 下列人员不得担任期货公司独立董事：

（一）在期货公司或者其关联方任职的人员及其近亲属和主要社会关系人员；

（二）在下列机构任职的人员及其近亲属和主要社会关系人员：持有或者控制期货公司5%以上股权的单位、期货公司前5名股东单位、与期货公司存在业务联系或者利益关系的机构；

（三）为期货公司及其关联方提供财务、法律、咨询等服务的人员及其近亲属；

（四）最近1年内曾经具有前三项所列举情形之一的人员；

（五）在其他期货公司担任除独立董事以外职务的人员；

（六）中国证监会认定的其他人员。

第十条 申请董事长和监事会主席的任职资格，应当具备下列条件：

（一）具有从事期货业务3年以上经验，或者其他金融业务4年以上经验，或者法律、会计业务5年以上经验；

（二）具有大学本科以上学历或者取得学士以上学位；

（三）通过中国证监会认可的资质测试。

第十一条 申请经理层人员的任职资格，应当具备下列条件：

（一）具有期货从业人员资格；

（二）具有大学本科以上学历或者取得学士以上学位；

（三）通过中国证监会认可的资质测试。

第十二条 申请总经理、副总经理的任职资格，除具备第十一条规定条件外，还应当具备下列条件：

（一）具有从事期货业务3年以上经验，或者其他金融业务4年以上经验，或者法律、会计业务5年以上经验；

（二）担任期货公司、证券公司等金融机构部门负责人以上职务不少于2年，或者具有相当职位管理工作经历。

第十三条 申请首席风险官的任职资格，除具备第十一条规定条件外，还应当具有从事期货业务3年以上经验，并担任期货公司交易、结算、风险管理或者合规负责人职务不少于2年；或者具有从事期货业务1年以上经验，并具有在证券公司等金融机构从事风险管理、合规业务3年以上经验。

第十四条 申请财务负责人、营业部负责人的任职资格，应当具备下列条件：

（一）具有期货从业人员资格；

（二）具有大学本科以上学历或者取得学士以上学位。

申请财务负责人的任职资格，还应当具有会计师以上职称或者注册会计师资格；申请营业部负责人的任职资格，还应当具有从事期货业务3年以上经验，或者其他金融业务4年以上经验。

第十五条 期货公司法定代表人应当具有期货从业人员资格。

第十六条 具有从事期货业务10年以上经验或者曾担任金融机构部门负责人以上职务8年以上的人员，申请期货公司董事长、监事会主席、高级管理人员任职资格的，学历可以放宽至大学专科。

第十七条 具有期货等金融或者法律、会计专业硕士研究生以上学历的人员，申请期货公司董事、监事和高级管理人员任职资格的，从事除期货以外的其他金融业务，或者法律、会计业务的年限可以放宽 1 年。

第十八条　在期货监管机构、自律机构以及其他承担期货监管职能的专业监管岗位任职 8 年以上的人员，申请期货公司高级管理人员任职资格的，可以免试取得期货从业人员资格。

第十九条　有下列情形之一的，不得申请期货公司董事、监事和高级管理人员的任职资格：

（一）《公司法》第一百四十七条规定的情形；

（二）因违法行为或者违纪行为被解除职务的期货交易所、证券交易所、证券登记结算机构的负责人，或者期货公司、证券公司的董事、监事、高级管理人员，自被解除职务之日起未逾 5 年；

（三）因违法行为或者违纪行为被撤销资格的律师、注册会计师或者投资咨询机构、财务顾问机构、资信评级机构、资产评估机构、验证机构的专业人员，自被撤销资格之日起未逾 5 年；

（四）因违法行为或者违纪行为被开除的期货交易所、证券交易所、证券登记结算机构、证券服务机构、期货公司、证券公司的从业人员和被开除的国家机关工作人员，自被开除之日起未逾 5 年；

（五）国家机关工作人员和法律、行政法规规定的禁止在公司中兼职的其他人员；

（六）因违法违规行为受到金融监管部门的行政处罚，执行期满未逾 3 年；

（七）自被中国证监会或者其派出机构认定为不适当人选之日起未逾 2 年；

（八）因违法违规行为或者出现重大风险被监管部门责令停业整顿、托管、接管或者撤销的金融机构及分支机构，其负有责任的主管人员和其他直接责任人员，自该金融机构及分支机构被停业整顿、托管、接管或者撤销之日起未逾 3 年；

（九）中国证监会认定的其他情形。

【例题 2】申请期货公司经理层人员的任职资格，应当具备的条件不包括（　）。

A. 具有期货从业人员资格

B. 具有大学本科以上学历或者取得学士以上学位

C. 通过中国证监会认可的资质测试

D. 具有从事期货业务 3 年以上经验

【答案】D

【解析】根据《期货公司董事、监事和高级管理人员任职资格管理办法》第 11 条规定，申请经理层人员的任职资格，应当具备下列条件：①具有期货从业人员资格；②具有大学本科以上学历或者取得学士以上学位；③通过中国证监会认可的资质测试。

【例题 3】有（　）情形之一的，不得申请期货公司董事、监事和高级管理人员的任职资格。

A. 因违法行为或者违纪行为被解除职务的期货交易所、证券交易所、证券登记结算机构的负责人，或者期货公司、证券公司的董事、监事、高级管理人员，自被解除职务之日起未逾 5 年

B. 因违法行为或者违纪行为被撤销资格的律师、注册会计师或者投资咨询机构、财务顾问机构、资信评级机构、资产评估机构、验证机构的专业人员，自被撤销资格之日起未逾 5 年

C. 因违法行为或者违纪行为被开除的期货交易所、证券交易所、证券登记结算机构、证券服务机构、期货公司、证券公司的从业人员和被开除的国家机关工作人员，自被开除之日起未逾 5 年

D. 因违法违规行为受到金融监管部门的行政处罚，执行期满未逾 5 年

【答案】ABC

【解析】D 应该是"3 年"。

第三章　任职资格的申请与核准

第二十条　期货公司董事长、监事会主席、独立董事、经理层人员的任职资格，由中国证监会依法核准。经中国证监会授权，可以由中国证监会派出机构依法核准。

除董事长、监事会主席、独立董事以外的董事、监事和财务负责人的任职资格，由期货公司住所地的中国证监会派出机构依法核准。

营业部负责人的任职资格由期货公司营业部所在地的中国证监会派出机构依法核准。

第二十一条　申请期货公司董事长、监事会主席、独立董事的任职资格，应当由拟任职期货公司向中国证监会或者其授权的派出机构提出申请，并提交下列申请材料：

（一）申请书；

（二）任职资格申请表；

（三）2 名推荐人的书面推荐意见；

（四）身份、学历、学位证明；

（五）资质测试合格证明；

（六）中国证监会规定的其他材料。

申请独立董事任职资格的，还应当提供拟任人关于独立性的声明，声明应当重点说明其本人是否存在本办法第九条所列举的情形。

第二十二条　申请经理层人员的任职资格，应当由本人或者拟任职期货公司向中国证监会或者其授权的派出机构提出申请，并提交下列申请材料：

（一）申请书；

（二）任职资格申请表；

（三）2 名推荐人的书面推荐意见；

（四）身份、学历、学位证明；

（五）期货从业人员资格证书；

（六）资质测试合格证明；

（七）中国证监会规定的其他材料。

第二十三条　推荐人应当是任职 1 年以上的期货公司现任董事长、监事会主席或者经理层人员。

拟任人不具有期货从业经历的，推荐人中可有 1 名是其原任职单位的负责人。拟任人为境外人士的，推荐人中可有 1 名是拟任人曾任职的境外期货经营机构的经理层人员。

推荐人应当了解拟任人的个人品行、遵纪守法、从业经历、业务水平、管理能力等情况，承诺推荐内容的真实性，对拟任人是否存在本办法第十九条所列举的情形做出说明，并发表明确的推荐意见。

推荐人每年最多只能推荐 3 人申请期货公司董事长、监事会主席、独立董事或者经理层人员的任职资格。

第二十四条　申请除董事长、监事会主席、独立董事以外的董事、监事和财务负责人的任职资格，应当由拟任职期货公司向公司住所地的中国证监会派出机构提出申请，并提交下列申请材料：

（一）申请书；

（二）任职资格申请表；

（三）身份、学历、学位证明；

（四）中国证监会规定的其他材料。

申请财务负责人任职资格的，还应当提交期货从业人员资格证书，以及会计师以上职称或者注册会计师资格的证明。

第二十五条　申请营业部负责人的任职资格，应当由拟任职期货公司向营业部所在地的中国证监会派出机构提出申请，并提交下列申请材料：

（一）申请书；

（二）任职资格申请表；

（三）身份、学历、学位证明；

（四）期货从业人员资格证书；

（五）中国证监会规定的其他材料。

第二十六条　申请人提交境外大学或者高等教育机构学位证书或者高等教育文凭，或者非学历教育文凭的，应当同时提交国务院教育行政部门对拟任人所获教育文凭的学历学位认证文件。

第二十七条　中国证监会或者其派出机构通过审核材料、考察谈话、调查从业经历等方式，对拟任人的能力、品行和资历进行审查。

第二十八条　申请人或者拟任人有下列情形之一的，中国证监会或者其派出机构可以做出终止审查的决定：

（一）拟任人死亡或者丧失行为能力；

（二）申请人依法解散；

（三）申请人撤回申请材料；

（四）申请人未在规定期限内针对反馈意见做出进一步说明、解释；

（五）申请人或者拟任人因涉嫌违法违规行为被有权机关立案调查；

（六）申请人被依法采取停业整顿、托管、接管、限制业务等监管措施；

（七）申请人或者拟任人因涉嫌犯罪被司法机关立案侦查；

（八）中国证监会认定的其他情形。

第二十九条　期货公司应当自拟任董事、监事、财务负责人、营业部负责人取得任职资格之日起 30 个工作日内，按照公司章程等有关规定办理上述人员的任职手续。自取得任职资格之日起 30 个工作日内，上述人员未在期货公司任职，其任职资格自动失效，但有正当理由并经中国证监会相关派出机构认可的除外。

第三十条　期货公司任用董事、监事和高级管理人员，应当自做出决定之日起 5 个工作日内，向中国证监会相关派出机构报告，并提交下列材料：

（一）任职决定文件；

（二）相关会议的决议；

（三）相关人员的任职资格核准文件；

（四）高级管理人员职责范围的说明；

（五）中国证监会规定的其他材料。

第三十一条　期货公司免除董事、监事和高级管理人员的职务，应当自做出决定之日起 5 个工作日内，向中国证监会相关派出机构报告，并提交下列材料：

（一）免职决定文件；

（二）相关会议的决议；

（三）中国证监会规定的其他材料。

期货公司拟免除首席风险官的职务，应当在做出决定前10个工作日将免职理由及其履行职责情况向公司住所地的中国证监会派出机构报告。

第三十二条　期货公司任用境外人士担任经理层人员职务的比例不得超过公司经理层人员总数的30%。

第三十三条　期货公司董事、监事和高级管理人员不得在党政机关兼职。

期货公司高级管理人员最多可以在期货公司参股的2家公司兼任董事、监事，但不得在上述公司兼任董事、监事之外的职务，不得在其他营利性机构兼职或者从事其他经营性活动。

期货公司营业部负责人不得兼任其他营业部负责人。

独立董事最多可以在2家期货公司兼任独立董事。

期货公司董事、监事和高级管理人员兼职的，应当自有关情况发生之日起5个工作日内向中国证监会相关派出机构报告。

第三十四条　期货公司董事、监事、财务负责人、营业部负责人离任的，其任职资格自离任之日起自动失效。

有以下情形的，不受前款规定所限：

（一）期货公司除董事长、监事会主席、独立董事以外的董事、监事，在同一期货公司内由董事改任监事或者由监事改任董事；

（二）在同一期货公司内，董事长改任监事会主席，或者监事会主席改任董事长，或者董事长、监事会主席改任除独立董事之外的其他董事、监事；

（三）在同一期货公司内，营业部负责人改任其他营业部负责人。

第三十五条　期货公司董事长、监事会主席、独

立董事离任后到其他期货公司担任董事长、监事会主席、独立董事的，应当重新申请任职资格。上述人员离开原任职期货公司不超过12个月，且未出现本办法第十九条规定情形的，拟任职期货公司应当提交下列申请材料：

（一）申请书；

（二）任职资格申请表；

（三）拟任人在原任职期货公司任职情况的陈述；

（四）中国证监会规定的其他材料。

第三十六条　取得经理层人员任职资格的人员，担任董事（不包括独立董事）、监事、营业部负责人职务，不需重新申请任职资格，由拟任职期货公司按照规定依法办理其任职手续。

【例题4】期货公司任用董事、监事和高级管理人员，应当自做出决定之日起（　）工作日内，向中国证监会相关派出机构报告。

A. 5个　　　　　　　　B. 10个

C. 15个　　　　　　　　D. 30个

【答案】A

【解析】期货公司任用董事、监事和高级管理人员，应当自做出决定之日起5个工作日内，向中国证监会相关派出机构报告。

【例题5】期货公司任用境外人士担任经理层人员职务的比例不得超过公司经理层人员总数的（　）。

A. 5%　　　　　　　　B. 10%

C. 20%　　　　　　　　D. 30%

【答案】D

【解析】根据《期货公司董事、监事和高级管理人员任职资格管理办法》第三十二条规定，期货公司任用境外人士担任经理层人员职务的比例不得超过公司经理层人员总数的30%。

第四章　行为规则

第三十七条　期货公司董事应当按照公司章程的规定出席董事会会议，参加公司的活动，切实履行职责。

第三十八条　期货公司独立董事应当重点关注和保护客户、中小股东的利益，发表客观、公正的独立意见。

第三十九条　期货公司高级管理人员应当遵循诚

信原则，谨慎地在职权范围内行使职权，维护客户和公司的合法利益，不得从事或者配合他人从事损害客户和公司利益的活动，不得利用职务之便为自己或者他人谋取属于本公司的商业机会。

第四十条　期货公司董事、监事和高级管理人员的近亲属在期货公司从事期货交易的，有关董事、监事和高级管理人员应当在知悉或者应当知悉之日起5

个工作日内向公司报告，并遵循回避原则。公司应当在接到报告之日起 5 个工作日内向中国证监会相关派出机构备案，并定期报告相关交易情况。

第四十一条　期货公司总经理应当认真执行董事会决议，有效执行公司制度，防范和化解经营风险，确保经营业务的稳健运行和客户保证金安全完整。副总经理应当协助总经理工作，忠实履行职责。

第四十二条　期货公司董事、监事和高级管理人员不得收受商业贿赂或者利用职务之便牟取其他非法利益。

第五章　监督管理

第四十三条　中国证监会对取得经理层人员任职资格但未实际任职的人员实行资格年检。

上述人员应当自取得任职资格的下一个年度起，在每年第一季度向住所地的中国证监会派出机构提交由单位负责人或者推荐人签署意见的年检登记表，对是否存在本办法第十九条所列举的情形做出说明。

第四十四条　取得经理层人员任职资格但未实际任职的人员，未按规定参加资格年检，或者未通过资格年检，或者连续 5 年未在期货公司担任经理层人员职务的，应当在任职前重新申请取得经理层人员的任职资格。

第四十五条　期货公司董事长、监事会主席、独立董事、经理层人员和取得经理层人员任职资格但未实际任职的人员，应当至少每 2 年参加 1 次由中国证监会认可、行业自律组织举办的业务培训，取得培训合格证书。

第四十六条　期货公司董事长、总经理、首席风险官在失踪、死亡、丧失行为能力等特殊情形下不能履行职责的，期货公司可以按照公司章程等规定临时决定由符合相应任职资格条件的人员代为履行职责，并自做出决定之日起 3 个工作日内向中国证监会及其派出机构报告。

公司决定的人员不符合条件的，中国证监会及其派出机构可以责令公司更换代为履行职责的人员。

代为履行职责的时间不得超过 6 个月。公司应当在 6 个月内任用具有任职资格的人员担任董事长、总经理、首席风险官。

第四十七条　期货公司调整高级管理人员职责分工的，应当在 5 个工作日内向中国证监会相关派出机构报告。

第四十八条　期货公司董事、监事和高级管理人

【例题 6】判断是非题

期货公司董事、监事和高级管理人员的近亲属在期货公司从事期货交易的，有关董事、监事和高级管理人员应当在知悉或者应当知悉之日起 10 个工作日内向公司报告，并遵循回避原则。

【答案】错误

【解析】期货公司董事、监事和高级管理人员的近亲属在期货公司从事期货交易的，有关董事、监事和高级管理人员应当在知悉或者应当知悉之日起 5 个工作日内向公司报告，并遵循回避原则。

员因涉嫌违法违规行为被有权机关立案调查或者采取强制措施的，期货公司应当在知悉或者应当知悉之日起 3 个工作日内向中国证监会相关派出机构报告。

第四十九条　期货公司对董事、监事和高级管理人员给予处分的，应当自做出决定之日起 5 个工作日内向中国证监会相关派出机构报告。

第五十条　期货公司董事、监事和高级管理人员受到非法或者不当干预，不能正常依法履行职责，导致或者可能导致期货公司发生违规行为或者出现风险的，该人员应当及时向中国证监会相关派出机构报告。

第五十一条　期货公司有下列情形之一的，中国证监会及其派出机构可以责令改正，并对负有责任的主管人员和其他直接责任人员进行监管谈话，出具警示函：

（一）法人治理结构、内部控制存在重大隐患；

（二）未按规定报告高级管理人员职责分工调整的情况；

（三）未按规定报告相关人员代为履行职责的情况；

（四）未按规定报告董事、监事和高级管理人员的近亲属在本公司从事期货交易的情况；

（五）未按规定对离任人员进行离任审计；

（六）中国证监会认定的其他情形。

第五十二条　期货公司董事、监事和高级管理人员有下列情形之一的，中国证监会及其派出机构可以责令改正，并对其进行监管谈话，出具警示函：

（一）未按规定履行职责；

（二）未按规定参加业务培训；

（三）违规兼职或者未按规定报告兼职情况；

（四）未按规定报告近亲属在本公司从事期货交

易的情况；

（五）中国证监会认定的其他情形。

第五十三条　期货公司任用境外人士担任经理层人员职务的比例违反本办法规定的，中国证监会及其派出机构可以责令公司更换或调整经理层人员。

第五十四条　期货公司董事、监事和高级管理人员在任职期间出现下列情形之一的，中国证监会及其派出机构可以将其认定为不适当人选：

（一）向中国证监会提供虚假信息或者隐瞒重大事项，造成严重后果；

（二）拒绝配合中国证监会依法履行监管职责，造成严重后果；

（三）擅离职守，造成严重后果；

（四）1年内累计3次被中国证监会及其派出机构进行监管谈话；

（五）累计3次被行业自律组织纪律处分；

（六）对期货公司出现违法违规行为或者重大风险负有责任；

（七）中国证监会认定的其他情形。

第五十五条　期货公司董事、监事和高级管理人员被中国证监会及其派出机构认定为不适当人选的，期货公司应当将该人员免职。

自被中国证监会及其派出机构认定为不适当人选之日起2年内，任何期货公司不得任用该人员担任董事、监事和高级管理人员。

第五十六条　中国证监会建立期货公司董事、监事和高级管理人员诚信档案，记录董事、监事和高级管理人员的合规和诚信情况。

第五十七条　推荐人签署的意见有虚假陈述的，自中国证监会及其派出机构做出认定之日起2年内不再受理该推荐人的推荐意见和签署意见的年检登记表，并记入该推荐人的诚信档案。

第五十八条　期货公司董事长、总经理辞职，或者被认定为不适当人选而被解除职务，或者被撤销任职资格的，期货公司应当委托具有证券、期货相关业务资格的会计师事务所对其进行离任审计，并自其离任之日起3个月内将审计报告报中国证监会及其派出机构备案。

期货公司无故拖延或者拒不审计的，中国证监会及其派出机构可以指定具有证券、期货相关业务资格的会计师事务所进行审计。有关审计费用由期货公司承担。

【例题7】期货公司董事长、总经理辞职，或者被认定为不适当人选而被解除职务，或者被撤销任职资格的，期货公司应当委托具有证券、期货相关业务资格的会计师事务所对其进行离任审计，并自其离任之日起（　）内将审计报告报中国证监会及其派出机构备案。

A. 1个月

B. 2个月

C. 3个月

D. 6个月

【答案】C

【解析】期货公司董事长、总经理辞职，或者被认定为不适当人选而被解除职务，或者被撤销任职资格的，期货公司应当委托具有证券、期货相关业务资格的会计师事务所对其进行离任审计，并自其离任之日起3个月内将审计报告报中国证监会及其派出机构备案。

【例题8】期货公司有下列（　）情形的，中国证监会及其派出机构可以责令改正，并对负有责任的主管人员和其他直接责任人员进行监管谈话，出具警示函。

A. 未按规定报告高级管理人员职责分工调整的情况

B. 未按规定报告相关人员代为履行职责的情况

C. 未按规定对离任人员进行离任审计

D. 未按规定报告董事、监事和高级管理人员的近亲属在本公司从事期货交易的情况

【答案】ABCD

【解析】期货公司有下列情形之一的，中国证监会及其派出机构可以责令改正，并对负有责任的主管人员和其他直接责任人员进行监管谈话，出具警示函：

（一）法人治理结构、内部控制存在重大隐患；

（二）未按规定报告高级管理人员职责分工调整的情况；

（三）未按规定报告相关人员代为履行职责的情况；

（四）未按规定报告董事、监事和高级管理人员的近亲属在本公司从事期货交易的情况；

（五）未按规定对离任人员进行离任审计；

（六）中国证监会认定的其他情形。

第六章　　法律责任

第五十九条　申请人或者拟任人隐瞒有关情况或者提供虚假材料申请任职资格的，中国证监会及其派出机构不予受理或者不予行政许可，并依法予以警告。

第六十条　申请人或者拟任人以欺骗、贿赂等不正当手段取得任职资格的，应当予以撤销，对负有责任的公司和人员予以警告，并处 3 万元以下罚款。

第六十一条　期货公司有下列情形之一的，根据《期货交易管理条例》第七十条处罚：

（一）任用未取得任职资格的人员担任董事、监事和高级管理人员；

（二）任用中国证监会及其派出机构认定的不适当人选担任董事、监事和高级管理人员；

（三）未按规定报告董事、监事和高级管理人员的任免情况，或者报送的材料存在虚假记载、误导性陈述或者重大遗漏；

（四）未按规定报告董事、监事和高级管理人员的处分情况；

（五）董事、监事和高级管理人员被有权机关立案调查或者采取强制措施的，未按规定履行报告义务；

（六）未按照中国证监会的要求更换或者调整董事、监事和高级管理人员。

第六十二条　期货公司董事、监事和高级管理人员收受商业贿赂或者利用职务之便牟取其他非法利益的，没收违法所得，并处 3 万元以下罚款；情节严重的，暂停或者撤销任职资格。

第六十三条　违反本办法，涉嫌犯罪的，依法移送司法机关，追究刑事责任。

【例题9】根据《期货公司董事、监事和高级管理人员任职资格管理办法》的规定，申请人或者拟任人以欺骗、贿赂等不正当手段取得任职资格的，应当予以撤销，对负有责任的公司和人员（　　）。

A. 予以警告，并处以 1 万元以下罚款

B. 予以警告，并处以 3 万元以下罚款

C. 予以警告，并处以 1 万元以上 3 万元以下罚款

D. 予以警告，并处以 3 万元以上 5 万元以下罚款

【答案】B

【解析】申请人或者拟任人以欺骗、贿赂等不正当手段取得任职资格的，应当予以撤销，对负有责任的公司和人员予以警告，并处 3 万元以下罚款。

第七章　　附　　则

第六十四条　期货公司现任法定代表人不具有期货从业人员资格的，应当自本办法施行之日起 1 年内取得期货从业人员资格。逾期未取得期货从业人员资格的，不得继续担任法定代表人。

第六十五条　本办法自公布之日起施行。中国证监会发布的《期货经纪公司高级管理人员任职资格管理办法（修订）》（证监发〔2002〕6 号）、《关于期货经纪公司高级管理人员任职资格审核有关问题的通知》（证监期货字〔2004〕67 号）、《期货经纪公司高级管理人员任职资格年检工作细则》（证监期货字〔2003〕110 号）、《关于落实对涉嫌违法违规期货公司高管人员及相关人员责任追究的通知》（证监期货字〔2005〕159 号）同时废止。

练习题

一、单项选择题

1. 在我国，依法对期货公司董事、监事和高级管理人员进行监督管理的机构是（　　）。

A. 期货交易所　　　B. 中国证监会

C. 中国期货业协会　D. 商务部

2. 申请期货公司经理层人员的任职资格，应当具备的条件不包括（　　）。

A. 具有期货从业人员资格

B. 具有大学本科以上学历或者取得学士以上学位

C. 通过中国证监会认可的资质测试

D. 具有从事期货业务 2 年以上经验

3. 期货公司任用董事、监事和高级管理人员，应当自做出决定之日起（　　）工作日内，向中国证

监会相关派出机构报告。

    A. 5 个   B. 10 个

    C. 15 个   D. 30 个

    4. 期货公司任用境外人士担任经理层人员职务的比例不得超过公司经理层人员总数的（　　）。

    A. 5%   B. 10%

    C. 20%   D. 30%

    5. 期货公司董事长、总经理辞职，或者被认定为不适当人选而被解除职务，或者被撤销任职资格的，期货公司应当委托具有证券、期货相关业务资格的会计师事务所对其进行离任审计，并自其离任之日起（　　）内将审计报告报中国证监会及其派出机构备案。

    A. 1 个月   B. 2 个月

    C. 3 个月   D. 6 个月

    6. 根据《期货公司董事、监事和高级管理人员任职资格管理办法》的规定，申请人或者拟任人以欺骗、贿赂等不正当手段取得任职资格的，应当予以撤销，对负有责任的公司和人员（　　）。

    A. 予以警告，并处以 1 万元以下罚款

    B. 予以警告，并处以 3 万元以下罚款

    C. 予以警告，并处以 1 万元以上 3 万元以下罚款

    D. 予以警告，并处以 3 万元以上 5 万元以下罚款

    7. 申请除期货公司董事长、监事会主席、独立董事以外的董事、监事和财务负责人的任职资格，应当提交的申请材料不包括（　　）。

    A. 申请书

    B. 任职资格申请表

    C. 身份、学历、学位证明

    D. 2 名推荐人的书面推荐意见

    8. 申请期货公司营业部负责人的任职资格，应当提交的申请材料不包括（　　）。

    A. 申请表

    B. 资质测试合格证明

    C. 期货从业人员资格证书

    D. 身份、学历、学位证明

    9. 期货公司应当自拟任董事、监事、财务负责人、营业部负责人取得任职资格之日起（　　）工作日内，按照公司章程等有关规定办理上述人员的任职手续。

    A. 5 个   B. 10 个

    C. 20 个   D. 30 个

    10. 期货公司免除董事、监事和高级管理人员的职务，应当自做出决定之日起（　　）工作日内，向中国证监会相关派出机构报告。

    A. 2 个   B. 3 个

    C. 5 个   D. 10 个

    11. 期货公司拟免除首席风险官的职务，应当在做出决定前（　　）工作日将免职理由及其履行职责情况向公司住所地的中国证监会派出机构报告。

    A. 3 个   B. 5 个

    C. 10 个   D. 15 个

    12. 期货公司董事、监事和高级管理人员兼职的，应当自有关情况发生之日起（　　）工作日内向中国证监会相关派出机构报告。

    A. 2 个   B. 5 个

    C. 7 个   D. 10 个

    13. 期货公司董事、监事和高级管理人员的近亲属在期货公司从事期货交易的，有关董事、监事和高级管理人员应当在知悉或者应当知悉之日起（　　）工作日内向公司报告，并遵循回避原则。

    A. 2 个   B. 3 个

    C. 5 个   D. 7 个

    14. 取得经理层人员任职资格但未实际任职的人员，应当自取得任职资格的下一个年度起，在每年（　　）向住所地的中国证监会派出机构提交由单位负责人或者推荐人签署意见的年检登记表。

    A. 第一季度   B. 第二季度

    C. 第三季度   D. 第四季度

    15. 期货公司董事长、总经理、首席风险官在失踪、死亡、丧失行为能力等特殊情形下不能履行职责的，期货公司可以按照公司章程等规定临时决定由符合相应任职资格条件的人员代为履行职责，代为履行职责的时间不得超过（　　）。

    A. 1 个月   B. 3 个月

    C. 5 个月   D. 6 个月

    16. 期货公司调整高级管理人员职责分工的，应当在（　　）工作日内向中国证监会相关派出机构报告。

    A. 2 个   B. 5 个

    C. 10 个   D. 15 个

二、多项选择题

    1.《期货公司董事、监事和高级管理人员任职资格管理办法》的制定目的的有（　　）。

    A. 规范期货公司运作

    B. 规范期货从业人员的执业行为

C. 防范经营风险

D. 加强对期货公司董事、监事和高级管理人员任职资格的管理

2. 下列有关期货公司总经理行为规则的说法正确的有（　　）。

A. 认真执行董事会决议

B. 有效执行公司制度

C. 防范和化解经营风险

D. 确保经营业务的稳健运行

3. 期货公司有下列（　　）情形的，中国证监会及其派出机构可以责令改正，并对负有责任的主管人员和其他直接责任人员进行监管谈话，出具警示函。

A. 未按规定报告高级管理人员职责分工调整的情况

B. 未按规定报告相关人员代为履行职责的情况

C. 未按规定对离任人员进行离任审计

D. 未按规定报告董事、监事和高级管理人员的近亲属在本公司从事期货交易的情况

4. 期货公司董事、监事和高级管理人员有下列（　　）情形的，中国证监会及其派出机构可以责令改正，并对其进行监管谈话，出具警示函。

A. 未按规定履行职责

B. 违规兼职或者未按规定报告兼职情况

C. 未按规定参加业务培训

D. 未按规定报告近亲属在本公司从事期货交易的情况

5. 期货公司董事、监事和高级管理人员在任职期间出现下列（　　）情形的，中国证监会及其派出机构可以将其认定为不适当人选。

A. 向中国证监会提供虚假信息或者隐瞒重大事项，造成严重后果

B. 拒绝配合中国证监会依法履行监管职责，造成严重后果

C. 1 年内累计 2 次被中国证监会及其派出机构进行监管谈话

D. 对期货公司出现违法违规行为或者重大风险负有责任

6. 申请期货公司营业部负责人的任职资格，应当具备的条件包括（　　）。

A. 具有期货从业人员资格

B. 具有大学本科以上学历或者取得学士以上学位

C. 通过中国证监会认可的资质测试

D. 具有从事期货业务 3 年以上经验，或者其他

金融业务 4 年以上经验

7. 下列人员申请期货公司董事长、监事会主席、高级管理人员的任职资格，学历可以放宽至大学专科的有（　　）。

A. 具有从法律、会计业务 8 年以上经验的人员

B. 具有在证券公司等金融机构从事风险管理、合规业务 5 年以上经验的人员

C. 具有从事期货业务 10 年以上经验的人员

D. 曾担任金融机构部门负责人以上职务 8 年以上的人员

8. 根据《期货公司董事、监事和高级管理人员任职资格管理办法》的规定，不得申请期货公司董事、监事和高级管理人员任职资格的情形有（　　）。

A. 因违法行为或者违纪行为被撤销资格的律师、注册会计师或者投资咨询机构专业人员，自被撤销资格之日起未逾 5 年

B. 国家机关工作人员和法律、行政法规规定的禁止在公司中兼职的其他人员

C. 因违法违规行为受到金融监管部门的行政处罚，执行期满未逾 3 年

D. 自被中国证监会或者其派出机构认定为不适当人选之日起未逾 3 年

9. 申请期货公司董事长、监事会主席、独立董事的任职资格，应当由拟任职期货公司向中国证监会或者其授权的派出机构提出申请，并提交下列（　　）申请材料。

A. 申请表

B. 1 名推荐人的书面推荐意见

C. 身份、学历、学位证明

D. 资质测试合格证明

10. 申请期货公司经理层人员的任职资格，应向中国证监会或者其授权的派出机构提交的申请材料有（　　）。

A. 2 名推荐人的书面推荐意见

B. 期货从业人员资格证书

C. 资质测试合格证明

D. 申请书

11. 申请期货公司财务负责人任职资格的，应当向公司住所地的中国证监会派出机构提交的申请材料有（　　）。

A. 期货从业人员资格证书

B. 任职资格申请表

C. 身份、学历、学位证明

D. 会计师以上职称或者注册会计师资格的证明

12. 中国证监会或者其派出机构通过下列（　　）方式对拟任人的能力、品行和资历进行审查。

A. 审核材料　　　　B. 考察谈话

C. 调查从业经历　　D. 问卷调查

13. 申请人或者拟任人有下列（　　）情形的，中国证监会或者其派出机构可以做出终止审查的决定。

A. 拟任人死亡或者丧失行为能力

B. 申请人撤回申请材料

C. 申请人或者拟任人因涉嫌违法违规行为被有权机关立案调查

D. 申请人被依法采取停业整顿、托管、接管、限制业务等监管措施

14. 期货公司任用董事、监事和高级管理人员，应当向中国证监会相关派出机构提交的材料有（　　）。

A. 相关会议的决议

B. 任职决定文件

C. 高级管理人员职责范围的说明

D. 相关人员的任职资格核准文件

15. 根据《期货公司董事、监事和高级管理人员任职资格管理办法》的规定，期货公司董事、监事、财务负责人、营业部负责人离任的，其任职资格自离任之日起自动失效。但有下列（　　）情形的，不受上述规定的限制。

A. 期货公司除董事长、监事会主席、独立董事以外的董事、监事，在同一期货公司内由董事改任监事或者由监事改任董事

B. 在同一期货公司内，董事长改任监事会主席，或者监事会主席改任董事长

C. 在同一期货公司内，董事长、监事会主席改任除独立董事之外的其他董事、监事

D. 在同一期货公司内，营业部负责人改任其他营业部负责人

三、判断是非题

1. 推荐人签署的意见有虚假陈述的，自中国证监会及其派出机构做出认定之日起5年内不再受理该推荐人的推荐意见和签署意见的年检登记表，并记入该推荐人的诚信档案。（　　）

2. 期货公司董事、监事和高级管理人员收受商业贿赂或者利用职务之便牟取其他非法利益的，没收违法所得，并处3万元以下罚款；情节严重的，暂停或者撤销任职资格。（　　）

3. 申请期货公司营业部负责人的任职资格，应当由本人向期货公司住所地的中国证监会派出机构提出申请。（　　）

4. 自取得任职资格之日起15个工作日内，期货公司拟任董事、监事、财务负责人、营业部负责人未在期货公司任职，其任职资格自动失效，但有正当理由并经中国证监会相关派出机构认可的除外。（　　）

5. 根据需要，期货公司董事、监事和高级管理人员可以在党政机关兼职，但不得获取报酬。（　　）

6. 期货公司高级管理人员最多可以在期货公司参股的2家公司兼任董事、监事，但不得在上述公司兼任董事、监事之外的职务，不得在其他营利性机构兼职或者从事其他经营性活动。（　　）

7. 为了完善公司治理，期货公司营业部负责人可以兼任其他营业部负责人。（　　）

8. 独立董事不得在其他期货公司兼任独立董事。（　　）

9. 期货公司董事、监事、财务负责人、营业部负责人离任的，其任职资格自离任之日起自动失效。（　　）

10. 期货公司董事长、监事会主席、独立董事离任后到其他期货公司担任董事长、监事会主席、独立董事的，不需重新申请任职资格。（　　）

11. 取得经理层人员任职资格的人员，担任董事（不包括独立董事）、监事、营业部负责人职务，应当重新申请任职资格。（　　）

12. 期货公司独立董事应当重点关注和保护客户、中小股东的利益，发表客观、公正的独立意见。（　　）

四、综合题

李某为一期货公司的总经理，王某为其朋友，王某在李某所任职的期货公司开立账户，此后多次找到李某，请求其透露一些期货信息，李某利用其职位获取相关准确信息，暗示某些期货价格可能会上涨，结果王某从中获利50万元，并给予李某好处费15万元。依据本案例，下列说法中，正确的有（　　）。

A. 李某属于"知情人士"，不得向外透露期货交易的内幕

B. 李某的行为属于商业受贿行为

C. 应当没收其违法所得，并处3万元以下罚款

D. 情节严重的，暂停或者撤销其任职资格，涉嫌犯罪的，依法追究其刑事责任

期货从业人员管理办法

本条例主要对期货业协会对从业人员进行自律管理及违反本条例的法律责任做出了具体规定。

其中，要求考生熟练掌握期货从业人员从业资格的取得和注销、期货从业人员的执业规则以及对期货从业人员的监督管理有关内容。

知 识 结 构

期货从业人员
管理办法
- 总则
- 从业资格的取得和注销
- 执业规则
- 监督管理
- 罚则
- 附则

内 容 解 析

第一章 总 则

第一条 为了加强期货从业人员的资格管理，规范期货从业人员的执业行为，根据《期货交易管理条例》，特制定本办法。

第二条 申请期货从业人员资格（以下简称从业资格），从事期货经营业务的机构（以下简称机构）任用期货从业人员，以及期货从业人员从事期货业务的，应当遵守本办法。

第三条 本办法所称机构是指：

（一）期货公司；

（二）期货交易所的非期货公司结算会员；

（三）期货投资咨询机构；

（四）为期货公司提供中间介绍业务的机构；

（五）中国证券监督管理委员会（以下简称中国证监会）规定的其他机构。

第四条 本办法所称期货从业人员是指：

（一）期货公司的管理人员和专业人员；

（二）期货交易所的非期货公司结算会员中从事期货结算业务的管理人员和专业人员；

（三）期货投资咨询机构中从事期货投资咨询业务的管理人员和专业人员；

（四）为期货公司提供中间介绍业务的机构中从事期货经营业务的管理人员和专业人员；

（五）中国证监会规定的其他人员。

第五条 中国证监会及其派出机构依法对期货从业人员进行监督管理。

中国期货业协会（以下简称协会）依法对期货从业人员实行自律管理，负责从业资格的认定、管理及撤销。

【例题1】根据《期货从业人员管理办法》的规定，从事期货经营业务的机构有（ ）。

A. 期货公司

B. 期货交易所的非期货公司结算会员

C. 为期货公司提供中间介绍业务的机构

D. 期货投资咨询机构

【答案】ABCD

【解析】根据《期货从业人员管理办法》第三条规定，期货公司、期货交易所的非期货公司结算会员、期货投资咨询机构、为期货公司提供中间介绍业务的机构，都属于从事期货经营业务的机构。

第二章　从业资格的取得和注销

第六条　协会负责组织从业资格考试。

第七条　参加从业资格考试的，应当符合下列条件：

（一）年满18周岁；

（二）具有完全民事行为能力；

（三）具有高中以上文化程度；

（四）中国证监会规定的其他条件。

第八条　通过从业资格考试的，取得协会颁发的从业资格考试合格证明。

第九条　取得从业资格考试合格证明的人员从事期货业务的，应当事先通过其所在机构向协会申请从业资格。

未取得从业资格的人员，不得在机构中开展期货业务活动。

第十条　机构任用具有从业资格考试合格证明且符合下列条件的人员从事期货业务的，应当为其办理从业资格申请：

（一）品行端正，具有良好的职业道德；

（二）已被本机构聘用；

（三）最近3年内未受过刑事处罚或者中国证监会等金融监管机构的行政处罚；

（四）未被中国证监会等金融监管机构采取市场禁入措施，或者禁入期已经届满；

（五）最近3年内未因违法违规行为被撤销证券、期货从业资格；

（六）中国证监会规定的其他条件。

机构不得任用无从业资格的人员从事期货业务，不得在办理从业资格申请过程中弄虚作假。

第十一条　期货从业人员辞职、被解聘或者死亡的，机构应当自上述情形发生之日起10个工作日内向协会报告，由协会注销其从业资格。

机构的相关期货业务许可被注销的，由协会注销该机构中从事相应期货业务的期货从业人员的从业资格。

第十二条　取得从业资格考试合格证明或者被注销从业资格的人员连续2年未在机构中执业的，在申请从业资格前应当参加协会组织的后续职业培训。

【例题2】在我国，负责组织期货从业资格考试的机构是（　　）。

A. 中国证监会

B. 中国期货业协会

C. 期货交易所

D. 各地人事部门

【答案】B

【例题3】参加期货从业资格考试应符合的条件有（　　）。

A. 具有完全民事行为能力

B. 年满18周岁

C. 具有大学专科以上文化程度

D. 通过中国证监会认可的资质测试

【答案】AB

【解析】参加从业资格考试的，应当符合下列条件：①年满18周岁；②具有完全民事行为能力；③具有高中以上文化程度；④中国证监会规定的其他条件。

第三章　执业规则

第十三条　期货从业人员必须遵守有关法律、行政法规和中国证监会的规定，遵守协会和期货交易所的自律规则，不得从事或者协同他人从事欺诈、内幕交易、操纵期货交易价格、编造并传播有关期货交易的虚假信息等违法违规行为。

第十四条　期货从业人员应当遵守下列执业行为规范：

（一）诚实守信，恪尽职守，促进机构规范运作，维护期货行业声誉；

（二）以专业的技能，谨慎、勤勉尽责地为客户提供服务，保守客户的商业秘密，维护客户的合法权益；

（三）向客户提供专业服务时，充分揭示期货交易风险，不得做出不当承诺或者保证；

（四）当自身利益或者相关方利益与客户的利益发生冲突或者存在潜在利益冲突时，及时向客户进行披露，并且坚持客户合法利益优先的原则；

（五）具有良好的职业道德与守法意识，抵制商业贿赂，不得从事不正当竞争行为和不正当交易行为；

（六）不得为迎合客户的不合理要求而损害社会公共利益、所在机构或者他人的合法权益；

（七）不得以本人或者他人名义从事期货交易；

（八）协会规定的其他执业行为规范。

第十五条　期货公司的期货从业人员不得有下列行为：

（一）进行虚假宣传，诱骗客户参与期货交易；

（二）挪用客户的期货保证金或者其他资产；

（三）中国证监会禁止的其他行为。

第十六条　期货交易所的非期货公司结算会员的期货从业人员不得有下列行为：

（一）利用结算业务关系及由此获得的结算信息损害非结算会员及其客户的合法权益；

（二）代理客户从事期货交易；

（三）中国证监会禁止的其他行为。

第十七条　期货投资咨询机构的期货从业人员不得有下列行为：

（一）利用传播媒介或者通过其他方式提供、传播虚假或者误导客户的信息；

（二）代理客户从事期货交易；

（三）中国证监会禁止的其他行为。

第十八条　为期货公司提供中间介绍业务的机构的期货从业人员不得有下列行为：

（一）收付、存取或者划转期货保证金；

（二）代理客户从事期货交易；

（三）中国证监会禁止的其他行为。

第十九条　机构或者其管理人员对期货从业人员发出违法违规指令的，期货从业人员应当予以抵制，并及时按照所在机构内部程序向高级管理人员或者董事会报告。机构应当及时采取措施妥善处理。

机构未妥善处理的，期货从业人员应当及时向中国证监会或者协会报告。中国证监会和协会应当对期货从业人员的报告行为保密。

机构的管理人员及其他相关人员不得对期货从业人员的上述报告行为打击报复。

【例题4】根据《期货从业人员管理办法》的规定，期货从业人员应当遵守的执业行为规范有（　　）。

A. 以专业的技能，谨慎、勤勉尽责地为客户提供服务，保守客户的商业秘密，维护客户的合法权益

B. 诚实守信，恪尽职守，促进机构规范运作，维护期货行业声誉

C. 向客户提供专业服务时，充分揭示期货交易风险，不得做出不当承诺或者保证

D. 不得以本人或者他人名义从事期货交易

【答案】ABCD

【例题5】判断是非题

机构或者其管理人员对期货从业人员发出违法违规指令的，期货从业人员应当予以抵制，并及时按照所在机构内部程序向高级管理人员或者董事会报告。

【答案】正确

第四章　监督管理

第二十条　中国证监会指导和监督协会对期货从业人员的自律管理活动。

第二十一条　协会应当建立期货从业人员信息数据库，公示并且及时更新从业资格注册、诚信记录等信息。

中国证监会及其派出机构履行监管职责，需要协会提供期货从业人员信息和资料的，协会应当按照要求及时提供。

第二十二条　协会应当组织期货从业人员后续职业培训，提高期货从业人员的职业道德和专业素质。

期货从业人员应当按照有关规定参加后续职业培训，其所在机构应予以支持并提供必要保障。

第二十三条　协会应当对期货从业人员的执业行为进行定期或者不定期检查，期货从业人员及其所在机构应当予以配合。

第二十四条　期货从业人员违反本办法以及协会自律规则的，协会应当进行调查、给予纪律惩戒。

期货从业人员涉嫌违法违规需要中国证监会给予行政处罚的，协会应当及时移送中国证监会处理。

第二十五条　协会应当设立专门的纪律惩戒及申诉机构，制定相关制度和工作规程，按照规定程序对期货从业人员进行纪律惩戒，并保障当事人享有申诉等权利。

第二十六条　协会应当自对期货从业人员做出纪

律惩戒决定之日起 10 个工作日内，向中国证监会及其有关派出机构报告，并及时在协会网站公示。

第二十七条　期货从业人员受到机构处分，或者从事的期货业务行为涉嫌违法违规被调查处理的，机构应当在做出处分决定、知悉或者应当知悉该期货从业人员违法违规被调查处理事项之日起 10 个工作日内向协会报告。

第二十八条　协会应当定期向中国证监会报告期货从业人员管理的有关情况。

第二十九条　期货从业人员违反本办法规定的，中国证监会及其派出机构可以采取责令改正、监管谈话、出具警示函等监管措施。

第三十条　期货从业人员自律管理的具体办法，包括从业资格考试、从业资格注册和公示、执业行为准则、后续职业培训、执业检查、纪律惩戒和申诉等，由协会制订，报中国证监会核准。

【例题6】期货从业人员自律管理的具体办法包括（　）。

A．从业资格注册和公示

B．后续职业培训

C．执业行为准则

D．纪律惩戒和申诉

【答案】ABCD

【解析】期货从业人员自律管理的具体办法，包括从业资格考试、从业资格注册和公示、执业行为准则、后续职业培训、执业检查、纪律惩戒和申诉等。

【例题7】判断是非题

中国期货业协会应当对期货从业人员的执业行为进行定期或者不定期检查，期货从业人员及其所在机构应当予以配合。

【答案】正确

【解析】协会应当对期货从业人员的执业行为进行定期或者不定期检查，期货从业人员及其所在机构应当予以配合。

第五章　罚　则

第三十一条　未取得从业资格，擅自从事期货业务的，中国证监会责令改正，给予警告，单处或者并处 3 万元以下罚款。

第三十二条　有下列行为之一的，中国证监会根据《期货交易管理条例》第七十条处罚：

（一）任用无从业资格的人员从事期货业务；

（二）在办理从业资格申请过程中弄虚作假；

（三）不履行本办法第二十三条规定的配合义务；

（四）不按照本办法第二十七条的规定履行报告义务或者报告材料存在虚假内容。

第三十三条　违反本办法第十九条的规定，对期货从业人员进行打击报复的，中国证监会根据《期货交易管理条例》第七十条、第八十一条处罚。

第三十四条　期货从业人员违法违规的，中国证监会依法给予行政处罚。但因被迫执行违法违规指令而按照本办法第十九条第二款的规定履行了报告义务

的，可以从轻、减轻或者免予行政处罚。

第三十五条　协会工作人员不按本办法规定履行职责，徇私舞弊、玩忽职守或者故意刁难有关当事人的，协会应当给予纪律处分。

【例题8】未取得从业资格，擅自从事期货业务的，中国证监会（　）。

A．给予警告，并处 5 万元以下罚款

B．给予警告，单处或者并处 5 万元以下罚款

C．责令改正，给予警告，单处或者并处 1 万元以下罚款

D．责令改正，给予警告，单处或者并处 3 万元以下罚款

【答案】D

【解析】根据《期货从业人员管理办法》第三十一条规定，未取得从业资格，擅自从事期货业务的，中国证监会责令改正，给予警告，单处或者并处 3 万元以下罚款。

第六章　附　则

第三十六条　本办法自公布之日起施行。2002 年 1 月 23 日发布的《期货从业人员资格管理办法（修订）》（证监发〔2002〕6 号）同时废止。

一、单项选择题

1. 未取得从业资格，擅自从事期货业务的，中国证监会（   ）。

A. 给予警告，并处 5 万元以下罚款

B. 给予警告，单处或者并处 5 万元以下罚款

C. 责令改正，给予警告，单处或者并处 1 万元以下罚款

D. 责令改正，给予警告，单处或者处 3 万元以下罚款

2.《期货从业人员管理办法》的施行时间是（   ）。

A. 2007 年 7 月 4 日　　B. 2007 年 4 月 15 日

C. 2008 年 3 月 27 日　　D. 2008 年 4 月 15 日

3. 在我国，依法对期货从业人员进行监督管理的机构是（   ）。

A. 期货交易所

B. 中国期货业协会

C. 中国证监会及其派出机构

D. 商务部

4. 在我国，负责组织期货从业资格考试的机构是（   ）。

A. 中国证监会　　　　B. 中国期货业协会

C. 期货交易所　　　　D. 各地人事部门

5. 通过期货从业资格考试的，取得（   ）颁发的从业资格考试合格证明。

A. 中国期货业协会

B. 期货交易所

C. 中国证监会及其派出机构

D. 国家人事部门

6. 期货从业人员辞职、被解聘或者死亡的，机构应当自上述情形发生之日起（   ）工作日内向协会报告，由协会注销其从业资格。

A. 3 个　　　　　　B. 5 个

C. 10 个　　　　　　D. 15 个

7. 取得从业资格考试合格证明或者被注销从业资格的人员连续（   ）未在机构中执业的，在申请从业资格前应当参加协会组织的后续职业培训。

A. 2 年　　　　　　B. 3 年

C. 5 年　　　　　　D. 6 年

8. 期货从业人员违反《期货从业人员管理办法》以及协会自律规则的，协会应当（   ）。

A. 进行调查、给予纪律惩戒

B. 给予行政处罚

C. 给予警告，并处以 1 万元罚款

D. 给予警告，并处以 1 万元以上 5 万元以下罚款

9. 协会应当自对期货从业人员做出纪律惩戒决定之日起（   ）工作日内，向中国证监会及其有关派出机构报告，并及时在协会网站公示。

A. 5 个　　　　　　B. 7 个

C. 10 个　　　　　　D. 15 个

10. 期货从业人员受到机构处分，或者从事的期货业务行为涉嫌违法违规被调查处理的，机构应当在做出处分决定、知悉或者应当知悉该期货从业人员违法违规被调查处理事项之日起（   ）工作日内向协会报告。

A. 3 个　　　　　　B. 5 个

C. 7 个　　　　　　D. 10 个

11. 中国期货业协会应当定期向（   ）报告期货从业人员管理的有关情况。

A. 期货交易所　　　　B. 期货公司董事会

C. 商务部　　　　　　D. 中国证监会

二、多项选择题

1. 根据《期货从业人员管理办法》的规定，从事期货经营业务的机构有（   ）。

A. 期货公司

B. 期货交易所的非期货公司结算会员

C. 为期货公司提供中间介绍业务的机构

D. 期货投资咨询机构

2. 期货从业人员自律管理的具体办法包括（   ）。

A. 从业资格注册和公示

B. 后续职业培训

C. 执业行为准则

D. 纪律惩戒和申诉

3. 根据《期货从业人员管理办法》的规定，下列属于期货从业人员的有（   ）。

A. 期货投资咨询机构中从事期货投资咨询业务的管理人员

B. 期货公司的管理人员和专业人员

C. 期货交易所的非期货公司结算会员中从事期货结算业务的管理人员

D. 为期货公司提供中间介绍业务的机构中从事期货经营业务的管理人员和专业人员

4. 参加期货从业资格考试应符合的条件有（　　）。

A. 具有完全民事行为能力

B. 年满 18 周岁

C. 具有大学专科以上文化程度

D. 通过中国证监会认可的资质测试

5. 机构任用具有从业资格考试合格证明且符合下列（　　）条件的人员从事期货业务的，应当为其办理从业资格申请。

A. 已被本机构聘用

B. 品行端正，具有良好的职业道德

C. 最近 3 年内未因违法违规行为被撤销证券、期货从业资格

D. 最近 2 年内未受过刑事处罚或者中国证监会等金融监管机构的行政处罚

6. 根据《期货从业人员管理办法》的规定，期货从业人员应当遵守的执业行为规范有（　　）。

A. 以专业的技能，谨慎、勤勉尽责地为客户提供服务，保守客户的商业秘密，维护客户的合法权益

B. 诚实守信，恪尽职守，促进机构规范运作，维护期货行业声誉

C. 向客户提供专业服务时，充分揭示期货交易风险，不得做出不当承诺或者保证

D. 不得以本人或者他人名义从事期货交易

7. 期货公司的期货从业人员不得有下列（　　）行为。

A. 收付、存取或者划转期货保证金

B. 进行虚假宣传，诱骗客户参与期货交易

C. 挪用客户的期货保证金或者其他资产

D. 代理客户从事期货交易

8. 期货从业人员违反《期货从业人员管理办法》规定的，中国证监会及其派出机构可以采取的监管措施有（　　）。

A. 注销从业资格　　　　B. 责令改正

C. 监管谈话　　　　　　D. 出具警示函

三、判断是非题

1. 中国期货业协会应当对期货从业人员的执业行为进行定期或者不定期检查，期货从业人员及其所在机构应当予以配合。（　　）

2. 中国期货业协会应当组织期货从业人员后续职业培训，提高期货从业人员的职业道德和专业素质。（　　）

3. 中国证监会及其派出机构依法对期货从业人员实行自律管理，负责从业资格的认定、管理及撤销。（　　）

4. 根据《期货从业人员管理办法》的规定，取得期货从业资格考试合格证明的人员即可在机构中开展期货业务活动。（　　）

5. 机构不得任用无从业资格的人员从事期货业务，不得在办理从业资格申请过程中弄虚作假。（　　）

6. 机构的相关期货业务许可被注销的，由中国证监会注销该机构中从事相应期货业务的期货从业人员的从业资格。（　　）

7. 机构或者其管理人员对期货从业人员发出违法违规指令的，期货从业人员应当予以抵制，并及时按照所在机构内部程序向高级管理人员或者董事会报告。（　　）

8. 中国期货业协会应当建立期货从业人员信息数据库，公示并且及时更新从业资格注册、诚信记录等信息。（　　）

9. 期货从业人员应当按照有关规定参加后续职业培训，其所在机构应予以支持并提供必要保障。（　　）

10. 期货交易所的非期货公司结算会员的期货从业人员可以代理客户从事期货交易。（　　）

11. 为期货公司提供中间介绍业务的机构的期货从业人员可以收付、存取或者划转期货保证金。（　　）

12. 期货投资咨询机构的期货从业人员可以代理客户从事期货交易。（　　）

四、综合题

1. 期货公司为张某办理从业资格申请，根据《期货从业人员管理办法》的规定，张某应当符合下列（　　）条件。

A. 品行端正，具有良好的职业道德

B. 最近 3 年内未受过刑事处罚或者中国证监会等金融监管机构的行政处罚

C. 最近 3 年内未因违法违规行为被撤销证券、期货从业资格

D. 未被中国证监会等金融监管机构采取市场禁入措施，或者禁入期已经届满

2. 张某取得期货从业资格后，在从业过程中，因其从事的期货业务行为涉嫌违法违规被调查处理。对此，期货公司应当在知悉或者应当知悉张某违法违规被调查处理事项之日（　　）工作日内向中国期货业协会报告。

A. 5 个　　　　　　　　B. 7 个

C. 10 个　　　　　　　D. 20 个

期货公司首席风险官管理规定（试行）

本规定共五章三十五条，规定了期货公司首席风险官的职责、履职保障、任免程序、行为规范、监督管理等事项。其中，期货公司首席风险官的任免与行为规范、期货公司首席风险官的职责与履职保障是本规定的重点考查内容，考生要予以重点掌握。

本规定明确首席风险官作为期货公司高级管理人员的特殊职责，即不直接介入公司决策和具体的风险管理操作，而是对公司经营管理行为的合法合规性、风险管理状况进行监督、检查。

知 识 结 构

期货公司首席风险官管理规定（试行）
- 总则
- 任免与行为规范
- 职责与履职保障
- 监督管理
- 附则

内 容 解 析

第一章 总 则

第一条 为了完善期货公司治理结构，加强内部控制和风险管理，促进期货公司依法稳健经营，维护期货投资者合法权益，根据《期货交易管理条例》《期货公司管理办法》和《期货公司董事、监事和高级管理人员任职资格管理办法》，特制定本规定。

第二条 首席风险官是负责对期货公司经营管理行为的合法合规性和风险管理状况进行监督检查的期货公司高级管理人员。

首席风险官向期货公司董事会负责。

第三条 首席风险官应当遵守法律、行政法规、中国证券监督管理委员会（以下简称中国证监会）的规定和公司章程，忠于职守，恪守诚信，勤勉尽责。

第四条 期货公司应当建立并完善相关制度，为首席风险官独立、有效地履行职责提供必要的条件。

第五条 中国证监会及其派出机构依法对首席风险官进行监督管理。

中国期货业协会、期货交易所依法对首席风险官进行自律管理。

【例题1】判断是非题

中国证监会及其派出机构依法对首席风险官进行监督管理。

【答案】正确

第二章 任免与行为规范

第六条 期货公司应当根据公司章程的规定依法提名并聘任首席风险官。期货公司设有独立董事的，

还应当经全体独立董事同意。

董事会选聘首席风险官，应当将其是否熟悉期货

法律法规、是否诚信守法、是否具备胜任能力以及是否符合规定的任职条件作为主要判断标准。

第七条 期货公司章程应当明确规定首席风险官的任期、职责范围、权利义务、工作报告的程序和方式。

第八条 首席风险官应当具有良好的职业操守和专业素养，及时发现并报告期货公司在经营管理行为的合法合规性和风险管理方面存在的问题或者隐患。

第九条 首席风险官履行职责应当保持充分的独立性，做出独立、审慎、及时的判断，主动回避与本人有利害冲突的事项。

第十条 首席风险官应当保守期货公司的商业秘密和客户信息。

第十一条 首席风险官对于侵害客户和期货公司合法权益的指令或者授意应当予以拒绝；必要时，应当及时向公司住所地中国证监会派出机构报告。

第十二条 首席风险官开展工作应当制作并保留工作底稿和工作记录，真实、充分地反映其履行职责情况。

工作底稿和工作记录应当至少保存 20 年。

第十三条 首席风险官不得有下列行为：

（一）擅离职守，无故不履行职责或者授权他人代为履行职责；

（二）在期货公司兼任除合规部门负责人以外的其他职务，或者从事可能影响其独立履行职责的活动；

（三）对期货公司经营管理中存在的违法违规行为或者重大风险隐患知情不报、拖延报告或者作虚假报告；

（四）利用职务之便牟取私利；

（五）滥用职权，干预期货公司正常经营；

（六）向与履职无关的第三方泄露期货公司秘密或者客户信息，损害期货公司或者客户的合法权益；

（七）其他损害客户和期货公司合法权益的行为。

第十四条 首席风险官任期届满前，期货公司董事会无正当理由不得免除其职务。

第十五条 首席风险官不能够胜任工作，或者存在第十三条规定的情形和其他违法违规行为的，期货公司董事会可以免除首席风险官的职务。

第十六条 期货公司董事会拟免除首席风险官职务的，应当提前通知本人，并按规定将免职理由、首席风险官履行职责情况及替代人选名单书面报告公司住所地中国证监会派出机构。

被免职的首席风险官可以向公司住所地中国证监会派出机构解释说明情况。

第十七条 期货公司董事会决定免除首席风险官职务时，应当同时确定拟任人选或者代行职责人选，按照有关规定履行相应程序。

第十八条 首席风险官提出辞职的，应当提前30 日向期货公司董事会提出申请，并报告公司住所地中国证监会派出机构。

【例题2】期货公司首席风险官不能够胜任工作的，（　　）可以免除首席风险官的职务。

A．期货交易所

B．期货公司监事会

C．期货公司董事会

D．中国期货业协会

【答案】C

【解析】首席风险官不能够胜任工作，期货公司董事会可以免除首席风险官的职务。

【例题3】被免职的期货公司首席风险官可以向（　　）解释说明情况。

A．公司住所地中国证监会派出机构

B．公司住所地期货交易所

C．中国期货业协会

D．公司监事会

【答案】A

【解析】期货公司董事会拟免除首席风险官职务的，应当提前通知本人，并按规定将免职理由、首席风险官履行职责情况及替代人选名单书面报告公司住所地中国证监会派出机构。

被免职的首席风险官可以向公司住所地中国证监会派出机构解释说明情况。

第三章 职责与履职保障

第十九条 首席风险官应当向期货公司总经理、董事会和公司住所地中国证监会派出机构报告公司经营管理行为的合法合规性和风险管理状况。

首席风险官应当按照中国证监会派出机构的要求对期货公司有关问题进行核查，并及时将核查结果报告公司住所地中国证监会派出机构。

第二十条 首席风险官应当对期货公司经营管理中可能发生的违规事项和可能存在的风险隐患进行质

询和调查，并重点检查期货公司是否依据法律、行政法规及有关规定，建立健全和有效执行以下制度：

（一）期货公司客户保证金安全存管制度；

（二）期货公司风险监管指标管理制度；

（三）期货公司治理和内部控制制度；

（四）期货公司经纪业务规则、结算业务规则、客户风险管理制度和信息安全制度；

（五）期货公司员工近亲属持仓报告制度；

（六）其他对客户资产安全、交易安全等期货公司持续稳健经营有重要影响的制度。

第二十一条　对于依法委托其他机构从事中间介绍业务的期货公司，除第二十条所列事项外，首席风险官还应当监督检查以下事项：

（一）是否存在非法委托或者超范围委托等情形；

（二）在通知客户追加保证金、客户出入金、与中间介绍机构风险隔离等关键业务环节，期货公司是否有效控制风险；

（三）是否与中间介绍机构建立了介绍业务的对接规则，在办理开户、行情和交易系统的安装维护、客户投诉的接待处理等方面，与中间介绍机构的职责协作程序是否明确且符合规定。

第二十二条　对于取得实行会员分级结算制度的交易所的全面结算业务资格的期货公司，除第二十条所列事项外，首席风险官还应当监督检查以下事项：

（一）是否建立与全面结算业务相适应的结算业务制度和与业务发展相适应的风险管理制度，并有效执行；

（二）是否公平对待本公司客户的权益和受托结算的其他期货公司及其客户的权益，是否存在滥用结算权利侵害受托结算的其他期货公司及其客户的利益的情况。

第二十三条　首席风险官发现期货公司经营管理行为的合法合规性、风险管理等方面存在除本规定第二十四条所列违法违规行为和重大风险隐患之外的其他问题的，应当及时向总经理或者相关负责人提出整改意见。

总经理或者相关负责人对存在问题不整改或者整改未达到要求的，首席风险官应当及时向期货公司董事长、董事会常设的风险管理委员会或者监事会报告，必要时向公司住所地中国证监会派出机构报告。未设监事会的期货公司，可报告监事。

第二十四条　首席风险官发现期货公司有下列违法违规行为或者存在重大风险隐患的，应当立即向公司住所地中国证监会派出机构报告，并向公司董事会和监事会报告：

（一）涉嫌占用、挪用客户保证金等侵害客户权益的；

（二）期货公司资产被抽逃、占用、挪用、查封、冻结或者用于担保的；

（三）期货公司净资本无法持续达到监管标准的；

（四）期货公司发生重大诉讼或者仲裁，可能造成重大风险的；

（五）股东干预期货公司正常经营的；

（六）中国证监会规定的其他情形。

对上述情形，期货公司应当按照公司住所地中国证监会派出机构的整改意见进行整改。首席风险官应当配合整改，并将整改情况向公司住所地中国证监会派出机构报告。

第二十五条　首席风险官根据履行职责的需要，享有下列职权：

（一）参加或者列席与其履职相关的会议；

（二）查阅期货公司的相关文件、档案和资料；

（三）与期货公司有关人员、为期货公司提供审计、法律等中介服务的机构的有关人员进行谈话；

（四）了解期货公司业务执行情况；

（五）公司章程规定的其他职权。

第二十六条　期货公司董事、高级管理人员、各部门应当支持和配合首席风险官的工作，不得以涉及商业秘密或者其他理由限制、阻挠首席风险官履行职责。

第二十七条　期货公司股东、董事不得违反公司规定的程序，越过董事会直接向首席风险官下达指令或者干涉首席风险官的工作。

【例题4】期货公司首席风险官享有的职权有（　　）。

A. 参加或者列席与其履职相关的会议

B. 与为期货公司提供审计、法律等中介服务的机构的有关人员进行谈话

C. 查阅期货公司的相关文件、档案和资料

D. 了解期货公司业务执行情况

【答案】ABCD

【解析】首席风险官根据履行职责的需要，享有下列职权：

（一）参加或者列席与其履职相关的会议；

（二）查阅期货公司的相关文件、档案和资料；

（三）与期货公司有关人员、为期货公司提供审

计、法律等中介服务的机构的有关人员进行谈话；

（四）了解期货公司业务执行情况；

（五）公司章程规定的其他职权。

【例题5】期货公司首席风险官应当向下列（ ）机构报告公司经营管理行为的合法合规性和风险管理状况。（ ）

A. 期货公司总经理

B. 期货公司董事会

C. 期货交易所

D. 期货公司住所地中国证监会派出机构

【答案】ABD

【解析】首席风险官应当向期货公司总经理、董事会和公司住所地中国证监会派出机构报告公司经营管理行为的合法合规性和风险管理状况。

第四章 监督管理

第二十八条 首席风险官应当在每季度结束之日起10个工作日内向公司住所地中国证监会派出机构提交季度工作报告；每年1月20日前向公司住所地中国证监会派出机构提交上一年度全面工作报告，报告期货公司合规经营、风险管理状况和内部控制状况，以及首席风险官的履行职责情况，包括首席风险官所作的尽职调查、提出的整改意见以及期货公司整改效果等内容。

第二十九条 首席风险官不履行职责或者有第十三条所列行为的，中国证监会及其派出机构可以依照《期货公司董事、监事和高级管理人员任职资格管理办法》对首席风险官采取监管谈话、出具警示函、责令更换等监管措施；情节严重的，认定其为不适当人选。

自被中国证监会及其派出机构认定为不适当人选之日起2年内，任何期货公司不得任用该人员担任董事、监事和高级管理人员。

第三十条 期货公司发生严重违规或者出现重大风险，首席风险官未及时履行本规定所要求的报告义务的，应当依法承担相应的法律责任。但首席风险官已按照要求履行报告义务的，中国证监会可以从轻、减轻或者免予行政处罚。

第三十一条 期货公司股东、董事和经理层限制、阻挠首席风险官正常开展工作的，首席风险官可以向中国证监会派出机构报告，中国证监会派出机构依法进行调查和处理。

第三十二条 首席风险官因正当履行职责而被解聘的，中国证监会及其派出机构可以依法对期货公司及相关责任人员采取相应的监管措施。

第三十三条 首席风险官应当按时参加中国证监会组织或者认可的培训。

首席风险官连续两次不参加培训，或者连续两次培训考试成绩不合格的，中国证监会及其派出机构可以采取监管谈话、出具警示函等监管措施。

第三十四条 中国证监会及其派出机构将下列事项记入期货公司及首席风险官诚信档案：

（一）中国证监会及其派出机构对首席风险官采取的监管措施；

（二）首席风险官的培训情况和考试成绩；

（三）中国证监会及其派出机构认定的与首席风险官有关的其他事项。

【例题6】期货公司首席风险官连续（ ）次不参加培训的，中国证监会及其派出机构可以采取监管谈话、出具警示函等监管措施。

A. 2

B. 3

C. 4

D. 5

【答案】A

【解析】首席风险官连续两次不参加培训，或者连续两次培训考试成绩不合格的，中国证监会及其派出机构可以采取监管谈话、出具警示函等监管措施。

第五章 附 则

第三十五条 本规定自2008年5月1日起施行。

练习题

一、单项选择题

1. 期货公司首席风险官不能够胜任工作的，（　　）可以免除首席风险官的职务。

A. 期货交易所　　　B. 期货公司监事会

C. 期货公司董事会　D. 中国期货业协会

2. 被免职的期货公司首席风险官可以向（　　）解释说明情况。

A. 公司住所地中国证监会派出机构

B. 公司住所地期货交易所

C. 中国期货业协会

D. 公司监事会

3. 期货公司首席风险官提出辞职的，应当提前（　　）向期货公司董事会提出申请。

A. 5 日　　　　　　B. 10 日

C. 15 日　　　　　D. 30 日

4. 期货公司首席风险官应当在每季度结束之日起（　　）工作日内向公司住所地中国证监会派出机构提交季度工作报告。

A. 3 个　　　　　　B. 5 个

C. 10 个　　　　　D. 15 个

5. 期货公司首席风险官应当在每年（　　）前向公司住所地中国证监会派出机构提交上一年度全面工作报告。

A. 1 月 10 日　　　B. 1 月 20 日

C. 2 月 1 日　　　　D. 2 月 10 日

6. 若期货公司首席风险官被中国证监会及其派出机构认定为不适当人选，则从认定之日起（　　）内，任何期货公司不得任用该人员担任董事、监事和高级管理人员。

A. 1 年　　　　　　B. 2 年

C. 3 年　　　　　　D. 5 年

7. 期货公司股东、董事和经理层限制、阻挠首席风险官正常开展工作的，首席风险官可以向（　　）报告。

A. 期货交易所

B. 中国期货业协会

C. 商务部

D. 中国证监会派出机构

8. 期货公司首席风险官连续（　　）次不参加培训的，中国证监会及其派出机构可以采取监管谈话、出具警示函等监管措施。

A. 2　　　　　　　B. 3

C. 4　　　　　　　D. 5

二、多项选择题

1. 期货公司首席风险官享有的职权有（　　）。

A. 参加或者列席与其履职相关的会议

B. 与为期货公司提供审计、法律等中介服务的机构的有关人员进行谈话

C. 查阅期货公司的相关文件、档案和资料

D. 了解期货公司业务执行情况

2. 期货公司首席风险官向公司住所地中国证监会派出机构提交的上一年度全面工作报告的内容包括（　　）。

A. 期货公司合规经营、风险管理状况

B. 期货公司内部控制状况

C. 首席风险官所做的尽职调查

D. 首席风险官提出的整改意见

3. 期货公司首席风险官不履行职责或者利用职务之便牟取私利的，中国证监会及其派出机构可以依照《期货公司董事、监事和高级管理人员任职资格管理办法》对首席风险官采取下列（　　）监管措施。

A. 训诫　　　　　　B. 监管谈话

C. 出具警示函　　　D. 责令更换

4. 中国证监会及其派出机构将下列（　　）事项记入期货公司及首席风险官诚信档案。

A. 首席风险官的培训情况和考试成绩

B. 中国证监会及其派出机构对首席风险官采取的监管措施

C. 首席风险官的身份、学历、学位证明

D. 中国证监会及其派出机构认定的与首席风险官有关的其他事项

5. 期货公司首席风险官不得有下列（　　）行为。

A. 擅离职守，无故不履行职责或者授权他人代为履行职责

B. 利用职务之便牟取私利

C. 滥用职权，干预期货公司正常经营

D. 在期货公司兼任除合规部门负责人以外的其他职务

6. 期货公司董事会拟免除首席风险官职务的，应当提前通知本人，并按规定将（　　）书面报告公司住所地中国证监会派出机构。

A. 免职理由

B. 首席风险官履行职责情况

C. 替代人选名单

D. 监事会意见

7. 期货公司首席风险官应当向下列（　）机构报告公司经营管理行为的合法合规性和风险管理状况。

A. 期货公司总经理

B. 期货公司董事会

C. 期货交易所

D. 期货公司住所地中国证监会派出机构

8. 期货公司首席风险官应当对期货公司经营管理中可能发生的违规事项和可能存在的风险隐患进行质询和调查，并重点检查期货公司是否依据法律、行政法规及有关规定，建立健全和有效执行以下（　）制度。

A. 期货公司客户保证金安全存管制度

B. 期货公司治理和内部控制制度

C. 期货公司员工近亲属持仓报告制度

D. 期货公司经纪业务规则、结算业务规则、客户风险管理制度

9. 对于依法委托其他机构从事中间介绍业务的期货公司，首席风险官除重点检查期货公司是否依法建立健全和有效执行一系列制度外，还应当监督检查下列（　）事项。

A. 是否存在非法委托或者超范围委托等情形

B. 在通知客户追加保证金、客户出入金、与中间介绍机构风险隔离等关键业务环节，期货公司是否有效控制风险

C. 是否与中间介绍机构建立了介绍业务的对接规则

D. 在办理开户、行情和交易系统的安装维护、客户投诉的接待处理等方面，与中间介绍机构的职责协作程序是否明确且符合规定

10. 对于取得实行会员分级结算制度的交易所的全面结算业务资格的期货公司，首席风险官应当监督检查下列（　）事项。

A. 是否建立与全面结算业务相适应的结算业务制度和与业务发展相适应的风险管理制度，并有效执行

B. 是否公平对待本公司客户的权益和受托结算的其他期货公司及其客户的权益

C. 是否存在滥用结算权利侵害受托结算的其他期货公司及其客户的利益的情况

D. 是否存在超范围委托的情形

11. 首席风险官发现期货公司有下列（　）违法

违规行为或者存在重大风险隐患的，应当立即向公司住所地中国证监会派出机构报告，并向公司董事会和监事会报告。

A. 涉嫌占用、挪用客户保证金等侵害客户权益的

B. 期货公司净资本无法持续达到监管标准的

C. 期货公司发生重大诉讼或者仲裁，可能造成重大风险的

D. 股东干预期货公司正常经营的

三、判断是非题

1. 期货公司首席风险官应当按时参加中国证监会组织或者认可的培训。（　）

2. 期货公司首席风险官连续 2 次培训考试成绩不合格的，中国证监会及其派出机构可以采取监管谈话、出具警示函等监管措施。（　）

3. 期货公司首席风险官提出辞职的，应当向期货公司董事会提出申请，并报告中国期货业协会和期货交易所。（　）

4. 期货公司总经理或者相关负责人对公司经营管理行为的合法合规性、风险管理等方面存在的问题不整改或者整改未达到要求的，首席风险官应当及时向期货公司董事长、董事会常设的风险管理委员会或者监事会报告，必要时向中国期货业协会报告。（　）

5. 期货公司董事、高级管理人员、各部门应当支持和配合首席风险官的工作，不得以涉及商业秘密或者其他理由限制、阻挠首席风险官履行职责。（　）

6. 期货公司董事可以直接向首席风险官下达指令。（　）

7. 期货公司首席风险官不履行职责，情节严重的，中国证监会及其派出机构认定其为不适当人选。（　）

8. 期货公司发生严重违规或者出现重大风险，首席风险官未及时履行《期货公司首席风险官管理规定（试行）》所要求的报告义务的，应当依法承担相应的法律责任。但首席风险官已按照要求履行报告义务的，中国证监会可以从轻、减轻或者免予行政处罚。（　）

9. 期货公司首席风险官因正当履行职责而被解聘的，中国证监会及其派出机构可以依法对期货公司及相关责任人员采取相应的监管措施。（　）

期货公司金融期货结算业务试行办法

考 纲 分 析

本办法共五章四十八条，其中，期货公司金融期货结算业务资格的取得与终止、全面结算会员期货公司和交易结算会员期货公司的业务规则是重点考查内容，需要考生在理解的基础上加以牢固掌握，并能在相关案例中加以灵活应用。

知 识 结 构

期货公司金融期货结算业务试行办法
- 总则
- 资格的取得与终止
- 业务规则
- 监督管理
- 附则

内 容 解 析

第一章 总 则

第一条 为了规范期货公司金融期货结算业务，维护期货市场秩序，防范风险，根据《期货交易管理条例》，特制定本办法。

第二条 本办法所称期货公司金融期货结算业务，是指期货公司作为实行会员分级结算制度的金融期货交易所（以下简称期货交易所）的结算会员，依据本办法规定从事的结算业务活动。

第三条 期货公司从事金融期货结算业务，应当经中国证券监督管理委员会（以下简称中国证监会）批准，取得金融期货结算业务资格。

第四条 期货公司从事金融期货结算业务，应当遵守本办法。

第五条 中国证监会及其派出机构依法对期货公司从事金融期货结算业务实行监督管理。

中国期货业协会和期货交易所依法对期货公司的金融期货结算业务实行自律管理。

第二章 资格的取得与终止

第六条 期货公司金融期货结算业务资格分为交易结算业务资格和全面结算业务资格。

第七条 期货公司申请金融期货结算业务资格，应当具备下列基本条件：

（一）取得金融期货经纪业务资格；

（二）具有从事金融期货结算业务的详细计划，包括部门设置、人员配置、岗位责任、金融期货结算业务管理制度和风险管理制度等；

（三）结算和风险管理部门或者岗位负责人具有担任期货公司交易、结算或者风险管理部门或者岗位负责人2年以上经历；

（四）具有满足金融期货结算业务需要的期货从业人员；

（五）高级管理人员近2年内未受过刑事处罚，

未因违法违规经营受过行政处罚，无不良信用记录，且不存在因涉嫌违法违规经营正在被有权机关调查的情形；

（六）不存在被中国证监会及其派出机构采取《期货交易管理条例》第五十九条第二款、第六十条规定的监管措施的情形；

（七）不存在因涉嫌违法违规经营正在被行政、司法机关立案调查的情形；

（八）近3年内未因违法违规经营受过刑事处罚或者行政处罚。但期货公司控股股东或者实际控制人变更，高级管理人员变更比例超过50%，对出现上述情形负有责任的高级管理人员和业务负责人已不在公司任职，且已整改完成并经期货公司住所地的中国证监会派出机构验收合格的，可不受此限制；

（九）近3年内未出现严重的期货交易、结算风险事件。但期货公司控股股东或者实际控制人变更，高级管理人员变更比例超过50%，对出现上述情形负有责任的高级管理人员和业务负责人已不在公司任职，且已整改完成并经期货公司住所地的中国证监会派出机构验收合格的，可不受此限制；

（十）控股股东和实际控制人持续经营2个以上完整的会计年度；控股股东或者实际控制人为金融机构，在最近2年成立或者重组的，应当自成立或者重组完成之日起持续经营；

（十一）控股股东和实际控制人近2年内未受过刑事处罚，未因违法违规经营受过行政处罚，且不存在因涉嫌违法违规经营正在被有权机关立案调查的情形。

第八条　期货公司申请金融期货交易结算业务资格，除应当具备本办法第七条规定的基本条件外，还应当具备下列条件：

（一）董事长、总经理和副总经理中，至少2人的期货或者证券从业时间在5年以上，其中至少1人的期货从业时间在5年以上且具有期货从业人员资格、连续担任期货公司董事长或者高级管理人员时间在3年以上；

（二）注册资本不低于人民币5 000万元，申请日前2个月的风险监管指标持续符合规定的标准；

（三）申请日前3个会计年度中，至少1年盈利且每季度末客户权益总额平均不低于人民币8 000万元，控股股东期末净资产不低于人民币2亿元；或者控股股东期末净资本不低于人民币5亿元，控股股东不适用净资本或者类似指标的，净资产应当不低于人民币8亿元；

（四）中国证监会根据审慎监管原则规定的其他条件。

第九条　期货公司申请金融期货全面结算业务资格，除应当具备本办法第七条规定的基本条件外，还应当具备下列条件：

（一）董事长、总经理和副总经理中，至少3人的期货或者证券从业时间在5年以上，其中至少2人的期货从业时间在5年以上且具有期货从业人员资格、连续担任期货公司董事长或者高级管理人员时间在3年以上；

（二）注册资本不低于人民币1亿元，申请日前2个月的风险监管指标持续符合规定的标准；

（三）申请日前3个会计年度连续盈利、每季度末客户权益总额平均不低于人民币3亿元，控股股东期末净资产不低于人民币10亿元；或者申请日前3个会计年度中，至少2年盈利且每季度末客户权益总额平均不低于人民币1亿元，控股股东期末净资本不低于人民币10亿元，控股股东不适用净资本或者类似指标的，净资产应当不低于人民币15亿元；

（四）中国证监会根据审慎监管原则规定的其他条件。

第十条　期货公司申请金融期货结算业务资格，应当向中国证监会提交下列申请材料：

（一）金融期货结算业务资格申请书；

（二）加盖公司公章的营业执照复印件和金融期货经纪业务资格证明文件；

（三）股东会或者董事会关于期货公司申请金融期货结算业务资格的决议文件；

（四）从事金融期货结算业务的计划书；

（五）《高级管理人员情况表》《主要部门负责人情况表》和《从业人员情况表》；

（六）申请日前2个月月末的期货公司风险监管报表，及申请日前2个月的风险监管指标持续符合规定标准的书面保证；

（七）经具有证券、期货相关业务资格的会计师事务所审计的前3个会计年度财务报告；申请日在下半年的，还应当提供经审计的半年度财务报告；

（八）申请日前3个会计年度每季度末客户权益总额情况表；

（九）经具有证券、期货相关业务资格的会计师事务所审计的控股股东最近一期的财务报告；

（十）律师事务所就期货公司是否符合本办法第七条第（五）项、第（七）项至第（十一）项规定的条件，以及股东会或者董事会决议是否合法出具的法律意见书；

（十一）存在本办法第七条第（八）项或者第（九）项规定情形的，还应当提供期货公司住所地的中国证监会派出机构出具的整改验收合格的专项意见书；

（十二）中国证监会规定的其他材料。

第十一条 中国证监会在受理金融期货结算业务资格申请之日起 3 个月内，做出批准或者不批准的决定。

第十二条 期货公司取得金融期货结算业务资格后，应当向期货交易所申请相应结算会员资格。期货公司取得金融期货结算业务资格之日起 6 个月内，未取得期货交易所结算会员资格的，金融期货结算业务资格自动失效。

第十三条 只取得金融期货经纪业务资格的期货公司，可以向期货交易所申请非结算会员资格。

第十四条 取得金融期货结算业务资格的期货公司在终止金融期货结算业务前，应当结清相关期货业务，并依法返还客户的保证金和其他资产。受托为非结算会员结算的，还应当返还非结算会员的保证金和其他资产。

【例题1】期货公司取得金融期货结算业务资格之日起（ ）内，未取得期货交易所结算会员资格的，金融期货结算业务资格自动失效。

A. 1 个月

B. 2 个月

C. 3 个月

D. 6 个月

【答案】D

【解析】期货公司取得金融期货结算业务资格之日起 6 个月内，未取得期货交易所结算会员资格的，金融期货结算业务资格自动失效。

【例题2】综合题

某期货公司注册资本 6 500 万元，董事长王某在期货公司里面工作十余年，总经理赵某曾经在证券公司任职近 8 年，副总经理李某在期货公司里从事期货业务已满 6 年，王某、李某在期货公司连续担任董事长、副总经理分别达 5 年、4 年之久，王某已经获得期货从业资格。2007 年 5 月，该期货公司副总经理李某因违法犯罪受到刑事处罚。2008 年 7 月，该期货公司的资本达到 2.3 亿元，于是该公司开始申请金融期货全面结算业务资格。

根据上述情况，回答下列问题：

1. 该期货公司申请金融期货全面结算业务资格但未获批准，根据《期货公司金融期货结算业务试行办法》的规定，其原因可能是（ ）。

A. 该期货公司的注册资本不符合法律规定

B. 王某、赵某和李某的期货或者证券从业时间不符合法律规定

C. 李某因违法犯罪受到刑事处罚

D. 王某、赵某和李某中具有期货从业人员资格的人数不符合法律规定

【答案】ACD

2. 假设 2010 年 3 月，该期货公司具备了申请金融期货全面结算业务资格的条件，那么，其在提出申请时，应向中国证监会提交下列（ ）材料。

A. 加盖公司公章的营业执照复印件和金融期货经纪业务资格证明文件

B. 从事金融期货结算业务的计划书

C. 申请日前 3 个会计年度每季度末客户权益总额情况表

D. 股东会或者董事会关于期货公司申请金融期货结算业务资格的决议文件

【答案】ABCD

第三章　业务规则

第十五条 取得期货交易所交易结算会员资格的期货公司（以下简称交易结算会员期货公司）可以受托为客户办理金融期货结算业务，不得接受非结算会员的委托为其办理金融期货结算业务。

第十六条 取得期货交易所全面结算会员资格的期货公司（以下简称全面结算会员期货公司），可以受托为其客户以及非结算会员办理金融期货结算业务。

第十七条 全面结算会员期货公司为非结算会员结算，应当签订结算协议。结算协议应当包括下列内容：

（一）交易指令下达方式及审查或者验证措施；

（二）保证金标准；

（三）非结算会员结算准备金最低余额；

（四）风险管理措施、条件及程序；

（五）结算流程；

（六）通知事项、方式及时限；

（七）不可归责于协议双方当事人所造成损失的

情形及其处理方式;

(八)协议变更和解除;

(九)违约责任;

(十)争议处理方式;

(十一)双方约定且不违反法律、行政法规规定的其他事项。

第十八条 非结算会员的客户申请或者注销其交易编码的,由非结算会员按照期货交易所的规定办理。

第十九条 非结算会员下达的交易指令应当经全面结算会员期货公司审查或者验证后进入期货交易所。全面结算会员期货公司可以按照结算协议的约定对非结算会员的指令采取必要的限制措施。

第二十条 非结算会员下达的交易指令进入期货交易所后,期货交易所应当及时将委托回报和成交结果反馈给全面结算会员期货公司和非结算会员。非结算会员对委托回报和成交结果有异议的,应当及时向全面结算会员期货公司和期货交易所提出。

第二十一条 全面结算会员期货公司应当在期货保证金存管银行开设期货保证金账户,用于存放其客户和非结算会员的保证金。全面结算会员期货公司的期货保证金账户应当与其自有资金账户相互独立、分别管理。全面结算会员期货公司应当为每个非结算会员开立一个内部专门账户,明细核算。

第二十二条 非结算会员是期货公司的,其与全面结算会员期货公司期货业务资金往来,只能通过各自的期货保证金账户办理。非结算会员的客户出入金,只能通过非结算会员的期货保证金账户办理。

第二十三条 全面结算会员期货公司向非结算会员收取的保证金除用于非结算会员的期货交易外,任何机构或者个人不得占用、挪用。非结算会员向客户收取的保证金属于客户所有,除用于客户的期货交易外,任何机构或者个人不得占用、挪用。

第二十四条 全面结算会员期货公司和非结算会员在结算协议中约定全面结算会员期货公司的期货保证金账户中非结算会员结算准备金最低余额的,应当符合中国证监会、期货交易所的有关规定。结算准备金最低余额应当由非结算会员以自有资金向全面结算会员期货公司缴纳。

第二十五条 全面结算会员期货公司应当按照结算协议约定的保证金标准向非结算会员收取保证金。全面结算会员期货公司向非结算会员收取的保证金,不得低于期货交易所向全面结算会员期货公司收取的保证金标准。

第二十六条 全面结算会员期货公司应当建立并执行当日无负债结算制度。期货交易所对全面结算会员期货公司结算后,全面结算会员期货公司应当根据期货交易所结算结果及时对非结算会员进行结算,并出具交易结算报告。全面结算会员期货公司对非结算会员的所有结算科目的内容、格式、处理方式和处理日期应当与期货交易所保持一致。全面结算会员期货公司应当确保交易结算报告真实、准确和完整。

第二十七条 非结算会员向期货交易所支付的手续费,由期货交易所从全面结算会员期货公司期货保证金账户中划拨。

第二十八条 除下列情形外,全面结算会员期货公司不得划转非结算会员保证金:

(一)依据非结算会员的要求支付可用资金;

(二)收取非结算会员应当交存的保证金;

(三)收取非结算会员应当支付的手续费、税款及其他费用;

(四)双方约定且不违反法律、行政法规规定的其他情形。

第二十九条 非结算会员应当按照结算协议约定的时间和方式查询交易结算报告。

第三十条 非结算会员对交易结算报告的内容有异议的,应当在结算协议约定的时间内书面向全面结算会员期货公司提出异议;非结算会员对交易结算报告的内容无异议的,应当按照结算协议约定的方式确认。非结算会员在结算协议约定的时间内既未对交易结算报告的内容确认,也未提出异议的,视为对交易结算报告内容的确认。非结算会员有异议的,全面结算会员期货公司应当在结算协议约定的时间内予以核实。

第三十一条 全面结算会员期货公司应当按照中国证监会、期货交易所的规定,建立对非结算会员的保证金管理制度。全面结算会员期货公司可以根据非结算会员的资信及市场情况调整保证金标准。

第三十二条 全面结算会员期货公司应当按照期货交易所的规定,建立并执行对非结算会员的限仓制度。

第三十三条 非结算会员客户的持仓达到期货交易所规定的持仓报告标准的,客户应当通过非结算会员向期货交易所报告。客户未报告的,非结算会员应当向期货交易所报告。

第三十四条 非结算会员的结算准备金余额低于规定或者约定最低余额的,应当及时追加保证金或者自行平仓。非结算会员未在结算协议约定的时间内追加保证金或者自行平仓的，全面结算会员期货公司有权对该非结算会员的持仓强行平仓。

第三十五条 非结算会员的结算准备金余额小于零并未能在约定时间内补足的，全面结算会员期货公司应当按照约定的原则和措施对非结算会员或者其客户的持仓强行平仓。除前款规定外，全面结算会员期货公司可以与非结算会员在结算协议中约定应予强行平仓的其他情形。

第三十六条 期货交易所开市前，非结算会员结算准备金余额小于规定或者约定最低余额的，全面结算会员期货公司应当禁止其开仓。

第三十七条 非结算会员在期货交易中违约的，应当承担违约责任。全面结算会员期货公司先以该非结算会员的保证金承担该非结算会员的违约责任；保证金不足的，全面结算会员期货公司应当以风险准备金和自有资金代为承担违约责任，并由此取得对该非结算会员的相应追偿权。

第三十八条 全面结算会员期货公司认为必要的，可以对非结算会员进行风险提示。

【例题3】判断是非题

非结算会员在期货交易中违约的，全面结算会员期货公司应先以风险准备金承担该非结算会员的违约责任；风险准备金不足的，全面结算会员期货公司应当以自有资金和该非结算会员的保证金承担违约

责任。

【答案】错误

【解析】非结算会员在期货交易中违约的，应当承担违约责任。全面结算会员期货公司先以该非结算会员的保证金承担该非结算会员的违约责任；保证金不足的，全面结算会员期货公司应当以风险准备金和自有资金代为承担违约责任，并由此取得对该非结算会员的相应追偿权。

【例题4】判断是非题

全面结算会员期货公司不得对非结算会员的指令采取限制措施。

【答案】错误

【解析】全面结算会员期货公司可以按照结算协议的约定对非结算会员的指令采取必要的限制措施。

【例题5】在我国，可以受托为其客户以及非结算会员办理金融期货结算业务的机构是（ ）。

A. 全面结算会员期货公司

B. 交易结算会员期货公司

C. 一般结算会员期货公司

D. 特别结算会员期货公司

【答案】A

【解析】取得期货交易所全面结算会员资格的期货公司，可以受托为其客户以及非结算会员办理金融期货结算业务。

第四章 监督管理

第三十九条 全面结算会员期货公司、交易结算会员期货公司应当按照《期货交易所管理办法》和期货交易所交易规则及其实施细则的规定行使结算会员的权利，履行结算会员的义务。

第四十条 全面结算会员期货公司、交易结算会员期货公司应当以自有资金向期货交易所缴纳结算担保金。全面结算会员期货公司不得向非结算会员收取结算担保金。

第四十一条 期货公司被期货交易所接纳为会员、暂停或者终止会员资格的，应当在收到期货交易所的通知文件之日起3个工作日内向期货公司住所地的中国证监会派出机构报告。

第四十二条 全面结算会员期货公司与非结算会员签订、变更或者终止结算协议的，应当在签订、变更或者终止结算协议之日起3个工作日内向协议双方住所地的中国证监会派出机构、期货交易所和期货保证金安全存管监控机构报告。

第四十三条 全面结算会员期货公司应当建立并实施风险管理、内部控制等制度，保证金融期货结算业务正常进行，确保非结算会员及其客户资金安全。

第四十四条 全面结算会员期货公司应当谨慎、勤勉地办理金融期货结算业务，控制金融期货结算业务风险；建立金融期货结算业务风险隔离机制和保密制度，平等对待本公司客户、非结算会员及其客户，防范利益冲突，不得利用结算业务关系及由此获得的信息损害非结算会员及其客户的合法权益。非结算会员应当谨慎、勤勉地控制其客户交易风险，不得利用结算业务关系损害为其结算的全面结算会员期货公司及其客户的合法权益。

第四十五条 全面结算会员期货公司应当在定期报告中向中国证监会派出机构报告下列事项：

（一）非结算会员名单及其变化情况；

（二）金融期货结算业务所涉及的内部控制制度的执行情况；

（三）金融期货结算业务所涉及的风险管理制度的执行情况；

（四）中国证监会规定的其他事项。

第四十六条　全面结算会员期货公司调整非结算会员结算准备金最低余额的，应当在当日结算前向期货交易所和期货保证金安全存管监控机构报告。

第四十七条　全面结算会员期货公司应当按规定向期货保证金安全存管监控机构报送非结算会员及非结算会员客户的相关信息。

【例题6】全面结算会员期货公司与非结算会员签订、变更或者终止结算协议的，应当在签订、变更或者终止结算协议之日起（　）工作日内向协议双方住所地的中国证监会派出机构、期货交易所和期货保证金安全存管监控机构报告。

A. 2个　　　　　　　　　B. 3个
C. 5个　　　　　　　　　D. 7个

【答案】B

【解析】全面结算会员期货公司与非结算会员签订、变更或者终止结算协议的，应当在签订、变更或者终止结算协议之日起3个工作日内向协议双方住所地的中国证监会派出机构、期货交易所和期货保证金安全存管监控机构报告。

【例题7】全面结算会员期货公司应当在定期报告中向中国证监会派出机构报告下列（　）事项。

A. 金融期货结算业务所涉及的风险管理制度的执行情况

B. 金融期货结算业务所涉及的内部控制制度的执行情况

C. 非结算会员名单及其变化情况

D. 中国证监会规定的其他事项

【答案】ABCD

第五章　附　则

第四十八条　本办法自发布之日起施行。

练习题

一、单项选择题

1. 全面结算会员期货公司与非结算会员签订、变更或者终止结算协议的，应当在签订、变更或者终止结算协议之日起（　）工作日内向协议双方住所地的中国证监会派出机构、期货交易所和期货保证金安全存管监控机构报告。

A. 2个　　　　　　　　　B. 3个
C. 5个　　　　　　　　　D. 7个

2. 《期货公司金融期货结算业务试行办法》的施行时间是（　）。

A. 2007年4月19日　　B. 2007年7月4日
C. 2008年3月27日　　D. 2008年6月1日

3. 期货公司取得金融期货结算业务资格之日起（　）内，未取得期货交易所结算会员资格的，金融期货结算业务资格自动失效。

A. 1个月　　　　　　　　B. 2个月
C. 3个月　　　　　　　　D. 6个月

4. 在我国，可以受托为其客户以及非结算会员办理金融期货结算业务的机构是（　）。

A. 全面结算会员期货公司

B. 交易结算会员期货公司

C. 一般结算会员期货公司

D. 特别结算会员期货公司

5. 非结算会员下达的交易指令应当经（　）审查或者验证后进入期货交易所。

A. 全面结算会员期货公司

B. 中国期货业协会

C. 中国证监会及其派出机构

D. 工商行政管理机构

6. 非结算会员向客户收取的保证金属于（　）所有。

A. 非结算会员

B. 客户

C. 期货交易所

D. 非结算会员和客户共有

7. 期货公司被期货交易所接纳为会员、暂停或者终止会员资格的，应当在收到期货交易所的通知文件之日起（　）工作日内向期货公司住所地的中国证监会派出机构报告。

A. 2个　　　　　　　　　B. 3个
C. 5个　　　　　　　　　D. 10个

二、多项选择题

1. 全面结算会员期货公司调整非结算会员结算准备金最低余额的，应当在当日结算前向（　　）报告。

A. 期货交易所

B. 中国期货业协会

C. 期货保证金安全存管监控机构

D. 中国证监会及其派出机构

2. 全面结算会员期货公司应当在定期报告中向中国证监会派出机构报告下列（　　）事项。

A. 金融期货结算业务所涉及的风险管理制度的执行情况

B. 金融期货结算业务所涉及的内部控制制度的执行情况

C. 非结算会员名单及其变化情况

D. 中国证监会规定的其他事项

3. 全面结算会员期货公司可以划转非结算会员保证金的情形有（　　）。

A. 依据非结算会员的要求支付可用资金

B. 收取非结算会员应当交存的保证金

C. 收取非结算会员应当支付的手续费

D. 收取非结算会员应当支付的税款及其他费用

4. 根据《期货公司金融期货结算业务试行办法》的规定，下列说法正确的是（　　）。

A. 全面结算会员期货公司应当按照中国证监会、期货交易所的规定，建立对非结算会员的保证金管理制度

B. 全面结算会员期货公司可以根据非结算会员的资信及市场情况调整保证金标准

C. 全面结算会员期货公司应当按照期货交易所的规定，建立并执行对非结算会员的限仓制度

D. 非结算会员客户的持仓达到期货交易所规定的持仓报告标准的，客户应当通过非结算会员向期货交易所报告

5. 全面结算会员期货公司与非结算会员签订、变更或者终止结算协议的，应当在签订、变更或者终止结算协议之日起的3个工作日内向（　　）报告。

A. 协议双方住所地的中国证监会派出机构

B. 期货交易所

C. 中国期货业协会

D. 期货保证金安全存管监控机构

三、判断是非题

1. 非结算会员在期货交易中违约的，全面结算会员期货公司应先以风险准备金承担该非结算会员的违约责任；风险准备金不足的，全面结算会员期货公司应当以自有资金和该非结算会员的保证金承担违约责任。（　　）

2. 全面结算会员期货公司认为必要的，可以对非结算会员进行风险提示。（　　）

3. 全面结算会员期货公司、交易结算会员期货公司应当以自有资金向期货交易所缴纳结算担保金。（　　）

4. 全面结算会员期货公司可以向非结算会员收取结算担保金。（　　）

5. 全面结算会员期货公司不得对非结算会员的指令采取限制措施。（　　）

6. 非结算会员的客户申请或者注销其交易编码的，由非结算会员按照期货交易所的规定办理。（　　）

7. 全面结算会员期货公司的期货保证金账户应当与其自有资金账户相互独立、分别管理。（　　）

8. 全面结算会员期货公司应当为每个非结算会员开立一个内部专门账户，明细核算。（　　）

9. 非结算会员是期货公司的，其与全面结算会员期货公司期货业务资金往来，可以通过各自的自有资金账户办理。（　　）

10. 非结算会员的客户出入金，只能通过非结算会员的期货保证金账户办理。（　　）

11. 结算准备金最低余额应当由非结算会员以期货保证金向全面结算会员期货公司缴纳。（　　）

12. 全面结算会员期货公司向非结算会员收取的保证金，不得高于期货交易所向全面结算会员期货公司收取的保证金标准。（　　）

13. 全面结算会员期货公司应当建立并执行当日无负债结算制度。（　　）

14. 期货交易所对全面结算会员期货公司结算后，全面结算会员期货公司应当根据期货交易所结算结果及时对非结算会员进行结算，并出具交易结算报告。（　　）

15. 全面结算会员期货公司对非结算会员的所有结算科目的内容、格式、处理方式和处理日期应当与期货交易所保持一致。（　　）

四、综合题

某期货公司注册资本6 500万元，董事长王某在期货公司里面工作十余年，总经理赵某曾经在证券公司任职近8年，副总经理李某在期货公司里从事期货业务已满6年，王某、李某在期货公司连续担任董事长、副总经理分别达5年、4年之久，王某已经获得

期货从业资格。2007 年 5 月，该期货公司副总经理李某因违法犯罪受到刑事处罚。2008 年 7 月，该期货公司的资本达到 2.3 亿元，于是该公司开始申请金融期货全面结算业务资格。

根据上述情况，回答下列问题。

1. 该期货公司申请金融期货全面结算业务资格但未获批准，根据《期货公司金融期货结算业务试行办法》的规定，其原因可能是（　）。

A. 该期货公司的注册资本不符合法律规定

B. 王某、赵某和李某的期货或者证券从业时间不符合法律规定

C. 李某因违法犯罪受到刑事处罚

D. 王某、赵某和李某中具有期货从业人员资格的人数不符合法律规定

2. 假设 2010 年 3 月，该期货公司具备了申请金融期货全面结算业务资格的条件，那么，其在提出申请时，应向中国证监会提交下列（　）材料。

A. 加盖公司公章的营业执照复印件和金融期货经纪业务资格证明文件

B. 从事金融期货结算业务的计划书

C. 申请日前 3 个会计年度每季度末客户权益总额情况表

D. 股东会或者董事会关于期货公司申请金融期货结算业务资格的决议文件

期货公司风险监管指标管理办法

　　本办法主要对风险监管指标的计算、风险监管指标标准、风险监管报表的编制和披露等做出了具体规定。本办法内容较少，但是易以综合题的形式进行考查，这就要求考生在复习时，多结合案例，以案例来促进和加强记忆。

期货公司风险监管指标管理办法
- 总则
- 风险监管指标的计算
- 风险监管指标标准
- 编制和披露
- 监督管理
- 附则

第一章　总　　则

　　第一条　为了加强对期货公司的监督管理，促进期货公司加强内部控制、防范风险、稳健发展，根据《期货交易管理条例》，特制定本办法。

　　第二条　期货公司应当按照本办法的规定编制、报送风险监管报表。

　　第三条　期货公司应当建立与风险监管指标相适应的内部控制制度，应当建立动态的风险监控和资本补足机制，确保净资本等风险监管指标持续符合标准。

　　第四条　期货公司扩大业务规模或者做出向股东分配利润等可能对净资本产生重大影响的决定前，应当对相应的风险监管指标进行敏感性测试。

　　期货公司应当及时根据监管要求、市场变化情况等对公司风险监管指标进行压力测试。

　　第五条　期货公司应当聘请具备证券、期货相关业务资格的会计师事务所对期货公司年度风险监管报表进行审计。

　　会计师事务所及其注册会计师应当勤勉尽责，对出具报告所依据的文件资料内容的真实性、准确性和完整性进行核查和验证，并对出具审计报告的合法性和真实性负责。

第二章　风险监管指标的计算

　　第六条　期货公司风险监管指标包括期货公司净资本、净资本与公司风险资本准备的比例、净资本与净资产的比例、流动资产与流动负债的比例、负债与净资产的比例、规定的最低限额的结算准备金要求等衡量期货公司财务安全的监管指标。

　　期货公司开展各项业务、设立分支机构等存在可能导致净资本损失的风险，应当按一定标准计算风险资本准备，并建立风险资本准备与净资本的对应关系，确保各项风险资本准备有对应的净资本支撑。

第七条　本办法所称净资本是在期货公司净资产的基础上，按照变现能力对资产负债项目及其他项目进行风险调整后得出的综合性风险监管指标。

净资本的计算公式为：净资本＝净资产－资产调整值＋负债调整值－客户未足额追加的保证金－／＋其他调整项。

第八条　期货公司应当按照分类、流动性、账龄和可回收性等不同情况采取不同比例对资产进行风险调整。

第九条　期货公司持有的金融资产，按照分类和流动性情况采取不同比例进行风险调整，分类中同时符合两个或者两个以上标准的，应当采用最高的比例进行风险调整。

第十条　期货公司应当按照账龄及其核算的具体内容，采取不同比例对应收项目进行风险调整，分类中同时符合两个或者两个以上标准的，应当采用最高的比例进行风险调整。

第十一条　期货公司计算净资本时，应当按照企业会计准则的规定对相关项目充分计提资产减值准备。

中国证监会派出机构可以要求期货公司对资产减值准备计提的充足性和合理性进行专项说明；有证据表明期货公司未能充分计提资产减值准备的，中国证监会派出机构应当要求期货公司相应核减净资本金额。

第十二条　期货公司计算净资本时，可以将"期货风险准备金"等有助于增强抗风险能力的负债项目加回。

除"期货风险准备金"外，期货公司认为某项负债需要在计算净资本时予以调整的，应当增加附注，详细说明该项负债反映的具体内容；中国证监会及其派出机构可以根据审慎监管原则决定是否同意对该项负债进行调整。

第十三条　期货公司应当按照企业会计准则的规定确认预计负债。

中国证监会派出机构可以要求期货公司对预计负债进行专项说明；有证据表明期货公司未能准确确认预计负债的，中国证监会派出机构应当要求期货公司相应核减净资本金额。

第十四条　客户保证金未足额追加的，期货公司应当相应调减净资本。客户保证金在报表报送日之前已足额追加的，期货公司可以在报表附注中说明。

未足额追加的客户保证金应当按期货交易所规定的保证金标准计算，不包括已经记入"应收风险损失款"科目的客户因穿仓形成的对期货公司的债务。

第十五条　期货公司应当在净资本计算表的附注中，充分披露期末未决诉讼、未决仲裁等或有负债的性质、涉及金额、形成原因、进展情况、可能发生的损失和预计损失的会计处理情况，并在计算净资本时按照一定比例扣减。

中国证监会及其派出机构可以根据审慎监管原则要求期货公司调整扣减比例。

第十六条　期货公司借入次级债务的，可以将所借入的次级债务按照中国证监会规定的比例计入净资本。

期货公司向股东或者其关联企业借入的具有次级债务性质的长期借款，可以在计算净资本时将所借入的长期借款按照中国证监会规定的比例计入净资本。

第十七条　客户保证金未足额追加的，期货公司在计算符合规定的最低限额的结算准备金时，应当相应扣除。客户保证金在报表报送日之前已足额追加的，期货公司可以在报表附注中说明。

未足额追加的客户保证金应当按期货交易所规定的保证金标准计算，不包括已经记入"应收风险损失款"科目的客户因穿仓形成的对期货公司的债务。

【例题1】判断是非题

客户保证金未足额追加的，期货公司在计算符合规定的最低限额的结算准备金时，应当相应扣除。

【答案】正确

【解析】客户保证金未足额追加的，期货公司在计算符合规定的最低限额的结算准备金时，应当相应扣除。

第三章　风险监管指标标准

第十八条　期货公司应当持续符合以下风险监管指标标准：

（一）净资本不得低于人民币1 500万元；

（二）净资本与公司的风险资本准备的比例不得低于100%；

（三）净资本与净资产的比例不得低于40%；

（四）流动资产与流动负债的比例不得低于100%；

（五）负债与净资产的比例不得高于150%；

（六）规定的最低限额的结算准备金要求。

第十九条　期货公司应当按照中国证监会规定的标准计算各项业务的风险资本准备和公司的风险资本准备。

各项业务风险资本准备由各项业务规模乘以一定比例（即风险系数）或按一定标准进行计算，加总各项风险资本准备得到期货公司风险资本准备。

不同类别期货公司应当按照最近一期分类评价结果对应的分类计算系数乘以基准比例计算风险资本准备。

第二十条　中国证监会根据审慎监管原则，结合市场发展形势及期货公司风险管理能力，可以在征求行业意见基础上对期货公司净资本计算标准及最低要求、风险监管指标标准、风险资本准备计算标准等内容等进行调整。

第二十一条　中国证监会对第十八条规定的风险监管指标设置预警标准。规定"不得低于"一定标准的风险监管指标，其预警标准是规定标准的

120%，规定"不得高于"一定标准的风险监管指标，其预警标准是规定标准的80%。

【例题2】期货公司应当持续符合的风险监管指标标准有（　　）。

A. 净资本不得低于客户权益总额的8%

B. 净资本按营业部数量平均折算额（净资本/营业部家数）不得低于人民币300万元

C. 流动资产与流动负债的比例不得低于100%

D. 负债与净资产的比例不得高于150%

【答案】CD

【解析】期货公司应当持续符合以下风险监管指标标准：

（一）净资本不得低于人民币1 500万元；

（二）净资本与公司的风险资本准备的比例不得低于100%；

（三）净资本与净资产的比例不得低于40%；

（四）流动资产与流动负债的比例不得低于100%；

（五）负债与净资产的比例不得高于150%；

（六）规定的最低限额的结算准备金要求。

第四章　编制和披露

第二十二条　期货公司应当报送月度和年度风险监管报表。期货公司应当于月度终了后的7个工作日内向公司住所地中国证监会派出机构报送月度风险监管报表，在年度终了后的4个月内报送经具备证券、期货相关业务资格的会计师事务所审计的年度风险监管报表。

中国证监会派出机构可以根据审慎监管原则，要求期货公司不定期编制并报送风险监管报表。

第二十三条　期货公司应当指定专人负责风险监管报表的编制和报送工作。

第二十四条　期货公司法定代表人、经营管理主要负责人、首席风险官、财务负责人、结算负责人、制表人应当在风险监管报表上签字确认，并应当保证其真实、准确、完整。上述人员对风险监管报表内容持有异议的，应当书面说明意见和理由，向公司住所地中国证监会派出机构报送。

第二十五条　期货公司应当按照中国证监会规定的方式报送风险监管报表。期货公司应当保留书面风险监管报表，相应责任人员应当在书面报表上签字，并加盖公司印章。该报表的保存期限应当不少于

5年。

第二十六条　期货公司应当每半年向公司董事会提交书面报告，说明净资本等各项风险监管指标的具体情况，该书面报告应当经期货公司法定代表人签字确认。该报告经董事会审议通过后，应当向公司全体股东提交或进行信息披露。

第二十七条　净资本与风险资本准备的比例与上月相比变动超过20%的，期货公司应当向公司住所地中国证监会派出机构提交书面报告，说明原因，并在5个工作日内向全体董事提交书面报告。

第二十八条　期货公司风险监管指标达到预警标准的，期货公司应当于当日向公司住所地中国证监会派出机构提交书面报告，详细说明原因、对公司的影响、解决问题的具体措施和期限，还应当向公司全体董事提交书面报告。

期货公司风险监管指标不符合规定标准的，期货公司除履行上述程序外，还应当于当日向全体股东报告或进行信息披露。

【例题3】期货公司应当每半年向公司全体董事提交书面报告，说明净资本等各项风险监管指标的具

体情况，该书面报告应当经（　）签字确认。

　　A. 期货公司法定代表人

　　B. 期货公司财务负责人

　　C. 期货公司结算负责人

　　D. 全体股东

　　【答案】A

第五章　监督管理

　　第二十九条　期货公司未按期报送风险监管报表或者报送的风险监管报表存在虚假记载、误导性陈述或者重大遗漏的，中国证监会派出机构应当要求期货公司限期报送或者补充更正。

　　期货公司未在限期内报送或者补充更正的，公司住所地中国证监会派出机构应当对公司进行现场检查，发现期货公司违反企业会计准则和本办法有关规定的，可以认定风险监管指标不符合规定标准。

　　第三十条　期货公司风险监管指标达到预警标准的，进入风险预警期。

　　中国证监会派出机构应当在5个工作日内对公司风险监管指标触及预警标准的情况和原因进行核实，对公司的影响程度进行评估，并视情况采取下列措施：

　　（一）向公司出具关注函，并抄送其主要股东；

　　（二）对公司高级管理人员进行监管谈话，要求其优化公司风险监管指标水平；

　　（三）要求公司进行重大业务决策时，应当至少提前5个工作日向公司住所地中国证监会派出机构报送临时报告，说明有关业务对公司财务状况和风险监管指标的影响；

　　（四）责令公司增加内部合规检查的频率，并提交合规检查报告。

　　第三十一条　期货公司风险监管指标优于预警标准并连续保持3个月的，风险预警期结束。

　　第三十二条　期货公司风险监管指标不符合规定标准的，中国证监会派出机构应当在2个工作日内对

公司进行现场检查，对不符合规定标准的情况和原因进行核实，并责令期货公司限期整改，整改期限不得超过20个工作日。

　　第三十三条　经过整改，风险监管指标符合规定标准的，期货公司应当向公司住所地中国证监会派出机构报告，中国证监会派出机构应当进行验收。

　　期货公司风险监管指标符合规定标准的，中国证监会派出机构应当自验收合格之日起3个工作日内解除对期货公司采取的有关措施。

　　第三十四条　期货公司逾期未改正或者经过整改风险监管指标仍不符合规定标准的，中国证监会及其派出机构可以依据《期货交易管理条例》第五十六条采取监管措施。

　　【例题4】期货公司未按期报送风险监管报表或者报送的风险监管报表存在虚假记载、误导性陈述或者重大遗漏的，中国证监会派出机构应当要求期货公司（　）。

　　A. 限期改正

　　B. 说明原因，并处以罚款

　　C. 停业整顿

　　D. 限期报送或者补充更正

　　【答案】D

　　【解析】期货公司未按期报送风险监管报表或者报送的风险监管报表存在虚假记载、误导性陈述或者重大遗漏的，中国证监会派出机构应当要求期货公司限期报送或者补充更正。

第六章　附　　则

　　第三十五条　本办法下列用语的含义：

　　（一）风险监管报表，包括期货公司风险监管指标汇总表、净资本计算表、资产调整值计算表、风险资本准备计算表、客户分离资产报表、客户权益变动表、经营业务报表和客户管理报表等。

　　（二）资产、流动资产，是指期货公司的自身资产，不含客户保证金。

　　（三）负债、流动负债，是指期货公司的对外负债，不含客户权益。

　　（四）重大业务，是指可能导致期货公司净资本

【解析】期货公司应当每半年向公司董事会提交书面报告，说明净资本等各项风险监管指标的具体情况，该书面报告应当经期货公司法定代表人签字确认。该报告经董事会审议通过后，应当向公司全体股东提交或进行信息披露。

等风险监管指标发生 10% 以上变化的业务。

第三十六条 本办法自 2013 年 7 月 1 日起施行。

【例题5】《期货公司风险监管指标管理办法》所称的重大业务，是指可能导致期货公司净资本等风险监管指标发生（ ）以上变化的业务。

A. 5%　　　　　　　　　B. 10%

C. 15%　　　　　　　　　D. 20%

【答案】B

【解析】在《期货公司风险监管指标管理办法》中，重大业务是指可能导致期货公司净资本等风险监管指标发生 10% 以上变化的业务。

练 习 题

一、单项选择题

1. 期货公司应当每半年向公司全体董事提交书面报告，说明净资本等各项风险监管指标的具体情况，该书面报告应当经（ ）签字确认。

A. 期货公司法定代表人

B. 期货公司财务负责人

C. 期货公司结算负责人

D. 全体股东

2. 风险监管指标与上月相比变动超过（ ）的，期货公司应当向公司住所地中国证监会派出机构书面报告，说明原因，并在（ ）工作日内向全体董事和全体股东书面报告。

A. 10%；3 个　　　　B. 15%；3 个

C. 20%；5 个　　　　D. 30%；7 个

3. 期货公司未按期报送风险监管报表或者报送的风险监管报表存在虚假记载、误导性陈述或者重大遗漏的，中国证监会派出机构应当要求期货公司（ ）。

A. 限期改正

B. 说明原因，并处以罚款

C. 停业整顿

D. 限期报送或者补充更正

4. 中国证监会派出机构应当在（ ）工作日内对公司风险监管指标触及预警标准的情况和原因进行核实，对公司的影响程度进行评估。

A. 5 个　　　　　　　　B. 7 个

C. 10 个　　　　　　　　D. 15 个

5. 期货公司风险监管指标优于预警标准并连续保持（ ）个月的，风险预警期结束。

A. 1　　　　　　　　　　B. 2

C. 3　　　　　　　　　　D. 5

6. 期货公司风险监管指标不符合规定标准的，中国证监会派出机构应当在（ ）工作日内对公司进行现场检查。

A. 2 个　　　　　　　　B. 3 个

C. 5 个　　　　　　　　D. 7 个

7. 期货公司风险监管指标不符合规定标准的，中国证监会派出机构应当进行现场检查，对不符合规定标准的情况和原因进行核实，并责令期货公司限期整改，整改期限不得超过（ ）工作日。

A. 5 个　　　　　　　　B. 10 个

C. 15 个　　　　　　　　D. 20 个

8. 期货公司风险监管指标符合规定标准的，中国证监会派出机构应当自验收合格之日起（ ）工作日内解除对期货公司采取的有关措施。

A. 2 个　　　　　　　　B. 3 个

C. 5 个　　　　　　　　D. 7 个

9.《期货公司风险监管指标管理办法》所称的重大业务，是指可能导致期货公司净资本等风险监管指标发生（ ）以上变化的业务。

A. 5%　　　　　　　　　B. 10%

C. 15%　　　　　　　　　D. 20%

10.《期货公司风险监管指标管理办法》的施行时间是（ ）。

A. 2007 年 4 月 18 日　B. 2007 年 7 月 4 日

C. 2008 年 3 月 27 日　D. 2013 年 7 月 1 日

二、多项选择题

1. 期货公司应当持续符合的风险监管指标标准有（ ）。

A. 净资本不得低于客户权益总额的 8%

B. 净资本按营业部数量平均折算额（净资本/营业部家数）不得低于人民币 300 万元

C. 流动资产与流动负债的比例不得低于 100%

D. 负债与净资产的比例不得高于 150%

2. 期货公司的下列人员中，应当在风险监管报表上签字确认，并应当保证其真实、准确、完整的是（ ）。

A. 公司法定代表人

B. 经营管理主要负责人

C. 财务负责人、结算负责人

D. 制表人

3. 中国证监会派出机构应当在规定工作日内对公司风险监管指标触及预警标准的情况和原因进行核实，对公司的影响程度进行评估，并视情况采取下列（　　）措施。

A. 向公司出具关注函，并抄送其全体股东

B. 对公司高级管理人员进行监管谈话，要求其优化公司风险监管指标水平

C. 要求公司进行重大业务决策时，应当至少提前 5 个工作日向公司住所地中国证监会派出机构报送临时报告，说明有关业务对公司财务状况和风险监管指标的影响

D. 责令公司增加内部合规检查的频率，并提交合规检查报告

4. 根据《期货公司风险监管指标管理办法》的规定，期货公司风险监管报表包括（　　）。

A. 风险监管指标汇总表

B. 净资本计算表

C. 客户权益变动表

D. 客户分离资产报表

三、判断是非题

1. 客户保证金未足额追加的，期货公司在计算符合规定的最低限额的结算准备金时，应当相应扣除。（　　）

2. 为了维护期货交易市场的稳定，中国证监会及其派出机构不得提高期货公司的风险监管指标标准。（　　）

3. 中国证监会对风险监管指标设置预警标准，规定"不得高于"一定标准的风险监管指标，其预警标准是规定标准的 70%。（　　）

4. 期货公司应当指定专人负责风险监管报表的编制和报送工作。（　　）

5. 期货公司应当保留书面风险监管报表，相应责任人员应当在书面报表上签字，并加盖公司印章。（　　）

6. 期货公司应当每个月向公司全体股东提交书面报告，说明净资本等各项风险监管指标的具体情况，该书面报告应当经期货公司法定代表人签字确认，并应当取得股东的签收确认证明。（　　）

7. 期货公司风险监管指标达到预警标准的，期货公司应当于 3 日内向公司住所地中国证监会派出机构书面报告，详细说明原因、对公司的影响、解决问题的具体措施和期限，还应当向公司全体股东书面报告。（　　）

8. 期货公司风险监管指标不符合规定标准的，期货公司应当于当日向全体股东书面报告。（　　）

9. 期货公司风险监管指标达到预警标准的，进入风险预警期。（　　）

10. 经过整改，风险监管指标符合规定标准的，期货公司应当向公司住所地中国证监会派出机构报告，中国证监会派出机构应当进行验收。（　　）

11. 《期货公司风险监管指标管理办法》所称的资产、流动资产，是指期货公司的自身资产，不含客户保证金；负债、流动负债，是指期货公司的对外负债，不含客户权益。（　　）

四、综合题

某期货公司共有 15 家营业部，现有净资产人民币 8 700 万元，资产调整值为人民币 230 万元，负债调整值为人民币 380 万元，有三家客户需要追加保证金，但经催告后仍然未足额追加，未足额追加的保证金数额为人民币 1 800 万元。该期货公司客户权益总额为人民币 15 亿元。

1. 根据《期货公司风险监管指标管理办法》的规定，该期货公司的净资本是人民币（　　）。

A. 8 470 万元　　　　B. 6 290 万元

C. 7 050 万元　　　　D. 8 090 万元

2. 根据《期货公司风险监管指标管理办法》的规定，下列说法正确的是（　　）。

A. 该期货公司的净资本符合风险监管指标标准

B. 该期货公司净资本按营业部数量平均折算额低于 500 万元，不符合风险监管指标标准

C. 该期货公司净资本与净资产的比例高于 40%，符合风险监管指标标准

D. 该期货公司的净资本不符合从事全面结算业务的标准，但符合从事交易结算业务的标准

证券公司为期货公司提供中间介绍业务试行办法

本办法主要对证券公司申请介绍业务的资格条件与业务范围、证券公司的业务规则,以及证券公司的监督管理等做出了具体规定。通过学习,需要考生重点掌握证券公司申请介绍业务的资格条件与业务范围、证券公司的业务规则等知识点。

证券公司为期货公司提供中间介绍业务试行办法

- 总则
- 资格条件与业务范围
- 业务规则
- 监督管理
- 附则

第一章 总 则

第一条 为了规范证券公司为期货公司提供中间介绍业务活动,防范和隔离风险,促进期货市场积极稳妥发展,根据《期货交易管理条例》,特制定本办法。

第二条 本办法所称证券公司为期货公司提供中间介绍业务(以下简称介绍业务),是指证券公司接受期货公司委托,为期货公司介绍客户参与期货交易并提供其他相关服务的业务活动。

第三条 证券公司从事介绍业务,应当依照本办法的规定取得介绍业务资格,审慎经营,并对通过其营业部开展的介绍业务实行统一管理。

第四条 中国证券监督管理委员会(以下简称中国证监会)及其派出机构依法对证券公司的介绍业务活动实行监督管理。相关自律性组织依法对介绍业务活动实行自律管理。

第二章 资格条件与业务范围

第五条 证券公司申请介绍业务资格,应当符合下列条件:

(一)申请日前6个月各项风险控制指标符合规定标准;

(二)已按规定建立客户交易结算资金第三方存管制度;

(三)全资拥有或者控股一家期货公司,或者与一家期货公司被同一机构控制,且该期货公司具有实行会员分级结算制度期货交易所的会员资格、申请日前2个月的风险监管指标持续符合规定的标准;

(四)配备必要的业务人员,公司总部至少有5名、拟开展介绍业务的营业部至少有2名具有期货从业人员资格的业务人员;

(五)已按规定建立健全与介绍业务相关的业务

规则、内部控制、风险隔离及合规检查等制度；

（六）具有满足业务需要的技术系统；

（七）中国证监会根据市场发展情况和审慎监管原则规定的其他条件。

第六条　本办法第五条第（一）项所称风险控制指标标准是指：

（一）净资本不低于 12 亿元；

（二）流动资产余额不低于流动负债余额（不包括客户交易结算资金和客户委托管理资金）的 150%；

（三）对外担保及其他形式的或有负债之和不高于净资产的 10%，但因证券公司发债提供的反担保除外；

（四）净资本不低于净资产的 70%。

中国证监会可以根据市场发展情况和审慎监管原则对前款标准进行调整。

第七条　证券公司申请介绍业务，应当向中国证监会提交下列申请材料：

（一）介绍业务资格申请书；

（二）董事会关于从事介绍业务的决议，公司章程规定该决议由股东会或者股东大会做出的，应提供股东会或者股东大会的决议；

（三）净资本等指标的计算表及相关说明；

（四）客户交易结算资金独立存管制度实施情况说明及客户交易结算资金第三方存管制度文本；

（五）分管介绍业务的有关负责人简历、相关业务人员简历、期货从业人员资格证明；

（六）关于介绍业务的业务规则、内部控制、风险隔离和合规检查等制度文本；

（七）关于技术系统准备情况的说明；

（八）全资拥有或者控股期货公司，或者与期货公司被同一机构控制的情况说明，该期货公司在申请日前 2 个月月末的风险监管报表；

（九）与期货公司拟签订的介绍业务委托协议文本。

第八条　中国证监会自受理申请材料之日起 20 个工作日内，做出批准或者不予批准的决定。

第九条　证券公司受期货公司委托从事介绍业务，应当提供下列服务：

（一）协助办理开户手续；

（二）提供期货行情信息、交易设施；

（三）中国证监会规定的其他服务。

证券公司不得代理客户进行期货交易、结算或者交割，不得代期货公司、客户收付期货保证金，不得利用证券资金账户为客户存取、划转期货保证金。

第十条　证券公司从事介绍业务，应当与期货公司签订书面委托协议。委托协议应当载明下列事项：

（一）介绍业务的范围；

（二）执行期货保证金安全存管制度的措施；

（三）介绍业务对接规则；

（四）客户投诉的接待处理方式；

（五）报酬支付及相关费用的分担方式；

（六）违约责任；

（七）中国证监会规定的其他事项。

双方可以在委托协议中约定前款规定以外的其他事项，但不得违反法律、行政法规和本办法的规定，不得损害客户的合法权益。

证券公司按照委托协议对期货公司承担介绍业务受托责任。基于期货经纪合同的责任由期货公司直接对客户承担。

第十一条　证券公司与期货公司签订、变更或者终止委托协议的，双方应当在 5 个工作日内报各自所在地的中国证监会派出机构备案。

【例题1】证券公司申请介绍业务资格，应当符合下列（　　）条件。

A. 申请日前 3 个月各项风险控制指标符合规定标准

B. 已按规定建立客户交易结算资金第三方存管制度

C. 已按规定建立健全与介绍业务相关的业务规则、内部控制、风险隔离及合规检查等制度

D. 具有满足业务需要的技术系统

【答案】BCD

【解析】A 应该是"6 个月"。

【例题2】中国证监会自受理证券公司申请介绍业务的申请材料之日起（　　）工作日内，做出批准或者不予批准的决定。

A. 7 个　　　　　　　　B. 10 个

C. 15 个　　　　　　　 D. 20 个

【答案】D

【解析】中国证监会自受理申请材料之日起 20 个工作日内，做出批准或者不予批准的决定。

第三章　业务规则

第十二条　证券公司只能接受其全资拥有或者控股的、或者被同一机构控制的期货公司的委托从事介绍业务，不能接受其他期货公司的委托从事介绍业务。

第十三条　证券公司应当按照合规、审慎经营的原则，制定并有效执行介绍业务规则、内部控制、合规检查等制度，确保有效防范和隔离介绍业务与其他业务的风险。

第十四条　期货公司与证券公司应当建立介绍业务的对接规则，明确办理开户、行情和交易系统的安装维护、客户投诉的接待处理等业务的协作程序和规则。

第十五条　证券公司与期货公司应当独立经营，保持财务、人员、经营场所等分开隔离。

第十六条　证券公司应当根据内部控制和风险隔离制度的规定，指定有关负责人和有关部门负责介绍业务的经营管理。证券公司应当配备足够的具有期货从业人员资格的业务人员，不得任用不具有期货从业人员资格的业务人员从事介绍业务。证券公司从事介绍业务的工作人员不得进行期货交易。

第十七条　证券公司应当在其经营场所显著位置或者其网站，公开下列信息：

（一）受托从事的介绍业务范围；

（二）从事介绍业务的管理人员和业务人员的名单和照片；

（三）期货公司期货保证金账户信息、期货保证金安全存管方式；

（四）客户开户和交易流程、出入金流程；

（五）交易结算结果查询方式；

（六）中国证监会规定的其他信息。

中国证监会及其派出机构可以根据审慎监管原则，要求证券公司调整相关信息的公开方式。

第十八条　证券公司为期货公司介绍客户时，应当向客户明示其与期货公司的介绍业务委托关系，解释期货交易的方式、流程及风险，不得作获利保证、共担风险等承诺，不得虚假宣传，误导客户。

第十九条　证券公司应当建立完备的协助开户制度，对客户的开户资料和身份真实性等进行审查，向客户充分揭示期货交易风险，解释期货公司、客户、证券公司三者之间的权利义务关系，告知期货保证金安全存管要求。

证券公司应当及时将客户开户资料提交期货公司，期货公司应当复核后与客户签订期货经纪合同，办理开户手续。

第二十条　证券公司介绍其控股股东、实际控制人等开户的，证券公司应当将其期货账户信息报所在地中国证监会派出机构备案，并按照中国证监会的规定履行信息披露义务。

第二十一条　证券公司不得代客户下达交易指令，不得利用客户的交易编码、资金账号或者期货结算账户进行期货交易，不得代客户接收、保管或者修改交易密码。

第二十二条　证券公司不得直接或者间接为客户从事期货交易提供融资或者担保。

第二十三条　期货、现货市场行情发生重大变化或者客户可能出现风险时，证券公司及其营业部可以协助期货公司向客户提示风险。

第二十四条　证券公司应当协助维护期货交易系统的稳定运行，保证期货交易数据传送的安全和独立。

第二十五条　证券公司应当在营业场所妥善保存有关介绍业务的凭证、单据、账簿、报表、合同、数据信息等资料。证券公司保存上述文件资料的期限不得少于5年。

第二十六条　证券公司应当建立并有效执行介绍业务的合规检查制度。证券公司应当定期对介绍业务规则、内部控制、风险隔离等制度的执行情况和营业部介绍业务的开展情况进行检查，每半年向中国证监会派出机构报送合规检查报告。发生重大事项的，证券公司应当在2个工作日内向所在地中国证监会派出机构报告。

【例题3】证券公司介绍其控股股东、实际控制人等开户的，证券公司应当将其期货账户信息报（　　）备案。

A. 所在地中国证监会派出机构

B. 与其建立介绍业务委托关系的期货公司

C. 中国期货业协会

D. 所在地工商行政管理机构

【答案】A

【解析】证券公司介绍其控股股东、实际控制人等开户的，证券公司应当将其期货账户信息报所在地中国证监会派出机构备案，并按照中国证监会的规定履行信息披露义务。

【例题4】期货公司与证券公司应当建立介绍业

务的对接规则，明确办理（ ）等业务的协作程序和规则。

A. 行情和交易系统的安装维护

B. 开户

C. 客户投诉的接待处理

D. 划转期货保证金

【答案】ABC

【解析】期货公司与证券公司应当建立介绍业务的对接规则，明确办理开户、行情和交易系统的安装维护、客户投诉的接待处理等业务的协作程序和规则。

第四章　监督管理

第二十七条　中国证监会及其派出机构按照审慎监管原则，对证券公司从事的介绍业务进行现场检查和非现场检查。

第二十八条　证券公司应当按照中国证监会的规定披露介绍业务的相关信息，报送介绍业务的相关文件、资料及数据信息。

第二十九条　证券公司取得介绍业务资格后不符合本办法第五条、第六条规定条件的，中国证监会及其派出机构责令其限期整改；经限期整改仍不符合条件的，中国证监会依法撤销其介绍业务资格。

第三十条　证券公司违反本办法第三章业务规则的，中国证监会及其派出机构可以采取责令限期整改、监管谈话、出具警示函等监管措施；逾期未改正，其行为可能危及期货公司的稳健运行、损害客户合法权益的，中国证监会可以责令期货公司终止与该证券公司的介绍业务关系。

第三十一条　证券公司因其他业务涉嫌违法违规或者出现重大风险被暂停、限制业务或者撤销业务资格的，中国证监会可以责令期货公司终止与该证券公司的介绍业务关系。

第三十二条　证券公司有下列行为之一的，按照《期货交易管理条例》第七十条进行处罚：

（一）未经许可擅自开展介绍业务；

（二）对客户未充分揭示期货交易风险，进行虚假宣传，误导客户；

（三）代理客户进行期货交易、结算或者交割；

（四）收付、存取或者划转期货保证金；

（五）为客户从事期货交易提供融资或者担保；

（六）未按规定审查客户的开户资料和身份真实性；

（七）代客户下达交易指令；

（八）利用客户的交易编码、资金账号或者期货结算账户进行期货交易；

（九）未将介绍业务与其他经营业务分开或者有效隔离；

（十）未将财务、人员、经营场所与期货公司分开隔离；

（十一）拒绝、阻碍中国证监会及其派出机构依法履行职责。

【例题5】证券公司违反《证券公司为期货公司提供中间介绍业务试行办法》规定的业务规则的，中国证监会及其派出机构可以采取的监管措施有（ ）。

A. 责令限期整改

B. 责令具结悔过

C. 监管谈话

D. 出具警示函

【答案】ACD

【解析】证券公司违反《证券公司为期货公司提供中间介绍业务试行办法》业务规则的，中国证监会及其派出机构可以采取责令限期整改、监管谈话、出具警示函等监管措施；逾期未改正，其行为可能危及期货公司的稳健运行、损害客户合法权益的，中国证监会可以责令期货公司终止与该证券公司的介绍业务关系。

第五章　附　　则

第三十三条　本办法自发布之日起施行。

练习题

一、单项选择题

1. 中国证监会自受理证券公司申请介绍业务的申请材料之日起（　　）工作日内，做出批准或者不予批准的决定。

A. 7 个　　　　　　　B. 10 个

C. 15 个　　　　　　D. 20 个

2. 证券公司与期货公司签订、变更或者终止委托协议的，双方应当在（　　）工作日内报各自所在地的中国证监会派出机构备案。

A. 3 个　　　　　　　B. 5 个

C. 7 个　　　　　　　D. 10 个

3. 证券公司介绍其控股股东、实际控制人等开户的，证券公司应当将其期货账户信息报（　　）备案。

A. 所在地中国证监会派出机构

B. 与其建立介绍业务委托关系的期货公司

C. 中国期货业协会

D. 所在地工商行政管理机构

4. 证券公司在营业场所保存有关介绍业务的凭证、单据、账簿、报表、合同、数据信息等资料的期限不得少于（　　）。

A. 5 年　　　　　　　B. 10 年

C. 20 年　　　　　　D. 30 年

5. 证券公司应定期对介绍业务规则、风险隔离等制度的执行情况和营业部介绍业务的开展情况进行合规检查，发生重大事项的，证券公司应当在（　　）工作日内向所在地中国证监会派出机构报告。

A. 2 个　　　　　　　B. 3 个

C. 5 个　　　　　　　D. 7 个

6. 《证券公司为期货公司提供中间介绍业务试行办法》的施行时间是（　　）。

A. 2007 年 4 月 18 日　B. 2007 年 4 月 20 日

C. 2007 年 7 月 4 日　D. 2008 年 3 月 27 日

二、多项选择题

1. 期货公司与证券公司应当建立介绍业务的对接规则，明确办理（　　）等业务的协作程序和规则。

A. 行情和交易系统的安装维护

B. 开户

C. 客户投诉的接待处理

D. 划转期货保证金

2. 证券公司应当按照合规、审慎经营的原则，制定并有效执行（　　）等制度，确保有效防范和隔离介绍业务与其他业务的风险。

A. 介绍业务规则　　B. 内部控制

C. 内部稽核　　　　D. 合规检查

3. 证券公司应当在其经营场所显著位置或者其网站公开的信息有（　　）。

A. 受托从事的介绍业务范围

B. 从事介绍业务的管理人员和业务人员的名单与照片

C. 客户开户和交易流程、出入金流程

D. 交易结算结果查询方式

4. 根据《证券公司为期货公司提供中间介绍业务试行办法》的规定，证券公司为期货公司介绍客户时，应当（　　）。

A. 向客户明示其与期货公司的介绍业务委托关系

B. 解释期货交易的方式、流程及风险

C. 不得作获利保证、共担风险等承诺

D. 不得虚假宣传，误导客户

5. 根据《证券公司为期货公司提供中间介绍业务试行办法》有关业务规则的规定，证券公司不得有下列（　　）行为。

A. 代客户下达交易指令

B. 利用客户的交易编码进行交易

C. 利用客户的资金账号或者期货结算账户进行期货交易

D. 代客户接收、保管或者修改交易密码

6. 证券公司违反《证券公司为期货公司提供中间介绍业务试行办法》规定的业务规则的，中国证监会及其派出机构可以采取的监管措施有（　　）。

A. 责令限期整改

B. 责令具结悔过

C. 监管谈话

D. 出具警示函

三、判断是非题

1. 证券公司应当及时将客户开户资料提交期货公司，期货公司应当复核后与客户签订期货经纪合同，办理开户手续。（　　）

2. 证券公司可以代客户接收、保管交易密码。（　　）

3. 证券公司可以间接为客户从事期货交易提供融资或者担保。（　　）

4. 期货、现货市场行情发生重大变化或者客户

可能出现风险时，只能由期货公司向客户提示风险，证券公司及其营业部无权予以协助。（　）

5. 证券公司应当定期对介绍业务规则、内部控制、风险隔离等制度的执行情况和营业部介绍业务的开展情况进行检查，每个月向中国证监会派出机构报送合规检查报告。（　）

6. 中国证监会及其派出机构按照审慎监管原则，对证券公司从事的介绍业务进行现场检查和非现场检查。（　）

7. 证券公司因其他业务涉嫌违法违规或者出现重大风险被暂停、限制业务或者撤销业务资格的，期货业协会可以责令期货公司终止与该证券公司的介绍业务关系。（　）

四、综合题

2008年9月1日，A证券公司向中国证监会申请介绍业务资格。根据《证券公司为期货公司提供中间介绍业务试行办法》的规定，回答下列问题：

1. 证券公司申请介绍业务资格，应当符合（　）条件。

A. 申请日前3个月各项风险控制指标符合规定标准

B. 已按规定建立客户交易结算资金第三方存管制度

C 已按规定建立健全与介绍业务相关的业务规则、内部控制、风险隔离及合规检查等制度

D. 具有满足业务需要的技术系统

2. 证券公司申请介绍业务资格，应当配备必要的业务人员，拟开展介绍业务的营业部至少有（　）具有期货从业人员资格的业务人员。

A.2名　　　　　　B.3名

C.5名　　　　　　D.7名

3. 证券公司申请介绍业务资格，应当符合中国证监会规定的风险控制指标标准，下列属于该标准的是（　）。

A. 净资本不低于15亿元

B. 流动资产余额不低于流动负债余额（不包括客户交易结算资金和客户委托管理资金）的150%

C. 对外担保及其他形式的或有负债之和不高于净资产的10%，但因证券公司发债提供的反担保除外

D. 净资本不低于净资产的60%

期货市场客户开户管理规定

本办法主要对期货市场客户开户、交易编码申请、注销，客户资料修改、管理等做出了具体规定。

通过学习，需要考生重点掌握交易编码申请、客户资料修改等知识点。

知 识 结 构

期货市场客户
开户管理规定
{
总则
客户开户及交易编码申请
客户资料修改
客户交易编码的注销
客户资料管理
监督管理
附则
}

内 容 解 析

第一章 总 则

第一条 为加强期货市场监管，保护客户合法权益，维护期货市场秩序，防范风险，提高市场运行效率，根据《期货交易管理条例》《期货交易所管理办法》《期货公司管理办法》等行政法规和规章，特制定本规定。

第二条 期货公司为客户开立账户，应当对客户开户资料进行审核，确保开户资料的合规、真实、准确和完整。

第三条 中国期货保证金监控中心有限责任公司（以下简称监控中心）负责客户开户管理的具体实施工作。期货公司为客户申请、注销各期货交易所交易编码，以及修改与交易编码相关的客户资料，应当统一通过监控中心办理。

第四条 监控中心应当建立和维护期货市场客户统一开户系统（以下简称统一开户系统），对期货公司提交的客户资料进行复核，并将通过复核的客户资料转发给相关期货交易所。

第五条 期货交易所收到监控中心转发的客户交易编码申请资料后，根据期货交易所业务规则对客户交易编码进行分配、发放和管理，并将各类申请的处理结果通过监控中心反馈期货公司。

第六条 监控中心应当为每一个客户设立统一开户编码，并建立统一开户编码与客户在各期货交易所交易编码的对应关系。

第七条 中国证券监督管理委员会（以下简称中国证监会）及其派出机构依法对期货市场客户开户实行监督管理。

中国期货业协会、期货交易所依法对期货市场客户开户实行自律管理。

【例题1】（ ）负责客户开户管理的具体实施工作。

A. 中国期货保证金监控中心有限责任公司

B. 中国证监会

C. 中国证券业协会

D. 期货交易所

【答案】A

【解析】中国期货保证金监控中心有限责任公司

负责客户开户管理的具体实施工作。期货公司为客户申请、注销各期货交易所交易编码，以及修改与交易编码相关的客户资料，应当统一通过监控中心办理。

第二章 客户开户及交易编码申请

第八条 客户开户应当符合《期货交易管理条例》及中国证监会有关规定，并遵守以下实名制要求：

（一）个人客户应当本人亲自办理开户手续，签署开户资料，不得委托代理人代为办理开户手续。除中国证监会另有规定外，个人客户的有效身份证明文件为中华人民共和国居民身份证；

（二）单位客户应当出具单位客户的授权委托书、代理人的身份证和其他开户证件。除中国证监会另有规定外，一般单位客户的有效身份证明文件为组织机构代码证和营业执照；证券公司、基金管理公司、信托公司和其他金融机构，以及社会保障类公司、合格境外机构投资者等法律、行政法规和规章规定的需要资产分户管理的特殊单位客户，其有效身份证明文件由监控中心另行规定；

（三）期货经纪合同、期货结算账户中客户姓名或者名称与其有效身份证明文件中的姓名或者名称一致；

（四）在期货经纪合同及其他开户资料中真实、完整、准确地填写客户资料信息。

第九条 期货公司应当对客户进行以下实名制审核：

（一）对照有效身份证明文件，核实个人客户是否本人亲自开户，核实单位客户是否由经授权的代理人开户；

（二）确保客户交易编码申请表、期货结算账户登记表、期货经纪合同等开户资料所记载的客户姓名或者名称与其有效身份证明文件中的姓名或者名称一致。

第十条 客户开户时，期货公司应当实时采集并保存客户以下影像资料：

（一）个人客户头部正面照和身份证正反面扫描件；

（二）单位客户开户代理人头部正面照、开户代理人身份证正反面扫描件、单位客户有效身份证明文件扫描件。

第十一条 证券公司依法接受期货公司委托协助办理开户手续的，应当按照本规定的要求对照核实客户真实身份，核对客户期货结算账户户名与其有效身份证明文件中姓名或者名称一致，采集并留存客户影像资料，并随同其他开户资料一并提交期货公司审核开户和存档。

第十二条 期货公司应当按照监控中心规定的格式要求采集并以电子文档方式在公司总部集中统一保存客户影像资料，并随其他开户材料一并存档备查。各营业部也应当保存所办理的客户开户资料及其影像资料。

第十三条 期货公司不得与不符合实名制要求的客户签署期货经纪合同，也不得为未签订期货经纪合同的客户申请交易编码。

第十四条 期货公司为客户申请交易编码，应当向监控中心提交客户交易编码申请。客户交易编码申请填写内容应当完整并与期货经纪合同所记载的内容一致。

第十五条 期货公司为单位客户申请交易编码时，应当按照规定要求向监控中心提交该单位客户的有效身份证明文件扫描件。

第十六条 期货公司应当按照规定要求定期向监控中心提交客户的以下资料：

（一）个人客户的头部正面照和身份证正反面扫描件；

（二）单位客户的开户代理人头部正面照和身份证正反面扫描件。

第十七条 监控中心应当按以下标准对期货公司提交的客户交易编码申请表及其他相关资料进行复核：

（一）客户交易编码申请表内容完整性、格式正确性；

（二）个人客户姓名和身份证号码与全国公民身份信息查询服务系统反馈结果的一致性；

（三）一般单位客户名称和组织机构代码证号码与全国组织机构代码管理中心反馈结果的一致性；

（四）客户姓名或者名称与其期货结算账户户名的一致性；

（五）其他应当复核的内容。

第十八条 监控中心在复核中发现以下情况之一

的，监控中心应当退回客户交易编码申请，并告知期货公司：

（一）客户资料不符合实名制要求；

（二）客户交易编码申请表及相关资料内容不完整、格式不正确；

（三）中国证监会规定的其他情形。

第十九条 监控中心应当将当日通过复核的客户交易编码申请资料转发给相关期货交易所。

第二十条 期货交易所应当将客户交易编码申请的处理结果发送监控中心，由监控中心当日反馈给期货公司。

第二十一条 当日分配的客户交易编码，期货交易所应当于下一交易日允许客户使用。

【例题2】监控中心应当将当日通过复核的客户交易编码申请资料转发给相关（　　）。

A. 期货公司

B. 期货交易所

C. 客户

D. 中金所

【答案】B

【解析】监控中心应当将当日通过复核的客户交易编码申请资料转发给相关期货交易所。

【例题3】客户开户应当符合《期货交易管理条例》及中国证监会有关规定，并遵守以下实名制要求（　　）。

A. 个人客户应当本人亲自办理开户手续，签署开户资料，不得委托代理人代为办理开户手续。除中国证监会另有规定外，个人客户的有效身份证明文件为中华人民共和国居民身份证

B. 单位客户应当出具单位客户的授权委托书、代理人的身份证和其他开户证件

C. 除中国证监会另有规定外，一般单位客户的有效身份证明文件为组织机构代码证和营业执照

D. 证券公司、基金管理公司、信托公司和其他金融机构，以及社会保障类公司、合格境外机构投资者等法律、行政法规和规章规定的需要资产分户管理的特殊单位客户，其有效身份证明文件由监控中心另行规定

【答案】ABCD

【解析】客户开户应当符合《期货交易管理条例》及中国证监会有关规定，并遵守以下实名制要求：

（一）个人客户应当本人亲自办理开户手续，签署开户资料，不得委托代理人代为办理开户手续。除中国证监会另有规定外，个人客户的有效身份证明文件为中华人民共和国居民身份证；

（二）单位客户应当出具单位客户的授权委托书、代理人的身份证和其他开户证件。除中国证监会另有规定外，一般单位客户的有效身份证明文件为组织机构代码证和营业执照；证券公司、基金管理公司、信托公司和其他金融机构，以及社会保障类公司、合格境外机构投资者等法律、行政法规和规章规定的需要资产分户管理的特殊单位客户，其有效身份证明文件由监控中心另行规定；

（三）期货经纪合同、期货结算账户中客户姓名或者名称与其有效身份证明文件中的姓名或者名称一致；

（四）在期货经纪合同及其他开户资料中真实、完整、准确地填写客户资料信息。

第三章　客户资料修改

第二十二条 期货公司修改与申请交易编码相关的客户资料，应当向监控中心提交修改申请，申请修改的内容应当与期货经纪合同中客户资料保持一致。

第二十三条 期货公司申请对客户姓名或者名称、客户有效身份证明文件号码、客户期货结算账户户名进行修改的，监控中心重新按本规定第十七条进行复核。通过复核的，监控中心将修改后的资料转发相关期货交易所和期货公司并由其进行相应处理。

第二十四条 期货公司申请对客户姓名或者名称、客户有效身份证明文件号码、客户期货结算账户户名之外的客户资料进行修改的，应当指明修改申请

拟提交的期货交易所，监控中心对修改后客户资料内容的完整性、格式正确性进行复核，并将通过复核的申请转发相关期货交易所。期货交易所根据其业务规则检查后，向监控中心反馈修改申请的处理结果，由监控中心反馈给期货公司。

第二十五条 监控中心和期货交易所在管理中发现客户资料错误的，应当统一由监控中心通知期货公司，由期货公司登录统一开户系统进行修改。

【例题4】期货公司申请对（　　）进行修改的，监控中心重新按本规定第十七条进行复核。通过复核的，监控中心将修改后的资料转发相关期货交易所和

期货公司并由其进行相应处理。

  A. 客户姓名或者名称

  B. 客户有效身份证明文件号码

  C. 客户期货结算账户户名

  D. 客户代理人的信息

【答案】ABC

【解析】期货公司申请对客户姓名或者名称、客户有效身份证明文件号码、客户期货结算账户户名进行修改的，监控中心重新按本规定第十七条进行复核。通过复核的，监控中心将修改后的资料转发相关期货交易所和期货公司并由其进行相应处理。

第四章　客户交易编码的注销

第二十六条　期货公司应当登录监控中心统一开户系统办理客户交易编码的注销。

第二十七条　监控中心接到期货公司的客户交易编码注销申请后，应当于当日转发给相关期货交易所。

第二十八条　期货交易所应当将期货公司客户交易编码注销申请处理结果及时反馈监控中心，监控中心据此反馈期货公司。

第二十九条　期货交易所注销客户交易编码的，应当于注销当日通知监控中心，监控中心据此通知期货公司。

【例题5】（　）应当登录监控中心统一开户系统办理客户交易编码的注销。

  A. 期货公司

  B. 期货交易所

  C. 监控中心

  D. 中国证监会派出机构

【答案】A

【解析】期货公司应当登录监控中心统一开户系统办理客户交易编码的注销。

第五章　客户资料管理

第三十条　期货公司在交易结算系统中维护的客户资料应当与报送统一开户系统的客户资料保持一致。

监控中心应当对期货公司报送保证金监控系统与统一开户系统的客户姓名或者名称、内部资金账户、期货结算账户和交易编码进行一致性复核。

第三十一条　监控中心应当根据统一开户系统，建立期货市场客户基本资料库。

客户姓名或者名称、有效身份证明文件号码和客户期货结算账户户名之外的客户信息，监控中心应当根据不同的期货交易所、期货公司分别维护。

第三十二条　期货交易所应当定期向监控中心核对客户资料。

【例题6】判断是非题

期货公司在交易结算系统中维护的客户资料应当与报送统一开户系统的客户资料保持一致。

【答案】正确

第六章　监督管理

第三十三条　中国证监会依法对期货市场客户开户进行监督检查。中国证监会派出机构对期货公司客户开户进行监督检查。

第三十四条　监控中心应当依据本规定制定期货市场客户开户管理的业务操作规则，并报告中国证监会。

监控中心应当建立健全相应的应急处理机制，防范和化解统一开户系统的运行风险。

第三十五条　期货公司、证券公司违反本规定的，中国证监会及其派出机构可以采取责令限期整改、监管谈话、出具警示函等监管措施；逾期未改

正，其行为可能危及期货公司稳健运行、损害客户合法权益的，中国证监会及其派出机构可以责令期货公司、证券公司暂停开户或办理相关业务。

第三十六条　期货交易所、监控中心的工作人员应当忠于职守，依法办事，公正廉洁，保守期货公司和客户的商业秘密，不得利用职务便利牟取不正当的利益。

第三十七条　期货公司、证券公司违反本规定的，依照《期货交易管理条例》第七十条的规定进行处罚。

第三十八条　期货交易所、监控中心违反本规定

的，依照《期货交易管理条例》第六十八条、第六十九条的规定进行处罚、处分。

第三十九条 期货交易所、监控中心的工作人员违反本规定的，依照《期货交易管理条例》第八十二条的规定进行处分。

【例题7】（ ）对期货公司客户开户进行监督检查。

A. 中国证监会

B. 中国证监会派出机构

C. 中国证券业协会

D. 期货交易所

【答案】B

【解析】中国证监会派出机构对期货公司客户开户进行监督检查。

第七章 附 则

第四十条 期货公司会员号变更、会员分级结算关系变更、会员资格转让或者交易编码申请权限受到期货交易所限制时，期货交易所应当将有关情况及时通知监控中心。

第四十一条 对于实行会员分级结算制度期货交易所的非结算会员，监控中心应当将其申请和注销客户交易编码的结果及时通知其结算会员。

第四十二条 特殊单位客户的实名制要求及核对应当遵循实质重于形式的原则，确保特殊单位客户、分户管理资产和期货结算账户对应关系准确。

第四十三条 本规定自2009年9月1日起施行。2007年11月5日中国证监会发布的《关于进一步加强期货公司开户环节实名制工作的通知》（证监期货字〔2007〕257号）同时废止。

【例题8】《期货市场客户开户管理规定》自（ ）实施。

A. 2009年9月1日　　B. 2009年5月1日

C. 2010年1月1日　　D. 2010年5月1日

【答案】A

练 习 题

一、单项选择题

1.《期货市场客户开户管理规定》自（ ）实施。

A. 2009年9月1日　　B. 2009年5月1日

C. 2010年1月1日　　D. 2010年5月1日

2. 特殊单位客户的实名制要求及核对应当遵循（ ）的原则，确保特殊单位客户、分户管理资产和期货结算账户对应关系准确。

A. 审慎　　　　　　B. 实质重于形式

C. 合理合法　　　　D. 可比性

3.（ ）负责客户开户管理的具体实施工作。

A. 中国期货保证金监控中心有限责任公司

B. 中国证监会

C. 中国证券业协会

D. 期货交易所

4. 期货公司为客户申请交易编码，应当向（ ）提交客户交易编码申请。客户交易编码申请填写内容应当完整并与期货经纪合同所记载的内容一致。

A. 期货交易所　　　B. 监控中心

C. 期货业协会　　　D. 中金所

5. 对于实行会员分级结算制度期货交易所的非结算会员，监控中心应当将其申请和注销客户交易编码的结果及时通知（ ）。

A. 其结算会员　　　B. 期货交易所

C. 期货公司　　　　D. 以上都可以

6. 监控中心应当将当日通过复核的客户交易编码申请资料转发给相关（ ）。

A. 期货公司　　　　B. 期货交易所

C. 客户　　　　　　D. 中金所

7.（ ）应当登录监控中心统一开户系统办理客户交易编码的注销。

A. 监控中心　　　　B. 期货交易所

C. 期货公司　　　　D. 中国证监会派出机构

8.（ ）依法对期货市场客户开户进行监督检查。

A. 中国证监会　　　B. 中国证监会派出机构

C. 中国证券业协会　D. 期货交易所

9.（ ）对期货公司客户开户进行监督检查。

A. 中国证监会　　　B. 中国证监会派出机构

C. 中国证券业协会　D. 期货交易所

10.（ ）应当依据本规定制定期货市场客户开户管理的业务操作规则，并报告中国证监会。

A. 期货交易所　　B. 中国证监会派出机构
C. 中国证券业协会　　D. 监控中心

11.（　）应当建立健全相应的应急处理机制，防范和化解统一开户系统的运行风险。

A. 监控中心　　B. 中国证监会派出机构
C. 中国证券业协会　　D. 期货交易所

12. 期货公司、证券公司违反本规定的，（　）可以采取责令限期整改、监管谈话、出具警示函等监管措施。

A. 监控中心
B. 中国证监会及其派出机构
C. 中国证券业协会
D. 期货交易所

13. 违反本规定，逾期未改正，其行为可能危及期货公司稳健运行、损害客户合法权益的，（　）可以责令期货公司、证券公司暂停开户或办理相关业务。

A. 监控中心　　B. 中国证监会派出机构
C. 中国证券业协会　　D. 期货交易所

二、多项选择题

1. 根据（　），制定《期货市场客户开户管理规定》。

A.《期货交易管理条例》
B.《期货交易所管理办法》
C.《期货公司管理办法》
D.《证券法》

2. 期货公司为客户开立账户，应当对客户开户资料进行审核，确保开户资料的（　）。

A. 合规　　B. 真实
C. 准确　　D. 完整

3. 客户开户应当符合《期货交易管理条例》及中国证监会有关规定，并遵守以下实名制要求（　）。

A. 个人客户应当本人亲自办理开户手续，签署开户资料，不得委托代理人代为办理开户手续。除中国证监会另有规定外，个人客户的有效身份证明文件为中华人民共和国居民身份证

B. 单位客户应当出具单位客户的授权委托书、代理人的身份证和其他开户证件

C. 除中国证监会另有规定外，一般单位客户的有效身份证明文件为组织机构代码证和营业执照

D. 证券公司、基金管理公司、信托公司和其他金融机构，以及社会保障类公司、合格境外机构投资者等法律、行政法规和规章规定的需要资产分户管理

的特殊单位客户，其有效身份证明文件由监控中心另行规定

4. 确保客户（　）开户资料所记载的客户姓名或者名称与其有效身份证明文件中的姓名或者名称一致。

A. 交易编码申请表
B. 期货结算账户登记表
C. 期货经纪合同
D. 以上都是

5. 期货公司应当按照规定要求定期向监控中心提交客户的以下（　）资料。

A. 个人客户的头部正面照和身份证正反面扫描件

B. 单位客户的开户代理人头部正面照和身份证正反面扫描件

C. 个人客户的代理人头部正面照和身份证正反面扫描件

D. 单位客户法定代理人的头部正面照和身份证正反面扫描件

6. 监控中心在复核中发现以下情况之一的，监控中心应当退回客户交易编码申请，并告知期货公司（　）。

A. 客户资料不符合实名制要求

B. 客户交易编码申请表及相关资料内容不完整、格式不正确

C. 客户交易编码申请表及相关资料内容完整、格式不正确

D. 中国证监会规定的其他情形

7. 期货公司申请对（　）进行修改的，监控中心重新按本规定第十七条进行复核。通过复核的，监控中心将修改后的资料转发相关期货交易所和期货公司并由其进行相应处理。

A. 客户姓名或者名称
B. 客户有效身份证明文件号码
C. 客户期货结算账户户名
D. 客户代理人的信息

8. 期货公司、证券公司违反本规定的，中国证监会及其派出机构可以采取（　）等监管措施。

A. 责令限期整改　　B. 出具警示函
C. 监管谈话　　D. 暂停办理相关业务

9. 违反本规定，逾期未改正，其行为可能危及期货公司稳健运行、损害客户合法权益的，中国证监会派出机构可以责令期货公司、证券公司（　）。

A. 暂停开户

B. 暂停办理相关业务

C. 停业整顿

D. 对相关人员进行纪律处分

10. 监控中心应当按以下标准对期货公司提交的客户交易编码申请表及其他相关资料进行复核（　　）。

A. 客户交易编码申请表内容完整性、格式正确性

B. 个人客户姓名和身份证号码与全国公民身份信息查询服务系统反馈结果的一致性

C. 一般单位客户名称和组织机构代码证号码与全国组织机构代码管理中心反馈结果的一致性

D. 客户姓名或者名称与其期货结算账户户名的一致性

三、判断是非题

1. 期货公司为客户申请、注销各期货交易所交易编码，以及修改与交易编码相关的客户资料，应当统一通过监控中心办理。（　　）

2. 期货交易所收到监控中心转发的客户交易编码申请资料后，根据期货交易所业务规则对客户交易编码进行分配、发放和管理，并将各类申请的处理结果通知期货公司。（　　）

3. 监控中心应当为每一个客户设立统一开户编码，并建立统一开户编码与客户在各期货交易所交易编码的对应关系。（　　）

4. 期货公司应当按照监控中心规定的格式要求采集并以电子文档方式或其他方式在公司总部集中统一保存客户影像资料，并随其他开户材料一并存档备查。各营业部也应当保存所办理的客户开户资料及其影像资料。（　　）

5. 期货公司不得与不符合实名制要求的客户签署期货经纪合同，也不得为未签订期货经纪合同的客户申请交易编码。（　　）

6. 期货公司为单位客户申请交易编码时，应当按照规定要求向监控中心提交该单位客户的有效身份证明文件扫描件。（　　）

7. 监控中心应当将前一日通过复核的客户交易编码申请资料转发给相关期货交易所。（　　）

8. 期货交易所应当将客户交易编码申请的处理结果发送监控中心，由监控中心次日反馈给期货公司。（　　）

9. 当日分配的客户交易编码，期货交易所应当于下一交易日允许客户使用。（　　）

10. 期货公司申请对客户姓名或者名称、客户有效身份证明文件号码、客户期货结算账户户名之外的客户资料进行修改的，应当指明修改申请拟提交的期货交易所，监控中心对修改后客户资料内容的完整性、格式正确性进行复核，并将通过复核的申请转发相关期货交易所。（　　）

11. 监控中心和期货交易所在管理中发现客户资料错误的，应当统一由监控中心通知期货公司，由期货公司登录统一开户系统进行修改。（　　）

12. 期货公司应当登录监控中心统一开户系统办理客户交易编码的注销。（　　）

13. 期货交易所注销客户交易编码的，应当于注销次日通知监控中心，监控中心据此通知期货公司。（　　）

14. 期货交易所应当定期向监控中心核对客户资料。（　　）

15. 中国证监会依法对期货市场客户开户进行监督检查。中国证监会派出机构对期货公司客户开户进行监督检查。（　　）

16. 期货交易所、监控中心的工作人员应当忠于职守，依法办事，公正廉洁，保守期货公司和客户的商业秘密，不得利用职务便利牟取不正当的利益。（　　）

17. 期货公司会员号变更、会员分级结算关系变更、会员资格转让或者交易编码申请权限受到期货交易所限制时，期货交易所应当将有关情况及时通知监控中心。（　　）

18. 对于实行会员分级结算制度期货交易所的非结算会员，监控中心应当将其申请和注销客户交易编码的结果及时通知其结算会员。（　　）

19. 特殊单位客户的实名制要求及核对应当遵循实质重于形式的原则，确保特殊单位客户、分户管理资产和期货结算账户对应关系准确。（　　）

20. 期货交易所应当将期货公司客户交易编码注销申请处理结果及时反馈监控中心，监控中心据此反馈期货公司。（　　）

关于建立金融期货投资者适当性制度的规定

本规定主要对中金所适当性管理核心原则、实施方案及制度、日常监督检查及违规处理做出了具体规定。通过学习，需要考生重点掌握"把适当的产品销售给适当的投资者"核心原则、适当性管理实施方案等。

知 识 结 构

本规定内容少，故不做结构设计。

内 容 解 析

第一条　为督促期货公司建立健全内控、合规制度，建立并完善以了解客户和分类管理为核心的客户管理和服务制度，保护投资者合法权益，保障金融期货市场平稳、规范和健康运行，根据《期货交易管理条例》《期货交易所管理办法》及《期货公司管理办法》等行政法规、规章，特制定本规定。

第二条　本规定所称金融期货投资者适当性制度（以下简称投资者适当性制度），是指根据金融期货的产品特征和风险特性，区别投资者的产品认知水平和风险承受能力，选择适当的投资者审慎参与金融期货交易，并建立与之相适应的监管制度安排。

第三条　中国证监会各省、自治区、直辖市、计划单列市监管局（以下统称各派出机构），中国金融期货交易所（以下简称中金所），中国期货保证金监控中心公司（以下简称监控中心），中国期货业协会（以下简称中期协）应当按照"统一领导、各司其职、各负其责、加强协作、联合监管"的原则，严格落实本规定的各项工作要求。

第四条　中国证监会及其派出机构对期货公司执行投资者适当性制度的情况进行监督检查。

中金所、中期协对期货公司执行投资者适当性制度的情况进行自律管理。

监控中心对期货公司执行投资者适当性制度的情况进行核查验证。

【例题1】中金所、中期协对期货公司执行投资者适当性制度的情况进行（　　）。

A. 监督检查

B. 核查验证

C. 行政监管

D. 自律管理

【答案】D

【例题2】判断是非题

中国证监会及其派出机构对期货公司执行投资者适当性制度的情况进行自律管理。

【答案】错误

【解析】中国证监会及其派出机构对期货公司执行投资者适当性制度的情况进行监督检查。

第五条　中金所应当根据"将适当的产品销售给适当投资者"的核心原则，从投资者的经济实力、金融期货产品认知能力、投资经历等方面，制定投资者适当性制度的具体标准和实施指引，并报中国证监会备案。

第六条　期货公司应当建立健全内控、合规制度，严格落实投资者适当性制度。

期货公司应当根据中金所制定的标准和指引，制定投资者适当性标准的实施方案，建立并有效执行客户开发管理制度和开户审核工作制度，完善业务流程与内部分工，加强责任追究。

期货公司应当及时将投资者适当性制度实施方案及相关制度报中金所和公司所在地中国证监会派出机构备案。

第七条　期货公司应当深化客户服务，向投资者充分揭示金融期货风险，全面客观介绍金融期货法律法规、业务规则和产品特征，测试投资者的金融期货基础知识，认真审核投资者开户申请材料，审慎评估投资者的风险承受能力，不得为不符合适当性标准的投资者申请开立金融期货交易编码。

期货公司应当建立客户资料档案，除依法接受调查和检查外，应当为客户保密。

第八条　自然人投资者应当全面评估自身的经济实力、产品认知能力、风险控制能力、生理及心理承受能力等，审慎决定是否参与金融期货交易。

法人投资者及其他经济组织从事金融期货交易业务，应当根据自身的经营管理特点和业务运作状况，建立健全内部控制和风险管理制度，对自身的内部控制和风险管理能力进行客观评估，审慎决定是否参与金融期货交易。

【例题3】自然人投资者应当全面评估自身的（　），审慎决定是否参与金融期货交易。

A. 经济实力

B. 产品认知能力

C. 风险控制能力

D. 生理及心理承受能力

【答案】ABCD

【解析】自然人投资者应当全面评估自身的经济实力、产品认知能力、风险控制能力、生理及心理承受能力等，审慎决定是否参与金融期货交易。

第九条　投资者应当如实申报开户材料，不得采取虚假申报等手段规避投资者适当性标准要求。投资者提供虚假证明材料的，应当承担相应的责任。

投资者应当遵守"买卖自负"的原则，承担金融期货交易的履约责任，不得以不符合投资者适当性标准为由拒绝承担金融期货交易履约责任。

第十条　中金所、期货公司应当加强对投资者交易行为的合法合规性管理，督促投资者遵守金融期货交易相关法律、行政法规、规章及中金所业务规则，持续开展投资者风险教育。

第十一条　期货公司应当完善客户纠纷处理机制，明确承担此项职责的部门和岗位，负责处理投资者参与金融期货交易所产生的投诉等事项，及时化解相关矛盾纠纷。

期货公司应当督促客户遵守法律法规，通过正当途径维护自身合法权益，不得侵害国家利益及他人的合法权益，不得扰乱社会公共秩序。

第十二条　期货公司违反投资者适当性制度要求，未能执行相关内控、合规制度的，中国证监会及其派出机构依据相关法律法规的规定，采取监管措施；情节严重的，根据《期货交易管理条例》第六十七条规定进行处罚。

期货公司违反投资者适当性制度要求的，中金所、中期协应当根据业务规则和自律规则对其进行纪律处分。

【例题4】期货公司违反投资者适当性制度要求的，（　）应当根据业务规则和自律规则对其进行纪律处分。

A. 中金所

B. 期货业协会

C. 中国证监会

D. 中国证监会相关派出机构

【答案】AB

【解析】期货公司违反投资者适当性制度要求的，中金所、中期协应当根据业务规则和自律规则对其进行纪律处分。

第十三条　从事中间介绍业务的证券公司接受期货公司委托，协助办理开户手续的，应当对投资者开户资料和身份真实性等进行审查，向投资者充分揭示金融期货交易风险，进行相关知识测试和风险评估，做好开户入金指导，严格执行投资者适当性制度。

第十四条　期货公司和从事中间介绍业务的证券公司应当按照《期货市场客户开户管理规定》和行业监管政策的要求为投资者办理金融期货开户手续。

第十五条　中国证监会及其派出机构对从事中间介绍业务的证券公司进行日常监督检查，发现证券公司违反投资者适当性制度要求的，依法采取监管措施或者予以行政处罚。

中金所对期货公司执行投资者适当性制度的情况进行检查，检查中发现从事中间介绍业务的证券公司存在违法违规行为的，应将有关情况通报相关派出机构。

第十六条　投资者适当性制度对投资者的各项要求以及依据制度进行的评价，不构成投资建议，不构成对投资者的获利保证。

第十七条　本规定由中国证监会负责解释。

第十八条　本规定自公布之日起施行。

练习题

一、单项选择题

1. 期货公司应当根据（　　）制定的标准和指引，制定投资者适当性标准的实施方案，建立并有效执行客户开发管理制度和开户审核工作制度，完善业务流程与内部分工，加强责任追究。

A. 国务院

B. 期货业协会

C. 中国证监会

D. 中金所

2. （　　）应当完善客户纠纷处理机制，明确承担此项职责的部门和岗位，负责处理投资者参与金融期货交易所产生的投诉等事项，及时化解相关矛盾纠纷。

A. 期货交易所

B. 期货业协会

C. 中国证监会

D. 期货公司

3. （　　）对期货公司执行投资者适当性制度的情况进行检查，检查中发现从事中间介绍业务的证券公司存在违法违规行为的，应将有关情况通报相关派出机构。

A. 中金所

B. 期货业协会

C. 中国证监会

D. 中国证监会相关派出机构

二、多项选择题

1. 中金所、监控中心、中期协应当按照（　　）的原则，严格落实本规定的各项工作要求。

A. 统一领导

B. 各司其职

C. 各负其责

D. 联合监管

2. 期货公司应当及时将投资者适当性制度实施方案及相关制度报（　　）备案。

A. 中金所

B. 中国期货业协会

C. 中国证监会

D. 中国证监会相关派出机构

3. 自然人投资者应当全面评估自身的（　　），审慎决定是否参与金融期货交易。

A. 经济实力

B. 产品认知能力

C. 风险控制能力

D. 生理及心理承受能力

三、判断是非题

1. 中国证监会及其派出机构对从事中间介绍业务的证券公司进行日常监督检查，发现证券公司违反投资者适当性制度要求的，依法采取监管措施或者予以经济处罚。（　　）

2. 投资者应当遵守"买卖自负"的原则，承担金融期货交易的履约责任。（　　）

期货公司期货投资咨询业务试行办法

考 纲 分 析

本办法主要对申请业务资格条件、提交材料、业务规范、监管处罚做出了具体规定。通过学习，考生要重点掌握投资咨询业务资格条件、业务规范的相关规定。

知 识 结 构

期货公司期货投资业务试行办法 { 总则
公司业务资格和人员从业资格
业务规则
防范利益冲突
监督管理和法律责任
附则

内 容 解 析

第一章 总 则

第一条 为了规范期货公司期货投资咨询业务活动，提高期货公司专业化服务能力，保护客户合法权益，促进期货市场更好地服务国民经济发展，根据《期货交易管理条例》等有关规定，特制定本办法。

第二条 本办法所称期货公司期货投资咨询业务，是指期货公司基于客户委托从事的下列营利性活动：

（一）协助客户建立风险管理制度、操作流程，提供风险管理咨询、专项培训等风险管理顾问服务；

（二）收集整理期货市场信息及各类相关经济信息，研究分析期货市场及相关现货市场的价格及其相关影响因素，制作、提供研究分析报告或者资讯信息的研究分析服务；

（三）为客户设计套期保值、套利等投资方案，拟定期货交易策略等交易咨询服务；

（四）中国证券监督管理委员会（以下简称中国证监会）规定的其他活动。

第三条 期货公司从事期货投资咨询业务，应当经中国证监会批准取得期货投资咨询业务资格；期货公司从事期货投资咨询业务的人员应当取得期货投资咨询业务从业资格。

未取得规定资格的期货公司及其从业人员不得从事期货投资咨询业务活动。

第四条 期货公司及其从业人员从事期货投资咨询业务，应当遵守有关法律、法规、规章和本办法规定，遵循诚实信用原则，基于独立、客观的立场，公平对待客户，避免利益冲突。

第五条 中国证监会及其派出机构依法对期货公司及其从业人员从事期货投资咨询业务实行监督管理。

中国期货业协会对期货公司及其从业人员从事期货投资咨询业务实行自律管理。

【例题1】期货公司及其从业人员从事期货投资咨询业务，应当遵守的原则包括（   ）。

A. 遵循诚实信用原则

B. 公平对待客户

C. 基于独立、客观的立场

D. 避免利益冲突

【答案】ABCD

【解析】《期货公司期货投资咨询业务试行办法》

第四条规定，期货公司及其从业人员从事期货投资咨询业务，应当遵守有关法律、法规、规章和本办法规定，遵循诚实信用原则，基于独立、客观的立场，公平对待客户，避免利益冲突。

第二章　公司业务资格和人员从业资格

第六条　期货公司申请从事期货投资咨询业务，应当具备下列条件：

（一）注册资本不低于人民币1亿元，且净资本不低于人民币8 000万元；

（二）申请日前6个月的风险监管指标持续符合监管要求；

（三）具有3年以上期货从业经历并取得期货投资咨询从业资格的高级管理人员不少于1名，具有2年以上期货从业经历并取得期货投资咨询从业资格的业务人员不少于5名，且前述高级管理人员和业务人员最近3年内无不良诚信记录，未受到行政、刑事处罚，且不存在因涉嫌违法违规正被有权机关调查的情形；

（四）具有完备的期货投资咨询业务管理制度；

（五）近3年内未因违法违规经营受到行政、刑事处罚，且不存在因涉嫌重大违法违规正被有权机关调查的情形；

（六）近1年内不存在被监管机构采取《期货交易管理条例》第五十九条第二款、第六十条规定的监管措施的情形；

（七）中国证监会根据审慎监管原则规定的其他条件。

第七条　期货公司申请期货投资咨询业务资格，应当提交下列申请材料：

（一）期货投资咨询业务资格申请书；

（二）股东会关于申请期货投资咨询业务的决议文件；

（三）申请日前6个月的期货公司风险监管报表；

（四）期货投资咨询业务管理制度文本，内容包括部门和人员管理、业务操作、合规检查、客户回访与投诉等；

（五）最近3年的期货公司合规经营情况说明；

（六）拟从事期货投资咨询业务的高级管理人员和业务人员的名单、简历、相关任职资格和从业资格证明，以及公司出具的诚信合规证明材料；

（七）加盖公司公章的《企业法人营业执照》复印件、《经营期货业务许可证》复印件；

（八）经具有证券、期货相关业务资格的会计师事务所审计的前一年度财务报告；申请日在下半年的，还应当提供经审计的半年度财务报告；

（九）律师事务所就期货公司是否符合本办法第六条第（三）、（五）项规定的条件，以及股东会决议是否合法出具的法律意见书；

（十）中国证监会规定的其他材料。

第八条　中国证监会自受理期货公司期货投资咨询业务资格申请之日起2个月内，做出批准或者不予批准的决定。

第九条　中国期货业协会负责期货投资咨询业务从业人员的资格考试、资格认定、日常管理等相关工作，相关自律管理办法由中国期货业协会制定。

【例题2】期货公司申请从事期货投资咨询业务，应当具备（　　）。

A. 注册资本不低于人民币1亿元，且净资本不低于人民币8 000万元

B. 申请日前3个月的风险监管指标持续符合监管要求

C. 具有3年以上期货从业经历并取得期货投资咨询从业资格的高级管理人员不少于1名，具有2年以上期货从业经历并取得期货投资咨询从业资格的业务人员不少于5名，且前述高级管理人员和业务人员最近3年内无不良诚信记录，未受到行政、刑事处罚，且不存在因涉嫌违法违规正被有权机关调查的情形

D. 具有完备的期货投资咨询业务管理制度

【答案】ACD

【解析】B应该是"申请日前6个月的风险监管指标持续符合监管要求"。

第三章 业务规则

第十条 期货公司及其从业人员应当以专业的技能，谨慎、勤勉、尽责地为客户提供期货投资咨询服务，保守客户的商业秘密，维护客户合法权益。

期货公司及其从业人员不得对期货投资咨询服务能力进行虚假、误导性的宣传，不得欺诈或者误导客户。

第十一条 期货公司应当按照信息公示有关规定，在营业场所、公司网站和中国期货业协会网站上公示公司的业务资格、人员的从业资格、服务内容、投诉方式等相关信息。

第十二条 期货公司开展期货投资咨询业务活动，应当遵循具体的业务操作规范，并应与自身的管理能力、业务水平和人员配置相适应，有效执行期货投资咨询业务管理制度，加强合规检查，防范业务风险。

第十三条 期货公司及其从业人员在开展期货投资咨询服务时，不得从事下列行为：

（一）向客户做获利保证，或者约定分享收益或共担风险；

（二）以虚假信息、市场传言或者内幕信息为依据向客户提供期货投资咨询服务；

（三）利用期货投资咨询活动操纵期货交易价格、进行内幕交易，或者传播虚假、误导性信息；

（四）以个人名义收取服务报酬；

（五）期货法规、规章禁止的其他行为。

期货投资咨询业务人员在开展期货投资咨询服务时，不得接受客户委托代为从事期货交易。

第十四条 期货公司应当事前了解客户的身份、财务状况、投资经验等情况，认真评估客户的风险偏好、风险承受能力和服务需求，并以书面和电子形式保存客户相关信息。

期货公司应当针对客户期货投资咨询具体服务需求，揭示期货市场风险，明确告知客户独立承担期货市场风险。

第十五条 期货公司应当与客户签订期货投资咨询服务合同，明确约定服务的具体内容和费用标准等相关事项。

期货投资咨询服务合同指引和风险揭示书格式，由中国期货业协会制定。

第十六条 期货公司提供风险管理服务时，应当发挥自身专业优势，为客户制定符合其需要的风险管理制度或者操作流程，提供有针对性的风险管理咨询或者培训，不得夸大期货的风险管理功能。

期货公司应当定期评估风险管理服务效果和客户反馈意见，不断改进风险管理服务能力。

第十七条 期货公司提供研究分析服务时，应当公平对待委托客户，并采取有效措施，保证研究分析人员独立形成研究分析意见和结论。

期货公司应当建立研究分析报告和资讯信息的审阅、管理及使用机制，对研究分析报告、资讯信息的使用进行审阅和合规检查。

期货公司应当采取有效措施，防止研究分析人员以及公司内部其他人员利用研究报告、资讯信息为自身及其他利益相关方谋取不当利益。

第十八条 研究分析人员应当对研究分析报告的内容和观点负责，保证信息来源合法合规，研究方法专业审慎，分析结论合理。

研究分析报告应当制作形成适当的书面或者电子文本形式，载明期货公司名称及其业务资格、研究分析人员姓名、从业证号、制作日期等内容，同时注明相关信息资料的来源、研究分析意见的局限性与使用者风险提示。

期货公司制作、提供的研究分析报告不得侵犯他人的知识产权。

第十九条 期货公司提供交易咨询服务时，应当向客户明示有无利益冲突，提示潜在的市场变化和投资风险，不得就市场行情做出确定性判断。

期货公司提供的投资方案或者期货交易策略应当以本公司的研究报告、合法取得的研究报告、相关行业信息资料以及公开发布的相关信息等为主要依据。

期货公司应当告知客户自主做出期货交易决策，独立承担期货交易后果，并不得泄露客户的投资决策计划信息。

第二十条 期货公司以期货交易软件、终端设备为载体，向客户提供交易咨询服务或者具有类似功能服务的，应当执行本办法，并向客户说明交易软件、终端设备的基本功能，揭示使用局限性，说明相关数据信息来源，不得对交易软件、终端设备的使用价值或功能做出虚假、误导性宣传。

第二十一条 期货公司应当对期货投资咨询业务操作实行留痕管理，并按照中国证监会规定的保存年限和要求，妥善保存期货投资咨询业务的风险揭示书、合同、风险管理意见、研究分析报告、交易咨询建议、期货交易软件或者终端设备说明等业务材料。

第二十二条 期货公司应当有效执行期货投资咨询业务管理制度中的客户回访与投诉规定，明确客户回访与投诉的内容、要求、程序，及时、妥善处理客户投诉事项。

【例题3】判断是非题

期货投资咨询服务合同指引和风险揭示书格式，由中国证监会制定。

【答案】错误

【解析】期货投资咨询服务合同指引和风险揭示

书格式，由中国期货业协会制定。

【例题4】判断是非题

期货公司应当告知客户自主做出期货交易决策，独立承担期货交易后果，并不得泄露客户的投资决策计划信息。

【答案】正确

第四章　防范利益冲突

第二十三条　期货公司应当制定防范期货投资咨询业务与其他期货业务之间利益冲突的管理制度，建立健全信息隔离机制，并保持办公场所和办公设备相对独立。

期货投资咨询业务活动之间可能发生利益冲突的，期货公司应当做出必要的岗位独立、信息隔离和人员回避等工作安排。

期货公司首席风险官应当对前款规定事项进行检查落实。

第二十四条　期货公司及其从业人员与客户之间可能发生利益冲突的，应当遵循客户利益优先的原则予以处理；不同客户之间存在利益冲突的，应当遵循公平对待的原则予以处理。

第二十五条　期货公司总部应当设立独立的部门，对期货投资咨询业务实行统一管理。

期货公司营业部应当在公司总部的统一管理下对外提供期货投资咨询服务。

第二十六条　期货投资咨询业务人员应当以期货公司名义开展期货投资咨询业务活动，不得以个人名义为客户提供期货投资咨询服务。

第二十七条　期货投资咨询业务人员应当与交易、结算、风险控制、财务、技术等业务人员岗位独立，职责分离。

【例题5】期货投资咨询业务活动之间可能发生利益冲突的，期货公司应当做出必要的（　）等工作安排。

A. 岗位独立　　　　B. 信息隔离

C. 人员回避　　　　D. 相互合作

【答案】ABC

【解析】期货投资咨询业务活动之间可能发生利益冲突的，期货公司应当做出必要的岗位独立、信息隔离和人员回避等工作安排。

第五章　监督管理和法律责任

第二十八条　期货公司应当按照规定的内容与格式要求，每月向住所地中国证监会派出机构报送期货投资咨询业务信息。

第二十九条　期货公司首席风险官负责监督期货投资咨询业务管理制度的制定和执行，对期货投资咨询业务的合规性定期检查，并依法履行督促整改和报告职责。

期货公司首席风险官向住所地中国证监会派出机构报送的季度报告、年度报告中，应当包括本公司期货投资咨询业务的合规性及其检查情况，并重点就防范利益冲突做出说明。

第三十条　中国证监会及其派出机构按照审慎监管原则，定期或者不定期对期货公司期货投资咨询业务进行检查。

第三十一条　期货公司未取得规定资格从事期货投资咨询业务活动的，或者任用不具备相应资格的人员从事期货投资咨询业务活动的，责令改正；情节严重的，根据《期货交易管理条例》第七十条的规定处罚。

第三十二条　期货公司或其从业人员开展期货投资咨询业务出现下列情形之一的，中国证监会及其派出机构可以针对具体情况，根据《期货交易管理条例》第五十九条的规定采取相应监管措施：

（一）对期货投资咨询服务能力进行虚假、误导性宣传，欺诈或者误导客户；

（二）高级管理人员缺位或者业务部门人员低于规定要求；

（三）以个人名义为客户提供期货投资咨询服务；

（四）违反本办法第十三条规定；

（五）未按照规定建立防范利益冲突的管理制

度、机制；

（六）未有效执行防范利益冲突管理制度、机制且处置失当，导致发生重大利益冲突事件；

（七）利用研究报告、资讯信息为自身及其他利益相关方谋取不当利益；

（八）其他不符合本办法规定的情形。

期货公司或其从业人员出现前款所列情形之一，情节严重的，根据《期货交易管理条例》第七十条、第七十一条、第七十三条、第七十四条相关规定处罚；涉嫌犯罪的，依法移送司法机关。

【例题6】期货公司或其从业人员开展期货投资咨询业务出现（　　）情形之一的，中国证监会及其派出机构可以针对具体情况，根据《期货交易管理条例》第五十九条的规定采取相应监管措施。

A. 对期货投资咨询服务能力进行虚假、误导性宣传，欺诈或者误导客户

B. 高级管理人员缺位或者业务部门人员低于规定要求

C. 以个人名义为客户提供期货投资咨询服务

D. 未按照规定建立防范利益冲突的管理制度、机制

【答案】ABCD

第六章　附　　则

第三十三条　期货公司基于期货经纪业务向客户提供咨询、培训等附属服务的，应当遵守期货法规、规章的相关规定。

第三十四条　期货公司及其从业人员通过报刊、电视、电台和网络等公共媒体开展期货行情分析等信息传播活动的，应当取得期货投资咨询业务资格及从业资格，遵守金融信息传播相关规定，保护他人的知识产权；在开展期货信息传播活动前，期货公司及其从业人员应当向住所地的中国证监会派出机构备案。

第三十五条　证券经营机构从事期货投资咨询业务活动的资格条件和监管要求等由中国证监会另行规定。

第三十六条　本办法自2011年5月1日起施行。

练习题

一、单项选择题

1. 期货公司（　　）应当在公司总部的统一管理下对外提供期货投资咨询服务。

A. 财务部　　　　　　B. 营业部

C. 监管部　　　　　　D. 销售部

2. 期货投资咨询业务人员应当以（　　）名义开展期货投资咨询业务活动。

A. 期货公司　　　　　B. 期货交易所

C. 客户　　　　　　　D. 个人

3. 期货公司应当按照规定的内容与格式要求，每月向（　　）报送期货投资咨询业务信息。

A. 中国证监会

B. 国务院期货监督管理机构

C. 住所地中国证监会派出机构

D. 住所地国务院期货监督管理机构派出机构

4. 期货公司（　　）负责监督期货投资咨询业务管理制度的制定和执行。

A. 董事长　　　　　　B. 总经理

C. 财务负责人　　　　D. 首席风险官

二、多项选择题

1. 期货公司应当事前认真评估客户的（　　）并以书面和电子形式保存客户相关信息。

A. 风险偏好　　　　　B. 风险承受能力

C. 投资经验　　　　　D. 服务需求

2. 期货公司提供的投资方案或者期货交易策略应当以（　　）为主要依据。

A. 本公司的研究报告

B. 合法取得的研究报告

C. 相关行业信息资料

D. 公开发布的相关信息

3. 期货投资咨询业务人员应当与（　　）岗位独立，职责分离。

A. 人事部门工作人员　B. 交易人员

C. 风险控制人员　　　D. 财务部人员

三、判断是非题

1. 中国期货业协会对期货公司从事期货投资咨询业务实行自律管理。（　　）

2. 期货投资咨询业务人员在开展期货投资咨询服务时，可以接受客户委托代为从事期货交易。（　　）

3. 期货公司与客户共同承担期货市场风险。（　　）

4. 期货公司制作、提供的研究分析报告不得侵犯他人的知识产权。（　　）

期货公司资产管理业务试点办法

本办法主要对期货公司资产管理业务业务试点资格、业务规范、风险控制制度、账户监测监控做出了具体规定。通过学习，考生要重点掌握资产管理业务试点资格、业务规范的相关规定。

期货公司资产管理业务试点办法
- 总则
- 业务试点资格
- 业务规范
- 业务管理和风险控制制度
- 账户监测监控
- 监督管理和法律责任
- 附则

第一章 总 则

第一条 为有序开展期货公司资产管理业务（以下简称资产管理业务）试点工作，规范试点期间资产管理业务活动，保护投资者合法权益，根据《期货交易管理条例》相关规定，特制定本办法。

第二条 资产管理业务是指期货公司接受单一客户或者特定多个客户的书面委托，根据本办法规定和合同约定，运用客户委托资产进行投资，并按照合同约定收取费用或者报酬的业务活动。

第三条 期货公司从事资产管理业务，应当遵循公平、公正、诚信、规范的原则，恪守职责、谨慎勤勉，保护客户合法权益，公平对待所有客户，防范利益冲突，禁止各种形式的利益输送，维护期货市场的正常秩序。

客户应当独立承担投资风险，不得损害国家利益、社会公共利益和他人合法权益。

第四条 中国证监会及其派出机构依法对资产管理业务实施监督管理。

第五条 中国期货业协会（以下简称中期协）根据自身职责依法对资产管理业务及有关高级管理人员、业务人员实施自律管理。

期货交易所根据自身职责依法对资产管理业务实施自律管理。

中国期货保证金监控中心公司（以下简称监控中心）依法对资产管理业务实施监测监控。

【例题1】期货公司从事资产管理业务，应当遵循（ ）原则。

A. 公平　　　　　　　　　B. 公正

C. 诚信　　　　　　　　　D. 规范

【答案】ABCD

【解析】期货公司从事资产管理业务，应当遵循公平、公正、诚信、规范的原则，恪守职责、谨慎勤勉，保护客户合法权益，公平对待所有客户，防范利益冲突，禁止各种形式的利益输送，维护期货市场的正常秩序。

第二章 业务试点资格

第六条 期货公司具备下列条件的，可以申请资产管理业务试点资格：

（一）净资本不低于人民币 5 亿元；

（二）申请日前 6 个月的风险监管指标持续符合监管要求；

（三）最近两次期货公司分类监管评级均不低于 B 类 B 级；

（四）近 3 年未因违法违规经营受到行政、刑事处罚，且不存在因涉嫌违法违规经营正在被有权机关调查的情形；

（五）近 1 年不存在被监管机构采取《期货交易管理条例》第五十九条第二款、第六十条规定的监管措施的情形；

（六）具有可行的资产管理业务实施方案；

（七）具有 5 年以上期货、证券或者基金从业经历，并取得期货投资咨询业务从业资格或者证券投资咨询、证券投资基金等证券从业资格的高级管理人员不少于 1 人；具有 3 年以上期货从业经历或者 3 年以上证券、基金等投资管理经历，并取得期货投资咨询业务从业资格的业务人员不得少于 5 人；前述高级管理人员和业务人员最近 3 年无不良诚信记录，未受到行政、刑事处罚，且不存在因涉嫌违法违规正在被有权机关调查的情形；

（八）具有独立的经营场地和满足业务发展需要的设施；

（九）具有完备的资产管理业务管理制度；

（十）中国证监会根据审慎监管原则规定的其他条件。

第七条 期货公司申请资产管理业务试点资格，应当提交以下材料：

（一）资产管理业务试点申请书；

（二）资产管理业务实施方案，其内容应当包括目标市场和目标客户的定位、主要投资策略、业务发展规划、防范利益冲突的制度安排等；

（三）股东会关于期货公司申请从事资产管理业务试点资格的决议文件；

（四）加盖公司公章的《企业法人营业执照》复印件、《经营期货业务许可证》复印件；

（五）申请日前 6 个月的期货公司风险监管报表；

（六）最近 3 年的期货公司合规经营情况说明；

（七）资产管理业务管理制度文本，其内容应当包括业务管理、人员管理、业务操作、风险控制、交易监控、防范利益冲突、合规检查等；

（八）拟从事资产管理业务的高级管理人员和业务人员的名单、简历、相关任职资格和从业资格证明，以及公司出具的诚信合规证明材料；

（九）有关经营场地和设施的情况说明；

（十）经具有证券、期货相关业务资格的会计师事务所审计的前一年度财务报告；申请日在下半年的，还应当提供经审计的半年度财务报告；

（十一）律师事务所就期货公司是否符合本办法第六条第（四）项、第（七）项规定的条件，以及股东会决议是否合法所出具的法律意见书；

（十二）中国证监会规定的其他材料。

第八条 中国证监会自受理期货公司资产管理业务试点资格申请之日起 2 个月内，做出批准或者不予批准的决定。

未取得资产管理业务试点资格的期货公司，不得从事资产管理业务。

【例题2】期货公司具备（　）条件的，可以申请资产管理业务试点资格。

A. 净资本不低于人民币 10 亿元

B. 申请日前 6 个月的风险监管指标持续符合监管要求

C. 最近两次期货公司分类监管评级均不低于 B 类 B 级

D. 近 3 年未因违法违规经营受到行政、刑事处罚，且不存在因涉嫌违法违规经营正在被有权机关调查的情形

【答案】BCD

【解析】A 应该是"净资本不低于人民币 5 亿元"。

第三章 业务规范

第九条 资产管理业务的客户应当具有较强资金实力和风险承受能力。单一客户的起始委托资产不得低于 100 万元人民币。期货公司可以提高起始委托资产要求。

第十条 期货公司董事、监事、高级管理人员、从业人员及其配偶不得作为本公司资产管理业务的

客户。

期货公司股东、实际控制人及其关联人以及期货公司董事、监事、高级管理人员、从业人员的父母、子女成为本公司资产管理业务客户的，应当自签订资产管理合同之日起5个工作日内，向住所地中国证监会派出机构备案，并在本公司网站上披露其关联关系或者亲属关系。

第十一条　期货公司应当与客户签订书面资产管理合同，按照合同约定对客户提供资产管理服务，承担资产管理受托责任。

期货公司应当勤勉、专业、合规地为客户制定和执行资产管理投资策略，按照合同约定管理委托资产，控制投资风险。

第十二条　资产管理业务的投资范围包括：

（一）期货、期权及其他金融衍生品；

（二）股票、债券、证券投资基金、集合资产管理计划、央行票据、短期融资券、资产支持证券等；

（三）中国证监会认可的其他投资品种。

资产管理业务的投资范围应当遵守合同约定，不得超出前款规定的范围，且应当与客户的风险认知与承受能力相匹配。

第十三条　期货公司应当保持客户委托资产与期货公司自有资产相互独立，对不同客户的委托资产独立建账、独立核算、分账管理。

资产管理业务投资期货类品种的，期货公司与客户应当按照期货保证金安全存管有关规定管理和存取委托资产。

期货公司与第三方发生债务纠纷、期货公司破产或者清算时，客户委托资产不得用于清偿期货公司债务，且不属于其破产财产或者清算财产。

第十四条　期货公司不得通过电视、报刊、广播等公开媒体向公众推广、宣传资产管理业务或者招揽客户。

期货公司不得公开宣传资产管理业务的预期收益，不得以夸大资产管理业绩等方式欺诈客户。

第十五条　客户应当以真实身份委托期货公司进行资产管理，委托资产的来源及用途应当符合法律法规规定，不得违反规定向公众集资。

客户应当对委托资产来源及用途的合法性进行书面承诺。

第十六条　期货公司应当向客户充分揭示资产管理业务的风险，说明和解释有关资产管理投资策略和合同条款，并将风险揭示书交客户当面签字或者盖章确认。

第十七条　客户应当对市场及产品风险具有适当的认识，主动了解资产管理投资策略的风险收益特征，结合自身风险承受能力进行自我评估。

期货公司应当对客户适当性进行审慎评估。

第十八条　资产管理合同应当明确约定，由客户自行独立承担投资风险。

期货公司不得向客户承诺或者担保委托资产的最低收益或者分担损失。

期货公司使用的客户承诺书、风险揭示书、资产管理合同文本应当包括中期协制定的合同必备条款，并及时报住所地中国证监会派出机构备案。

第十九条　资产管理业务投资期货类品种的，期货公司应当按照期货市场开户管理规定为客户开立或者撤销所管理的账户（以下简称期货资产管理账户），申请或者注销交易编码，对期货资产管理账户及其交易编码进行单独标识、单独管理。

资产管理业务投资非期货类品种的，期货公司应当遵守相关市场的开户规定，开立或者撤销用于资产管理的联名账户及其他账户。期货公司应当自开立账户之日起5个工作日内向监控中心备案。

开户备案前，期货公司不得开展资产管理交易活动。

第二十条　期货公司应当在资产管理合同中与客户明确约定委托期限、追加或者提取委托资产的方式和时间等。

第二十一条　期货公司应当每日向监控中心投资者查询系统提供客户委托资产的盈亏、净值信息。

期货公司和监控中心应当保障客户能够及时查询委托资产的盈亏、净值信息。

第二十二条　期货公司可以与客户约定收取一定比例的管理费，并可以约定基于资产管理业绩收取相应的报酬。

第二十三条　期货公司应当与客户明确约定风险提示机制，期货公司要根据委托资产的亏损情况及时向客户提示风险。

期货公司应当与客户明确约定，委托期间委托资产亏损达到起始委托资产一定比例时，期货公司应当按照合同约定的方式和时间及时告知客户，客户有权提前终止资产管理委托。

第二十四条　期货公司从事资产管理业务，发生变更投资经理等可能影响客户权益的重大事项时，期货公司应当按照合同约定的方式和时间及时告知客户，客户有权提前终止资产管理委托。

第二十五条　当客户委托资产发生权属变更等重

大情形,可能影响资产管理业务正常进行的,期货公司有权按照合同约定提前终止资产管理委托。

第二十六条 期货公司应当与客户在资产管理合同中明确约定资产管理委托终止的具体事由、后续事宜处理、责任承担等相关事项。

资产管理委托终止的,期货公司应当按照合同约定办理下列手续:

(一)及时结清相关费用,将剩余委托资产返还给客户;

(二)及时撤销期货资产管理账户;

(三)及时撤销非期货类投资账户。

【例题3】资产管理业务单一客户的起始委托资产不得低于( )万元人民币。

A. 10

B. 50

C. 100

D. 500

【答案】C

【解析】资产管理业务的客户应当具有较强资金实力和风险承受能力。单一客户的起始委托资产不得低于100万元人民币。

【例题4】判断是非题

期货公司可以通过电视、报刊、广播等公开媒体向公众推广、宣传资产管理业务或者招揽客户。

【答案】错误

【解析】期货公司不得通过电视、报刊、广播等公开媒体向公众推广、宣传资产管理业务或者招揽客户。

第四章 业务管理和风险控制制度

第二十七条 期货公司应当建立健全并有效执行资产管理业务管理制度,加强对资产管理业务的交易监控,防范业务风险,确保公平交易。

第二十八条 期货公司应当对资产管理业务进行集中管理,其人员、业务、场地应当与其他业务部门相互独立,并建立业务隔离墙制度。

第二十九条 期货公司应当有效执行资产管理业务人员管理和业务操作制度,采取有效措施强化内部监督制约和奖惩机制,强化投资经理及相关资产管理人员的职业操守,防范利益冲突和道德风险。

第三十条 资产管理业务投资经理、交易执行、风险控制等岗位必须相互独立,并配备专职业务人员,不得相互兼任。

期货公司应当将资产管理业务投资经理、交易执行和风险控制等岗位的业务人员及其变动情况,自人员到岗或者变动之日起5个工作日内向住所地中国证监会派出机构备案。

第三十一条 期货公司应当有效执行资产管理业务风险控制制度,对期货资产管理账户日常交易情况和非期货类投资账户进行风险识别、监测,及时执行风险控制措施。

第三十二条 期货公司应当有效执行资产管理业务交易监控制度,对期货资产管理账户之间、期货资产管理账户与期货经纪业务客户账户之间、非期货类投资账户之间进行的可疑交易或者不公平交易行为进行监控,对资产管理投资策略及其执行情况、持仓头寸及其比例进行监控,并于月度结束后5个工作日内向住所地中国证监会派出机构及监控中心报告。

第三十三条 期货公司及其资产管理人员不得以获取佣金、转移收益或者亏损等为目的,在同一或者不同账户之间进行不公平交易,损害客户合法权益。

第三十四条 期货公司应当对不同期货资产管理账户之间、期货资产管理账户与期货经纪业务客户账户之间、非期货类投资账户之间同日同向交易、临近交易日的同向交易和反向交易的交易时机和交易价差进行监控和分析,防止不公平交易和利益输送行为。

期货公司应当严格禁止不同期货资产管理账户之间、期货资产管理账户与期货经纪业务客户账户之间、非期货类投资账户之间可能导致不公平交易和利益输送的同日反向交易。

第三十五条 发生以下情形之一的,期货公司资产管理部门应当立即向公司总经理和首席风险官报告:

(一)资产管理业务被交易所调查或者采取风险控制措施,或者被有权机关调查;

(二)客户提前终止资产管理委托;

(三)其他可能影响资产管理业务开展和客户权益的情形。

第三十六条 期货公司首席风险官负责监督资产管理业务有关制度的制定和执行,对资产管理业务的合规性定期检查,并依法履行督促整改和报告义务。

期货公司首席风险官向住所地中国证监会派出机构报送的季度报告、年度报告中应当包括本公司资产管理业务的合规及其检查情况。

第三十七条 期货公司应当按照本办法和期货公司信息公示有关要求,在中期协网站上对资产管理业务试点资格、从业人员、主要投资策略、投资方向及其风险特征等基本情况进行公示。

【例题5】期货公司应当将资产管理业务投资经理、交易执行和风险控制等岗位的业务人员及其变动情况,自人员到岗或者变动之日起( )个工作日内向住所地中国证监会派出机构备案。

A. 3   B. 5

C. 10   D. 15

【答案】B

【解析】期货公司应当将资产管理业务投资经理、交易执行和风险控制等岗位的业务人员及其变动情况,自人员到岗或者变动之日起5个工作日内向住所地中国证监会派出机构备案。

第五章 账户监测监控

第三十八条 期货公司应当按照期货保证金安全存管规定向监控中心报送期货资产管理账户的数据信息。

期货公司应当每日向监控中心报送非期货类投资账户的盈亏、净值等数据信息。

第三十九条 期货公司期货资产管理账户应当遵守期货交易所风险控制管理规定等相关要求。

第四十条 期货交易所应当对期货公司的期货资产管理账户及其交易编码进行重点监控,发现期货资产管理账户违法违规交易的,应当按照职责及时处置并报告中国证监会。

第四十一条 监控中心应当对期货公司的期货资产管理账户及其交易编码进行重点监测监控,发现期货资产管理账户重大异常情况的,应当按照职责及时报告中国证监会及其派出机构。

第四十二条 中国证监会派出机构发现资产管理业务存在违法违规或者重大异常情况的,应当对期货公司进行核查或者采取相应监管措施,有关核查结果和监管措施应当及时报告中国证监会。

【例题6】判断题期货交易所应当对期货公司的期货资产管理账户及其交易编码进行重点监控,发现期货资产管理账户违法违规交易的,应当按照职责及时处置并报告交易所。

【答案】错误

【解析】期货交易所应当对期货公司的期货资产管理账户及其交易编码进行重点监控,发现期货资产管理账户违法违规交易的,应当按照职责及时处置并报告中国证监会。

第六章 监督管理和法律责任

第四十三条 期货公司从事资产管理业务,其净资本应当持续符合中国证监会有关期货公司风险监管指标的规定和要求。

第四十四条 期货公司应当按照规定的内容与格式要求,于月度结束后7个工作日内向中国证监会及其派出机构报送资产管理业务月度报告。

期货公司应当于年度结束后3个月内向中国证监会及其派出机构提交上一年度资产管理业务年度报告。

本条第一款、第二款规定的定期报告应当由期货公司的资产管理业务负责人、首席风险官和总经理签字。

第四十五条 期货公司应当按照《期货公司管理办法》规定的年限和要求,妥善保存有关资产管理业务的实施方案、投资策略、客户承诺书、风险揭示书、合同、财务、交易记录、监控记录等业务材料和信息。

第四十六条 资产管理业务提前终止、被交易所调查或者采取风险控制措施,或者被有权机关调查的,期货公司应当立即报告中国证监会及其派出机构。

第四十七条 中国证监会及其派出机构可以对期货公司资产管理业务进行定期或者不定期检查。

第四十八条 期货公司及其业务人员开展资产管理业务不符合本办法规定,涉嫌违法违规或者存在风险隐患的,中国证监会及其派出机构应当依法责令其限期整改,同时可以采取监管谈话、责令更换有关责任人员等监管措施并记入诚信档案。

第四十九条 期货公司限期未能完成整改或者发生下列情形之一的,中国证监会可以暂停其开展新的资产管理业务:

(一)风险监管指标不符合规定;

(二)高级管理人员和业务人员不符合规定要求;

（三）超出本办法规定或者合同约定的投资范围从事资产管理业务；

（四）其他影响资产管理业务正常开展的情形。

前款规定情形消除并经检查验收后，期货公司可以继续开展新的资产管理业务。

第五十条　期货公司或者其业务人员开展资产管理业务有下列情形之一，情节严重的，中国证监会可以撤销其资产管理业务试点资格，并依照《期货交易管理条例》第七十条、第七十一条等有关规定做出行政处罚；涉嫌犯罪的，依法移送司法机关：

（一）在公开媒体上向公众推广、宣传资产管理业务或者招揽客户；

（二）以夸大资产管理业绩等方式欺诈客户；

（三）接受单一客户的起始委托资产低于本办法规定的最低限额；

（四）明知客户资金来自违规集资，仍接受其委托开展资产管理业务；

（五）接受未对资产来源及用途的合法性进行书面承诺的客户的委托开展资产管理业务；

（六）向客户承诺或者担保委托资产的最低收益或者分担损失；

（七）以获取佣金、转移收益或者亏损等为目的，在同一或者不同账户之间进行不公平交易；

（八）占用、挪用客户委托资产；

（九）以自有资产或者假借他人名义违规参与期货公司资产管理业务；

（十）报送或者提供虚假账户信息；

（十一）其他违反本办法规定的行为。

【例题7】期货公司限期未能完成整改或者发生（　　），中国证监会可以暂停其开展新的资产管理业务。

A. 风险监管指标不符合规定

B. 高级管理人员和业务人员不符合规定要求

C. 超出本办法规定或者合同约定的投资范围从事资产管理业务

D. 其他影响资产管理业务正常开展的情形

【答案】ABCD

第七章　附　　则

第五十一条　本办法第二条所称期货公司接受特定多个客户的委托从事资产管理业务的具体规定，由中国证监会另行制定。

第五十二条　期货公司开展资产管理业务，投资于本办法第十二条第一款第（二）项规定的非期货类品种的，应当遵守相应法律法规规定及有关监管要求。

第五十三条　本办法自2012年9月1日起施行。

・・・・・・・・・・・　练 习 题　・・・・・・・・・・・

一、单项选择题

1. 根据《期货公司资产管理业务试点办法》的规定，下列说法错误的是（　　）。

A. 期货公司应当保持客户委托资产与期货公司自有资产相互独立，对不同客户的委托资产独立建账、独立核算、分账管理

B. 期货公司与第三方发生债务纠纷、期货公司破产或者清算时，客户委托资产可以用于清偿期货公司债务，且该委托资产属于其破产财产或者清算财产

C. 资产管理业务投资期货类品种的，期货公司与客户应当按照期货保证金安全存管有关规定管理和存取委托资产

D. 期货公司不得通过电视、报刊、广播等公开媒体向公众推广、宣传资产管理业务或者招揽客户

2. 期货公司（　　）负责监督资产管理业务有关制度的制定和执行，对资产管理业务的合规性定期检查，并依法履行督促整改和报告义务。

A. 首席风险官　　　　B. 资产管理人员

C. 总经理　　　　　　D. 董事

3. 期货公司应当（　　）向监控中心报送非期货类投资账户的盈亏、净值等数据信息。

A. 每月　　　　　　　B. 每周

C. 每日　　　　　　　D. 每半个月

4. 期货公司应当于年度结束后（　　）个月内向中国证监会及其派出机构提交上一年度资产管理业务年度报告。

A. 1　　　　　　　　B. 3

C. 2　　　　　　　　D. 4

5. 资产管理业务的投资范围不可以包括（　　）。

A. 期货、期权及其他金融衍生品

B. 股票、债券、证券投资基金、集合资产管理计划、央行票据、短期融资券、资产支持证券等

C. 资产管理合同不包括的投资品种

D. 中国证监会认可的其他投资品种

二、多项选择题

1. 根据《期货公司资产管理业务试点办法》的规定，下列说法正确的是（　　）。

A. 期货公司应当建立健全并有效执行资产管理业务管理制度，加强对资产管理业务的交易监控，防范业务风险，确保公平交易

B. 期货公司应当对资产管理业务进行集中管理，其人员、业务、场地应当与其他业务部门相互独立，并建立业务隔离墙制度

C. 期货公司应当有效执行资产管理业务人员管理和业务操作制度，采取有效措施强化内部监督制约和奖惩机制，强化投资经理及相关资产管理人员的职业操守，防范利益冲突和道德风险

D. 资产管理业务投资经理、交易执行、风险控制等岗位必须相互独立，并配备专职业务人员，不得相互兼任

2. 下列期货公司资产管理部门应当立即向公司总经理和首席风险官报告的情形有（　　）。

A. 资产管理业务被交易所调查或者采取风险控制措施，或者被有权机关调查

B. 客户提前终止资产管理委托

C. 其他可能影响资产管理业务开展和客户权益的情形

D. 资产管理业务投资经理、交易执行和风险控制等岗位的业务人员的变动情况

3. 期货公司限期未能完成整改或者发生（　　）情形的，中国证监会可以暂停其开展新的资产管理业务。

A. 风险监管指标不符合规定

B. 高级管理人员和业务人员不符合规定要求

C. 超出本办法规定或者合同约定的投资范围从事资产管理业务

D. 其他影响资产管理业务正常开展的情形

4. 期货公司从事资产管理业务，应当遵循（　　）原则。

A. 公平　　　　　　　　B. 公正

C. 诚信　　　　　　　　D. 规范

三、判断是非题

1. 根据《期货公司资产管理业务试点办法》的规定，资产管理合同应当明确约定，由期货公司和客户共同承担投资风险。（　　）

2. 期货公司可以与客户约定收取一定比例的管理费，并可以约定基于资产管理业绩收取相应的报酬。（　　）

3. 期货交易所应当对期货公司的期货资产管理账户及其交易编码进行重点监控，发现期货资产管理账户违法违规交易的，应当按照职责及时处置并报告中国证监会及其派出机构。（　　）

四、综合题

1. 由于受到某强烈地震影响，某期货公司房屋、设备遭到严重损坏，无法继续进行期货业务，该期货公司不得不迁移住所，其新住所与原住所属于中国证监会不同派出机构管辖，对此，下列说法正确的是（　　）。

A. 该公司应当妥善处理客户的保证金和持仓

B. 客户应当以真实身份委托期货公司进行资产管理

C. 该公司拟迁入的住所和拟使用的设施应当符合期货业务的需要

D. 该公司应当符合持续性经营规则

2. 小张委托 A 期货公司进行期货交易已经满 1 年，之后与 B 期货公司订立了期货经纪合同，B 未提示小张注意《期货交易风险说明书》内容，小张已签字确认，对于在交易中的损失，下列各项中说法正确的是（　　）。

A. 由小张承担

B. 由期货公司承担

C. 如果小张已有交易经历，可以免除期货公司的责任

D. 即使小张有交易经历，也不能免除期货公司的责任

三、协会自律规则

期货从业人员执业行为准则（修订）

考 纲 分 析

《期货从业人员执业行为准则（修订）》属于协会自律规则。本准则共九章四十七条，考查重点主要集中在第二、第三、第五、第六、第八章，即期货从业人员执业行为基本准则、期货从业人员合规执业的相关规定、期货从业人员对投资者的责任、期货从业人员的竞业准则，以及对期货从业人员的监督及惩戒的相关规定。考生要熟练掌握上述五章内容，并能在相关案例中加以灵活应用。

知 识 结 构

期货从业人员执业行为准则（修订）
- 总则
- 基本准则
- 合规执业
- 专业胜任能力
- 对投资者的责任
- 竞业准则
- 其他责任
- 监督及惩戒
- 附则

内 容 解 析

第一章 总 则

第一条 为规范期货从业人员执业行为，促使其提高职业道德和业务素质，维护期货市场秩序，根据《期货交易管理条例》和《期货从业人员管理办法》的有关规定，特制定本准则。

第二条 本准则是对从业人员的职业品德、执业纪律、专业胜任能力及职业责任等方面的基本要求和规定，是从业人员在执业过程中必须遵守的行为规范，是中国期货业协会对从业人员进行纪律惩戒的主要依据。

第三条 本准则所称机构是指《期货从业人员管理办法》第三条所规定的机构；从业人员是指《期货从业人员管理办法》第四条规定的人员。

【例题1】中国期货业协会对期货从业人员进行纪律惩戒的主要依据是（　　）。

A. 《期货从业人员执业行为准则（修订)》

B. 《期货从业人员管理办法》

C. 《期货公司管理办法》

D. 《期货公司董事、监事和高级管理人员任职资格管理办法》

【答案】A

第二章　基本准则

第四条　从业人员必须遵守有关法律、法规、规章和政策，服从中国证券监督管理委员会（以下简称中国证监会）的监督与管理，服从协会的自律性管理，遵守期货交易所有关规则和所在机构的规章制度。

第五条　从业人员在执业过程中应当坚持期货市场的公平、公正、公开原则，自觉抵制不正当交易和商业贿赂，不得从事不正当交易行为和不正当竞争，维护期货交易各方的合法权益。

第六条　从业人员在执业过程中应当对期货交易各方高度负责，诚实守信，恪尽职守，珍惜、维护期货业和从业人员的职业声誉，保障期货市场稳健运行。

第七条　从业人员在执业过程中应当以专业的技能，以小心谨慎、勤勉尽责和独立客观的态度为投资者提供服务，维护投资者的合法权益。

第八条　从业人员应当保守国家秘密、所在机构秘密、投资者的商业秘密及个人隐私，对在执业过程中所获得的未公开的重要信息应当履行保密义务，不得泄露、传递给他人，但下列情况除外：

（一）有关法律、法规、规章等要求提供的；

（二）国家司法部门、政府监管部门、协会和期货交易所按照有关规定进行调查取证的；

（三）从业人员在执业过程中，为保护自己的合法权益而必须公开的。

从业人员对投资者服务结束或者离开所在机构后，仍应当保守投资者或者原所在机构的秘密。

第九条　从业人员在执业过程中遇到自身利益或相关方利益与投资者的利益发生冲突或可能发生冲突时，必须及时向投资者披露发生冲突的可能性及有关情况，并尽量避免冲突；当无法避免时，应当确保投资者的利益得到公平的对待。

【例题2】期货从业人员在执业过程中应当（　　）。

A. 坚持期货市场的公平、公正、公开原则，自觉抵制不正当交易和商业贿赂

B. 诚实守信，恪尽职守，珍惜、维护期货业和从业人员的职业声誉

C. 以专业的技能，以小心谨慎、勤勉尽责和独立客观的态度为投资者提供服务

D. 保守国家秘密、所在机构秘密、投资者的商业秘密及个人隐私

【答案】ABCD

【解析】本题考查期货从业人员执业行为的基本准则，属于识记内容。

第三章　合规执业

第十条　从业人员必须遵守有关法律、行政法规和中国证监会的规定，遵守协会和期货交易所的自律规则，不得从事或者协同他人从事欺诈、内幕交易、操纵期货交易价格、编造并传播有关期货交易的虚假信息等违法违规行为。

第十一条　从业人员不得以个人或者他人名义参与期货交易。

第十二条　期货公司的从业人员不得有下列行为：

（一）以个人名义接受客户委托代理客户从事期货交易；

（二）进行虚假宣传，诱骗客户参与期货交易；

（三）挪用客户的期货保证金或者其他资产；

（四）中国证监会禁止的其他行为。

第十三条　期货交易所的非期货公司结算会员的从业人员不得有下列行为：

（一）利用结算业务关系及由此获得的结算信息损害非结算会员及其客户的合法权益；

（二）代理客户从事期货交易；

（三）中国证监会禁止的其他行为。

第十四条　期货投资咨询机构的从业人员不得有下列行为：

（一）利用传播媒介或者通过其他方式提供、传播虚假或者误导客户的信息；

（二）代理客户从事期货交易；

（三）中国证监会禁止的其他行为。

第十五条　为期货公司提供中间介绍业务的机构的从业人员不得有下列行为：

（一）收付、存取或者划转期货保证金；

（二）代理客户从事期货交易；

（三）中国证监会禁止的其他行为。

【例题3】根据规定，期货公司的从业人员不得

有下列（　　）行为。

A. 客观地告知投资者在期货投资中可能出现的各种风险

B. 以个人名义接受客户委托代理客户从事期货交易

C. 进行虚假宣传，诱骗客户参与期货交易

D. 挪用客户的期货保证金或者其他资产

【答案】BCD

【解析】期货公司的从业人员不得有下列行为：①以个人名义接受客户委托代理客户从事期货交易；②进行虚假宣传，诱骗客户参与期货交易；③挪用客户的期货保证金或者其他资产；④中国证监会禁止的其他行为。选项A是期货从业人员对投资者的责任。

第四章　专业胜任能力

第十六条　从业人员在从事期货业务前，应当参加岗前培训并通过考核，具备相应的专业知识、技能和职业道德。

第十七条　从业人员应当加强业务知识更新，接受后续职业培训，保持并不断提高专业胜任能力。

第十八条　机构的管理人员应当对下属从业人员的工作进行指导、监督和支持，使其保持并不断提高专业胜任能力。

第五章　对投资者的责任

第十九条　从业人员在向投资者提供服务前，应当了解投资者的财务状况、投资经验及投资目标，并应谨慎、诚实、客观地告知投资者期货投资的特点以及在期货投资中可能出现的各种风险，不得向投资者做出不符合有关法律、法规、规章、政策等规定的承诺或保证。

第二十条　从业人员在进行投资分析或者提出投资建议时，应当勤勉尽责、独立客观，投资分析及投资建议要有合理、充足的依据，要严格区分客观事实与主观判断，并对重要事实予以明示。

第二十一条　从业人员应当如实向投资者申明其所具有的执业能力，不得向投资者提供虚假文件、材料。从业人员应当保护投资者的合法利益，不得以损害投资者利益的手段谋取个人或者相关方利益。

第二十二条　从业人员在向投资者提供服务时应当公平地对待投资者。

第二十三条　从业人员不得疏怠履行应承担的义务：

（一）从业人员应当严格按照有关期货业务规则规定办理相关期货业务；

（二）从业人员应当及时告知投资者有关期货业务的情况，对投资者了解交易情况等合理的要求，应当在其职责范围内尽快给予答复；

（三）从业人员应当在法律法规及公司制度规定范围内根据客户授权进行期货业务。

第二十四条　从业人员不得迎合投资者的不合理要求，不得为了投资者利益而损害社会公共利益、所在机构的合法利益或者他人的合法权益。

【例题4】期货从业人员在向投资者提供服务前应当（　　）。

A. 了解投资者的财务状况、投资经验及投资目标

B. 谨慎、诚实、客观地告知投资者期货投资的特点

C. 客观地告知投资者在期货投资中可能出现的各种风险

D. 向投资者做出获利的承诺或保证

【答案】ABC

【解析】期货从业人员在向投资者提供服务前，应当了解投资者的财务状况、投资经验及投资目标，并应谨慎、诚实、客观地告知投资者期货投资的特点以及在期货投资中可能出现的各种风险，不得向投资者做出不符合有关法律、法规、规章、政策等规定的承诺或保证。

第六章　竞业准则

第二十五条　从业人员应当相互尊重、同业互助，共同维护本行业的职业道德，提高职业声誉。

第二十六条　提倡同业公平竞争，严禁从业人员从事下列不正当竞争行为：

（一）采用虚假或容易引起误解的宣传方式进行自我夸大或者损害其他同业者的名誉；

（二）贬低或诋毁其他机构、从业人员；

（三）采用明示或暗示与有关机构或者个人具有特殊关系的手段招徕投资者，或利用与有关组织的关系进行业务垄断；

（四）在投资者不知情的情况下给投资者代理人或介绍人返还佣金；

（五）以排挤竞争对手为目的，低于经营成本或行业自律标准收取手续费；

（六）中国证监会或协会认定的其他不正当竞争行为。

第二十七条　从业人员不得阻挠或者拒绝投资者另外委托其他机构或者从业人员提供服务，共同服务的从业人员之间应当明确分工和协作。

第二十八条　机构的管理人员不得以不正当手段招徕其他机构在职从业人员，不得以不正当手段辞退本机构从业人员。

【例题5】提倡同业公平竞争，严禁从业人员从事（　　）行为。

A. 采用虚假或容易引起误解的宣传方式进行自我夸大或者损害其他同业者的名誉

B. 贬低或诋毁其他机构、从业人员

C. 采用明示或暗示与有关机构或者个人具有特殊关系的手段招徕投资者，或利用与有关组织的关系进行业务垄断

D. 在投资者不知情的情况下给投资者代理人或介绍人返还佣金

【答案】ABCD

第七章　其他责任

第二十九条　从业人员在执业过程中不得获取不正当利益。

获取不正当利益的，应当退还。

第三十条　除所在机构同意外，从业人员不得兼任导致或者可能导致与现任职务产生实际或潜在利益冲突的其他组织的职务。

第三十一条　从业人员应当严格自律、洁身自好：

（一）对机构管理人员所发出的违法违规指令，从业人员应当予以抵制，并及时按照所在机构内部程序向高级管理人员或者董事会报告；机构未妥善处理的，从业人员应当及时向中国证监会或者协会报告。

从业人员发现所在机构有欺骗投资者、对市场严重不负责任等行为时，应当坚持原则，并及时向有关部门反映或举报。

（二）从业人员不能片面地强调业务的发展而忽视投资者信誉，更不能从个人利益出发与投资者恶意串通。发现投资者有不诚信、违法违规的行为时，应当及时向所在机构报告，并注意防范投资者的信用风险。

第三十二条　当从业人员与其所服务的投资者存在利益冲突或因其他原因无法继续提供期货业务服务时，应当通过所在机构及时与投资者协商，采取更换从业人员或其他办法妥善予以妥善解决。

第三十三条　从业人员因执业过错给机构造成损失的，应当承担相应责任。

第八章　监督及惩戒

第三十四条　机构的管理人员应当指导、监督下属从业人员遵守有关法律、法规、规章及本准则。

第三十五条　从业人员有违反有关法律、法规、规章或本准则行为的，任何人都可以向协会进行举报。

从业人员受到机构处分，或者从事的期货业务行为涉嫌违法违规被调查处理的，机构应当在做出处分决定、知悉或者应当知悉该从业人员违法违规被调查处理事项之日起10个工作日内向协会报告。

对于违反本条规定的机构，协会要求其按期改正；逾期不改正的，协会给予训诫、公开谴责等措施，同时记入该机构诚信档案。情节严重的，协会移交中国证监会处理。

第三十六条　协会在接到对从业人员违规行为的举报或投诉后，按照规定的程序进行调查，并视违规事实及其后果做出相应的纪律惩戒。

协会对从业人员进行调查或者检查时，被调查人员应当积极配合。

第三十七条　从业人员违反本准则，情节轻微，且没有造成严重后果的，予以训诫，训诫以训诫信的形式向个人发出。

第三十八条　从业人员违反本准则，情节严重，

并造成严重后果的，予以公开谴责。

第三十九条　从业人员有下列情形之一的，暂停其从业资格6个月至12个月；情节严重的，撤销其从业资格并在3年内拒绝受理其从业资格申请：

（一）本准则第二十六条所禁止行为之一的；

（二）拒绝协会调查或检查的；

（三）获取不正当利益的；

（四）向投资者隐瞒重要事项的；

（五）违反保密义务，泄露、传递他人未公开重要信息的。

第四十条　从业人员有下列情形之一，情节严重的，撤销其从业资格并在3年内或永久性拒绝受理其资格申请：

（一）有本准则第十条至第十五条所禁止行为之一的；

（二）违反有关法律、法规、规章和政策规定向投资者承诺或者保证收益的；

（三）违反有关从业机构的业务管理规定导致重大经济损失的；

（四）为了个人或投资者的不当利益而严重损害社会公共利益、所在机构或者他人的合法权益的。

第四十一条　从业人员违反本准则，情节显著轻微，且没有造成后果的，可免于纪律惩戒，由协会责成从业人员所在机构予以批评教育。

第四十二条　从业人员受到纪律惩戒的，协会将纪律惩戒信息录入协会从业资格数据库。

第四十三条　从业人员受到训诫、公开谴责和暂停从业资格的纪律惩戒的，应当参加协会组织的专项后续职业培训。

第四十四条　对从业人员的纪律惩戒由协会纪律委员会做出，从业人员对纪律惩戒不服的，可向协会申诉委员会申诉，申诉委员会做出的审议决定为最终决定。

第四十五条　从业人员与投资者或所在机构发生纠纷而无法自行合理解决的，可以按照规定的程序，提请协会进行调解。

第四十六条　从业人员违反国家法律、法规的执业行为，需要中国证监会给予行政处罚的，协会应当及时移送中国证监会处理。

【例题6】期货从业人员受到机构处分，或者从事的期货业务行为涉嫌违法违规被调查处理的，机构应当在做出处分决定、知悉或者应当知悉该从业人员违法违规被调查处理事项之日起（　）工作日内向协会报告。

A. 3个　　　　　　　B. 5个

C. 7个　　　　　　　D. 10个

【答案】D

【解析】从业人员受到机构处分，或者从事的期货业务行为涉嫌违法违规被调查处理的，机构应当在做出处分决定、知悉或者应当知悉该从业人员违法违规被调查处理事项之日起10个工作日内向协会报告。

【例题7】期货从业人员采用虚假或容易引起误解的宣传方式进行自我夸大或者损害其他同业者的名誉的，暂停其从业资格（　）。

A. 1个月至3个月　　B. 2个月至6个月

C. 3个月至6个月　　D. 6个月至12个月

【答案】D

【解析】根据《期货从业人员执业行为准则（修订）》第三十九条规定，期货从业人员采用虚假或容易引起误解的宣传方式进行自我夸大或者损害其他同业者的名誉的，暂停其从业资格6个月至12个月。

第九章　附　　则

第四十七条　本准则经中国证监会核准，自颁布之日起实施。2003年7月1日颁布的《期货从业人员执业行为准则》同时废止。

练 习 题

一、单项选择题

1. 中国期货业协会对期货从业人员进行纪律惩戒的主要依据是（　）。

A.《期货从业人员执业行为准则（修订）》

B.《期货从业人员管理办法》

C.《期货公司管理办法》

D.《期货公司董事、监事和高级管理人员任职资格管理办法》

2. 期货从业人员受到机构处分，或者从事的期货业务行为涉嫌违法违规被调查处理的，机构应当在做出处分决定、知悉或者应当知悉该从业人员违法违规被调查处理事项之日起（　）工作日内向协会报告。

A. 3个　　　　　　　B. 5个

C. 7个　　　　　　　D. 10个

3. 期货从业人员违反《期货从业人员执业行为准则（修订）》，情节轻微，且没有造成严重后果的，予以（　　）。

A. 警告，并处以5 000元以下罚款

B. 训诫

C. 公开谴责

D. 撤销其期货从业资格

4. 期货从业人员采用虚假或容易引起误解的宣传方式进行自我夸大或者损害其他同业者的名誉的，暂停其从业资格（　　）。

A. 1个月至3个月　　B. 2个月至6个月

C. 3个月至6个月　　D. 6个月至12个月

5. 期货从业人员违反《期货从业人员执业行为准则（修订）》，情节严重，并造成严重后果的，予以（　　）。

A. 训诫　　　　　　B. 警告，并处以罚款

C. 撤销从业资格　　D. 公开谴责

6. 期货从业人员从事或者协同他人从事欺诈、内幕交易、操纵期货交易价格等行为，情节严重的（　　）。

A. 暂停其从业资格6个月至12个月

B. 予以训诫，并暂停其从业资格12个月

C. 撤销其从业资格

D. 撤销其从业资格并在3年内或永久性拒绝受理其资格申请

7. 《期货从业人员执业行为准则（修订）》的施行时间是（　　）。

A. 2007年4月20日　B. 2007年7月4日

C. 2008年4月30日　D. 2008年6月1日

二、多项选择题

1. 《期货从业人员执业行为准则（修订）》是期货从业人员在执业过程中必须遵守的行为规范，该准则规范的内容包括（　　）。

A. 职业品德　　　　B. 执业纪律

C. 专业胜任能力　　D. 职业责任

2. 期货从业人员在执业过程中应当（　　）。

A. 坚持期货市场的公平、公正、公开原则，自觉抵制不正当交易和商业贿赂

B. 诚实守信，恪尽职守，珍惜、维护期货业和从业人员的职业声誉

C. 以专业的技能，以小心谨慎、勤勉尽责和独立客观的态度为投资者提供服务

D. 保守国家秘密、所在机构秘密、投资者的商业秘密及个人隐私

3. 期货从业人员对在执业过程中所获得的未公开的重要信息应当履行保密义务，不得泄露、传递给他人，但下列（　　）情况除外。

A. 有关法律、法规、规章等要求提供的

B. 国家司法部门、政府监管部门按照有关规定进行调查取证的

C. 中国期货业协会和期货交易所按照有关规定进行调查取证的

D. 从业人员在执业过程中，为保护自己的合法权益而必须公开的

4. 根据规定，期货公司的从业人员不得有下列（　　）行为。

A. 客观地告知投资者在期货投资中可能出现的各种风险

B. 以个人名义接受客户委托代理客户从事期货交易

C. 进行虚假宣传，诱骗客户参与期货交易

D. 挪用客户的期货保证金或者其他资产

5. 期货从业人员在向投资者提供服务前应当（　　）。

A. 了解投资者的财务状况、投资经验及投资目标

B. 谨慎、诚实、客观地告知投资者期货投资的特点

C. 客观地告知投资者在期货投资中可能出现的各种风险

D. 向投资者做出获利的承诺或保证

6. 期货从业人员有下列（　　）情形，情节严重的，撤销其从业资格并在3年内或永久性拒绝受理其资格申请。

A. 违反有关法律、法规、规章和政策规定向投资者承诺或者保证收益的

B. 违反有关从业机构的业务管理规定导致重大经济损失的

C. 为了个人或投资者的不当利益而严重损害社会公共利益、所在机构或者他人的合法权益的

D. 以个人或者他人名义参与期货交易的

7. 期货从业人员受到（　　）的纪律惩戒的，应当参加协会组织的专项后续职业培训。

A. 撤销从业资格

B. 训诫

C. 公开谴责

D. 暂停从业资格

三、判断是非题

1. 期货从业人员对投资者服务结束或者离开所在机构后，无须继续保守投资者或者原所在机构的秘密。（　　）

2. 期货从业人员在执业过程中遇到自身利益或相关方利益与投资者的利益发生冲突或可能发生冲突时，必须及时向投资者披露发生冲突的可能性及有关情况，并尽量避免冲突；当无法避免时，应当确保投资者的利益得到公平的对待。（　　）

3. 期货从业人员不得以个人或者他人名义参与期货交易。（　　）

4. 期货交易所的非期货公司结算会员的从业人员可以依法代理客户从事期货交易。（　　）

5. 期货投资咨询机构的从业人员不得代理客户从事期货交易。（　　）

6. 期货从业人员违反《期货从业人员执业行为准则（修订）》，情节显著轻微，且没有造成后果的，可免予纪律惩戒，由中国期货业协会责成从业人员所在机构予以批评教育。（　　）

7. 期货从业人员对纪律惩戒不服的，可向协会申诉委员会申诉，对申诉决定不服的，可向人民法院提起诉讼。（　　）

8. 期货从业人员受到纪律惩戒的，中国期货业协会将纪律惩戒信息录入协会从业资格数据库。（　　）

期货公司执行金融期货投资者适当性制度管理规则（修订）

考 纲 分 析

本规则主要对会员单位客户管理和服务制度、客户开发责任追究制度以及违反规定处理做出了具体规定。通过学习，需要考生重点掌握会员单位建立执行客户开发责任追究制度，明确开发、审核、服务等相关从业人员的责任。

知 识 结 构

本规则内容少，故不做结构设计。

内 容 解 析

第一条　为维护金融期货市场平稳、规范和健康运行，督促期货公司会员单位（以下简称会员单位）严格执行金融期货投资者适当性制度，切实保护投资者合法权益，根据《关于建立金融期货投资者适当性制度的规定》，以及《中国期货业协会章程》的规定，特制定本规则。

第二条　会员单位应按照中国证监会和中国金融期货交易所的有关规定，遵循将适当的产品销售给适当的投资者的核心原则，建立健全内控合规制度，严格执行投资者适当性制度。

第三条　会员单位应当建立以了解客户和分类管理为核心的客户管理和服务制度，将金融期货投资者适当性制度贯穿于开户流程管理的各个环节，理性选择客户，不得为不符合投资者适当性标准的投资者申请金融期货交易编码。

第四条　会员单位在开户时，应当向投资者充分揭示金融期货风险，全面客观介绍金融期货法律法规、业务规则和产品特征，测试投资者的金融期货基础知识，认真审核投资者开户申请材料，审慎评估投资者的诚信状况和风险承受能力。不得协助投资者采取虚假申报等手段规避投资者适当性标准要求。

【例题1】会员单位在开户时，应当向投资者充分揭示金融期货风险，全面客观介绍（　　），测试投资者的金融期货基础知识，认真审核投资者开户申请

材料，审慎评估投资者的诚信状况和风险承受能力。

A. 金融期货法律法规　B. 业务规则

C. 产品特征　　　　　　D. 投资者的诚信状况

【答案】ABC

【解析】会员单位在开户时，应当向投资者充分揭示金融期货风险，全面客观介绍金融期货法律法规、业务规则和产品特征，测试投资者的金融期货基础知识，认真审核投资者开户申请材料，审慎评估投资者的诚信状况和风险承受能力。

第五条　会员单位应当完善期货经纪业务管理，加强对投资者交易行为的合法合规性管理，督促投资者遵守与金融期货交易相关的法律、法规、部门规章及中国金融期货交易所业务规则，持续开展投资者风险教育。

第六条　会员单位应当建立并有效执行客户开发责任追究制度，明确客户开发人员、审核人员、服务人员、相关部门负责人、公司高级管理人员等相关期货从业人员的责任。

第七条　会员单位应当要求本单位从业人员自觉遵守期货从业人员行为准则，严格执行投资者适当性制度。

第八条　会员单位应当完善客户纠纷处理机制，为投资者提供合理的投诉渠道，告知投诉的途径、方法和程序，妥善处理纠纷。

会员单位应当督促投资者遵守法律法规的相关规定，通过正当途径维护自身合法权益，不得侵害国家利益及他人的合法权益，不得扰乱社会公共秩序。

第九条　对违反本规则的会员单位，经告诫仍不改正的，协会将视其情节轻重予以以下纪律惩戒：

（一）批评；

（二）协会内通报批评；

（三）通过媒体公开谴责；

（四）取消会员资格并公告。

对于相关违规期货从业人员，协会将根据情节轻重给予相应的纪律惩戒。

【例题2】对违反《期货公司执行金融期货投资者适当性制度管理规则（修订）》的会员单位，经告诫仍不改正的，协会将视其情节轻重予以（　　）。

A. 批评

B. 协会内通报批评

C. 通过媒体公开谴责

D. 取消会员资格并公告

【答案】ABCD

第十条　本规则由中国期货业协会负责解释。

第十一条　本规则自2013年9月3日起施行。

练习题

一、单项选择题

1.《期货公司执行金融期货投资者适当性制度管理规则（试行）》自（　　）起施行。

A. 2013年9月3日　　B. 2009年2月9日

C. 2010年9月20日　　D. 2010年9月2日

2. 为投资者提供合理的投诉渠道，告知投诉的途径、方法和程序，妥善处理纠纷，会员单位应当完善（　　）。

A. 以了解客户和分类管理为核心的客户管理和服务制度

B. 客户开发责任追究制度

C. 客户纠纷处理机制

D. 客户开发责任追究制度

3.《期货公司执行金融期货投资者适当性制度管理规则（试行）》的解释权由（　　）负责。

A. 中国期货业协会

B. 中国金融期货交易所

C. 中国证监会

D. 中国证券业协会

二、多项选择题

1. 期货公司会员单位应按照（　　）的有关规定，遵循将适当的产品销售给适当的投资者的原则，建立健全内控合规制度，严格执行投资者适当性制度。

A. 中国证监会

B. 中国证券业协会

C. 中国金融期货交易所

D. 中国期货业协会

2. 以下关于期货公司会员单位的说法中正确的是（　　）。

A. 建立以了解客户和分类管理为核心的客户管理和服务制度

B. 遵照中国证监会和中国金融期货交易所的有关规定

C. 建立健全内控合规制度

D. 会员单位开户时，向投资者充分揭示金融期货风险

3. 会员单位应当建立并有效执行客户开发责任追究制度，应当明确相关期货从业人员责任的包括（　　）。

A. 客户开发人员

B. 审核人员

C. 服务人员

D. 公司高级管理人员

4. 期货公司会员单位应当建立和完善的制度包括（　　）。

A. 以了解客户和分类管理为核心的客户管理和服务制度

B. 期货经纪业务管理

C. 客户纠纷处理机制

D. 客户开发责任追究制度

三、判断是非题

对违反《期货公司执行金融期货投资者适当性制度管理规则（试行）》的会员，经告诫仍不改正，按协会有关规定给予纪律惩戒。（　　）

四、其他

中华人民共和国刑法修正案

●●●●●●● 考 纲 分 析 ●●●●●●●

本法规以法条为主，易结合其他章节以综合题形式考查，需要考生在理解的基础上加以牢固掌握，并能在相关案例中加以灵活应用。

●●●●●●● 知 识 结 构 ●●●●●●●

本法规内容少，故不做结构设计。

●●●●●●● 内 容 解 析 ●●●●●●●

为了惩治破坏社会主义市场经济秩序的犯罪，保障社会主义现代化建设的顺利进行，对刑法作如下补充修改。

一、第一百六十二条后增加一条，作为第一百六十二条之一："隐匿或者故意销毁依法应当保存的会计凭证、会计账簿、财务会计报告，情节严重的，处五年以下有期徒刑或者拘役，并处或者单处二万元以上二十万元以下罚金。

"单位犯前款罪的，对单位判处罚金，并对其直接负责的主管人员和其他直接责任人员，依照前款的规定处罚。"

二、将刑法第一百六十八条修改为："国有公司、企业的工作人员，由于严重不负责任或者滥用职权，造成国有公司、企业破产或者严重损失，致使国家利益遭受重大损失的，处三年以下有期徒刑或者拘役；致使国家利益遭受特别重大损失的，处三年以上七年以下有期徒刑。

"国有事业单位的工作人员有前款行为，致使国家利益遭受重大损失的，依照前款的规定处罚。

"国有公司、企业、事业单位的工作人员，徇私舞弊，犯前两款罪的，依照第一款的规定从重处罚。"

三、将刑法第一百七十四条修改为："未经国家有关主管部门批准，擅自设立商业银行、证券交易所、期货交易所、证券公司、期货经纪公司、保险公司或者其他金融机构的，处三年以下有期徒刑或者拘役，并处或者单处二万元以上二十万元以下罚金；情节严重的，处三年以上十年以下有期徒刑，并处五万元以上五十万元以下罚金。

"伪造、变造、转让商业银行、证券交易所、期货交易所、证券公司、期货经纪公司、保险公司或者其他金融机构的经营许可证或者批准文件的，依照前款的规定处罚。

"单位犯前两款罪的，对单位判处罚金，并对其直接负责的主管人员和其他直接责任人员，依照第一款的规定处罚。"

四、将刑法第一百八十条修改为："证券、期货交易内幕信息的知情人员或者非法获取证券、期货交易内幕信息的人员，在涉及证券的发行，证券、期货交易或者其他对证券、期货交易价格有重大影响的信息尚未公开前，买入或者卖出该证券，或者从事与该内幕信息有关的期货交易，或者泄露该信息，情节严重的，处五年以下有期徒刑或者拘役，并处或者单处违法所得一倍以上五倍以下罚金；情节特别严重的，处五年以上十年以下有期徒刑，并处违法所得一倍以上五倍以下罚金。

"单位犯前款罪的，对单位判处罚金，并对其直接负责的主管人员和其他直接责任人员，处五年以下有期徒刑或者拘役。

"内幕信息、知情人员的范围，依照法律、行政法规的规定确定。

【例题1】单位犯期货内幕交易、泄露内幕信息罪的，对单位判处罚金，并对其直接负责的主管人员和其他直接责任人员处（　）。

A. 3 年以下有期徒刑或者拘役

B. 5 年以下有期徒刑或者拘役

C. 3 年以上 7 年以下有期徒刑或者拘役

D. 5 年以上 10 年以下有期徒刑或者拘役

【答案】B

【解析】将刑法第一百八十条修改为："证券、期货交易内幕信息的知情人员或者非法获取证券、期货交易内幕信息的人员，在涉及证券的发行，证券、期货交易或者其他对证券、期货交易价格有重大影响的信息尚未公开前，买入或者卖出该证券，或者从事与该内幕信息有关的期货交易，或者泄露该信息，情节严重的，处五年以下有期徒刑或者拘役，并处或者单处违法所得一倍以上五倍以下罚金；情节特别严重的，处五年以上十年以下有期徒刑，并处违法所得一倍以上五倍以下罚金。

"单位犯前款罪的，对单位判处罚金，并对其直接负责的主管人员和其他直接责任人员，处五年以下有期徒刑或者拘役。"

五、将刑法第一百八十一条修改为："编造并且传播影响证券、期货交易的虚假信息，扰乱证券、期货交易市场，造成严重后果的，处五年以下有期徒刑或者拘役，并处或者单处一万元以上十万元以下罚金。

"证券交易所、期货交易所、证券公司、期货经纪公司的从业人员，证券业协会、期货业协会或者证券期货监督管理部门的工作人员，故意提供虚假信息或者伪造、变造、销毁交易记录，诱骗投资者买卖证券、期货合约，造成严重后果的，处五年以下有期徒刑或者拘役，并处或者单处一万元以上十万元以下罚金；情节特别恶劣的，处五年以上十年以下有期徒刑，并处二万元以上二十万元以下罚金。

"单位犯前两款罪的，对单位判处罚金，并对其直接负责的主管人员和其他直接责任人员，处五年以下有期徒刑或者拘役。"

六、将刑法第一百八十二条修改为："有下列情形之一，操纵证券、期货交易价格，获取不正当利益或者转嫁风险，情节严重的，处五年以下有期徒刑或者拘役，并处或者单处违法所得一倍以上五倍以下罚金：

（一）单独或者合谋，集中资金优势、持股或者

持仓优势或者利用信息优势联合或者连续买卖，操纵证券、期货交易价格的；

（二）与他人串通，以事先约定的时间、价格和方式相互进行证券、期货交易，或者相互买卖并不持有的证券，影响证券、期货交易价格或者证券、期货交易量的；

（三）以自己为交易对象，进行不转移证券所有权的自买自卖，或者以自己为交易对象，自买自卖期货合约，影响证券、期货交易价格或者证券、期货交易量的；

（四）以其他方法操纵证券、期货交易价格的。

"单位犯前款罪的，对单位判处罚金，并对其直接负责的主管人员和其他直接责任人员，处五年以下有期徒刑或者拘役。"

【例题2】有（　）情形之一，操纵证券、期货交易价格，获取不正当利益或者转嫁风险，情节严重的，处五年以下有期徒刑或者拘役，并处或者单处违法所得一倍以上五倍以下罚金。

A. 单独或者合谋，集中资金优势、持股或者持仓优势或者利用信息优势联合或者连续买卖，操纵期货交易价格的

B. 以自己为交易对象，自买自卖期货合约，影响期货交易价格或者期货交易量的

C. 与他人串通，以事先约定的时间、价格和方式相互进行期货交易，影响期货交易价格或者期货交易量的

D. 以其他方法操纵期货市场的

【答案】ABCD

七、将刑法第一百八十五条修改为："商业银行、证券交易所、期货交易所、证券公司、期货经纪公司、保险公司或者其他金融机构的工作人员利用职务上的便利，挪用本单位或者客户资金的，依照本法第二百七十二条的规定定罪处罚。

"国有商业银行、证券交易所、期货交易所、证券公司、期货经纪公司、保险公司或者其他国有金融机构的工作人员和国有商业银行、证券交易所、期货交易所、证券公司、期货经纪公司、保险公司或者其他国有金融机构委派到前款规定中的非国有机构从事公务的人员有前款行为的，依照本法第三百八十四条的规定定罪处罚。

八、刑法第二百二十五条增加一项，作为第三项："未经国家有关主管部门批准，非法经营证券、期货或者保险业务的；"原第三项改为第四项。

九、本修正案自公布之日起施行。

练习题

一、单项选择题

1. 单位犯期货内幕交易、泄露内幕信息罪的，对单位判处罚金，并对其直接负责的主管人员和其他直接责任人员处（　）。

A. 3 年以下有期徒刑或者拘役

B. 5 年以下有期徒刑或者拘役

C. 3 年以上 7 年以下有期徒刑或者拘役

D. 5 年以上 10 年以下有期徒刑或者拘役

2. 期货交易内幕信息的知情人员或者非法获取期货交易内幕信息的人员，在涉及期货交易或者其他对期货交易价格有重大影响的信息尚未公开前，从事与该内幕信息有关的期货交易，或者泄露该信息，情节特别严重的（　）。

A. 处 3 年以上 7 年以下有期徒刑

B. 处 3 年以上 7 年以下有期徒刑或者拘役，并处或者单处违法所得 1 倍以上 5 倍以下罚金

C. 处 5 年以上 10 年以下有期徒刑，并处违法所得 1 倍以上 5 倍以下罚金

D. 处 5 年以上 10 年以下有期徒刑，并处 5 万元以上 50 万元以下罚金

3. 编造并且传播影响期货交易的虚假信息，扰乱期货交易市场，造成严重后果的，处 5 年以下有期徒刑或者拘役，并处或者单处（　）。

A. 1 万元以上 5 万元以下罚金

B. 1 万元以上 10 万元以下罚金

C. 2 万元以上 20 万元以下罚金

D. 5 万元以上 50 万元以下罚金

二、多项选择题

1. 未经国家有关主管部门批准，擅自设立证券交易所、期货交易所、期货经纪公司的（　）。

A. 处 5 年以下有期徒刑或者拘役

B. 处 3 年以下有期徒刑或者拘役，并处或者单处 2 万元以上 20 万元以下罚金

C. 情节严重的，处 3 年以上 7 年以下有期徒刑，并处 5 万元以上 100 万元以下罚金

D. 情节严重的，处 3 年以上 10 年以下有期徒刑，并处 5 万元以上 50 万元以下罚金

2. 有下列（　）情形，操纵期货市场，情节严重的，处 5 年以下有期徒刑或者拘役，并处或者单处罚金；情节特别严重的，处 5 年以上 10 年以下有期徒刑，并处罚金。

A. 单独或者合谋，集中资金优势、持股或者持仓优势或者利用信息优势联合或者连续买卖，操纵期货交易价格的

B. 以自己为交易对象，自买自卖期货合约，影响期货交易价格或者期货交易量的

C. 与他人串通，以事先约定的时间、价格和方式相互进行期货交易，影响期货交易价格或者期货交易量的

D. 以其他方法操纵期货市场的

三、判断是非题

1. 期货交易所、期货经纪公司的从业人员，期货业协会或者期货监督管理部门的工作人员，故意提供虚假信息或者伪造、变造、销毁交易记录，诱骗投资者买卖期货合约，情节特别恶劣的，处 3 年以上 7 年以下有期徒刑，并处 3 万元以上 30 万元以下罚金。（　）

2. 伪造、变造、转让期货交易所、期货经纪公司的经营许可证或者批准文件的，处 3 年以下有期徒刑或者拘役，并处或者单处 2 万元以上 20 万元以下罚金；情节严重的，处 3 年以上 10 年以下有期徒刑，并处 5 万元以上 50 万元以下罚金。（　）

中华人民共和国刑法修正案（六）摘选

● ● ● ● ● 考 纲 分 析 ● ● ● ● ●

本法规以法条为主，易以综合题形式考查，需要考生在理解的基础上加以牢固掌握，并能在相关案例中加以灵活应用。

● ● ● ● ● 知 识 结 构 ● ● ● ● ●

本法规内容少，故不做结构设计。

● ● ● ● ● 内 容 解 析 ● ● ● ● ●

七、第一百六十三条　公司、企业或者其他单位的工作人员利用职务上的便利，索取他人财物或者非法收受他人财物，为他人谋取利益，数额较大的，处5年以下有期徒刑或者拘役；数额巨大的，处5年以上有期徒刑，可以并处没收财产。

公司、企业或者其他单位的工作人员在经济往来中，利用职务上的便利，违反国家规定，收受各种名义的回扣、手续费，归个人所有的，依照前款的规定处罚。

国有公司、企业或者其他国有单位中从事公务的人员和国有公司、企业或者其他国有单位委派到非国有公司、企业以及其他单位从事公务的人员有前两款行为的，依照本法第三百八十五条、第三百八十六条规定定罪处罚。

【例题1】公司、企业或者其他单位的工作人员利用职务上的便利，索取他人财物或者非法收受他人财物，为他人谋取利益，数额较大的，处（　）年以下有期徒刑或者拘役。

A. 5　　　　　　　　B. 10

C. 15　　　　　　　D. 3

【答案】A

八、第一百六十四条　为谋取不正当利益，给予公司、企业或者其他单位的工作人员以财物，数额较大的，处3年以下有期徒刑或者拘役；数额巨大的，处3年以上10年以下有期徒刑，并处罚金。

十一、第一百八十二条　有下列情形之一，操纵证券、期货市场，情节严重的，处5年以下有期徒刑或者拘役，并处或者单处罚金；情节特别严重的，处5年以上10年以下有期徒刑，并处罚金：

（一）单独或者合谋，集中资金优势、持股或者持仓优势或者利用信息优势联合或者连续买卖，操纵证券、期货交易价格或者证券、期货交易量的；

（二）与他人串通，以事先约定的时间、价格和方式相互进行证券、期货交易，影响证券、期货交易价格或者证券、期货交易量的；

（三）在自己实际控制的账户之间进行证券交易，或者以自己为交易对象，自买自卖期货合约，影响证券、期货交易价格或者证券、期货交易量的；

（四）以其他方法操纵证券、期货市场的。

单位犯前款罪的，对单位判处罚金，并对其直接负责的主管人员和其他直接责任人员，依照前款的规定处罚。

十二、第一百八十五条之一　商业银行、证券交易所、期货交易所、证券公司、期货经纪公司、保险公司或者其他金融机构，违背受托义务，擅自运用客户资金或者其他委托、信托的财产，情节严重的，对单位判处罚金，并对其直接负责的主管人员和其他直接责任人员，处3年以下有期徒刑或者拘役，并处3

万元以上 30 万元以下罚金；情节特别严重的，处 3 年以上 10 年以下有期徒刑，并处 5 万元以上 50 万元以下罚金。

【例题 2】判断是非题

期货交易所、期货经纪公司，违背受托义务，擅自运用客户资金或者其他委托、信托的财产，情节严重的，对单位判处罚金，并对其直接负责的主管人员和其他直接责任人员，处 3 年以下有期徒刑或者拘役，并处 3 万元以上 30 万元以下罚金；情节特别严重的，处 3 年以上 10 年以下有期徒刑，并处 5 万元以上 50 万元以下罚金。

【答案】正确

社会保障基金管理机构、住房公积金管理机构等公众资金管理机构，以及保险公司、保险资产管理公司、证券投资基金管理公司，违反国家规定运用资金的，对其直接负责的主管人员和其他直接责任人员，依照前款的规定处罚。

十四、第一百八十七条　银行或者其他金融机构的工作人员吸收客户资金不入账，数额巨大或者造成重大损失的，处 5 年以下有期徒刑或者拘役，并处 2 万元以上 20 万元以下罚金；数额特别巨大或者造成特别重大损失的，处 5 年以上有期徒刑，并处 5 万元以上 50 万元以下罚金。

十五、第一百八十八条　银行或者其他金融机构的工作人员违反规定，为他人出具信用证或者其他保函、票据、存单、资信证明，情节严重的，处 5 年以下有期徒刑或者拘役；情节特别严重的，处 5 年以上有期徒刑。

十六、第一百九十一条　明知是毒品犯罪、黑社会性质的组织犯罪、恐怖活动犯罪、走私犯罪、贪污贿赂犯罪、破坏金融管理秩序犯罪、金融诈骗犯罪的所得及其产生的收益，为掩饰、隐瞒其来源和性质，有下列行为之一的，没收实施以上犯罪的所得及其产生的收益，处 5 年以下有期徒刑或者拘役，并处或者单处洗钱数额 5% 以上 20% 以下罚金；情节严重的，处 5 年以上 10 年以下有期徒刑，并处洗钱数额 5% 以上 20% 以下罚金：

（一）提供资金账户的；

（二）协助将财产转换为现金、金融票据、有价证券的；

（三）通过转账或者其他结算方式协助资金转移的；

（四）协助将资金汇往境外的；

（五）以其他方法掩饰、隐瞒犯罪所得及其收益的来源和性质的。

练习题

一、单项选择题

1. 公司、企业或者其他单位的工作人员利用职务上的便利，索取他人财物或者非法收受他人财物，为他人谋取利益，数额巨大的，处（　）年以上有期徒刑或者拘役。

A. 5　　　　　　　　　B. 10
C. 15　　　　　　　　　D. 3

2. 银行或者其他金融机构的工作人员违反规定，为他人出具信用证或者其他保函、票据、存单、资信证明，情节严重的，处（　）年以下有期徒刑或者拘役。

A. 5　　　　　　　　　B. 10
C. 15　　　　　　　　　D. 3

二、多项选择题

有（　）情形之一，操纵证券、期货市场，情节严重的，处 5 年以下有期徒刑或者拘役，并处或者单处罚金；情节特别严重的，处 5 年以上 10 年以下有期徒刑，并处罚金。

A. 单独或者合谋，集中资金优势、持股或者持仓优势或者利用信息优势联合或者连续买卖，操纵证券、期货交易价格或者证券、期货交易量的

B. 与他人串通，以事先约定的时间、价格和方式相互进行证券、期货交易，影响证券、期货交易价格或者证券、期货交易量的

C. 在自己实际控制的账户之间进行证券交易，或者以自己为交易对象，自买自卖期货合约，影响证券、期货交易价格或者证券、期货交易量的

D. 以其他方法操纵证券、期货市场的

三、判断是非题

银行或者其他金融机构的工作人员违反规定，为他人出具信用证或者其他保函、票据、存单、资信证明，情节严重的，处 5 年以下有期徒刑或者拘役；情节特别严重的，处 5 年以上有期徒刑。（　）

最高人民法院关于审理期货纠纷案件若干问题的规定（一）

本规定分为十三个部分，共有六十三条。从客户到期货公司开户、签订合同、进行交易、办理交割、诉讼管辖、承担责任，到案件的审理与执行，可以说是涉及期货市场参与者行为的全过程。本规定的考查重点集中在期货纠纷案件的管辖，承担责任的主体，无效合同的认定与民事责任的承担，具体交易行为中有关民事责任的认定与处理，透支交易、强行平仓、实物交割、保证合约履行、侵权行为等民事责任的认定及处理，以及期货纠纷案件中的举证责任、保全和执行等知识点。本规定易以综合题形式出现，因此要求考生对上述考查重点在理解的基础上加以熟练掌握，并能在相关案例中加以灵活运用。

最高人民法院关于审理期货纠纷案件若干问题的规定
- 一般规定
- 管辖
- 承担责任的主体
- 无效合同责任
- 交易行为责任
- 透支交易责任
- 强行平仓责任
- 实物交割责任
- 保证合约履行责任
- 侵权行为责任
- 举证责任
- 保全和执行
- 其他

为了正确审理期货纠纷案件，根据《中华人民共和国民法通则》《中华人民共和国合同法》《中华人民共和国民事诉讼法》等有关法律、行政法规的规定，结合审判实践经验，对审理期货纠纷案件的若干问题制定本规定。

一、一般规定

第一条　人民法院审理期货纠纷案件，应当依法保护当事人的合法权益，正确确定其应承担的风险责任，并维护期货市场秩序。

第二条　人民法院审理期货合同纠纷案件，应当严格按照当事人在合同中的约定确定违约方承担的责任，当事人的约定违反法律、行政法规强制性规定的除外。

第三条　人民法院审理期货侵权纠纷和无效的期货交易合同纠纷案件，应当根据各方当事人是否有过错，以及过错的性质、大小，过错和损失之间的因果关系，确定过错方承担的民事责任。

二、管辖

第四条 人民法院应当依据民事诉讼法第二十四条、第二十五条和第二十九条的规定确定期货纠纷案件的管辖。

第五条 在期货公司的分公司、营业部等分支机构进行期货交易的，该分支机构住所地为合同履行地。

因实物交割发生纠纷的，期货交易所住所地为合同履行地。

第六条 侵权与违约竞合的期货纠纷案件，依当事人选择的诉由确定管辖。当事人既以违约又以侵权起诉的，以当事人起诉状中在先的诉讼请求确定管辖。

第七条 期货纠纷案件由中级人民法院管辖。

高级人民法院根据需要可以确定部分基层人民法院受理期货纠纷案件。

【例题1】期货纠纷案件由（　）管辖。

A. 基层人民法院　　　B. 中级人民法院

C. 高级人民法院　　　D. 公安部

【答案】B

【解析】期货纠纷案件由中级人民法院管辖。

三、承担责任的主体

第八条 期货公司的从业人员在本公司经营范围内从事期货交易行为产生的民事责任，由其所在的期货公司承担。

第九条 期货公司授权非本公司人员以本公司的名义从事期货交易行为的，期货公司应当承担由此产生的民事责任；非期货公司人员以期货公司名义从事期货交易行为，具备合同法第四十九条所规定的表见代理条件的，期货公司应当承担由此产生的民事责任。

第十条 公民、法人受期货公司或者客户的委托，作为居间人为其提供订约的机会或者订立期货经纪合同的中介服务的，期货公司或者客户应当按照约定向居间人支付报酬。居间人应当独立承担基于居间经纪关系所产生的民事责任。

第十一条 不以真实身份从事期货交易的单位或者个人，交易行为符合期货交易所交易规则的，交易结果由其自行承担。

第十二条 期货公司设立的取得营业执照和经营许可证的分公司、营业部等分支机构超出经营范围开展经营活动所产生的民事责任，该分支机构不能承担的，由期货公司承担。

客户有过错的，应当承担相应的民事责任。

四、无效合同责任

第十三条 有下列情形之一的，应当认定期货经纪合同无效：

（一）没有从事期货经纪业务的主体资格而从事期货经纪业务的；

（二）不具备从事期货交易主体资格的客户从事期货交易的；

（三）违反法律、法规禁止性规定的。

第十四条 因期货经纪合同无效给客户造成经济损失的，应当根据无效行为与损失之间的因果关系确定责任的承担。一方的损失系对方行为所致，应当由对方赔偿损失；双方有过错的，根据过错大小各自承担相应的民事责任。

第十五条 不具有主体资格的经营机构因从事期货经纪业务而导致期货经纪合同无效，该机构按客户的交易指令入市交易的，收取的佣金应当返还给客户，交易结果由客户承担。

该机构未按客户的交易指令入市交易，客户没有过错的，该机构应当返还客户的保证金并赔偿客户的损失。赔偿损失的范围包括交易手续费、税金及利息。

五、交易行为责任

第十六条 期货公司在与客户订立期货经纪合同时，未提示客户注意《期货交易风险说明书》内容，并由客户签字或者盖章，对于客户在交易中的损失，应当依据合同法第四十二条第（三）项的规定承担相应的赔偿责任。但是，根据以往交易结果记载，证明客户已有交易经历的，应当免除期货公司的责任。

第十七条 期货公司接受客户全权委托进行期货交易的，对交易产生的损失，承担主要赔偿责任，赔偿额不超过损失的80%，法律、行政法规另有规定的除外。

第十八条 期货公司与客户签订的期货经纪合同对下达交易指令的方式未作约定或者约定不明确的，期货公司不能证明其所进行的交易是依据客户交易指令进行的，对该交易造成客户的损失，期货公司应当承担赔偿责任，客户予以追认的除外。

第十九条 期货公司执行非受托人的交易指令造成客户损失，应当由期货公司承担赔偿责任，非受托人承担连带责任，客户予以追认的除外。

第二十条 客户下达的交易指令没有品种、数量、买卖方向的，期货公司未予拒绝而进行交易造成客户的损失，由期货公司承担赔偿责任，客户予以追认的除外。

第二十一条 客户下达的交易指令数量和买卖方向明确，没有有效期限的，应当视为当日有效；没有成交价格的，应当视为按市价交易；没有开平仓方向的，应当视为开仓交易。

第二十二条 期货公司错误执行客户交易指令，除客户认可的以外，交易的后果由期货公司承担，并按下列方式分别处理：

（一）交易数量发生错误的，多于指令数量的部分由期货公司承担，少于指令数量的部分，由期货公司补足或者赔偿直接损失；

（二）交易价格超出客户指令价位范围的，交易差价损失或者交易结果由期货公司承担。

第二十三条 期货公司不当延误执行客户交易指令给客户造成损失的，应当承担赔偿责任，但由于市场原因导致客户交易指令未能全部或者部分成交的，期货公司不承担责任。

第二十四条 期货公司超出客户指令价位的范围，将高于客户指令价格卖出或者低于客户指令价格买入后的差价利益占为己有的，客户要求期货公司返还的，人民法院应予支持，期货公司与客户另有约定的除外。

第二十五条 期货交易所未按交易规则规定的期限、方式，将交易或者持仓头寸的结算结果通知期货公司，造成期货公司损失的，由期货交易所承担赔偿责任。

期货公司未按期货经纪合同约定的期限、方式，将交易或者持仓头寸的结算结果通知客户，造成客户损失的，由期货公司承担赔偿责任。

第二十六条 期货公司与客户对交易结算结果的通知方式未作约定或者约定不明确，期货公司未能提供证据证明已经发出上述通知的，对客户因继续持仓而造成扩大的损失，应当承担主要赔偿责任，赔偿额不超过损失的80%。

第二十七条 客户对当日交易结算结果的确认，应当视为对该日之前所有持仓和交易结算结果的确认，所产生的交易后果由客户自行承担。

第二十八条 期货公司对交易结算结果提出异议，期货交易所未及时采取措施导致损失扩大的，对造成期货公司扩大的损失应当承担赔偿责任。

客户对交易结算结果提出异议，期货公司未及时采取措施导致损失扩大的，期货公司对造成客户扩大的损失应当承担赔偿责任。

第二十九条 期货公司对期货交易所或者客户对期货公司的交易结算结果有异议，而未在期货交易所交易规则规定或者期货经纪合同约定的时间内提出的，视为期货公司或者客户对交易结算结果已予以确认。

第三十条 期货公司进行混码交易的，客户不承担责任，但期货公司能够举证证明其已按照客户指令入市交易的，客户应当承担相应的交易结果。

【例题2】判断是非题

期货公司与客户签订的期货经纪合同对下达交易指令的方式未作约定或者约定不明确的，期货公司不能证明其所进行的交易是依据客户交易指令进行的，对该交易造成客户的损失，期货公司应当承担赔偿责任，客户予以追认的除外。

【答案】正确

六、透支交易责任

第三十一条 期货交易所在期货公司没有保证金或者保证金不足的情况下，允许期货公司开仓交易或者继续持仓，应当认定为透支交易。

期货公司在客户没有保证金或者保证金不足的情况下，允许客户开仓交易或者继续持仓，应当认定为透支交易。

审查期货公司或者客户是否透支交易，应当以期货交易所规定的保证金比例为标准。

第三十二条 期货公司的交易保证金不足，期货交易所未按规定通知期货公司追加保证金的，由于行情向持仓不利的方向变化导致期货公司透支发生的扩大损失，期货交易所应当承担主要赔偿责任，赔偿额不超过损失的60%。

客户的交易保证金不足，期货公司未按约定通知客户追加保证金的，由于行情向持仓不利的方向变化导致客户透支发生的扩大损失，期货公司应当承担主要赔偿责任，赔偿额不超过损失的80%。

第三十三条 期货公司的交易保证金不足，期货交易所履行了通知义务，而期货公司未及时追加保证金，期货公司要求保留持仓并经书面协商一致的，对保留持仓期间造成的损失，由期货公司承担；穿仓造成的损失，由期货交易所承担。

客户的交易保证金不足，期货公司履行了通知义务而客户未及时追加保证金，客户要求保留持仓并经书面协商一致的，对保留持仓期间造成的损失，由客户承担；穿仓造成的损失，由期货公司承担。

第三十四条 期货交易所允许期货公司开仓透支交易的，对透支交易造成的损失，由期货交易所承担主要赔偿责任，赔偿额不超过损失的60%。

期货公司允许客户开仓透支交易的，对透支交易造成的损失，由期货公司承担主要赔偿责任，赔偿额不超过损失的80%。

第三十五条　期货交易所允许期货公司透支交易，并与其约定分享利益，共担风险的，对透支交易造成的损失，期货交易所承担相应的赔偿责任。

期货公司允许客户透支交易，并与其约定分享利益，共担风险的，对透支交易造成的损失，期货公司承担相应的赔偿责任。

【例题3】期货交易所在期货公司没有保证金或者保证金不足的情况下，允许期货公司开仓交易或者继续持仓，应当认定为（　　）。

A. 透支交易　　　　B. 违法交易

C. 内幕交易　　　　D. 特许交易

【答案】A

【解析】期货交易所在期货公司没有保证金或者保证金不足的情况下，允许期货公司开仓交易或者继续持仓，应当认定为透支交易。

七、强行平仓责任

第三十六条　期货公司的交易保证金不足，又未能按期货交易所规定的时间追加保证金的，按交易规则的规定处理；规定不明确的，期货交易所有权就其未平仓的期货合约强行平仓，强行平仓所造成的损失，由期货公司承担。

客户的交易保证金不足，又未能按期货经纪合同约定的时间追加保证金的，按期货经纪合同的约定处理；约定不明确的，期货公司有权就其未平仓的期货合约强行平仓，强行平仓造成的损失，由客户承担。

第三十七条　期货交易所因期货公司违规超仓或者其他违规行为而必须强行平仓的，强行平仓所造成的损失，由期货公司承担。

期货公司因客户违规超仓或者其他违规行为而必须强行平仓的，强行平仓所造成的损失，由客户承担。

第三十八条　期货公司或者客户交易保证金不足，符合强行平仓条件后，应当自行平仓而未平仓造成的扩大损失，由期货公司或者客户自行承担。法律、行政法规另有规定或者当事人另有约定的除外。

第三十九条　期货交易所或者期货公司强行平仓数额应当与期货公司或者客户需追加的保证金数额基本相当。因超量平仓引起的损失，由强行平仓者承担。

第四十条　期货交易所对期货公司、期货公司对客户未按期货交易所交易规则规定或者期货经纪合同约定的强行平仓条件、时间、方式进行强行平仓，造成期货公司或者客户损失的，期货交易所或者期货公司应当承担赔偿责任。

第四十一条　期货交易所依法或依交易规则强行平仓发生的费用，由被平仓的期货公司承担；期货公司承担责任后有权向有过错的客户追偿。

期货公司依法或依约定强行平仓所发生的费用，由客户承担。

【例题4】客户的交易保证金不足，又未能按期货经纪合同约定的时间追加保证金的，按期货经纪合同的约定处理；约定不明确的，期货公司有权就其未平仓的期货合约强行平仓，强行平仓造成的损失（　　）。

A. 由客户承担

B. 由期货公司承担

C. 由期货公司和客户按合同约定比例分担

D. 由客户承担主要责任，期货公司依据公平原则承担适当责任

【答案】A

【解析】客户的交易保证金不足，又未能按期货经纪合同约定的时间追加保证金的，按期货经纪合同的约定处理；约定不明确的，期货公司有权就其未平仓的期货合约强行平仓，强行平仓造成的损失，由客户承担。

八、实物交割责任

第四十二条　交割仓库未履行货物验收职责或者因保管不善给仓单持有人造成损失的，应当承担赔偿责任。

第四十三条　期货公司没有代客户履行申请交割义务的，应当承担违约责任；造成客户损失的，应当承担赔偿责任。

第四十四条　在交割日，卖方期货公司未向期货交易所交付标准仓单，或者买方期货公司未向期货交易所账户交付足额货款，构成交割违约。

构成交割违约的，违约方应当承担违约责任；具有合同法第九十四条第（四）项规定情形的，对方有权要求终止交割或者要求违约方继续交割。

征购或者竞卖失败的，应当由违约方按照交易所有关赔偿办法的规定承担赔偿责任。

第四十五条　在期货合约交割期内，买方或者卖方客户违约的，期货交易所应当代期货公司、期货公司应当代客户向对方承担违约责任。

第四十六条　买方客户未在期货交易所交易规则规定的期限内对货物的质量、数量提出异议的，应视

为其对货物的数量、质量无异议。

第四十七条 交割仓库不能在期货交易所交易规则规定的期限内，向标准仓单持有人交付符合期货合约要求的货物，造成标准仓单持有人损失的，交割仓库应当承担责任，期货交易所承担连带责任。

期货交易所承担责任后，有权向交割仓库追偿。

九、保证合约履行责任

第四十八条 期货公司未按照每日无负债结算制度的要求，履行相应的金钱给付义务，期货交易所亦未代期货公司履行，造成交易对方损失的，期货交易所应当承担赔偿责任。

期货交易所代期货公司履行义务或者承担赔偿责任后，有权向不履行义务的一方追偿。

第四十九条 期货交易所未代期货公司履行期货合约，期货公司应当根据客户请求向期货交易所主张权利。

期货公司拒绝代客户向期货交易所主张权利的，客户可直接起诉期货交易所，期货公司可作为第三人参加诉讼。

第五十条 因期货交易所的过错导致信息发布、交易指令处理错误，造成期货公司或者客户直接经济损失的，期货交易所应当承担赔偿责任，但其能够证明系不可抗力的除外。

第五十一条 期货交易所依据有关规定对期货市场出现的异常情况采取合理的紧急措施造成客户损失的，期货交易所不承担赔偿责任。

期货公司执行期货交易所的合理的紧急措施造成客户损失的，期货公司不承担赔偿责任。

十、侵权行为责任

第五十二条 期货交易所、期货公司故意提供虚假信息误导客户下单的，由此造成客户的经济损失由期货交易所、期货公司承担。

第五十三条 期货公司私下对冲、与客户对赌等不将客户指令入市交易的行为，应当认定为无效，期货公司应当赔偿由此给客户造成的经济损失；期货公司与客户均有过错的，应当根据过错大小，分别承担相应的赔偿责任。

第五十四条 期货公司擅自以客户的名义进行交易，客户对交易结果不予追认的，所造成的损失由期货公司承担。

第五十五条 期货公司挪用客户保证金，或者违反有关规定划转客户保证金造成客户损失的，应当承担赔偿责任。

十一、举证责任

第五十六条 期货公司应当对客户的交易指令是否入市交易承担举证责任。

确认期货公司是否将客户下达的交易指令入市交易，应当以期货交易所的交易记录、期货公司通知的交易结算结果与客户交易指令记录中的品种、买卖方向是否一致，价格、交易时间是否相符为标准，指令交易数量可以作为参考。但客户有相反证据证明其交易指令未入市交易的除外。

第五十七条 期货交易所通知期货公司追加保证金，期货公司否认收到上述通知的，由期货交易所承担举证责任。

期货公司向客户发出追加保证金的通知，客户否认收到上述通知的，由期货公司承担举证责任。

【例题5】根据最高人民法院《关于审理期货纠纷案件若干问题的规定》，应当对客户的交易指令是否入市交易承担举证责任的是（ ）。

A. 期货交易所

B. 交割仓库

C. 期货公司

D. 中国证监会派出机构

【答案】C

【解析】期货公司应当对客户的交易指令是否入市交易承担举证责任。

十二、保全和执行

第五十八条 人民法院保全与会员资格相应的会员资格费或者交易席位，应当依法裁定不得转让该会员资格，但不得停止该会员交易席位的使用。人民法院在执行过程中，有权依法采取强制措施转让该交易席位。

第五十九条 期货交易所、期货公司为债务人的，人民法院不得冻结、划拨期货公司在期货交易所或者客户在期货公司保证金账户中的资金。

有证据证明该保证金账户中有超出期货公司、客户权益资金的部分，期货交易所、期货公司在人民法院指定的合理期限内不能提出相反证据的，人民法院可以依法冻结、划拨该账户中属于期货交易所、期货公司的自有资金。

第六十条 期货公司为债务人的，人民法院不得冻结、划拨专用结算账户中未被期货合约占用的用于担保期货合约履行的最低限额的结算准备金；期货公司已经结清所有持仓并清偿客户资金的，人民法院可以对结算准备金依法予以冻结、划拨。

期货公司有其他财产的，人民法院应当依法先行冻结、查封、执行期货公司的其他财产。

第六十一条　客户、自营会员为债务人的，人民法院可以对其保证金、持仓依法采取保全和执行措施。

【例题6】下列账户中，期货交易所、期货公司为债务人，债权人请求冻结、划拨资金或者有价证券的，人民法院不予支持的有（　）。

A. 期货公司在期货交易所保证金账户中的资金

B. 客户在期货公司保证金账户中的资金

C. 期货交易所自有资金

D. 期货公司自有资金

【答案】AB

【解析】期货交易所、期货公司为债务人的，人民法院不得冻结、划拨期货公司在期货交易所或者客户在期货公司保证金账户中的资金。

十三、其他

第六十二条　本规定所称期货公司是指经依法批准代理投资者从事期货交易业务的经营机构及其分公司、营业部等分支机构。客户是指委托期货公司从事期货交易的投资者。

第六十三条　本规定自2003年7月1日起施行。

2003年7月1日前发生的期货交易行为或者侵权行为，适用当时的有关规定；当时规定不明确的，参照本规定处理。

练习题

一、单项选择题

1. 期货交易所在期货公司没有保证金或者保证金不足的情况下，允许期货公司开仓交易或者继续持仓，应当认定为（　）。

A. 透支交易　　　　B. 违法交易

C. 内幕交易　　　　D. 特许交易

2. 审查期货公司或者客户是否透支交易，应当以（　）为标准。

A. 期货交易所规定的保证金比例

B. 期货公司或者客户缴纳的保证金金额

C. 期货交易所规定的风险准备金比例

D. 期货公司或者客户的自有资金与缴纳的保证金的比例

3. 期货公司的交易保证金不足，期货交易所未按规定通知期货公司追加保证金的，由于行情向持仓不利的方向变化导致期货公司透支发生的扩大损失，期货交易所应当承担主要赔偿责任，赔偿额不超过损失的（　）。

A. 50%　　　　　　B. 60%

C. 70%　　　　　　D. 80%

4. 期货交易所允许期货公司开仓透支交易的，对透支交易造成的损失，其责任承担的处理方式应当是（　）。

A. 由期货公司自行承担

B. 由期货交易所承担主要赔偿责任，赔偿额不超过损失的60%

C. 由期货交易所承担主要赔偿责任，赔偿额不超过损失的80%

D. 期货公司和期货交易所承担连带责任

5. 期货交易所允许期货公司透支交易，并与其约定分享利益、共担风险的，对透支交易造成的损失（　）。

A. 由期货交易所承担主要赔偿责任，赔偿额不超过损失的80%

B. 期货交易所不承担赔偿责任

C. 期货交易所和期货公司承担连带责任

D. 期货交易所承担相应的赔偿责任

6. 期货公司允许客户开仓透支交易的，对透支交易造成的损失，由期货公司承担主要赔偿责任，赔偿额不超过损失的（　）。

A. 60%　　　　　　B. 70%

C. 80%　　　　　　D. 90%

7. 客户的交易保证金不足，又未能按期货经纪合同约定的时间追加保证金的，按期货经纪合同的约定处理；约定不明确的，期货公司有权就其未平仓的期货合约强行平仓，强行平仓造成的损失（　）。

A. 由客户承担

B. 由期货公司承担

C. 由期货公司和客户按合同约定比例分担

D. 由客户承担主要责任，期货公司依据公平原则承担适当责任

8. 期货交易所因期货公司违规超仓或者其他违规行为而必须强行平仓的，强行平仓所造成的损失，由（　）承担。

A. 期货公司

B. 期货交易所

C. 期货公司和期货交易所共同承担

D. 由期货公司承担，期货公司承担责任后有权

向期货交易所追偿

9. 期货交易所依法或依交易规则强行平仓发生的费用，其责任承担的处理方式应当是（　）。

A. 由期货交易所承担

B. 由被平仓的期货公司承担，期货公司承担责任后有权向有过错的客户追偿

C. 由被平仓的期货公司承担，但期货公司承担责任后无权向有过错的客户追偿

D. 由有过错的期货公司客户承担

10. 根据最高人民法院《关于审理期货纠纷案件若干问题的规定》，应当对客户的交易指令是否入市交易承担举证责任的是（　）。

A. 期货交易所

B. 交割仓库

C. 期货公司

D. 中国证监会派出机构

二、多项选择题

下列账户中，期货交易所、期货公司为债务人，债权人请求冻结、划拨资金或者有价证券的，人民法院不予支持的有（　）。

A. 期货公司在期货交易所保证金账户中的资金

B. 客户在期货公司保证金账户中的资金

C. 期货交易所自有资金

D. 期货公司自有资金

三、判断是非题

1. 期货公司与客户签订的期货经纪合同对下达交易指令的方式未作约定或者约定不明确的，期货公司不能证明其所进行的交易是依据客户交易指令进行的，对该交易造成客户的损失，期货公司应当承担赔偿责任，客户予以追认的除外。（　）

2. 客户下达的交易指令没有品种、数量、买卖方向的，期货公司未予拒绝而进行交易造成客户的损失，客户未予追认的，由期货公司承担赔偿责任。（　）

3. 客户下达的交易指令数量和买卖方向明确，没有有效期限的，应当视为5日内有效；没有成交价格的，应当视为按市价交易；没有开平仓方向的，应当视为开仓交易。（　）

4. 期货公司超出客户指令价位的范围，将高于客户指令价格卖出或者低于客户指令价格买入后的差价利益占为己有的，客户要求期货公司返还的，人民法院应予支持，期货公司与客户另有约定的除外。（　）

5. 期货交易所未按交易规则规定的期限、方式，将交易或者持仓头寸的结算结果通知期货公司，造成期货公司损失的，由期货交易所承担赔偿责任。（　）

6. 期货公司未按期货经纪合同约定的期限、方式，将交易或者持仓头寸的结算结果通知客户，造成客户损失的，由期货公司承担赔偿责任。（　）

7. 客户对当日交易结算结果的确认，应当视为对该日持仓和交易结算结果的确认，所产生的交易后果由客户自行承担。（　）

8. 期货公司对交易结算结果提出异议，期货交易所未及时采取措施导致损失扩大的，对造成期货公司扩大的损失应当承担赔偿责任。（　）

9. 期货公司对期货交易所或者客户对期货公司的交易结算结果有异议，而未在期货交易所交易规则规定或者期货经纪合同约定的时间内提出的，视为期货公司或者客户对交易结算结果已予以确认。（　）

10. 期货公司进行混码交易的，客户不承担责任，但期货公司能够举证证明其已按照客户交易指令入市交易的，客户应当承担相应的交易结果。（　）

四、综合题

某期货公司在执行客户张某的交易指令时，以高于客户指令价格卖出，从中赚取差价100万元。张某得知后要求该期货公司返还100万元，结果被该期货公司拒绝。现张某对此提起诉讼。下列说法正确的是（　）。

A. 100万元属于非法所得，应上交国库

B. 100万元属于该期货公司的经营所得，应归期货公司所有

C. 客户张某和期货公司应各分得50万元

D. 100万元的差价利益应归还张某，法院应予支持

最高人民法院关于审理期货纠纷案件若干问题的规定（二）

考 纲 分 析

本法规以法条为主，易以综合题形式联系其他法规进行考查，需要考生在理解的基础上加以牢固掌握，并能在相关案例中加以灵活应用。

知 识 结 构

本法规内容少，故不做结构设计。

内 容 解 析

为解决相关期货纠纷案件的管辖、保全与执行等法律适用问题，根据《中华人民共和国民事诉讼法》等有关法律、行政法规的规定以及审判实践的需要，特制定本规定。

第一条 以期货交易所为被告或者第三人的因期货交易所履行职责引起的商事案件，由期货交易所所在地的中级人民法院管辖。

第二条 期货交易所履行职责引起的商事案件是指：

（一）期货交易所会员及其相关人员、保证金存管银行及其相关人员、客户、其他期货市场参与者，以期货交易所违反法律法规以及国务院期货监督管理机构的规定，履行监督管理职责不当，造成其损害为由提起的商事诉讼案件；

（二）期货交易所会员及其相关人员、保证金存管银行及其相关人员、客户、其他期货市场参与者，以期货交易所违反其章程、交易规则、实施细则的规定以及业务协议的约定，履行监督管理职责不当，造成其损害为由提起的商事诉讼案件；

（三）期货交易所因履行职责引起的其他商事诉讼案件。

【例题1】期货交易所履行职责引起的商事案件是指（　）。

A. 期货交易所会员及其相关人员、保证金存管银行及其相关人员、客户、其他期货市场参与者，以期货交易所违反法律法规以及国务院期货监督管理机构的规定，履行监督管理职责不当，造成其损害为由提起的商事诉讼案件

B. 期货交易所会员及其相关人员、保证金存管银行及其相关人员、客户、其他期货市场参与者，以期货交易所违反其章程、交易规则、实施细则的规定以及业务协议的约定，履行监督管理职责不当，造成其损害为由提起的商事诉讼案件

C. 期货交易所会员及其相关人员、保证金存管银行及其相关人员、客户、其他期货市场参与者，以期货交易所遵守其章程、交易规则、实施细则的规定以及业务协议的约定为由提起的商事诉讼案件

D. 期货交易所因履行职责引起的其他商事诉讼案件

【答案】ABD

第三条 期货交易所为债务人，债权人请求冻结、划拨以下账户中资金或者有价证券的，人民法院不予支持：

（一）期货交易所会员在期货交易所保证金账户中的资金；

（二）期货交易所会员向期货交易所提交的用于充抵保证金的有价证券。

【例题2】期货交易所为债务人，债权人请求冻结、划拨（　）账户中资金或者有价证券的，人民法院不予支持。

A. 期货交易所会员在期货交易所保证金账户中的资金

B. 期货交易所会员向期货交易所提交的用于充抵保证金的有价证券

C. 客户在期货公司保证金账户中的资金

D. 客户向期货公司提交的用于充抵保证金的有价证券

【答案】AB

第四条 期货公司为债务人，债权人请求冻结、划拨以下账户中资金或者有价证券的，人民法院不予支持：

（一）客户在期货公司保证金账户中的资金；

（二）客户向期货公司提交的用于充抵保证金的有价证券。

第五条 实行会员分级结算制度的期货交易所的结算会员为债务人，债权人请求冻结、划拨结算会员以下资金或者有价证券的，人民法院不予支持：

（一）非结算会员在结算会员保证金账户中的资金；

（二）非结算会员向结算会员提交的用于充抵保证金的有价证券。

第六条 有证据证明保证金账户中有超过上述第三条、第四条、第五条规定的资金或者有价证券部分权益的，期货交易所、期货公司或者期货交易所结算会员在人民法院指定的合理期限内不能提出相反证据

的，人民法院可以依法冻结、划拨超出部分的资金或者有价证券。

有证据证明期货交易所、期货公司、期货交易所结算会员自有资金与保证金发生混同，期货交易所、期货公司或者期货交易所结算会员在人民法院指定的合理期限内不能提出相反证据的，人民法院可以依法冻结、划拨相关账户内的资金或者有价证券。

第七条 实行会员分级结算制度的期货交易所或者其结算会员为债务人，债权人请求冻结、划拨期货交易所向其结算会员依法收取的结算担保金的，人民法院不予支持。

有证据证明结算会员在结算担保金专用账户中有超过交易所要求的结算担保金数额部分的，结算会员在人民法院指定的合理期限内不能提出相反证据的，人民法院可以依法冻结、划拨超出部分的资金。

第八条 人民法院在办理案件过程中，依法需要通过期货交易所、期货公司查询、冻结、划拨资金或者有价证券的，期货交易所、期货公司应当予以协助。应当协助而拒不协助的，按照《中华人民共和国民事诉讼法》第一百零三条之规定办理。

第九条 本规定施行前已经受理的上述案件不再移送。

第十条 本规定施行前本院做出的有关司法解释与本规定不一致的，以本规定为准。

练 习 题

一、单项选择题

以期货交易所为被告或者第三人的因期货交易所履行职责引起的商事案件，由期货交易所所在地的（　）管辖。

A. 基层人民法院　　B. 中级人民法院

C. 高级人民法院　　D. 公安部

二、多项选择题

1. 期货交易所履行职责引起的商事案件是指（　）。

A. 期货交易所会员及其相关人员、保证金存管银行及其相关人员、客户、其他期货市场参与者，以期货交易所违反法律法规以及国务院期货监督管理机构的规定，履行监督管理职责不当，造成其损害为由提起的商事诉讼案件

B. 期货交易所会员及其相关人员、保证金存管银行及其相关人员、客户、其他期货市场参与者，以

期货交易所违反其章程、交易规则、实施细则的规定以及业务协议的约定，履行监督管理职责不当，造成其损害为由提起的商事诉讼案件

C. 期货交易所会员及其相关人员、保证金存管银行及其相关人员、客户、其他期货市场参与者，以期货交易所遵守其章程、交易规则、实施细则的规定以及业务协议的约定为由提起的商事诉讼案件

D. 期货交易所因履行职责引起的其他商事诉讼案件

2. 期货公司为债务人，债权人请求冻结、划拨（　）账户中资金或者有价证券的，人民法院不予支持。

A. 期货交易所会员在期货交易所保证金账户中的资金

B. 期货交易所会员向期货交易所提交的用于充抵保证金的有价证券

C. 客户在期货公司保证金账户中的资金

D. 客户向期货公司提交的用于充抵保证金的有价证券

三、判断是非题

有证据证明期货交易所、期货公司、期货交易所结算会员自有资金与保证金发生混同，期货交易所、期货公司或者期货交易所结算会员在人民法院指定的合理期限内不能提出相反证据的，人民法院可以依法冻结、划拨相关账户内的资金或者有价证券。（　　）

金融期货投资者适当性制度实施办法

● ● ● ● ● ● ● 考 纲 分 析 ● ● ● ● ● ● ●

本办法要求考生掌握期货公司为符合标准的自然人、一般单位客户申请开立交易编码的条件，了解特殊单位客户概念以及违反规定相关处理措施，了解"买者自负"相关内容。

● ● ● ● ● ● ● 知 识 结 构 ● ● ● ● ● ● ●

本办法内容少，故不做结构设计。

● ● ● ● ● ● ● 内 容 解 析 ● ● ● ● ● ● ●

第一条　为保障金融期货市场平稳、规范、健康运行，防范风险，保护投资者的合法权益，根据《期货交易管理条例》《期货交易所管理办法》《期货公司管理办法》等行政法规、规章及中国金融期货交易所（以下简称交易所）业务规则，特制定本办法。

第二条　期货公司会员应当根据中国证券监督管理委员会（以下简称中国证监会）有关规定和本办法要求，评估投资者的产品认知水平和风险承受能力，选择适当的投资者审慎参与金融期货交易，严格执行金融期货投资者适当性制度（以下简称投资者适当性制度）各项要求，建立以了解客户和分类管理为核心的客户管理和服务制度。

第三条　投资者应当根据投资者适当性制度的要求，全面评估自身的经济实力、产品认知能力、风险控制与承受能力，审慎决定是否参与金融期货交易。

第四条　期货公司会员为符合下列标准的自然人投资者申请开立交易编码：

（一）申请开户时保证金账户可用资金余额不低于人民币50万元；

（二）具备金融期货基础知识，通过相关测试；

（三）具有累计10个交易日、20笔以上（含）的金融期货仿真交易成交记录，或者最近三年内具有10笔以上（含）的期货交易成交记录；

（四）不存在严重不良诚信记录；不存在法律、行政法规、规章和交易所业务规则禁止或者限制从事金融期货交易的情形。

期货公司会员除按上述标准对投资者进行审核外，还应当按照交易所制定的投资者适当性制度操作指引，对投资者的基本情况、相关投资经历、财务状况和诚信状况等进行综合评估，不得为综合评估得分低于规定标准的投资者申请开立交易编码。

第五条　期货公司会员为符合下列标准的一般单位客户申请开立交易编码：

（一）申请开户时保证金账户可用资金余额不低于人民币50万元；

（二）相关业务人员具备金融期货基础知识，通过相关测试；

（三）具有累计10个交易日、20笔以上（含）的金融期货仿真交易成交记录，或者最近三年内具有10笔以上（含）的期货交易成交记录；

（四）不存在严重不良诚信记录；不存在法律、行政法规、规章和交易所业务规则禁止或者限制从事金融期货交易的情形；

（五）具有参与金融期货交易的内部控制、风险管理等相关制度。

期货公司会员为其他经济组织申请开立交易编码的，参照本条执行。

第六条　期货公司会员可以为特殊单位客户申请

开立交易编码。

前款所称特殊单位客户是指证券公司、基金管理公司、信托公司、银行和其他金融机构，以及社会保障类公司、合格境外机构投资者等法律、行政法规和规章规定的需要资产分户管理的单位客户，以及交易所认定的其他单位客户；一般单位客户系指特殊单位客户以外的单位客户。

【例题1】《金融期货投资者适当性制度实施办法（试行）》中所称特殊法人包括（   ）。

　　A. 证券公司

　　B. 基金公司

　　C. 担保公司

　　D. 合格境外机构投资者

【答案】ABD

【解析】《金融期货投资者适当性制度实施办法》第六条规定，期货公司会员可以为特殊单位客户申请开立交易编码。

前款所称特殊单位客户是指证券公司、基金管理公司、信托公司、银行和其他金融机构，以及社会保障类公司、合格境外机构投资者等法律、行政法规和规章规定的需要资产分户管理的单位客户，以及交易所认定的其他单位客户；一般单位客户系指特殊单位客户以外的单位客户。

第七条　交易所可以根据市场情况对投资者适当性标准进行调整。

第八条　期货公司会员应当根据中国证监会的有关规定、本办法及交易所制定的投资者适当性制度操作指引，制定本公司的实施方案，建立相关工作制度，完善内部分工与业务流程。

【例题2】期货公司会员应当根据（   ）的有关规定及交易所制定的投资者适当性制度操作指引，制定本公司的实施方案，建立相关工作制度，完善内部分工与业务流程。

　　A. 国务院

　　B. 期货业协会

　　C. 中国证监会

　　D. 国务院期货监督管理机构

【答案】C

【解析】《金融期货投资者适当性制度实施办法》第八条规定，期货公司会员应当根据中国证监会的有关规定、本办法及交易所制定的投资者适当性制度操作指引，制定本公司的实施方案，建立相关工作制度，完善内部分工与业务流程。

第九条　期货公司会员应当建立并有效执行客户开发责任追究制度，明确高级管理人员、业务部门负责人、营业部负责人、复核评估人、开户经办人、客户开发人员的责任。

第十条　期货公司会员开展金融期货开户业务，应当及时将投资者适当性制度实施方案及相关工作制度报交易所备案。交易所无异议的，期货公司会员才能为投资者申请开立交易编码。

第十一条　期货公司会员应当向投资者充分揭示金融期货风险，全面客观介绍金融期货法律法规、业务规则和产品特征，严格验证投资者资金、金融期货仿真交易经历和期货交易经历，测试投资者的金融期货基础知识，审慎评估投资者的诚信状况和风险承受能力，认真审核投资者开户申请材料。

第十二条　期货公司会员应当督促客户遵守与金融期货交易相关的法律、行政法规、规章及交易所业务规则，持续开展风险教育，加强客户交易行为的合法合规性管理。

第十三条　期货公司会员应当建立客户资料档案，除依法接受调查和检查外，应当为客户保密。

第十四条　期货公司会员应当为客户提供合理的投诉渠道，告知投诉的方法和程序，妥善处理纠纷，督促客户依法维护自身权益。

第十五条　期货公司会员委托从事中间介绍业务的证券公司协助办理开户手续的，应当与证券公司建立业务对接规则，落实投资者适当性制度的相关要求，对证券公司相关业务进行复核。

第十六条　投资者应当如实申报开户材料，不得采取虚假申报等手段规避投资者适当性制度要求。

第十七条　投资者应当遵守"买卖自负"的原则，承担金融期货交易的履约责任，不得以不符合投资者适当性标准为由拒绝承担金融期货交易履约责任。

第十八条　投资者应当通过正当途径维护自身合法权益。投资者维护自身合法权益时应当遵守法律法规的相关规定，不得侵害国家、社会、集体利益和他人合法权益，不得扰乱社会公共秩序、交易所及相关单位的工作秩序。

第十九条　交易所对期货公司会员落实投资者适当性制度相关要求的情况进行检查时，期货公司会员应当配合，如实提供投资者开户材料、资金账户情况等资料，不得隐瞒、阻碍和拒绝。

交易所在检查中发现从事中间介绍业务的证券公司存在违规行为的，进行必要的延伸检查，并将有关违规情况通报中国证监会相关派出机构。

【例题3】交易所在检查中发现从事中间介绍业

务的证券公司存在违规行为的，进行必要的延伸检查，并将有关违规情况通报（　　）。

A. 期货交易所

B. 期货业协会

C. 中国证监会

D. 中国证监会相关派出机构

【答案】D

【解析】交易所在检查中发现从事中间介绍业务的证券公司存在违规行为的，进行必要的延伸检查，并将有关违规情况通报中国证监会相关派出机构。

第二十条　对存在或者可能存在违反投资者适当性制度行为的期货公司会员，交易所可以采取约见谈话、责令参加培训、增加内控合规自查次数、口头警示、书面警示、责令处分责任人员、限期说明情况、专项调查和暂停受理或者办理相关业务等监管措施。

第二十一条　期货公司会员违反投资者适当性制

度的，交易所可以对其采取责令整改、谈话提醒、书面警示、通报批评、公开谴责、暂停受理申请开立新的交易编码、暂停或者限制业务、调整或者取消会员资格等处理措施；情节严重的，交易所可以向中国证监会、中国期货业协会提出行政处罚或者纪律处分建议。

第二十二条　期货公司会员工作人员对违规行为负有责任的，交易所可以采取通报批评、公开谴责、暂停从事交易所期货业务和取消从事交易所期货业务资格等处理措施；情节严重的，交易所可以向中国证监会、中国期货业协会提出撤销任职资格、取消从业资格等行政处罚或者纪律处分建议。

第二十三条　本办法由交易所负责解释。

第二十四条　本办法自2013年8月30日起实施。2010年2月8日发布的《股指期货投资者适当性制度实施办法（试行）》同时废止。

练习题

一、单项选择题

1. 期货公司会员应当根据（　　）的有关规定及交易所制定的投资者适当性制度操作指引，制定本公司的实施方案，建立相关工作制度，完善内部分工与业务流程。

A. 国务院

B. 期货业协会

C. 中国证监会

D. 国务院期货监督管理机构

2. 期货公司会员开展金融期货开户业务，应当及时将投资者适当性制度实施方案及相关工作制度报（　　）备案。

A. 期货交易所

B. 期货业协会

C. 中国证监会

D. 国务院期货监督管理机构

3. 交易所在检查中发现从事中间介绍业务的证券公司存在违规行为的，进行必要的延伸检查，并将有关违规情况通报（　　）。

A. 期货交易所

B. 期货业协会

C. 中国证监会

D. 中国证监会相关派出机构

二、多项选择题

1. 对存在违反投资者适当性制度行为的期货公司会员，交易所可以采取（　　）监管措施。

A. 责令整改

B. 书面警示

C. 公开谴责

D. 暂停受理申请开立新的交易编码

2. 期货公司会员工作人员对违规行为负有责任，情节严重的，交易所可以向（　　）提出撤销任职资格、取消从业资格等行政处罚或者纪律处分建议。

A. 期货交易所

B. 中国期货业协会

C. 中国证监会

D. 中国证监会相关派出机构

3. 《金融期货投资者适当性制度实施办法（试行）》中所称特殊法人包括（　　）。

A. 证券公司

B. 基金公司

C. 担保公司

D. 合格境外机构投资者

三、判断是非题

1. 期货公司会员只能为获得监管机构或者主管机关批准从事金融期货交易的一般法人投资者申请开立金融期货交易编码。（　　）

2. 投资者应当遵守"买卖自负"的原则，承担金融期货交易的履约责任。（　　）

金融期货投资者适当性制度操作指引

考 纲 分 析

本办法要求考生重点掌握金融期货投资者适当性制度标准及操作要求、金融期货投资者适当性综合评估及操作要求。

知 识 结 构

内 容 解 析

第一章　总　　则

第一条　为落实金融期货投资者适当性制度，规范期货公司会员业务操作，根据中国金融期货交易所（以下简称交易所）《金融期货投资者适当性制度实施办法》的有关规定，特制定本指引。

第二条　期货公司会员应当按照中国证券监督管理委员会、交易所的有关规定及本指引的要求，建立健全相关工作制度。

第三条　期货公司会员应当认真审核投资者的开户申请资料，全面履行测试、评估职责，严格执行金融期货投资者适当性制度。

第二章　金融期货投资者适当性标准操作要求

第一节　可用资金要求

第四条　期货公司会员为投资者向交易所申请开立交易编码，应当确认该投资者前一交易日日终保证金账户可用资金余额不低于人民币50万元。

第五条　投资者保证金账户可用资金余额以期货公司会员收取的保证金标准作为计算依据。

【例题1】期货公司会员为投资者向交易所申请开立交易编码，应当确认该投资者前一交易日日终保证金账户可用资金余额不低于人民币（　　）万元。

A. 10　　　B. 20　　　C. 30　　　D. 50

【答案】D

【解析】期货公司会员为投资者向交易所申请开立交易编码，应当确认该投资者前一交易日终保证金账户可用资金余额不低于人民币50万元。

第二节　知识测试要求

第六条　期货公司会员应当从保护投资者合法权益的角度出发，测试投资者是否具备参与金融期货交易必备的知识水平。

第七条　一般单位客户的指定下单人及自然人投资者本人应当参加测试，不得由他人替代。

第八条　期货公司会员应当根据交易所统一编制的试卷对投资者进行测试。测试试卷及答案通过交易所系统统一下发至期货公司会员。

交易所更新测试试卷的，期货公司会员应当使用更新后的试卷对投资者进行测试。

第九条　期货公司会员客户开发人员不得兼任开户知识测试人员。

第十条　测试完成后，开户知识测试人员对试卷进行评分。开户知识测试人员和投资者应当在测试试卷上签字。

第十一条　期货公司会员不得为测试得分低于80分的投资者申请开立交易编码。

第十二条　期货公司会员应当加强对投资者的培训和指导，对于未能通过测试的投资者，期货公司会员可以在继续培训后再组织其参加测试。

第十三条　期货公司会员为投资者向交易所申请开立交易编码的时间距投资者通过知识测试的时间不得超过二个月。

【例题2】判断是非题

期货公司会员客户开发人员可以兼任开户知识测试人员。

【答案】错误

【解析】期货公司会员客户开发人员不得兼任开户知识测试人员。

第三节　交易经历要求

第十四条　期货公司会员为自然人投资者和一般单位客户向交易所申请开立交易编码前，应当确认该投资者具备金融期货仿真交易经历或者期货交易经历。

第十五条　投资者的金融期货仿真交易经历应当包括累计10个交易日、20笔以上（含）的金融期货仿真交易成交记录。一笔委托分次成交的视为一笔成交记录。

期货公司会员应当从交易所查询投资者仿真交易数据，并根据查询结果对投资者的仿真交易经历进行认定。

第十六条　投资者期货交易经历应当以加盖相关期货公司结算专用章的最近三年内期货交易结算单作为证明，且具有10笔以上（含）的成交记录。

【例题3】投资者期货交易经历应当以加盖相关期货公司结算专用章的最近三年内期货交易结算单作为证明，且具有（　）笔以上（含）的成交记录。

A. 10　　B. 20　　C. 30　　D. 50

【答案】A

【解析】投资者期货交易经历应当以加盖相关期货公司结算专用章的最近三年内期货交易结算单作为证明，且具有10笔以上（含）的成交记录。

第四节　一般单位客户的特殊要求

第十七条　一般单位客户申请开户，应当具备符合企业实际的参与金融期货交易的内部控制、风险管理等相关制度，并提供加盖公章的证明文件。

第五节　其他要求

第十八条　期货公司会员不得为证券、期货市场禁入者以及法律、行政法规、规章和交易所业务规则禁止从事金融期货交易和存在严重不良诚信记录的投资者申请开立交易编码。

第三章　金融期货投资者适当性综合评估操作要求

第一节　一般规定

第十九条　期货公司会员应当按照本指引制定本公司金融期货投资者适当性综合评估的实施办法，对自然人投资者的基本情况、相关投资经历、财务状况和诚信状况等方面进行适当性综合评估，评估其是否适合参与金融期货交易。

期货公司会员应当根据综合评估情况填写《金融期货自然人投资者适当性综合评估表》（见附件），

期货公司会员总部审核人、营业部负责人或其授权人、开户复核人、开户经办人和投资者应当在综合评估表上签字或者盖章。

第二十条　综合评估满分为100分，其中基本情况、相关投资经历、财务状况、诚信状况的分值上限分别为15分、20分、50分、15分。

对于存在不良诚信记录的投资者，期货公司会员应当根据情况在该投资者综合评估总分中扣减相应的分数，扣减分数不设上限。

第二十一条　期货公司会员应当要求投资者对综合评估各项指标提供证明材料，未能提供证明材料的项目评分为零。

第二十二条　期货公司会员不得为综合评估得分在 70 分以下（不含）的投资者申请开立交易编码。

【例题 4】综合评估满分为 100 分，其中基本情况、相关投资经历、财务状况、诚信状况的分值上限分别为（　　）。

A. 15 分　　　　　　　　B. 20 分

C. 50 分　　　　　　　　D. 15 分

【答案】ABCD

【解析】综合评估满分为 100 分，其中基本情况、相关投资经历、财务状况、诚信状况的分值上限分别为 15 分、20 分、50 分、15 分。

第二节　基本情况评估

第二十三条　投资者基本情况包括年龄与学历两个方面，评估分值上限分别为 10 分与 5 分，两项评分相加为投资者基本情况得分。

第二十四条　期货公司会员应当按照实名制开户的要求核实投资者身份和年龄。投资者应当提供有效身份证明文件及复印件。

第二十五条　投资者提供的学历或者学位证明应当为毕业证书或者学位证书等证明文件及复印件。

【例题 5】投资者基本情况包括年龄与学历两个方面，评估分值上限分别为（　　）分，两项评分相加为投资者基本情况得分。

A. 10，5　　　　　　　　B. 10，5

C. 20，10　　　　　　　D. 15，10

【答案】A

【解析】投资者基本情况包括年龄与学历两个方面，评估分值上限分别为 10 分与 5 分，两项评分相加为投资者基本情况得分。

第三节　投资经历评估

第二十六条　投资者投资经历包括期货交易经历与金融现货交易经历两个方面，评估分值上限分别为 20 分与 10 分，两项评分较高者为投资经历得分。

第二十七条　期货公司会员应当根据投资者的交易和风险控制等情况对其投资经历进行评分。

第二十八条　投资者应当提供加盖相关期货公司结算专用章的最近三年内的期货交易结算单，作为期货交易经历证明。

第二十九条　投资者应当提供加盖相关机构业务专用章的最近三年内的股票、债券或者外汇等交易对账单作为金融现货交易经历证明。

【例题 6】判断是非题

投资者投资经历包括期货交易经历与金融现货交易经历两个方面，评估分值上限分别为 20 分与 10 分，两项评分较高低为投资经历得分。

【答案】错误

【解析】投资者投资经历包括期货交易经历与金融现货交易经历两个方面，评估分值上限分别为 20 分与 10 分，两项评分较高者为投资经历得分。

第四节　财务状况评估

第三十条　期货公司会员应当从投资者本人的金融类资产或者年收入等方面对其财务状况进行评估，分值上限为 50 分。

第三十一条　投资者可以提供本人的年收入证明文件或者近一个月内的金融类资产证明文件作为财务状况证明。

投资者同时提供上述两类证明文件的，期货公司会员应当在分别评分后，取其最高得分作为投资者财务状况评估得分，各项评分不得累加。

第三十二条　投资者金融类资产包括银行存款、股票、基金、期货权益、债券、黄金、理财产品（计划）等资产。

第三十三条　对于符合金融资产特征的其他资产，期货公司会员应当在其制定的实施办法中明确其具体类型和证明材料要求。

第三十四条　投资者提供的银行存款证明应当为加盖中国境内银行业务章的本外币定、活期存折、存单等证明文件。

第三十五条　投资者提供的股票、基金、期货权益证明应当为加盖证券营业部专用章的对账单、加盖基金公司专用章的基金份额证明、加盖期货公司结算专用章的交易结算单作为相关资产权益证明文件。

第三十六条　投资者提供的债券资产证明应当为加盖银行或者证券公司专用章的国债、企业债、公司债、可转债等证明文件。

投资者提供的黄金资产证明应当为加盖银行业务章的纸黄金证明文件。

投资者提供的理财产品（计划）资产证明应当为与商业银行、证券公司、信托公司等机构签署的相关协议或者由上述机构出具的资产证明文件。

第三十七条　投资者提供的本人年收入证明应当为税务机关出具的收入纳税证明、银行出具的工资流水单或者其他收入证明。

第三十八条　投资者提供的税务机关的收入纳税

证明应当为税务登记部门出具的最近年度个人所得税纳税单。

第三十九条 投资者提供的工资流水单应当为银行出具的最近连续三个月以上的代发工资银行卡入账单、代发工资活期存折流水等证明文件。

第四十条 投资者提供的其他收入证明应当为当前就职单位人事部门或者劳资部门出具的加盖公章的收入证明文件。

【例题7】投资者金融类资产包括（ ）。

A. 股票　　　　　B. 基金

C. 期货权益　　　D. 债券

【答案】ABCD

【解析】投资者金融类资产包括银行存款、股票、基金、期货权益、债券、黄金、理财产品（计划）等资产。

第五节　诚信状况评估

第四十一条 期货公司会员应当通过中国期货业协会的投资者信用风险信息数据库，查询投资者相关信息。

第四十二条 投资者可以提供近两个月内的中国人民银行征信中心个人信用报告或者其他信用证明文件作为诚信记录的证明。

第四十三条 期货公司会员应当通过多种渠道了解投资者诚信信息，结合投资者个人信用报告等信用证明文件和中国期货业协会的投资者信用风险信息数据库的信息，对投资者的诚信状况进行综合评估。

【例题8】判断是非题

投资者可以提供近三个月内的中国人民银行征信中心个人信用报告或者其他信用证明文件作为诚信记录的证明。

【答案】错误

【解析】投资者可以提供近两个月内的中国人民银行征信中心个人信用报告或者其他信用证明文件作为诚信记录的证明。

第四章　附　　则

第四十四条 期货公司会员应当将投资者提供的证明文件及相关材料的原件或者复印件、投资者的测试试卷和综合评估表等作为开户资料予以保存。

第四十五条 持有有效交易编码的投资者在其他期货公司会员处开户的，该会员可以不再对其进行投资者适当性测试评估。

第四十六条 本指引由交易所负责解释。

第四十七条 本指引自 2013 年 8 月 30 日起实施。2010 年 2 月 8 日发布的《股指期货投资者适当性制度操作指引（试行）》同时废止。

练 习 题

一、单项选择题

1. 期货公司会员为投资者向交易所申请开立交易编码，应当确认该投资者前一交易日日终保证金账户可用资金余额不低于人民币（ ）万元。

A. 10　B. 20　C. 30　D. 50

2. 期货公司会员不得为测试得分低于（ ）分的投资者申请开立交易编码。

A. 60　B. 70　C. 80　D. 100

3. 期货公司会员为投资者向交易所申请开立交易编码的时间距投资者通过知识测试的时间不得超过（ ）个月。

A. 1　B. 2　C. 30　D. 6

4. 投资者期货交易经历应当以加盖相关期货公司结算专用章的最近三年内期货交易结算单作为证明，且具有（ ）笔以上（含）的成交记录。

A. 10　B. 20　C. 30　D. 50

二、多项选择题

1. 综合评估满分为 100 分，其中基本情况、相关投资经历、财务状况、诚信状况的分值上限分别为（ ）。

A. 15 分　　　　　B. 20 分

C. 50 分　　　　　D. 15 分

2. 投资者金融类资产包括（ ）。

A. 股票　　　　　B. 基金

C. 期货权益　　　D. 债券

三、判断是非题

1. 投资者投资经历包括期货交易经历与金融现货交易经历两个方面，评估分值上限分别为 20 分与 10 分，两项评分较高低为投资经历得分。（ ）

2. 投资者可以提供近三个月内的中国人民银行征信中心个人信用报告或者其他信用证明文件作为诚信记录的证明。（ ）

法律法规模拟试题

模拟试题 (一)

一、单项选择题

1. 非结算会员的客户申请或者注销其交易编码的,由非结算会员按照 ( ) 的规定办理。

A. 银监会　　　　　B. 证监会

C. 期货交易所　　　D. 期货业协会

2. 我国期货交易所应当于每一季度结束后 15 日内,每一年度结束后 ( ) 内,向中国证监会提交有关经营情况和有关法律法规、规章、政策的执行情况的季度和年度工作报告。

A. 10 日　　　　　B. 20 日

C. 30 日　　　　　D. 14 日

3. 中国证监会认为有必要的,可以对期货交易所高级管理人员实施 ( )。

A. 拘留　　　　　B. 传讯

C. 提示　　　　　D. 限制人身自由

4. 期货公司计算净资本时,可以将 "期货风险准备金" 等有助于增强抗风险能力的负债项目 ( )。

A. 扣除　　　　　B. 加回

C. 调整　　　　　D. 忽略

5. 会员制期货交易所的注册资本划分为 ( ),由会员出资认缴。

A. 均等份额　　　B. 不同份额

C. 不同规模　　　D. 各种份额

6. 证券公司执行介绍业务发生重大事项的,证券公司应当在 ( ) 个工作日内向所在地中国证监会派出机构报告。

A. 1　　　　　　B. 2

C. 3　　　　　　D. 7

7. 证券公司申请介绍业务资格,申请日前 6 个月各项风险控制指标符合规定标准,其中,净资本不低于净资产的 ( )。

A. 10%　　　　　B. 50%

C. 70%　　　　　D. 150%

8. 非结算会员的结算准备金余额 ( ) 零并未能在约定时间内补足的,全面结算会员期货公司应当按照约定的原则和措施对非结算会员或者其客户的持仓强行平仓。

A. 大于　　　　　B. 小于

C. 小于等于　　　D. 大于等于

9. 推荐人签署的意见有虚假陈述的,自中国证监会及其派出机构做出认定之日起 ( ) 年内不再受理该推荐人的推荐意见和签署意见的年检登记表,并记入该推荐人的诚信档案。

A. 2　　　　　　B. 3

C. 5　　　　　　D. 10

10. 取得期货公司的总经理、副总经理、首席风险官任职资格但未实际任职的人员,未按规定参加资格年检,或者未通过资格年检,或者连续 ( ) 年未在期货公司担任期货公司的总经理、副总经理、首席风险官职务的,应当在任职前重新申请取得期货公司的总经理、副总经理、首席风险官的任职资格。

A. 3　　　　　　B. 5

C. 8　　　　　　D. 10

11. 期货公司风险监管指标达到预警标准的,进入风险预警期。中国证监会派出机构应当在 ( ) 个工作日内对公司风险监管指标触及预警标准的情况和原因进行核实,对公司的影响程度进行评估,并视情况采取措施。

A. 1　　　　　　B. 2

C. 5　　　　　　D. 10

12. 不需要在风险监管报表上签字确认的是 ( )。

A. 期货公司法定代表人

B. 经营管理主要负责人

C. 结算负责人

D. 研发负责人

13. 期货从业人员在执业过程中应当对期货交易各方高度负责, ( ),恪尽职守,珍惜和维护期货业和从业人员的职业声誉,保障期货市场稳健运行。

A. 保守秘密　　　B. 勤勉尽责

C. 合规执业　　　D. 诚实守信

14. 《期货公司风险监管指标管理试行办法》自 ( ) 施行。

A. 2007 年 5 月 1 日　　B. 2013 年 7 月 1 日

C. 2007 年 10 月 1 日　　D. 2008 年 4 月 18 日

15. 期货公司持有的金融资产,按照分类和 ( ) 情况采取不同比例进行风险调整,分类中同时符合两个或者两个以上标准的，应当采用最高的比例进行风险调整。

A. 账龄   B. 流动负债

C. 流动性   D. 可回收性

16. 期货公司应当持续符合净资本与净资产的比例不得低于（ ）的标准。

A. 5%   B. 40%

C. 10%   D. 20%

17. 期货公司应当报送月度和年度风险监管报表。在年度终了后的（ ）个月内报送经具备证券、期货相关业务资格的会计师事务所审计的年度风险监管报表。

A. 1   B. 2

C. 3   D. 4

18. 期货公司风险监管指标达到预警标准的，期货公司应当于（ ）向公司住所地中国证监会派出机构书面报告，详细说明原因、对公司的影响、解决问题的具体措施和期限，还应当向公司全体董事书面报告。

A. 当日   B. 次日

C. 5 个工作日内   D. 10 个工作日内

19. 为规范期货从业人员执业行为，促使其提高职业道德和业务素质，维护期货市场秩序，根据《期货交易管理暂行条例》和（ ）的有关规定，制定《期货从业人员执业行为准则（修订）》。

A. 《期货公司管理办法》

B. 《期货交易所管理条例》

C. 《期货交易所管理办法》

D. 《期货从业人员管理办法》

20. 期货从业人员在向投资者提供服务前，应当了解投资者的（ ）、投资经验及投资目标，并应谨慎、诚实、客观地告知投资者期货投资的特点以及在期货投资中可能出现的各种风险，不得向投资者做出不符合有关法律法规、规章、政策等规定的承诺或保证。

A. 学历水平   B. 婚姻状况

C. 财务状况   D. 家庭背景

21. 中国期货业协会对"违反保密义务，泄露、传递他人未公开重要信息的"的期货从业人员，根据情节轻重，可以暂停期货从业人员资格（ ）。

A. 3 个月至 6 个月   B. 6 个月至 12 个月

C. 1 年   D. 2 年

22. 当期货从业人员与其所服务的投资者存在利益冲突或因其他原因无法继续提供期货业务服务时，

应当通过（ ）及时与投资者协商，采取更换期货从业人员或其他办法妥善予以解决。

A. 期货业协会   B. 中国证监会

C. 仲裁机构   D. 所在机构

23. 期货从业人员辞职、被解聘或者死亡的，从事期货经营业务的机构应当自上述情形发生之日起（ ）个工作日内向中国期货业协会报告，由中国期货业协会注销其从业资格。

A. 1   B. 3

C. 5   D. 10

24. 根据《期货交易管理条例》的规定，对期货市场实行集中统一的监督管理的机构是（ ）。

A. 中国期监会

B. 中国保监会

C. 中国期货业协会

D. 国务院期货监督管理机构

25. 根据《期货交易管理条例》的规定，因违法行为或者违纪行为被撤销资格的律师、注册会计师或者投资咨询机构、财务顾问机构、资信评级机构、资产评估机构、验证机构的专业人员，自被撤销资格之日起未逾（ ）年，不得担任期货交易所的负责人、财务会计人员。

A. 3   B. 4

C. 5   D. 6

26. 期货交易所合并、分立、停业、解散，应当经（ ）批准。

A. 国务院期货监督管理机构

B. 中国期货业协会

C. 银监会

D. 所在地法院

27. 申请设立期货公司，股东应当以货币或者期货公司经营必需的非货币财产出资，货币出资比例不得低于（ ）。

A. 20%   B. 45%

C. 70%   D. 85%

28. 期货公司变更公司业务范围，国务院期货监督管理机构应当自受理申请之日起（ ）内做出批准或者不批准的决定。

A. 15 日   B. 1 个月

C. 2 个月   D. 3 个月

29. 未取得期货从业资格，擅自从事期货业务的，中国证监会责令改正，给予警告，单处或者并处（ ）罚款。

A. 1 万元以下

B. 3 万元以下

C. 3 万元以上 10 万元以下

D. 10 万元以上

30. 期货交易所制定或者修改交易规则的实施细则，应当征求（　　）的意见，并在正式发布实施前，报告（　　）。

A. 中国证监会；中国证监会

B. 中国证监会；国务院期货监督管理机构

C. 中国期货业协会；中国期货业协会

D. 中国期货业协会；中国证监会

31. 申请设立期货公司，应当符合《中华人民共和国公司法》的规定，并且注册资本最低限额为人民币（　　）万元。

A. 1 000　　　　　　B. 3 000

C. 5 000　　　　　　D. 9 000

32. 实行会员分级结算制度的期货交易所可以根据结算会员资信和业务开展情况，限制结算会员的结算业务范围，但应当于（　　）日内报告中国证监会。

A. 3　　　　　　B. 2

C. 5　　　　　　D. 7

33. 期货交易所应当按照手续费收入的（　　）的比例提取风险准备金，风险准备金应当单独核算，专户存储。

A. 10%　　　　　　B. 20%

C. 30%　　　　　　D. 60%

34. 期货公司合并、分立、停业、解散，国务院期货监督管理机构派出机构应当自受理申请之日起（　　）内做出批准或者不批准的决定。

A. 20 日　　　　　　B. 1 个月

C. 2 个月　　　　　　D. 3 个月

35. 期货交易所的负责人由（　　）任免，期货交易所的管理办法由（　　）制定。

A. 公司股东大会；公司股东大会

B. 国务院期货监督管理机构；公司董事大会

C. 国务院期货监督管理机构；国务院期货监督管理机构

D. 公司全体股东；中华人民共和国期货行业协会

36. 期货公司变更注册资本且调整股权结构，国务院期货监督管理机构派出机构应当自受理申请之日起（　　）内做出批准或者不批准的决定。

A. 20 日　　　　　　B. 1 个月

C. 2 个月　　　　　　D. 6 个月

37. 期货公司成立后无正当理由超过（　　）未开

始营业，或者开业后无正当理由停业连续（　　）以上，国务院期货监督管理机构应当依法办理期货业务许可证注销手续。

A. 1 个月；1 个月　　　B. 1 个月；2 个月

C. 2 个月；3 个月　　　D. 3 个月；3 个月

38. 期货公司接受客户委托为其进行期货交易，应当事先向客户出示（　　），经客户签字确认后，与客户签订书面合同。

A. 风险说明书　　　　B. 营业执照

C. 公司章程　　　　　D. 公司资信证明

39. 下列有关期货交易基本规则的说法正确的是（　　）。

A. 期货公司可以依法向客户作获利保证

B. 期货公司不得未经客户委托或者不按照客户委托内容，擅自进行期货交易

C. 期货公司可以在经纪业务中与客户约定分享利益

D. 期货公司可以在经纪业务中与客户约定共担风险

40. 证券公司申请介绍业务资格，应当符合申请日前（　　）个月各项风险控制指标符合规定标准。

A. 2　　　　　　B. 3

C. 6　　　　　　D. 9

41. 期货公司计算净资本时，应当按照企业会计准则的规定对相关项目充分计提（　　）。

A. 资产减值准备　　　B. 风险准备金

C. 保证金　　　　　　D. 负债总额

42. 客户保证金未足额追加的，期货公司应当相应调减（　　）。

A. 净资本　　　　　　B. 总资本

C. 风险准备金　　　　D. 注册资本

43. 关于期货交易所的会员管理，下列说法错误的是（　　）。

A. 期货交易所批准、取消会员的会员资格，应当向中国证监会报告

B. 期货交易所应当制定会员管理办法

C. 期货交易所每年应当对会员遵守期货交易所交易规则及其实施细则的情况进行抽样或者全面检查，并将检查结果报告中国证监会

D. 期货交易所有权自主决定实行全员结算制度或者会员分级结算制度

44. 申请成为结算会员的，应当取得（　　）批准的结算业务资格。

A. 中国证监会　　　　B. 期货业协会

C. 期货交易所　　　　D. 期货公司

45. 期货交易所调整基础结算担保金标准的，应当在（　　）报告中国证监会。

A. 调整前　　　　　　B. 调整前 3 日内

C. 调整后　　　　　　D. 调整后 3 日内

46. 期货交易所的交易结算系统和交易结算业务应当（　　）反映会员保证金的变动情况。

A. 真实、准确、完整地

B. 真实、及时、完整地

C. 准确、及时、完整地

D. 真实、公开、完整地

47. 依据《期货交易管理条例》的规定，期货交易所不得发布（　　）。

A. 上市品种合约的成交量、成交价

B. 上市品种合约的最高价与最低价

C. 上市品种合约的开盘价与收盘价

D. 价格预测信息

48. 期货公司申请设立分支机构，应当向公司所在地中国证监会派出机构提交下列申请材料不包括（　　）。

A. 申请书

B. 决议文件

C. 申请日前 2 个月月末的风险监管报表

D. 其他

49. 期货公司向客户收取的保证金，属于（　　）所有。

A. 期货公司

B. 客户

C. 期货交易所

D. 国务院期货交易管理机构

50. 期货公司经营期货经纪业务又同时经营其他期货业务的，应当严格执行（　　）制度。

A. 混合操作

B. 业务分离和资金分离

C. 业务混合和资金分离

D. 业务分离和资金混合

51. 取得期货交易所会员资格，应当经（　　）批准。

A. 期货公司　　　　　B. 中国证监会

C. 期货交易所　　　　D. 期货业协会

52. 客户由于违规超仓被期货公司强行平仓时，如因平仓造成损失，那么这部分损失应（　　）。

A. 由客户自行承担

B. 由强行平仓的交易所或者期货公司承担赔偿责任

C. 由客户承担主要责任

D. 由超仓者承担

53. 期货公司营业部变更营业场所的，应当妥善处理客户的（　　）。

A. 交易记录

B. 资产

C. 客户资料

D. 保证金和交易记录

54. 由于业务发展的需要，A 期货公司拟申请设立一个营业部，根据规定，要想获得批准，该期货公司应当满足近（　　）内未因违法违规经营受到行政处罚或者刑事处罚。

A. 6 个月　　　　　　B. 12 个月

C. 1 年　　　　　　　D. 3 年

55. 期货公司与其控股股东在业务、人员、资产、财务等方面应当（　　）。

A. 适当合并，独立经营，独立核算

B. 统一管理，统一经营，统一核算

C. 严格分开，独立经营，独立核算

D. 统一管理，统一经营，独立核算

56. 某期货公司向中国证监会申请新设一营业部，中国证监会经过审查认为其符合规定，做出批准的决定，根据《期货公司管理办法》的规定，该期货公司的请求在获得批准后应当在（　　）上予以公告。

A. 期货交易所指定的报刊或者媒体

B. 期货业协会指定的报刊或者媒体

C. 中国证监会指定的媒体

D. 营业部所在地的媒体

57. 期货公司的（　　）不得在期货公司担任董事会以外的职务，不得与本期货公司存在可能妨碍其做出独立、客观判断的关系。

A. 工会　　　　　　　B. 董事会

C. 独立监事　　　　　D. 独立董事

58. （　　）发现涉嫌占用、挪用客户保证金等违法违规行为或者可能发生风险的，应当立即向住所地中国证监会派出机构和公司董事会报告。

A. 首席风险官　　　　B. 董事

C. 监事　　　　　　　D. 工会

59. 期货公司董事长和（　　）不得由一人兼任。

A. 监事长　　　　　　B. 首席风险官

C. 总经理　　　　　　D. 工会主席

60. 双赢期货公司接受客户王某的全权委托进行期货交易，由于市场动荡，该交易产生巨大损失。对此损失，双赢期货公司应当赔偿王某的赔偿额为（　　）。

A. 全部损失

B. 至少百分之八十的损失

C. 至多百分之八十的损失

D. 百分之六十的损失

二、多项选择题

61. 以下是某会员制期货交易所交易规则的内容，其中符合法律规定的是（　　）。

A. 期货交易、结算和交割制度

B. 保证金的管理和使用制度

C. 违规、违约行为及其处理办法

D. 会员资格及其管理办法

62. 关于期货交易所的合并、分立，下列说法正确的是（　　）。

A. 期货交易所的合并分立必须经中国证监会批准

B. 期货交易所合并后，其债权债务随之消灭

C. 期货交易所分立后，其债权债务由分立后的期货交易所继承

D. 为了保护债权人的利益，法律规定期货交易所合并只能采取吸收合并的方式

63. 关于会员大会的召开，下列说法正确的是（　　）。

A. 临时会员大会不得对通知中未列明的事项做出决议

B. 会员大会应当对表决事项制作会议纪要，由出席会议的理事签名

C. 会员大会结束之日起 10 日内，期货交易所应当将大会全部文件报告中国证监会

D. 召开会员大会，应当将会议审议的事项于会议召开 5 日前通知会员

64. 下列选项中属于理事会职权的是（　　）。

A. 召集会员大会，并向会员大会报告工作

B. 审议总经理提出的财务预算方案、决算报告，提交会员大会通过

C. 决定会员的接纳和退出

D. 决定对违规行为的纪律处分

65. 理事会由下列（　　）组成。

A. 会员理事　　　　B. 非会员理事

C. 理事长　　　　D. 副理事长

66. 下列选项中属于期货交易所总经理职权的是（　　）。

A. 拟订期货交易所合并、分立、解散和清算的

方案

B. 拟订期货交易所变更名称、住所或者营业场所的方案

C. 决定期货交易所机构设置方案，聘任和解聘工作人员

D. 决定期货交易所员工的工资和奖惩

67. 期货交易所的下列人员中需要由董事会通过的是（　　）。

A. 董事长　　　　B. 副董事长

C. 独立董事　　　　D. 董事会秘书

68. 下列选项中，（　　）属于期货交易所监事会的职权。

A. 检查期货交易所财务

B. 监督期货交易所董事、高级管理人员执行职务行为

C. 向股东大会会议提出提案

D. 中国证监会规定的其他职权

69. 实行全员结算制度的期货交易所会员由（　　）组成。

A. 期货公司会员　　B. 非期货公司会员

C. 结算会员　　　　D. 非结算会员

70. 实行会员分级结算制度的期货交易所会员由（　　）组成。

A. 期货公司会员　　B. 非期货公司会员

C. 结算会员　　　　D. 非结算会员

71. 期货交易所对期货公司、期货公司对客户未按期货交易所交易规则规定或者期货经纪合同约定的强行平仓（　　）进行强行平仓，造成期货公司或者客户损失的，期货交易所或者期货公司应当承担赔偿责任。

A. 条件　　　　B. 价格

C. 时间　　　　D. 方式

72. 在发生下列（　　）情形时，会员制期货交易所应当召开临时会员大会。

A. 1/3 以上会员联名提议

B. 理事会认为必要

C. 2/3 以上会员联名提议

D. 会员理事不足期货交易所章程规定人数的 2/3

73. 期货交易所工作人员必须遵守下列（　　）规定。

A. 不得从事期货交易

B. 不得泄露内幕消息或者利用内幕消息获得非法利益

C. 不得从期货交易所会员、客户处谋取利益

D. 期货交易所的工作人员履行职务，遇有与本人或者其亲属有利害关系的情形时，应当回避

74. 中国证监会认为期货市场出现异常情况的，可以决定采取（ ）等必要的风险处置措施。

A. 延迟开市　　　　B. 暂停交易

C. 提前闭市　　　　D. 限制交易

75. 期货公司变更法定代表人，拟任法定代表人应当具备任职资格。期货公司应当向住所地的中国证监会派出机构提交下列（ ）申请材料。

A. 申请书

B. 拟任法定代表人任职资格证明

C. 拟任法定代表人自然人身份证明

D. 关于变更法定代表人的决议文件

76. 期货公司变更住所，应当向拟迁入地中国证监会派出机构提交下列（ ）申请材料。

A. 申请书

B. 变更住所的详细计划

C. 拟变更后的住所所有权或者使用权证明和消防检验合格证明

D. 客户资产处理情况报告

77. 期货公司停业的，应当向中国证监会提交下列（ ）申请材料。

A. 申请书

B. 停业决议文件

C. 关于处理客户资产、处置或者清退客户情况的报告

D. 中国证监会规定的其他材料

78. 中国证监会及其派出机构可以要求下列（ ）机构或者个人，在指定的期限内报送与期货公司经营管理和财务状况等相关的资料。

A. 期货公司及其董事、监事、高级管理人员及其他工作人员

B. 期货公司的股东、实际控制人或者其他关联人

C. 期货公司的主要业务客户

D. 为期货公司提供相关服务的会计师事务所、律师事务所、资产评估机构等中介服务机构

79. 发生（ ）事项之一的，期货公司应当在5个工作日内向住所地中国证监会派出机构书面报告。

A. 变更公司名称、形式、章程

B. 发生本办法第十七条规定情形以外的股权或者注册资本变更

C. 变更分支机构负责人或者营业场所

D. 做出终止业务等重大决议

80. 国务院期货监督管理机构对（ ）的董事、监事、高级管理人员以及其他期货从业人员，实行资格管理制度。

A. 期货交易所

B. 期货公司及其他期货经营机构

C. 期货交易所会员

D. 期货保证金安全存管监控机构

81. 期货交易所应当及时公布上市品种合约的（ ）和其他应当公布的即时行情，并保证即时行情的真实、准确。期货交易所不得发布价格预测信息。

A. 持仓量

B. 成交量与成交价

C. 最高价与最低价

D. 开盘价与收盘价

82. 国务院期货监督管理机构、期货交易所、期货保证金安全存管监控机构和期货保证金存管银行等相关单位的工作人员，有如下（ ）行为的，依法给予行政处分或者纪律处分。

A. 玩忽职守

B. 徇私舞弊

C. 滥用职权、收受贿赂

D. 泄露知悉的国家秘密或者会员、客户商业秘密

83. 期货公司的（ ），应当满足期货公司审慎经营和风险管理以及国务院期货监督管理机构有关保证金安全存管监控规定的要求。

A. 交易软件　　　　B. 杀毒软件

C. 防火墙　　　　　D. 结算软件

84. 期货公司首席风险官根据履行职责的需要，享有下列（ ）职权。

A. 参加或者列席与其履职相关的会议

B. 查阅期货公司的相关文件、档案和资料

C. 了解期货公司业务执行情况

D. 与期货公司有关人员、为期货公司提供审计、法律等中介服务的机构的有关人员进行谈话

85. 下列说法正确的是（ ）。

A. 期货公司股东、董事，可以越过董事会直接向期货公司首席风险官下达指令或者干涉期货公司首席风险官的工作

B. 期货公司股东、董事不得违反公司规定的程序，越过董事会直接向期货公司首席风险官下达指令或者干涉期货公司首席风险官的工作

C. 期货公司董事、高级管理人员、各部门应当支持和配合期货公司首席风险官的工作，不得以涉及

商业秘密或者其他理由限制、阻挠期货公司首席风险官履行职责

D. 期货公司董事、高级管理人员、各部门应当支持和配合期货公司首席风险官的工作，但有理由以涉及商业秘密或者其他理由限制、阻挠期货公司首席风险官履行职责

86. 下列关于期货公司首席风险官提交的季度、年度工作报告，说法正确的是（ ）。

A. 在每季度结束之日起 10 个工作日内向公司住所地中国证监会派出机构提交季度工作报告

B. 在每季度结束之日起 5 个工作日内向公司住所地中国证监会派出机构提交季度工作报告

C. 每年 2 月 10 日前向公司住所地中国证监会派出机构提交上一年度全面工作报告

D. 每年 1 月 20 日前向公司住所地中国证监会派出机构提交上一年度全面工作报告

87. 期货公司任用董事、监事和高级管理人员，应当自做出决定之日起 5 个工作日内，向中国证监会相关派出机构报告，并提交下列（ ）材料。

A. 任职决定文件

B. 相关会议的决议

C. 相关人员的任职资格核准文件

D. 高级管理人员职责范围的说明

88. 下列说法正确的是（ ）。

A. 期货投资者保障基金按照取之于市场、用之于市场的原则筹集

B. 期货投资者保障基金由中国证监会集中管理、统筹使用

C. 期货投资者保障基金的管理和运用遵循取之于市场、用之于市场的原则

D. 期货投资者保障基金的管理和运用遵循公开、合理、有效的原则

89. 期货投资者保障基金的使用遵循（ ）原则，实行比例补偿。

A. 公开、合理、有效

B. 集中管理、统筹使用

C. 公平救助

D. 保障投资者合法权益

90. 下列对期货公司的金融期货结算业务的管理，说法正确的是（ ）。

A. 中国证监会及其派出机构依法对期货公司从事金融期货结算业务实行监督管理

B. 中国期货业协会和期货交易所依法对期货公司的金融期货结算业务实行监督管理

C. 中国证监会及其派出机构依法对期货公司从事金融期货结算业务实行自律管理

D. 中国期货业协会和期货交易所依法对期货公司的金融期货结算业务实行自律管理

91. 期货交易所实行风险警示制度。期货交易所认为必要的，可以分别或同时采取（ ）等措施，以警示和化解风险。

A. 发布公告

B. 谈话提醒

C. 发布风险提示函

D. 要求会员和客户报告情况

92. 从业人员必须遵守有关法律、行政法规和中国证监会的规定，遵守协会和期货交易所的自律规则，不得从事或者协同他人从事（ ）行为。

A. 内幕交易

B. 欺诈投资者

C. 操纵期货交易价格

D. 编造并传播有关期货交易的虚假信息

93. 金融期货合约的标的物包括（ ）。

A. 能源　　　　　　B. 有价证券

C. 利率　　　　　　D. 汇率

94. 客户下达的交易指令没有（ ）的，期货公司未予拒绝而进行交易造成客户的损失，由期货公司承担赔偿责任，客户予以追认的除外。

A. 数量　　　　　　B. 品种

C. 价格　　　　　　D. 买卖方向

95. 中国期货业协会的组成机构有（ ）。

A. 董事会　　　　　B. 监事会

C. 理事会　　　　　D. 会员大会

96. 下列属于期货交易内幕信息的是（ ）。

A. 国务院期货监督管理机构以及其他相关部门制定的对期货交易价格可能发生重大影响的政策

B. 期货交易所做出的可能对期货交易价格发生重大影响的决定

C. 期货交易所会员、客户的资金和交易动向

D. 国务院期货监督管理机构认定的对期货交易价格有显著影响的其他重要信息

97. 实行会员分级结算制度的期货交易所应当按照国家有关规定建立、健全的风险管理制度包括（ ）。

A. 保证金制度

B. 当日无负债结算制度

C. 风险准备金制度

D. 持仓限额和大户持仓报告制度

98. 期货公司或其营业部有下列（　）情形的，中国证监会及其派出机构可以依据《期货交易管理条例》第五十六条的相关规定，采取相应的监管措施。

A. 未按规定委托或者接受委托从事中间介绍业务

B. 未按规定执行分支机构统一管理制度，经营管理存在较大风险或者风险隐患

C. 信息系统不符合规定

D. 报送、披露的信息存在虚假记载、误导性陈述或者重大遗漏

99. 期货公司董事、监事和高级管理人员在任职期间出现下列（　）情形之一的，中国证监会及其派出机构可以将其认定为不适当人选。

A. 拒绝配合中国证监会依法履行监管职责，造成严重后果

B. 向中国证监会提供虚假信息或者隐瞒重大事项，造成严重后果

C. 1 年内累计 5 次被中国证监会及其派出机构进行监管谈话

D. 对期货公司出现违法违规行为或者重大风险负有责任

100. 期货公司或者其分支机构有《中华人民共和国行政许可法》第七十条规定的情形或者下列（　）情形之一的，国务院期货监督管理机构应当依法办理期货业务许可证注销手续。

A. 主动提出注销申请

B. 营业执照被公司登记机关依法注销

C. 国务院期货监督管理机构规定的其他情形

D. 成立后无正当理由超过 3 个月未开始营业，或者开业后无正当理由停业连续 6 个月以上

三、判断是非题（正确的用 A 表示，错误的用 B 表示）

101. 持仓限额，是指国务院期货监督管理机构对期货交易者的持仓量规定的最低数额。（　）

102. 证券公司可以通过为客户从事期货交易提供融资或者担保，进而实现客户和证券公司的双赢。（　）

103. 国务院期货监督管理机构可以批准设立期货专门结算机构，专门履行期货交易所的结算以及相关职责，并承担相应法律责任。（　）

104. 期货业协会是期货业的自律性组织，是公司法人。（　）

105. 期货公司应当建立、健全并严格执行业务管理规则、风险管理制度，遵守信息披露制度，保障客户保证金的存管安全，按照期货交易所的规定，向期货交易所报告大户名单、交易情况。（　）

106.《期货公司董事、监事和高级管理人员任职资格管理办法》不仅适用于期货公司董事、监事和高级管理人员的任职资格管理，还适用于期货公司普通职员的任职资格管理。（　）

107. 期货公司与其控股股东、实际控制人在业务、人员、资产、财务等方面应当严格分开，独立经营，独立核算。（　）

108. 期货从业人员自律管理的具体办法，由协会制订，报中国证监会核准。（　）

109. 期货公司不得向客户作获利保证；不得在经纪业务中与客户约定分享利益或者共担风险。（　）

110. 未经期货交易所许可，任何单位和个人不得发布期货交易即时行情。（　）

111. 期货交易所向会员收取的保证金，属于期货交易所所有，除用于期货交易所的日常管理和保证期货交易所各项设施的正常运行外，严禁挪作他用。（　）

112. 期货从业人员的资格考试由中国证监会组织。（　）

113. 期货交易所向会员、期货公司向客户收取的保证金，由期货交易所和期货公司自行确定数额，并应当与自有资金存放在同一账户。（　）

114. 经证监会批准，期货公司可以任用未取得任职资格的人员担任董事、监事和高级管理人员。（　）

115. 客户在期货交易中违约的，期货公司应当先以风险准备金和自有资金代为承担违约责任；风险准备金和自有资金不足的，期货公司应以该客户的保证金承担违约责任。（　）

116. 期货公司应当遵守法律、行政法规和中国证券监督管理委员会的规定。（　）

117. 期货公司为客户开立账户，应当对客户开户资料进行审核，确保开户资料的合规、真实、准确和完整。（　）

118. 监控中心应当为每一个客户设立统一开户编码，并建立统一开户编码与客户在各期货交易所交易编码的对应关系。（　）

119. 期货公司不得与不符合实名制要求的客户签署期货经纪合同，也不得为未签订期货经纪合同的客户申请交易编码。（　）

120. 监控中心应当将当日通过复核的客户交易编码申请资料转发给证监会。（　）

四、综合题

A 期货经纪公司在当日交易结算时，发现客户甲某交易保证金不足，于是电话通知甲某在第二天交易开始前足额追加保证金。甲某要求期货公司允许其进行透支交易，并许诺待其资金到位立即追加保证金，公司对此予以拒绝。

第二天交易开始后甲某没有及时追加保证金，且双方在期货经纪合同中没有对此进行明确约定。

根据以上情况，回答下列问题。

121. 此时期货公司应该（　）。
A. 允许甲某继续持仓
B. 对甲某没有保证金支持的头寸强行平仓
C. 劝说甲某自行平仓
D. 无权对甲某持有的头寸进行强行平仓

122. 如果期货公司允许甲某继续持仓，且第二天行情向持仓不利的方向变化导致甲某扩大的损失应（　）。
A. 全部由客户承担
B. 全部由期货公司承担
C. 由期货公司和客户各承担一半
D. 由期货公司承担主要赔偿责任

123. 如果期货公司对甲某没有保证金支持的头寸予以强行平仓，那么强行平仓所造成的损失应（　）。
A. 全部由客户承担
B. 全部由期货公司承担
C. 期货公司和客户各承担一半
D. 由期货公司承担主要赔偿责任

124. 本案中，假设由于客户没有按时足额追加保证金，期货交易所对其没有保证金支持的头寸予以强行平仓，由此发生的费用由（　）承担。
A. 期货公司
B. 客户
C. 期货公司承担后可以向客户追偿
D. 客户承担后可以向期货公司追偿

125. 如果客户向人民法院起诉，认为期货公司没有向其发出追加保证金的通知，要求期货公司赔偿其因强行平仓受到的损失，而期货公司主张其履行了通知的义务，对此，应当由（　）承担举证责任。
A. 期货公司
B. 客户
C. 双方各自依据自己的主张承担举证责任

D. 由法院根据双方过错大小决定举证责任的分配

126. 甲期货公司的净资本是（　）。
A. 4 100 万元　　　　B. 5 000 万元
C. 3 900 万元　　　　D. 4 000 万元

127. 甲期货公司的情况符合下列（　）风险监管指标。
A. 净资本最低限额
B. 净资产占客户权益总额的比例
C. 净资本与净资产的比例
D. 净资本按照营业部数量平均结算额

128. 甲期货公司应当于月度终了后的（　）个工作日内向公司住所地中国证监会派出机构报送月度风险监管报表，在年度终了后的 4 个月内报送经具备证券、期货相关业务资格的会计师事务所审计的年度风险监管报表。
A. 7　　　　　　　　B. 10
C. 15　　　　　　　　D. 20

129. 在该案例中，该期货公司违反了下列（　）规定。
A. 挪用客户保证金
B. 未将客户交易指令下达到期货交易所
C. 向客户提供虚假成交回报
D. 不按照规定接受客户委托或者不按照客户委托内容擅自进行期货交易

130. 在该案例中，该期货公司有可能遭到下列（　）惩罚。
A. 责令改正，给予警告，没收违法所得，并处违法所得 1 倍以上 5 倍以下的罚款
B. 没有违法所得或者违法所得不满 10 万元的，并处 10 万元以上 50 万元以下的罚款
C. 没有违法所得或者违法所得不满 10 万元的，并处 10 万元以上 100 万元以下的罚款
D. 情节严重的，责令停业整顿或者吊销期货业务许可证

投资者孙某是某期货公司客户经理王某的客户，李某是该期货公司交易部经理。某天，行情波动较大，刚好孙某有事不在期货公司，王某在未经孙某委托的情况下私自做了几笔交易，且都在当日平仓，获利 10 000 元。交易结束后，因为交易指令单上没有指令下达人的签字，王某找到李某，让其对当天交易进行确认，但李某要求王某将孙某某账户的当天交易结算到另一个账户。王某为了拉拢李某，便私自做主，将孙某账户的当天交易结算到其指定的账户。并

且，给了李某 4 000 元，李某接受了。

131. 在该案例中，王某违反了下列（　　）规定。

A. 向客户提供虚假成交回报

B. 不按照规定在期货保证金存管银行开立保证金账户，或者违规划转客户保证金

C. 不按照规定接受客户委托或者不按照客户委托内容擅自进行期货交易的

D. 在经纪业务中与客户约定分享利益

132. 在该案例中，李某违反了下列（　　）规定。

A. 与客户约定分享利益

B. 挪用客户保证金

C. 违反规定收取客户保证金

D. 以上都不是

133. S 贸易公司是期货交易所的会员，2008 年 8 月 11 日卖出锌期货合约 100 手，当天锌期货价格大涨，造成该公司账户的保证金余额不足。期货交易所及时通知该公司在规定时间内追加保证金，但是该公司并没有在规定时间内追加保证金，也没有自行平仓。于是期货交易所根据保证金不足的数额对该公司的锌期货合约强行平仓 10 手，造成该公司 200 万元的损失。那么损失由（　　）承担。

A. S 公司

B. 期货交易所

C. 期货公司

D. 期货交易所和 S 公司

134. 某期货公司为了吸引更多的客户在本公司交易，在许多方面都实施了宽松的政策。张姓客户的保证金不足，该期货公司履行了通知义务，但张某称资金一周后才能到位，要求暂时保留持仓，期货公司予以默认。之后行情一直不利于张某，造成巨大损失。张某声称该期货公司未履行通知义务，要求该期货公司承担损失。下列关于责任的说法，正确的是（　　）。

A. 该期货公司如果未与张某书面协商一致，该期货公司应当承担全部责任

B. 该期货公司如果未与张某书面协商一致，损失应该由二者共同承担

C. 该期货公司如果与张某书面协商一致，损失由客户承担，穿仓的损失由该期货公司承担

D. 该期货公司如果未履行通知义务，该期货公司应当承担主要赔偿责任，赔偿金额不超过损失的 80%

135. 上海某期货公司经营不善，面临破产，某

银行对该公司的 1 亿元贷款申请法律保护，下列关于法院处理不正确的是（　　）。

A. 划拨客户在期货公司保证金账户中的资金

B. 冻结客户在期货公司保证金账户中的资金

C. 冻结保证金账户中属于期货公司的自由资金

D. 期货公司有其他财产的，先行冻结、查封

甲是某国有期货公司的会计，在职期间，多次利用职务之便窃取公司财务达二十余万元；后来甲又故意透露内幕消息给其朋友乙，指示乙多次进行期货交易，获利达十余万元，为了感谢甲为其提供信息，乙给予甲三万元"信息费"。后甲又利用自己的地位优势与妻子合谋，集中资金连续买卖期货，致使期货价格受到很大影响，二人从中获取五十余万元盈利。

根据该案例，回答以下问题：

136. 甲透露内幕消息给其朋友乙的行为构成了（　　）。

A. 盗窃罪　　　　　　B. 泄露内幕信息罪

C. 职务侵占罪　　　　D. 挪用公款罪

137. 甲并收取乙的"信息费"的行为构成（　　）。

A. 泄露内幕信息罪　　B. 受贿罪

C. 贪污罪　　　　　　D. 不构成犯罪

138. 甲与妻子合谋买卖期货的行为属于（　　）。

A. 合法行为

B. 构成操纵期货交易价格罪

C. 甲构成操纵期货交易价格罪，其妻不构成犯罪

D. 甲构成泄露内幕信息罪，其妻构成操纵期货交易价格罪

139. 本题中甲的朋友乙构成（　　）。

A. 操纵期货交易价格罪

B. 行贿罪

C. 泄露内幕信息罪

D. 对单位行贿罪

140. 某期货公司因风险控制不力导致保证金出现缺口，中国证监会按照《期货投资者保障基金管理暂行办法》规定决定使用保障基金，对不能清偿的投资者保证金损失予以补偿。甲投资者的保证金遭受损失，若甲为个人投资者，其保证金损失数额为 9 万元，则甲可以得到的保障基金补偿金额为（　　）。

A. 5 万元　　　　　　B. 9 万元

C. 8.1 万元　　　　　D. 6.4 万元

模拟试题（二）

一、单项选择题

1. 《期货投资者保障基金管理暂行办法》的施行时间是（ ）。

A. 2006 年 4 月 15 日　　B. 2006 年 8 月 1 日

C. 2007 年 4 月 15 日　　D. 2007 年 8 月 1 日

2. 当期货价格出现同方向连续涨跌停板时，期货交易所可以采用的措施是（ ）。

A. 暂停交易　　　　　B. 调整涨跌停板幅度

C. 降低保证金比例　　D. 按一定原则平仓

3. 期货交易所应当按照手续费收入的（ ）的比例提取风险准备金。

A. 10%　　　　　　　　B. 15%

C. 20%　　　　　　　　D. 25%

4. 期货交易所宣布进入异常情况并决定暂停交易的，暂停交易的期限不得超过（ ），但经中国证监会批准延长的除外。

A. 1 个交易日　　　　B. 2 个交易日

C. 3 个交易日　　　　D. 5 个交易日

5. 期货公司与客户对交易结算结果的通知方式未作约定或者约定不明确，期货公司未能提供证据证明已经发出上述通知的，对客户因继续持仓而造成扩大的损失，应当承担主要赔偿责任，赔偿额（ ）。

A. 为损失的百分之五十以上

B. 不超过损失的百分之五十

C. 为损失的百分之八十以上

D. 不超过损失的百分之八十

6. 期货交易所对期货交易、结算、交割资料的保存期限应当不少于（ ）。

A. 10 年　　　　　　　　B. 15 年

C. 20 年　　　　　　　　D. 25 年

7. 期货交易所的交易结算系统和交易结算业务应当满足（ ）的要求，真实、准确和完整地反映会员保证金的变动情况。

A. 交易

B. 结算

C. 交易和结算

D. 期货保证金安全存管监控

8. 期货交易所应当按照中国证监会有关期货保证金安全存管监控的规定，向（ ）报送相关信息。

A. 股东大会

B. 中国证监会

C. 期货业协会

D. 期货保证金安全存管监控机构

9. 期货投资者保障基金的筹集原则是（ ）。

A. 取之于民、用之于民

B. 取之于市场、用之于市场

C. 保障投资者合法权益

D. 安全、稳健

10. 期货交易所的所得收益按照国家有关规定管理和使用，但应当首先用于（ ）。

A. 职工福利

B. 会员分红

C. 股东分红

D. 保证期货交易场所、设施的运行和改善

11. 期货交易所实施的下列行为中，不属于其职责的是（ ）。

A. 监管会员及客户

B. 指定交割仓库

C. 指定期货保证金存管银行

D. 调整期货交易所收取的保证金标准

12. 期货交易所联网交易的，应当于决定之日起（ ）内报告中国证监会。

A. 3 日　　　　　　　　B. 5 日

C. 10 日　　　　　　　D. 30 日

13. 若期货交易所、期货公司遭受重大突发市场风险或者不可抗力，经（ ）批准，期货交易所、期货公司可以暂停缴纳期货投资者保障基金。

A. 中国证监会、财政部

B. 中国期货业协会

C. 期货投资者保障基金管理机构

D. 商务部

14. 下列选项中不属于期货交易所总经理职权的是（ ）。

A. 组织实施会员大会、理事会通过的制度和决议

B. 主持期货交易所的日常工作

C. 根据章程和交易规则拟定有关细则和办法

D. 决定对违规行为的纪律处分

15. 申请设立期货公司，具有期货从业人员资格的人员不少于（ ）人。

A. 3　　　　　　　　　B. 5

C. 7　　　　　　　　　D. 15

16. 期货投资者保障基金产生的利息以及运用所产生的各种收益等孳息归属（　　）。

    A. 期货交易所

    B. 期货公司

    C. 财政部

    D. 期货投资者保障基金

17. 期货投资者保障基金管理机构应当定期编报保障基金的筹集、管理、使用报告，经会计师事务所审计后，报送（　　）。

    A. 中国证监会和财政部

    B. 财政部

    C. 中国期货业协会

    D. 期货交易所

18. 在我国，负责期货投资者保障基金财务监管的是（　　）。

    A. 中国证监会　　　　B. 财政部

    C. 中国银监会　　　　D. 中国期货业协会

19. 在我国，负责期货投资者保障基金业务监管，对保障基金的筹集、管理和使用等情况进行定期核查的机构是（　　）。

    A. 中国证监会　　　　B. 中国银监会

    C. 中国期货业协会　　D. 期货交易所

20. 期货投资者保障基金的年度收支计划和决算报（　　）批准。

    A. 中国证监会　　　　B. 中国银监会

    C. 财政部　　　　　　D. 中国期货业协会

21. 期货公司董事、监事和高级管理人员收受商业贿赂或者利用职务之便牟取其他非法利益的，没收违法所得，并处（　　）元以下罚款；情节严重的，暂停或者撤销任职资格。

    A. 3 万　　　　　　　B. 5 万

    C. 10 万　　　　　　D. 15 万

22. 证券公司应当每（　　）向中国证监会派出机构报送合规检查报告。

    A. 1 个月　　　　　　B. 3 个月

    C. 半年　　　　　　　D. 1 年

23. 期货公司申请金融期货结算业务资格，要求结算和风险管理部门或者岗位负责人具有担任期货公司交易、结算或者风险管理部门或者岗位负责人（　　）年以上经历。

    A. 1　　　　　　　　B. 2

    C. 3　　　　　　　　D. 5

24. 期货公司申请金融期货交易结算业务资格，董事长、总经理和副总经理中，至少 2 人的期货或者证券从业时间在（　　）年以上，其中至少 1 人的期货从业时间在（　　）年以上且具有期货从业人员资格、连续担任期货公司董事长或者高级管理人员时间在（　　）年以上。

    A. 3；3；3　　　　　B. 3；5；3

    C. 5；3；5　　　　　D. 5；5；3

25. 期货公司申请金融期货全面结算业务资格，注册资本不低于人民币（　　）元。

    A. 3 000 万　　　　　B. 5 000 万

    C. 8 000 万　　　　　D. 1 亿

26. 中国证监会在受理金融期货结算业务资格申请之日起（　　）内，做出批准或者不批准的决定。

    A. 15 日　　　　　　B. 30 日

    C. 3 个月　　　　　　D. 6 个月

27. 证券公司申请介绍业务资格，公司总部至少有（　　）名、拟开展介绍业务的营业部至少有（　　）名具有期货从业人员资格的业务人员。

    A. 5；2　　　　　　　B. 5；1

    C. 3；2　　　　　　　D. 3；1

28. 中国证监会受理证券公司的从事中间介绍业务的申请后，应当在（　　）个工作日内做出批准或者不予批准的决定。

    A. 5　　　　　　　　B. 10

    C. 20　　　　　　　D. 30

29. 《证券公司为期货公司提供中间介绍业务试行办法》规定，证券公司保存有关介绍业务的凭证、单据、账簿、报表、合同、数据信息等资料的期限为（　　）。

    A. 3 年　　　　　　　B. 3 年以上

    C. 5 年　　　　　　　D. 5 年以上

30. 期货公司申请金融期货结算业务资格的基本条件之一为：高级管理人员近（　　）年内未因违法违规经营受过刑事处罚或者行政处罚。

    A. 1　　　　　　　　B. 2

    C. 3　　　　　　　　D. 5

31. 期货纠纷案件由（　　）管辖。

    A. 初级人民法院　　　B. 中级人民法院

    C. 高级人民法院　　　D. 基层人民法院

32. 客户下达的交易指令数量和买卖方向明确，没有成交价格的，应当视为（　　）交易。

    A. 按前日收盘价　　　B. 按市价

    C. 等待进一步指示　　D. 无效

33. 期货交易所因期货公司违规超仓或者其他违规行为而必须强行平仓的，强行平仓所造成的损失，由（   ）承担。

A. 居间人　　　　　　B. 客户

C. 期货公司　　　　　D. 期货交易所

34. 因期货交易所的过错导致信息发布、交易指令处理错误，造成期货公司或者客户直接经济损失的，（   ）。

A. 客户自行承担相关损失

B. 期货交易所无需承担赔偿责任

C. 期货交易所应当承担赔偿责任，无权抗辩

D. 期货交易所应当承担赔偿责任，但其能够证明系不可抗力的除外

35. 根据《期货投资者保障基金管理暂行办法》的规定，（   ）定期向保障基金管理机构通报期货公司总体风险状况。

A. 财政部　　　　　　B. 中国证监会

C. 期货交易所　　　　D. 中国银监会

36. 期货公司在中国证监会不同派出机构辖区变更住所的，应当符合近（   ）年内无重大违法违规受到刑事处罚或者行政处罚。

A. 1　　　　　　　　B. 2

C. 3　　　　　　　　D. 5

37. 期货公司申请设立营业部，应当向拟设立营业部所在地的中国证监会派出机构提交申请日前（   ）个月的风险监管报表。

A. 1　　　　　　　　B. 3

C. 4　　　　　　　　D. 6

38. 期货公司股东合并、分立或者进行重大资产、债务重组的，期货公司及其相关股东应当在（   ）日内向期货公司住所地的中国证监会派出机构提交书面报告。

A. 1　　　　　　　　B. 3

C. 5　　　　　　　　D. 10

39. 根据《期货投资者保障基金管理暂行办法》的规定，存在较高风险的期货公司应当（   ）向期货投资者保障基金管理机构提供财务监管报表。

A. 每日　　　　　　　B. 每月

C. 每年　　　　　　　D. 每季度

40. 现有期货投资者保障基金不足补偿期货投资者保证金损失的，由（   ）。

A. 后续缴纳的保障基金补偿

B. 风险准备金补偿

C. 期货交易所的自有资金补偿

D. 期货公司的自有资金补偿

41. 使用期货投资者保障基金前，中国证监会和保障基金管理机构应当监督期货公司核实投资者保证金权益及损失，积极清理资产并变现处置，应当先以（   ）弥补保证金缺口。

A. 风险准备金

B. 期货投资者保障基金

C. 公积金

D. 自有资金和变现资产

42. 因违法行为或者违纪行为被解除职务的期货交易所、证券交易所、证券登记结算机构的负责人，或者期货公司、证券公司的董事、监事、高级管理人员，以及国务院期货监督管理机构规定的其他人员，自被解除职务之日起未逾（   ）年的，不得担任期货交易所的负责人、财务会计人员。

A. 1　　　　　　　　B. 3

C. 5　　　　　　　　D. 10

43. 期货公司在中国证监会不同派出机构辖区变更住所的，应当符合的条件有（   ）。

A. 高级管理人员近 3 年内未受过刑事处罚，无不良信用记录

B. 符合持续性经营规则

C. 近 5 年内无重大违法违规经营记录，未发生重大风险事件

D. 近 2 年未因重大违法违规行为受到行政处罚或者刑事处罚

44. 国有以及国有控股企业进行境内外期货交易，应当遵循（   ）的原则，严格遵守国务院国有资产监督管理机构以及其他有关部门关于企业以国有资产进入期货市场的有关规定。

A. 套期保值　　　　　B. 保值增值

C. 投机套利　　　　　D. 利润最大化

45. 期货交易所、非期货公司结算会员不按照规定公布即时行情的，或者发布价格预测信息的，责令改正，给予警告，没收违法所得，对直接负责的主管人员和其他直接责任人员给予纪律处分，处（   ）的罚款。

A. 1 万元以下

B. 1 万元以上 5 万元以下

C. 1 万元以上 10 万元以下

D. 10 万元以上 50 万元以下

46. 会计师事务所、律师事务所、资产评估机构等中介服务机构未勤勉尽责，所出具的文件有虚假记载、误导性陈述或者重大遗漏的，对直接负责的主管人员和其他直接责任人员给予警告，并处（   ）的罚款。

A. 1 万元以上 10 万元以下

B. 10 万元以上 50 万元以下

C. 100 万元以上

D. 3 万元以上 10 万元以下

47. 在我国，依法对期货公司董事、监事和高级管理人员进行监督管理的机构是（　　）。

A. 期货交易所　　　B. 中国证监会

C. 中国期货业协会　D. 商务部

48. 公司制期货交易所董事长、副董事长的任免，由（　　）提名，董事会通过。董事长不得兼任总经理。

A. 国务院　　　　　B. 中国证监会

C. 中国期货业协会　D. 股东大会

49. 总经理是期货交易所的法定代表人，总经理应当由（　　）担任。

A. 会员　　　　　　B. 董事

C. 理事　　　　　　D. 监事

50. 标准仓单充抵保证金的，期货交易所以充抵日（　　）该标准仓单对应品种最近交割月份期货合约的结算价为基准计算价值。

A. 当日　　　　　　B. 前一交易日

C. 前二交易日　　　D. 次日

51. 申请期货公司经理层人员的任职资格，应当具备的条件不包括（　　）。

A. 具有期货从业人员资格

B. 具有大学本科以上学历或者取得学士以上学位

C. 通过中国证监会认可的资质测试

D. 具有从事期货业务 2 年以上经验

52. 期货公司任用董事、监事和高级管理人员，应当自做出决定之日起（　　）个工作日内，向中国证监会相关派出机构报告。

A. 5　　　　　　　　B. 10

C. 15　　　　　　　 D. 30

53. 期货公司任用境外人士担任经理层人员职务的比例不得超过公司经理层人员总数的（　　）。

A. 5%　　　　　　　B. 10%

C. 20%　　　　　　 D. 30%

54. （　　）应当建立期货从业人员信息数据库，公示并且及时更新从业资格注册、诚信记录等信息。

A. 中国证监会　　　B. 期货公司

C. 期货业协会　　　D. 期货交易所

55. 期货交易所向会员收取的保证金，不得（　　）国务院期货监督管理机构、期货交易所规定的标准。

A. 高于　　　　　　B. 低于

C. 高于或等于　　　D. 执行

56. 期货公司拟任命本公司员工李某为公司副总经理，根据规定，李某必须取得（　　）核准的任职资格，否则不得担任该项职务。

A. 中国期货业协会

B. 中国证券监督管理委员会

C. 国家外汇管理局

D. 期货交易所

57. 吴某是某期货公司的总经理，在任职期间，他必须每（　　）参加 1 次由中国证监会认可、行业自律组织举办的业务培训，取得培训合格证书。

A. 1 年　　　　　　B. 2 年

C. 3 年　　　　　　D. 5 年

58. 期货公司拟任孙某为本公司营业部负责人，孙某经中国证监会批准，于 2008 年 6 月 15 日获得了任职资格，2008 年 7 月 3 日，公司通知孙某前来办理任职手续，但是由于近来事务繁忙，孙某一直未前往办理，2008 年 8 月 15 日，孙某赶往公司办理任职手续，根据规定该期货公司（　　）。

A. 能够为孙某办理

B. 除有中国证监会派出机构认可的正当理由外，不能为孙某办理

C. 不能为孙某办理，因为其已经丧失了任职资格

D. 不能为孙某办理，但仍具有任职资格

59. 期货公司董事长、总经理辞职，或者被认定为不适当人选而被解除职务，或者被撤销任职资格的，期货公司应当委托具有证券、期货相关业务资格的会计师事务所对其进行离任审计，并自其离任之日起（　　）内将审计报告报中国证监会及其派出机构备案。

A. 1 个月　　　　　B. 2 个月

C. 3 个月　　　　　D. 6 个月

60. 期货公司因延误执行客户交易指令给客户造成损失的免责事由为（　　）。

A. 期货公司内部发生重大人事调整

B. 期货公司发生亏损

C. 由于市场原因延误

D. 期货公司发生合并重组

二、多项选择题

61. 期货交易所因下列（　　）情形解散的，应由中国证监会批准。

A. 中国证监会决定关闭

B. 章程规定的营业期限届满

C. 会员大会决定解散

D. 股东大会决定解散

62. 根据《期货交易所管理办法》的规定，期货交易所建立的保证金管理制度应包括以下（　　）内容。

A. 向会员收取保证金的标准

B. 专用结算账户中会员结算准备金最低余额

C. 当会员结算准备金余额低于期货交易所规定最低余额时的处置方法

D. 向会员收取保证金的形式

63. 根据《期货交易所管理办法》的规定，实行会员分级结算制度的期货交易所应当建立结算担保金制度。结算担保金包括（　　）。

A. 基础结算担保金

B. 结算准备金

C. 变动结算担保金

D. 交易保证金

64. 根据《期货交易所管理办法》的规定，发生重大事项时期货公司应当向中国证监会及时报告。下列各项中属于重大事项的是（　　）。

A. 发现期货交易所工作人员存在或者可能存在严重违反国家有关法律、行政法规、规章、政策的行为

B. 期货交易所涉及占其净资产5%以上或者对其经营风险有较大影响的诉讼

C. 期货交易所的重大财务支出、投资事项以及可能带来较大财务或者经营风险的重大财务决策

D. 中国证监会规定的其他事项

65. 我国制定《期货公司金融期货结算业务试行办法》的目的在于（　　）。

A. 防范风险

B. 维护期货市场秩序

C. 维护中小客户利益

D. 规范期货公司金融期货结算业务

66. 除下列（　　）情形外，全面结算会员期货公司不得划转非结算会员保证金。

A. 依据非结算会员的要求支付可用资金

B. 收取非结算会员应当交存的保证金

C. 收取非结算会员应当支付的手续费、税款及其他费用

D. 双方约定且不违反法律、行政法规规定的其他情形

67. 根据《期货公司董事、监事和高级管理人员

任职资格管理办法》的规定，申请人或者拟任人以欺骗、贿赂等不正当手段取得任职资格的，应当予以撤销，对负有责任的公司和人员（　　）。

A. 予以警告

B. 处以3万元以下罚款

C. 处以3万元以上罚款

D. 处以5万元以下罚款

68. 证券公司从事中间介绍业务的，应当提供以下（　　）服务。

A. 协助办理开户手续

B. 提供期货行情信息、交易设施

C. 代理客户进行期货交易、结算或者交割

D. 中国证监会规定的其他服务

69. 期货公司与证券公司应当建立介绍业务的对接规则，明确（　　）的协作程序和规则。

A. 办理开户

B. 行情和交易系统的安装维护

C. 客户投诉的接待处理

D. 保持财务、人员、经营场所等分开隔离

70. 申请设立期货交易所，不需要向中国证监会提交的文件和材料是（　　）。

A. 理事会成员候选人或者董事会和监事会成员名单及简历

B. 拟任用高级管理人员及其亲属的名单及简历

C. 场地、设备、资金证明文件及情况说明

D. 拟加入会员或者股东出资证明

71. 《期货公司董事、监事和高级管理人员任职资格管理办法》的制定目的有（　　）。

A. 规范期货公司运作

B. 规范期货从业人员的执业行为

C. 防范经营风险

D. 加强对期货公司董事、监事和高级管理人员任职资格的管理

72. 期货公司不得接受（　　）的委托，为其进行期货交易。

A. 国家机关和事业单位

B. 中国证监会及其派出机构、期货交易所、期货保证金安全存管监控机构、中国期货业协会工作人员及其配偶

C. 期货公司工作人员及其配偶

D. 证券、期货市场禁止进入者

73. 董事会秘书行使下列（　　）职责。

A. 期货交易所股东大会和董事会会议的筹备

B. 文件保管

C. 期货交易所股东资料的管理

D. 组织协调专门委员会的工作

74. 期货公司有下列（　　）情形的，中国证监会及其派出机构可以责令改正，并对负有责任的主管人员和其他直接责任人员进行监管谈话，出具警示函。

A. 未按规定报告高级管理人员职责分工调整的情况

B. 未按规定报告相关人员代为履行职责的情况

C. 未按规定对离任人员进行离任审计

D. 未按规定报告董事、监事和高级管理人员的近亲属在本公司从事期货交易的情况

75. 制定《期货从业人员管理办法》的目的是（　　）。

A. 加强期货从业人员的资格管理

B. 规范期货从业人员的执业行为

C. 维护社会期货管理秩序

D. 推动社会主义市场经济的稳定发展

76. 具有从业资格考试合格证明的人员符合下列（　　）条件时，其所在机构应当为其办理从业资格申请。

A. 已被本机构聘用，且品行端正，具有良好的职业道德

B. 最近 2 年内未受过刑事处罚或者中国证监会等金融监管机构的行政处罚

C. 未被中国证监会等金融监管机构采取市场禁入措施，或者禁入期已经届满

D. 最近 2 年内未因违法违规行为被撤销证券、期货从业资格

77. 下列选项中属于《期货从业人员管理办法》所指的从事期货经营业务的机构是（　　）。

A. 期货公司

B. 期货交易所的非期货公司结算会员

C. 期货投资咨询机构

D. 为期货公司提供中间介绍业务的机构

78. 甲刚通过期货从业人员资格考试，还未获得从业资格就开始从事期货业务，对于甲的行为，中国证监会可以采取下列（　　）措施。

A. 责令改正

B. 给予警告

C. 单处或者并处 3 万元以下罚款

D. 三年内禁止从事期货业务

79. 依据《期货公司董事、监事和高级管理人员任职资格管理办法》的规定，高级管理人员包括（　　）。

A. 总经理、副总经理

B. 财务负责人

C. 首席风险官

D. 营业部负责人

80. 申请董事长和监事会主席的任职资格，应当具备的条件有（　　）。

A. 具有大学本科以上学历或者取得学士以上学位

B. 通过中国证监会认可的资质测试

C. 具有从事法律、会计业务 2 年以上经验

D. 具有从事期货业务 3 年以上经验，或者其他金融业务 4 年以上经验

81. 期货公司有下列（　　）情形之一的，中国证监会及其派出机构可以责令改正，并对负有责任的主管人员和其他直接责任人员进行监管谈话，出具警示函。

A. 未按规定报告高级管理人员职责分工调整的情况

B. 法人治理结构存在重大隐患

C. 内部控制存在重大隐患

D. 未按规定报告董事、监事和高级管理人员的近亲属在本公司从事期货交易的情况

82. 证券公司申请介绍业务资格，必须已按规定建立健全与介绍业务相关的（　　）等制度。

A. 业务规则　　　　　B. 内部控制

C. 风险隔离　　　　　D. 合规检查

83. 证券公司从事中间介绍业务的，不得从事以下（　　）行为。

A. 代期货公司、客户收付期货保证金

B. 提供期货行情信息、交易设施

C. 协助办理开户手续

D. 利用证券资金账户为客户存取、划转期货保证金

84. 证券公司在进行中间介绍业务时，应当（　　）。

A. 建立完备的协助开户制度，对客户的开户资料和身份真实性等进行审查

B. 向客户充分揭示期货交易风险，解释期货公司、客户、证券公司三者之间的权利义务关系

C. 告知期货保证金安全存管要求

D. 及时将客户开户资料提交期货公司，期货公司应当复核后与客户签订期货经纪合同，办理开户手续

85. 期货公司风险监管指标达到预警标准的，中

国证监会派出机构可以采取（　　）措施。

A. 向公司出具关注函，并抄送其全体股东

B. 对公司高级管理人员进行监管谈话，要求其优化公司风险监管指标水平

C. 要求公司进行重大业务决策时，应当至少提前 5 个工作日向公司住所地中国证监会派出机构报送临时报告，说明有关业务对公司财务状况和风险监管指标的影响

D. 责令公司增加内部合规检查的频率，并提交合规检查报告

86. 证券公司申请介绍业务，应当向中国证监会提交相关申请材料，属于法律规定的应当提交的申请材料的是（　　）。

A. 客户交易结算资金独立存管制度实施情况说明及客户交易结算资金第三方存管制度文本

B. 分管介绍业务的有关负责人简历，相关业务人员简历、期货从业人员资格证明

C. 关于介绍业务的业务规则、内部控制、风险隔离和合规检查等制度文本

D. 与期货公司拟签订的介绍业务委托协议文本

87. 发生下列（　　）重大事项，期货交易所应当及时向中国证监会报告。

A. 发现期货交易所工作人员存在或者可能存在严重违反国家有关法律、行政法规、规章、政策的行为

B. 期货交易所涉及占其净资产 10% 以上的诉讼

C. 期货交易所的重大财务支出、投资事项以及可能带来较大财务或者经营风险的重大财务决策

D. 期货交易所涉及对其经营风险有较大影响的诉讼

88. 中国证监会认为期货市场出现异常情况的，可以决定采取（　　）等必要的风险处置措施。

A. 暂停交易　　　　B. 延迟开市

C. 提前闭市　　　　D. 责令整改

89. 期货从业人员在向投资者提供服务前，应当了解投资者的（　　）。

A. 财务状况　　　　B. 投资经验

C. 投资目标　　　　D. 家庭状况

90. 证券公司与期货公司应当独立经营，保持（　　）等分开隔离。

A. 财务　　　　　　B. 人员

C. 经营场所　　　　D. 结算系统

91.（　　）依法对期货公司的金融期货结算业务实行自律管理。

A. 中国证监会

B. 中国期货业协会

C. 期货交易所

D. 中国证监会及其派出机构

92. 期货公司金融期货结算业务资格分为（　　）。

A. 交易结算业务资格　　B. 一般结算业务资格

C. 特别结算业务资格　　D. 全面结算业务资格

93. 期货公司申请金融期货结算业务资格，应当具备从事金融期货结算业务的详细计划，包括（　　）等。

A. 部门设置

B. 人员配置

C. 岗位责任

D. 金融期货结算业务管理制度和风险管理制度

94. 期货公司申请金融期货结算业务资格，结算和风险管理部门的岗位负责人应当具有担任（　　）2 年以上经历。

A. 期货公司岗位负责人

B. 期货公司结算部门

C. 期货公司交易部门

D. 期货公司风险管理部门

95. 根据《期货公司风险监管指标管理试行办法》，期货公司应当（　　）。

A. 按照本办法的规定编制、报送风险监管报表

B. 建立与风险监管指标相适应的内部控制制度

C. 建立动态的风险监控和资本补足机制

D. 确保净资本等风险监管指标持续符合标准

96. 会计师事务所及其注册会计师应当勤勉尽责，对出具报告所依据的文件资料内容的（　　）进行核查和验证，并对出具审计报告的合法性和真实性负责。

A. 真实性　　　　　B. 准确性

C. 完整性　　　　　D. 合法性

97. 期货公司董事、监事、财务负责人、营业部负责人离任的，其任职资格自离任之日起自动失效。以下（　　）情形的，不受前款规定所限。

A. 在不同期货公司内，营业部负责人改任相同性质营业部负责人

B. 在同一期货公司内，营业部负责人改任其他营业部负责人

C. 在同一期货公司内，董事长改任监事会主席，或者监事会主席改任董事长，或者董事长、监事会主席改任除独立董事之外的其他董事、监事

D. 期货公司除董事长、监事会主席、独立董事以外的董事、监事，在同一期货公司内由董事改任监事或者由监事改任董事

98. 期货公司风险监管指标包括（　　）以及规定的最低限额的结算准备金要求等衡量期货公司财务安全的监管指标。

A. 期货公司净资本

B. 净资本与净资产的比例

C. 流动资产与流动负债的比例

D. 负债与净资产的比例

99. 下列属于会员制期货交易所理事会行使的职权的有（　　）。

A. 召集会员大会，并向会员大会报告工作

B. 拟定期货交易所章程、交易规则及其修改草案，提交会员大会审定

C. 决定会员的接纳和退出

D. 选举和更换会员理事

100. 期货公司董事、监事和高级管理人员的近亲属在期货公司从事期货交易的，（　　）。

A. 有关董事、监事和高级管理人员应当在知悉或者应当知悉之日起 3 个工作日内向公司报告，并遵循回避原则

B. 有关董事、监事和高级管理人员应当在知悉或者应当知悉之日起 5 个工作日内向公司报告，并遵循回避原则

C. 公司应当在接到报告之日起 3 个工作日内向中国证监会相关派出机构备案，并定期报告相关交易情况

D. 公司应当在接到报告之日起 5 个工作日内向中国证监会相关派出机构备案，并定期报告相关交易情况

三、判断是非题（正确的用 A 表示，错误的用 B 表示）

101. 客户期货交易的交割由期货交易所统一组织进行。（　　）

102. 任何单位或者个人不得违规使用信贷资金、财政资金进行期货交易。（　　）

103. 期货交易所向会员收取的保证金，只能用于担保期货合约的履行，不得查封、冻结、扣划或者强制执行。（　　）

104. 中国证监会可以根据市场情况调整期货交易所收取的保证金标准，暂停、恢复或者取消某一期货交易品种的交易。（　　）

105. 《期货公司监督管理办法》的制定依据是《证券法》和《期货交易管理条例》等法律、行政法规。（　　）

106. 会员制期货交易所理事会会议结束之日起

15 日内，理事会应当将会议决议及其他会议文件报告中国证监会。（　　）

107. 在期货交易所进行期货交易的，可以是期货交易所会员，也可以是非会员。（　　）

108. 期货公司变更法定代表人，应当向工商登记机构提交申请材料。（　　）

109. 期货公司应当向股东做出最低收益、分红的承诺。（　　）

110. 会员制期货交易所理事因故不能出席理事会会议的，应当以书面形式委托其他理事代为出席，每位理事只能接受一位理事的委托。（　　）

111. 全面结算会员期货公司认为必要的，可以对非结算会员进行风险提示。（　　）

112. 会员制期货交易所理事会应当将会议表决事项做成会议记录，由出席会议的理事和记录员在会议记录上签名。（　　）

113. 中国证监会对取得经理层人员任职资格但未实际任职的人员实行资格季检。（　　）

114. 期货公司董事、监事和高级管理人员累计 2 次被行业自律组织纪律处分的，中国证监会及其派出机构可以将其认定为不适当人选。（　　）

115. 证券公司不得代客户接收、保管或者修改交易密码。（　　）

116. 证券公司不得直接为客户从事期货交易提供融资或者担保，但可以间接为客户从事期货交易提供融资或者担保。（　　）

117. 非结算会员是期货公司的，其与全面结算会员期货公司期货业务资金往来，只能通过各自的期货保证金账户办理。（　　）

118. 会员制期货交易所总经理每届任期 5 年，没有届数限制，可连选连任。（　　）

119. 会员制期货交易所的总经理是当然理事。（　　）

120. 客户应当向期货公司登记以本人名义开立的用于存取保证金的期货结算账户。（　　）

四、综合题

由于受到某强烈地震影响，某期货公司房屋、设备遭到严重损坏，无法继续进行期货业务，现不得不申请停业，根据该事实情况，依据《期货公司监督管理办法》回答以下问题。

121. 若期货公司欲申请停业，下列（　　）事项属于其应当妥善处理的。

A. 客户资产　　　　B. 清退客户

C. 成立清算组　　　D. 转移资产

122. 该期货公司申请停业时，应当向证监会提交以下（　）材料。

A. 停业申请书

B. 关于处理客户资产，处置、清退客户情况报告

C. 停业决议文件

D. 期货业协会规定的其他材料

123. 如果该期货公司解散，应该采取采取以下（　）措施。

A. 妥善处理客户资产

B. 申请期货公司破产

C. 注销其期货业务许可证

D. 结清业务

124. 甲获得从业资格考试合格证明。2008年2月，他被某期货公司聘用，该期货公司拟为其办理从业资格申请。但经过调查，发现甲在2006年3月曾违法违规行为被撤销证券从业资格。那么该期货公司（　）。

A. 不能为甲办理从业资格申请

B. 可以为甲办理从业资格申请

C. 仍然可以聘用甲，但甲不得开展期货业务

D. 必须解聘甲

125. 张某为某期货公司职员，2008年9月1日，因其从事的期货业务行为涉嫌违法违规被调查处理，一个月后，该期货公司向协会报告。该期货公司（　）。

A. 应当将该事情在期货协会备案

B. 行为符合《期货从业人员管理办法》规定

C. 应该在自己的网站上公告

D. 行为违法，应该在10个工作日内向协会报告

赵某是某期货公司从业人员，在从业过程中，赵某为了发展业务，对其他客户谎称另一期货从业人员经常出去赌钱，现在欠了很多赌债，千万不要把自己的期货交易委托给他管理。

根据以上信息，回答下列问题：

126. 赵某的行为属于不正当竞争行为，违反了（　）规定。

A. 采用虚假或容易引起误解的宣传方式进行自我夸大或者损害其他同业者的名誉

B. 贬低或诋毁其他期货经营机构、期货从业人员

C. 采用明示或暗示与有关组织具有特殊关系的手段招徕投资者，或利用与有关组织的有关系进行业务垄断

D. 中国证监会或协会认定的其他不正当竞争行为

127. 针对赵某的行为，期货业协会给予其暂停从业资格7个月处分，如果赵某对该处分不服，可以采取以下（　）救济措施。

A. 向协会申诉委员会申诉

B. 申诉委员会做出的审议决定为最终决定

C. 可以向人民法院提起诉讼

D. 可以向仲裁机构提起仲裁

128. 某期货公司从事经纪业务，接受客户甲的委托，以该期货公司的名义为客户进行期货交易，交易结果由（　）承担。

A. 甲　　　　　　　　B. 该期货公司

C. 甲和期货公司　　　D. 都不承担

129. 保障基金管理机构按照规定定期编制了保障基金的筹集、管理、使用报告，并聘请辉煌会计师事务所进行审计，根据规定，经审计通过后，基金管理机构应当将报表报送（　）。

A. 中国人民银行

B. 中国证监会

C. 中国证监会和财政部

D. 中国证监会或财政部

130. 某期货交易所解散原因可包括能是（　）。

A. 章程规定的营业期限届满

B. 因经营效益不好而关闭

C. 会员大会或者股东大会决定解散

D. 中国证监会决定关闭

131. 2009年7月8日，某期货交易所会员甲在该交易日买人大量的小麦期货合约。合约的保证金总额超过了其现有资金，甲准备用其持有的国债0213充抵部分保证金。2009年7月7日，国债0213在上海证券交易所和深圳证券交易所的开盘价分别为79.65元/手、79.62元/手；最高价分别为79.69元/手、79.66元/手；最低价分别为79.37元/手、79.45元/手；收盘价分别为79.51元/手、79.44元/手。根据《期货交易所管理办法》的规定，以国债0213充抵保证金，期货交易所应以（　）为基准计算价值。

A. 79.44元/手　　　　B. 79.69元/手

C. 79.62元/手　　　　D. 79.37元/手

132. 李某为一期货公司的总经理，王某为其朋友，王某在李某所任职的期货公司开立账户，此后多次找到李某，请求其透露一些期货信息，李某利用其职位获取相关准确信息，暗示某些期货价格可能会上涨，结果王某从中获利50万元，并给予李某好处费15万元。依据本案例，下列说法中，正确的有（　）。

A. 李某属于"知情人士"，不得向外透露期货

交易的内幕

B. 李某的行为属于商业受贿行为

C. 应当没收其违法所得，并处 3 万元以下罚款

D. 情节严重的，暂停或者撤销其任职资格，涉嫌犯罪的，依法追究其刑事责任

某期货公司注册资本 6 500 万元，董事长王某在期货公司里面工作十余年，总经理赵某曾经在证券公司任职近 8 年，副总经理李某在期货公司里从事期货业务已满 6 年，王某、李某在期货公司连续担任董事长、副总经理分别达 5 年、4 年之久，王某已经获得期货从业资格。2007 年 5 月，该期货公司副总经理李某因违法犯罪受到刑事处罚。2008 年该公司申请金融期货全面结算业务资格。

根据上述情况，回答下列问题：

133. 该期货公司申请金融期货全面结算业务资格但未获批准，根据《期货公司金融期货结算业务试行办法》的规定，其原因可能是（　　）。

A. 该期货公司的注册资本不符合法律规定

B. 王某、赵某和李某的期货或者证券从业时间不符合法律规定

C. 李某因违法犯罪受到刑事处罚

D. 王某、赵某和李某中具有期货从业人员资格的人数不符合法律规定

134. 该期货公司申请金融期货结算业务资格的条件，应向中国证监会提交下列（　　）材料。

A. 加盖公司公章的营业执照复印件和金融期货经纪业务资格证明文件

B. 从事金融期货结算业务的计划书

C. 申请日前 3 个会计年度每季度末客户权益总额情况表

D. 股东会或者董事会关于期货公司申请金融期货结算业务资格的决议文件

某期货公司共有 15 家营业部，现有净资产人民币 8 700 万元，资产调整值为人民币 230 万元，负债调整值为人民币 380 万元，有三家客户需要追加保证金，但经催告后仍然未足额追加，未足额追加的保证金数额为人民币 1 800 万元。该期货公司客户权益总额为人民币 15 亿元。问：

135. 根据《期货公司风险监管指标管理办法》的规定，该期货公司的净资本是人民币（　　）。

A. 8 470 万元　　　　　　B. 6 290 万元

C. 7 050 万元　　　　　　D. 8 090 万元

136. 根据《期货公司风险监管指标管理办法》的规定，下列说法正确的是（　　）。

A. 该期货公司的净资本符合风险监管指标标准

B. 该期货公司净资本按营业部数量平均折算额低于 500 万元，不符合风险监管指标标准

C. 该期货公司净资本与净资产的比例高于 40%，符合风险监管指标标准

D. 以上说法都不对

2008 年 9 月 1 日，A 证券公司向中国证监会申请介绍业务资格。根据《证券公司为期货公司提供中间介绍业务试行办法》的规定，回答下列问题：

137. 证券公司申请介绍业务资格，应当符合下列（　　）条件。

A. 申请日前 3 个月各项风险控制指标符合规定标准

B. 已按规定建立客户交易结算资金第三方存管制度

C 已按规定建立健全与介绍业务相关的业务规则、内部控制、风险隔离及合规检查等制度

D. 具有满足业务需要的技术系统

138. 证券公司申请介绍业务资格，应当配备必要的业务人员，拟开展介绍业务的营业部至少有（　　）具有期货从业人员资格的业务人员。

A. 2 名　　　　　　　　B. 3 名

C. 5 名　　　　　　　　D. 7 名

139. 证券公司申请介绍业务资格，应当符合中国证监会规定的风险控制指标标准，下列属于该标准的是（　　）。

A. 净资本不低于 12 亿元

B. 流动资产余额不低于流动负债余额（不包括客户交易结算资金和客户委托管理资金）的 100%

C. 对外担保及其他形式的或有负债之和不高于净资产的 10%，但因证券公司发债提供的反担保除外

D. 净资本不低于净资产的 80%

140. 小张委托 A 期货公司进行期货交易已经满 1 年，之后与 B 期货公司订立了期货经纪合同，B 未提示小张注意《期货交易风险说明书》内容，小张已签字确认，对于在交易中的损失，下列各项中说法正确的是（　　）。

A. 由小张承担

B. 由期货公司承担

C. 如果小张已有交易经历，可以免除期货公司的责任

D. 即使小张有交易经历，也不能免除期货公司的责任

模拟试题（三）

一、单项选择题

1. 我国《期货从业人员执业行为准则（修订）》自（　）起施行。

A. 2003 年 7 月 1 日　　B. 2003 年 9 月 1 日

C. 2008 年 10 月 1 日　　D. 2008 年 4 月 30 日

2. 期货公司不得隐瞒重要事项或者使用其他不正当手段诱骗客户发出（　）。

A. 错误指令　　　　B. 交易指令

C. 错误信息　　　　D. 交易信息

3. 境外期货项下购汇、结汇以及外汇收支，应当符合（　）有关规定。

A. 国家外汇管理　　B. 国际外汇法规

C. 国家期货管理　　D. 国际期货规定

4. 国务院期货监督管理机构依法履行职责，进行监督检查或者调查时，被检查、调查的单位和个人应当配合，如实提供有关文件和资料，不得（　）；其他有关部门和单位应当给予支持和配合。

A. 隐瞒、欺诈和阻碍　B. 隐瞒、误导和阻碍

C. 拒绝、阻碍和隐瞒　D. 拒绝、欺诈和隐瞒

5. 期货交易所的管理办法由（　）制定。

A. 全国人大常委会

B. 国务院法制办

C. 最高人民法院

D. 国务院期货监督管理机构

6. 期货公司单个股东的持股比例或者有关联关系的股东合计持股比例增加到（　）以上，应当经期货公司住所地中国证监会派出机构批准。

A. 3%　　　　　　B. 5%

C. 10%　　　　　D. 15%

7. 客户未在期货公司规定的时间内及时追加保证金或者自行平仓的，期货公司应当将该客户的合约强行平仓，强行平仓的有关费用和发生的损失由（　）承担。

A. 该客户

B. 期货交易所

C. 期货交易所和该客户按比例

D. 期货交易所和该客户共同连带

8. 会员在期货交易中违约，当保证金不足时，期货交易所应当以风险准备金和自有资金代为承担违约责任，并由此取得对该会员的相应（　）。

A. 请求权　　　　　B. 追偿权

C. 代位权　　　　　D. 质押权

9. 在我国对境内单位或者个人从事境外商品期货交易的品种进行核准的机构是（　）。

A. 期货交易所

B. 中国期货业协会

C. 国务院商务主管部门

D. 国务院期货监督管理机构

10. 期货投资者保障基金的筹集、管理和使用的具体办法，由国务院期货监督管理机构会同（　）制定。

A. 期货交易所　　　B. 中国证监会

C. 中国人民银行　　D. 国务院财政部门

11. 期货公司首席风险官不能够胜任工作的，（　）可以免除首席风险官的职务。

A. 期货交易所　　　B. 期货公司监事会

C. 期货公司董事会　D. 中国期货业协会

12. 期货交易所联网交易的，应当于决定之日起（　）内报告中国证监会。

A. 3 日　　　　　　B. 5 日

C. 10 日　　　　　D. 30 日

13. 期货交易所的下列行为中不需要经中国证监会批准的是（　）。

A. 变更交易所名称

B. 期货交易所分立

C. 股东大会决定解散期货交易所

D. 制定并实施期货交易所的交易规则及其实施细则

14. 下列选项中不属于期货交易所总经理职权的是（　）。

A. 拟订风险准备金的使用方案

B. 拟订并实施经批准的期货交易所发展规划、年度工作计划

C. 拟订期货交易所财务预算方案、决算报告

D. 决定对违规行为的纪律处分

15. 申请设立期货公司，具有任职资格的高级管理人员不少于（　）人。

A. 3　　　　　　　B. 5

C. 7　　　　　　　D. 15

16. 申请设立期货公司，持有 5% 以上股权的股东为法人或者其他组织的，净资产不低于实收资本的（　），或有负债低于净资产的（　），不存在对财务

状况产生重大不确定影响的其他风险。

A. 30%；30%　　　　B. 30%；50%

C. 50%；30%　　　　D. 50%；50%

17. 被免职的期货公司首席风险官可以向（　　）解释说明情况。

A. 公司住所地中国证监会派出机构

B. 公司住所地期货交易所

C. 中国期货业协会

D. 公司监事会

18. 期货公司首席风险官提出辞职的，应当提前（　　）向期货公司董事会提出申请。

A. 5 日　　　　　B. 10 日

C. 15 日　　　　　D. 30 日

19. 期货公司首席风险官应当在每季度结束之日起（　　）工作日内向公司住所地中国证监会派出机构提交季度工作报告。

A. 3 个　　　　　B. 5 个

C. 10 个　　　　　D. 15 个

20. 期货公司首席风险官应当在每年（　　）前向公司住所地中国证监会派出机构提交上一年度全面工作报告。

A. 1 月 10 日　　　B. 1 月 20 日

C. 2 月 1 日　　　　D. 2 月 10 日

21. 期货公司首席风险官连续（　　）次培训考试成绩不合格的，中国证监会及其派出机构可以采取监管谈话、出具警示函等监管措施。

A. 2　　　　　　B. 3

C. 4　　　　　　D. 5

22. （　　）负责向通过期货从业资格考试的人员颁发期货从业资格考试合格证明。

A. 期货业协会

B. 中国证监会

C. 期货交易所

D. 期货从业人员所在的期货公司

23. （　　）依法对期货公司董事、监事和高级管理人员进行监督管理。

A. 中国银监会　　　B. 中国证监会

C. 期货交易所　　　D. 期货业协会

24. 申请除董事长、监事会主席、独立董事以外的董事、监事的任职资格，应当具有大学（　　）以上学历。

A. 专科　　　　　B. 本科

C. 硕士　　　　　D. 博士

25. 具有期货等金融或者法律、会计专业硕士研

究生以上学历的人员，申请期货公司董事、监事和高级管理人员任职资格的，从事除期货以外的其他金融业务，或者法律、会计业务的年限可以放宽（　　）年。

A. 1　　　　　　B. 2

C. 3　　　　　　D. 5

26. 申请期货公司董事长、监事会主席、独立董事的任职资格，应当提交（　　）名推荐人的书面推荐意见。

A. 1　　　　　　B. 2

C. 3　　　　　　D. 5

27. 期货公司应当自拟任董事、监事、财务负责人、营业部负责人取得任职资格之日起（　　）个工作日内，按照公司章程等有关规定办理上述人员的任职手续。

A. 15　　　　　　B. 30

C. 45　　　　　　D. 60

28. 期货公司高级管理人员最多可以在期货公司参股的（　　）家公司兼任董事、监事。

A. 1　　　　　　B. 2

C. 3　　　　　　D. 5

29. 期货公司董事、监事和高级管理人员因涉嫌违法违规行为被有权机关立案调查或者采取强制措施的，期货公司应当在知悉或者应当知悉之日起（　　）个工作日内向中国证监会相关派出机构报告。

A. 3　　　　　　B. 5

C. 7　　　　　　D. 15

30. 期货公司董事、监事和高级管理人员收受商业贿赂或者利用职务之便牟取其他非法利益的，没收违法所得，并处（　　）元以下罚款；情节严重的，暂停或者撤销任职资格。

A. 3 万　　　　　B. 5 万

C. 10 万　　　　　D. 15 万

31. 期货交易应当在依法设立的（　　）或者国务院期货监督管理机构批准的其他交易场所进行。

A. 期货交易所　　　B. 期货公司

C. 证券交易所　　　D. 证券公司

32. 若期货公司首席风险官被中国证监会及其派出机构认定为不适当人选，则从认定之日起（　　）内，任何期货公司不得任用该人员担任董事、监事和高级管理人员。

A. 1 年　　　　　B. 2 年

C. 3 年　　　　　D. 5 年

33. 甲期货公司与客户准备签订期货经纪合同，

根据法律规定，在签订委托合同时，甲期货公司应当首先向客户出示（　　）。

A. 营业执照　　　　B. 书面合同

C. 责任自负承诺书　D. 风险说明书

34. 期货交易应当采用（　　）方式或者国务院期货监督管理机构批准的其他方式。

A. 公开的集中交易　B. 公开的分散交易

C. 不公开的分散交易　D. 不公开的集中交易

35. 期货交易所、期货公司应当按照（　　）的规定提取、管理和使用风险准备金。

A. 国务院

B. 中国银监会

C. 中国期货业协会

D. 国务院期货监督管理机构和财政部

36.《期货交易所管理办法》从（　　）开始施行。

A. 2006年2月7日　　B. 2007年4月15日

C. 2007年2月7日　　D. 2007年8月15日

37. 中国证监会在受理金融期货结算业务资格申请之日起（　　）个月内，做出批准或者不批准的决定。

A. 1　　　　　　　　B. 2

C. 3　　　　　　　　D. 5

38. 证券公司违反业务规则时，中国证监会及其派出机构不可以采取的措施是（　　）。

A. 责令限期整改　　B. 监管谈话

C. 拘留主要负责人　D. 出具警示函

39. 期货纠纷案件由（　　）管辖。

A. 最高人民法院　　B. 基层人民法院

C. 中级人民法院　　D. 高级人民法院

40. 期货从业人员因执业过错给机构造成损失的，（　　）。

A. 由从业人员承担相应责任

B. 由机构承担相应责任

C. 由从业人员和机构承担连带责任

D. 由第三方承担相应责任

41. 在我国设立期货交易所，由（　　）审批。

A. 中国人民银行

B. 全国人大常委会

C. 全国人民代表大会

D. 国务院期货监督管理机构

42. 期货公司及其营业部的许可证由（　　）统一印制。

A. 期货交易所　　　B. 中国证监会

C. 国家工商总局　　D. 商务部

43. 期货公司违法经营或者出现重大风险，严重危害期货市场秩序、损害客户利益的，（　　）可以对该期货公司采取责令停业整顿、指定其他机构托管或者接管等监管措施。

A. 中国证监会

B. 中国银监会

C. 国务院期货法制委员会

D. 国务院期货监督管理机构

44. 期货公司首席风险官连续（　　）次不参加培训的，中国证监会及其派出机构可以采取监管谈话、出具警示函等监管措施。

A. 2　　　　　　　　B. 3

C. 4　　　　　　　　D. 5

45. 期货投资者保障基金按照（　　）原则筹集。

A. 资金大小的比例

B. 公平、公正、公开

C. 取之于市场、用之于市场

D. 个人劳动所得倍率

46. 期货投资者保障基金的启动资金由期货交易所从其积累的风险准备金中按照截至（　　）风险准备金账户总额的百分之十五交纳形成。

A. 2005年7月1日　　B. 2005年12月16日

C. 2006年7与7日　　D. 2006年12月31日

47. 期货交易所的合并、分立，由（　　）批准。

A. 中国证监会

B. 中国银监会

C. 国务院期货法制委员会

D. 国务院期货监督管理机构

48. 期货公司在中国证监会不同派出机构辖区变更住所的，应当近（　　）内无重大违法违规经营记录，未发生重大风险事件。

A. 1年　　　　　　　B. 2年

C. 3年　　　　　　　D. 5年

49. 下列关于期货公司经营业务的说法错误的是（　　）。

A. 期货公司不得从事或者变相从事期货自营业务

B. 期货公司不得从事经营境外期货经纪业务

C. 期货公司不得为其股东、实际控制人或者其他关联人提供融资，不得对外担保

D. 除法律、行政法规或者国务院期货监督管理机构另有规定外，期货公司不得从事与期货业务无关的活动

50. 期货交易所设监事会，每届任期（　　）年。

A. 2　　　　　　　　B. 3

C. 5　　　　　　　　D. 7

51. 会员在期货交易中违约的，期货交易所先以（　　）承担违约责任。

A. 该会员的保证金

B. 期货交易所的自有资金

C. 期货交易所的风险准备金

D. 期货交易公司的储备金

52. 某期货交易所理事会理事由于生病不能参加理事会会议，该理事的下列做法正确的是（　　）。

A. 在电话里通知另一理事代为出席

B. 委托另一理事代为出席，被委托理事已经接受了一项委托

C. 以书面形式委托另一尚未接受委托的理事代为出席

D. 该理事不得委托他人代为出席

53. 中国期货业协会、期货交易所依法对期货公司董事、监事和高级管理人员进行（　　）管理。

A. 监督　　　　　　B. 垂直

C. 自律　　　　　　D. 行政

54. 期货公司取得金融期货结算业务资格后，应当向期货交易所申请相应结算会员资格，期货公司取得金融期货结算业务资格之日起（　　）内，未取得期货交易所结算会员资格，金融期货结算业务资格自动失效。

A. 3 个月　　　　　　B. 6 个月

C. 1 年　　　　　　　D. 2 年

55. 期货从业人员对协会的纪律处分不服的，可以向协会（　　）。

A. 申诉　　　　　　B. 反映

C. 上访　　　　　　D. 申请复议

56. 因期货交易所信息发布错误，造成期货公司直接经济损失的，期货交易所可以以（　　）抗辩。

A. 期货公司也有过错．

B. 期货交易所已采取补救措施

C. 不可抗力

D. 相关责任人已经受到行政或刑事处罚

57. 期货公司申请金融期货结算业务资格的基本条件之一为：近（　　）年内未因违法违规经营受过刑事处罚或者行政处罚。

A. 1　　　　　　　　B. 2

C. 3　　　　　　　　D. 5

58. 期货公司董事、高级管理人员、各部门应当

支持和配合首席风险官的工作，不得以涉及商业秘密或者其他理由（　　）首席风险官履行职责。

A. 妨碍、拒绝　　　　B. 帮助、暗示

C. 诋毁、诽谤　　　　D. 限制、阻挠

59. 风险监管指标与上月相比变动超过（　　）的，期货公司应当向公司住所地中国证监会派出机构书面报告，说明原因，并在 5 个工作日内向全体董事和全体股东书面报告。

A. 10%　　　　　　　B. 20%

C. 30%　　　　　　　D. 35%

60. 客户下达的交易指令数量和买卖方向明确，没有有效期限的，应当视为（　　）有效。

A. 立即　　　　　　B. 当日

C. 次日　　　　　　D. 持续

二、多项选择题

61. 为期货公司提供中间介绍业务的机构的从业人员不得有下列（　　）行为。

A. 收付、存取或者划转期货保证金

B. 代理客户从事期货交易

C. 协助办理开户手续

D. 中国证监会禁止的其他行为

62. 期货投资者保障基金的后续资金来源包括（　　）。

A. 期货交易所按其向期货公司会员收取的交易手续费的百分之三缴纳

B. 期货公司从其收取的交易手续费中按照代理交易额的千万分之五至千万分之十的比例缴纳

C. 期货投资者保障基金管理机构追偿或者接受的其他合法财产

D. 期货交易所按其向期货公司会员收取的交易手续费的百分之五缴纳

63. 下列关于期货交易所缴纳期货投资者保障基金的做法正确的是（　　）。

A. 期货交易所应当在本办法实施之日起 1 个月内，将应当缴纳的启动资金划入期货投资者保障基金专户

B. 期货交易所、期货公司应当按季度缴纳后续资金

C. 期货交易所、期货公司应当按月度缴纳后续资金

D. 期货交易所应当在每季度结束后 15 个工作日内，缴纳前一季度应当缴纳期货投资者保障

64. 有下列（　　）情形之一的，经中国证监会、财政部批准，期货交易所、期货公司可以暂停缴纳期

货投资者保障基金。

A. 期货投资者保障基金总额达到 6 亿元人民币

B. 期货投资者保障基金总额达到 8 亿元人民币

C. 期货交易所、期货公司遭受重大突发市场风险或者不可抗力

D. 主要投资者遭受重大突发市场风险或者不可抗力

65. （　　）可以指定相关机构作为期货投资者保障基金管理机构，代为管理期货投资者保障基金。

A. 财政部　　　　　　B. 国务院

C. 中国证监会　　　　D. 中国期货业协会

66. 保证金不足的，全面结算会员期货公司应当以（　　）代为承担违约责任，并由此取得对该非结算会员的相应追偿权。

A. 注册资金　　　　　B. 风险准备金

C. 自有资金　　　　　D. 保证金

67. 全面结算会员期货公司应当建立并实施（　　）等制度，保证金融期货结算业务正常进行，确保非结算会员及其客户资金安全。

A. 内部控制　　　　　B. 交易预算

C. 风险管理　　　　　D. 资格管理

68. 全面结算会员期货公司应当在定期报告中向中国证监会派出机构报告下列（　　）事项。

A. 非结算会员名单及其变化情况

B. 金融期货结算业务所涉及的内部控制制度的执行情况

C. 金融期货结算业务所涉及的风险管理制度的执行情况

D. 中国证监会规定的其他事项

69. 期货公司被期货交易所（　　）的，应当在收到期货交易所的通知文件之日起 3 个工作日内向期货公司住所地的中国证监会派出机构报告。

A. 取消会员资格　　　B. 暂停会员资格

C. 接纳为会员　　　　D. 终止会员资格

70. 全面结算会员期货公司应当平等对待（　　），防范利益冲突，不得利用结算业务关系及由此获得的信息损害非结算会员及其客户的合法权益。

A. 非结算会员

B. 本公司客户

C. 非结算会员客户

D. 特别结算会员期货公司客户

71. 在期货交易过程中，应当遵守下列（　　）制度。

A. 限仓制度　　　　　B. 套期保值审批制度

C. 大户持仓报告制度　D. 客户交易编码制度

72. 某日，在期货交易所内期货价格出现同方向连续跌停，严重影响了期货市场的稳定秩序，为了化解此种风险，期货交易所可以采取（　　）等措施。

A. 调整涨跌停板幅度　B. 提高交易保证金标准

C. 按一定原则减仓　　D. 增加风险准备金

73. 对于约定不明确的交易指令，应当按照下列（　　）规则来确定指令的内容。

A. 没有有效期限的，应当视为当日有效

B. 没有有效期限的，应当视为次日有效

C. 没有成交价格的，应当视为按市价交易

D. 没有开仓方向的，应当视为开仓交易

74. 明达期货公司与客户吴伟签订了一份期货经纪合同，但双方未在合同中约定交易结算结果的通知方式，事后也未达成补充规定。某交易日，市场行情突变，吴伟因不知交易结算结果而继续持仓，造成损失一万元。下列说法正确的是（　　）。

A. 如果明达期货公司能提供证据证明已经发出交易结算结果通知的，则对该一万元不承担赔偿责任

B. 如果明达期货公司不能提供证据证明已经发出交易结算结果通知的，则对该一万元应承担次要赔偿责任

C. 如果明达期货公司不能提供证据证明已经发出交易结算结果通知的，则对该一万元应承担主要赔偿责任

D. 如果明达期货公司不能提供证据证明已经发出交易结算结果通知的，则对该一万元最高承担八千元的赔偿责任

75. 《期货公司首席风险官管理规定》制定的目的是（　　）。

A. 完善期货公司治理结构

B. 加强内部控制和风险管理

C. 促进期货公司依法稳健经营

D. 维护期货公司投资者合法权益

76. 投资者金融类资产包括（　　）。

A. 股票　　　　　　　B. 基金

C. 期货权益　　　　　D. 债券

77. 可由期货公司住所地的中国证监会派出机构依法核准任职资格的人员是（　　）。

A. 财务负责人

B. 期货公司董事长

C. 期货公司工会主席

D. 除期货公司监事会主席外的监事

78. 对存在违反投资者适当性制度行为的期货公

司会员，交易所可以采取（　　）监管措施。

A. 责令整改

B. 书面警示

C. 公开谴责

D. 暂停受理申请开立新的交易编码

79. 下列关于首席风险官的说法正确的是（　　）。

A. 期货公司应当设首席风险官

B. 首席风险官发现涉嫌占用、挪用客户保证金等违法违规行为或者可能发生风险的，应当立即向证券交易所和公司股东会报告

C. 期货公司拟解聘首席风险官的，应当有正当理由并向中国证监会派出机构报告

D. 首席风险官不履行职责的，期货交易所有权责令更换

80. 期货公司会员工作人员对违规行为负有责任，情节严重的，交易所可以向（　　）提出撤销任职资格、取消从业资格等行政处罚或者纪律处分建议。

A. 期货交易所

B. 中国期货业协会

C. 中国证监会

D. 中国证监会相关派出机构

81.《金融期货投资者适当性制度实施办法（试行）》中所称特殊法人包括（　　）。

A. 证券公司

B. 基金公司

C. 担保公司

D. 合格境外机构投资者

82. 期货交易所履行职责引起的商事案件是指（　　）。

A. 期货交易所会员及其相关人员、保证金存管银行及其相关人员、客户、其他期货市场参与者，以期货交易所违反法律法规以及国务院期货监督管理机构的规定，履行监督管理职责不当，造成其损害为由提起的商事诉讼案件

B. 期货交易所会员及其相关人员、保证金存管银行及其相关人员、客户、其他期货市场参与者，以期货交易所违反其章程、交易规则、实施细则的规定以及业务协议的约定，履行监督管理职责不当，造成其损害为由提起的商事诉讼案件

C. 期货交易所会员及其相关人员、保证金存管银行及其相关人员、客户、其他期货市场参与者，以期货交易所遵守其章程、交易规则、实施细则的规定以及业务协议的约定为由提起的商事诉讼案件

D. 期货交易所因履行职责引起的其他商事诉讼案件

83. 申请经理层人员的任职资格，应当提交的申请材料包括（　　）。

A. 申请书

B. 任职资格申请表

C. 身份、学历、学位证明

D. 期货从业人员资格证书

84. 首席风险官是负责对期货公司经营管理行为的（　　）进行监督检查期货公司高级管理人员。

A. 合法合规性　　　　B. 合理性

C. 风险管理状况　　　D. 公司经营状况

85. 董事会选聘首席风险官是以（　　）作为主要的判断标准。

A. 是否熟悉期货法律、法规

B. 是否诚信守法

C. 是否具备胜任能力

D. 是否符合规定的任职条件

86. 客户保证金未足额追加的，（　　）。

A. 期货公司应当相应调减净资本

B. 期货公司在计算符合规定的最低限额的结算准备金时，应当相应扣除

C. 客户保证金在报表报送日之前已足额追加的，期货公司可以在报表附注中说明

D. 未足额追加的客户保证金应当按期货交易所规定的保证金标准计算，不包括已经记入"应收风险损失款"科目的客户因穿仓形成的对期货公司的债务

87. 下列各项属于期货从业人员禁止行为的是（　　）。

A. 操纵期货交易价格

B. 欺诈投资者

C. 内幕交易

D. 协助或协同他人进行违法违规活动

88. 期货公司风险监管指标达到预警标准的，期货公司应当于当日向公司住所地中国证监会派出机构书面报告，详细说明（　　）。

A. 对公司的影响

B. 解决问题的具体措施

C. 原因

D. 解决问题的期限

89. 期货从业人员在执业过程中应当坚持期货市场的（　　）原则，维护期货交易各方的合法权益。

A. 公开　　　　　　　B. 公平

C. 公正　　　　　D. 公信

90. 中国证监会派出机构应当在 5 个工作日内对公司风险监管指标触及预警标准的情况和原因进行核实，对公司的影响程度进行评估，并视情况采取下列措施，其中包括（　　）。

A. 暂停期货公司经纪业务

B. 向公司出具关注函，并抄送其全体股东

C. 对公司高级管理人员进行监管谈话，要求其优化公司风险监管指标水平

D. 责令公司增加内部合规检查的频率，并提交合规检查报告

91. 发生（　　）重大事项，期货交易所应当及时向中国证监会报告。

A. 发现期货交易所工作人员存在或者可能存在严重违反国家有关法律、行政法规、规章、政策的行为

B. 期货交易所涉及占其净资产 20% 以上或者对其经营风险有较大影响的诉讼

C. 期货交易所的重大财务支出或投资事项

D. 期货交易所的可能带来较大财务风险的重大财务决策

92. 期货公司为债务人，债权人请求冻结、划拨（　　）账户中资金或者有价证券的，人民法院不予支持。

A. 期货交易所会员在期货交易所保证金账户中的资金

B. 期货交易所会员向期货交易所提交的用于充抵保证金的有价证券

C. 客户在期货公司保证金账户中的资金

D. 客户向期货公司提交的用于充抵保证金的有价证券

93. 某期货交易所理事会做出一项理事会决议，关于该决议，下列说法正确的是（　　）。

A. 该决议须经全体理事 1/2 以上表决通过

B. 做出该决议的理事会会议须有 2/3 以上理事出席

C. 该决议须经出席会议的理事的 1/2 以上表决通过

D. 做出该决议的理事会会议须有 1/2 以上理事出席

94. 期货交易所除履行《期货交易管理条例》规定的职能外，还应履行《期货交易所管理办法》规定的下列（　　）职能。

A. 发布市场信息

B. 制定并实施期货交易所的交易规则及其实施细则

C. 监管会员及其客户、指定交割仓库、期货保证金存管银行及期货市场其他参与者的期货业务

D. 查处违规行为

95. 公司制期货交易所监事会行使下列（　　）职权。

A. 检查期货交易所财务

B. 监督期货交易所董事、高级管理人员执行职务行为

C. 向股东大会会议提出提案

D. 期货交易所章程规定的其他职权

96. 下列情形应当认定期货经纪合同无效的是（　　）。

A. 没有从事期货经纪业务的主体资格而从事期货经纪业务的

B. 未按客户的交易指令入市交易的

C. 不具备从事期货交易主体资格的客户从事期货交易的

D. 违反法律、法规禁止性规定的

97. A 期货交易所是会员制期货交易所，该期货交易所的理事会准备召开理事会会议，关于理事会会议的说法正确的是（　　）。

A. 理事会会议须有 1/2 以上理事出席方为有效，其决议须经全体理事 1/2 以上表决通过

B. 理事会会议应当由理事本人出席，理事因故不能出席，应以书面形式委托其他理事代为出席

C. 在接受其他理事委托代为参加理事会会议时，每位理事只能接受一位理事的授权

D. 理事会会议结束后 10 日内，理事会应将会议决议及其他会议文件报中国证监会备案

98. 根据《期货公司资产管理业务试点办法》的规定，下列说法正确的是（　　）。

A. 期货公司应当建立健全并有效执行资产管理业务管理制度，加强对资产管理业务的交易监控，防范业务风险，确保公平交易

B. 期货公司应当对资产管理业务进行集中管理，其人员、业务、场地应当与其他业务部门相互独立，并建立业务隔离墙制度

C. 期货公司应当有效执行资产管理业务人员管理和业务操作制度，采取有效措施强化内部监督制约和奖惩机制，强化投资经理及相关资产管理人员的职业操守，防范利益冲突和道德风险

D. 资产管理业务投资经理、交易执行、风险控

制等岗位必须相互独立，并配备专职业务人员，不得相互兼任

99. 下列期货公司资产管理部门应当立即向公司总经理和首席风险官报告的情形有（　）。

A. 资产管理业务被交易所调查或者采取风险控制措施，或者被有权机关调查

B. 客户提前终止资产管理委托

C. 其他可能影响资产管理业务开展和客户权益的情形

D. 资产管理业务投资经理、交易执行和风险控制等岗位的业务人员的变动情况

100. 期货公司限期未能完成整改或者发生（　）情形的，中国证监会可以暂停其开展新的资产管理业务。

A. 风险监管指标不符合规定

B. 高级管理人员和业务人员不符合规定要求

C. 超出本办法规定或者合同约定的投资范围从事资产管理业务

D. 其他影响资产管理业务正常开展的情形

三、判断是非题（正确的用 A 表示，错误的用 B 表示）

101. 在我国，期货交易所可以间接参与期货交易，但必须严格遵守相关法律（　）

102. 根据《期货公司资产管理业务试点办法》的规定，资产管理合同应当明确约定，由期货公司和客户共同承担投资风险。（　）

103. 期货公司可以与客户约定收取一定比例的管理费，并可以约定基于资产管理业绩收取相应的报酬。（　）

104. 期货交易所应当对期货公司的期货资产管理账户及其交易编码进行重点监控，发现期货资产管理账户违法违规交易的，应当按照职责及时处置并报告中国证监会及其派出机构。（　）

105. 中国期货业协会对期货公司从事期货投资咨询业务实行自律管理。（　）

106. 期货公司应当向股东做出最低收益、分红的承诺。（　）

107. 期货投资咨询业务人员在开展期货投资咨询服务时，可以接受客户委托代为从事期货交易。（　）

108. 期货从业人员的资格考试由中国证监会组织。（　）

109. 期货公司董事、监事和高级管理人员被中国证监会及其派出机构认定为不适当人选的，期货公司应当将该人员免职。（　）

110. 中国期货业协会和期货交易所依法对期货公司的金融期货结算业务实行行政管理。（　）

111. 期货公司与客户共同承担期货市场风险。（　）

112. 期货公司制作、提供的研究分析报告不得侵犯他人的知识产权。（　）

113. 期货公司发生严重违规或者出现重大风险，首席风险官未及时履行本规定所要求的报告义务的，应当依法承担相应的法律责任。（　）

114. 期货公司可以与客户约定收取一定比例的管理费，并可以约定基于资产管理业绩收取相应的报酬。（　）

115. 期货公司法定代表人对风险监管报表内容持有异议的，应当书面说明意见和理由，向公司住所地中国证监会派出机构报送，也可以采取口头形式直接向中国证监会派出机构反映情况。（　）

116. 期货从业人员对投资者服务结束或者离开所在期货经营机构后，仍应当保守投资者或者原所在期货经营机构的秘密。（　）

117. 期货纠纷案件只能由中级人民法院管辖。（　）

118. 首席风险官应当向期货公司总经理、董事会和公司住所地中国证监会派出机构报告公司经营管理行为的合法合规性和风险管理状况。（　）

119. 期货投资者保障基金是一种补偿投资者投资收益低于保证收益部分的专项基金。（　）

120. 期货公司董事可以直接向首席风险官下达指令，无须通过董事会。（　）

四、综合题

121. 某期货公司从事经纪业务，接受客户刘某的委托，以该期货公司的名义为客户进行期货交易，交易结果由（　）承担。

A. 刘某　　　　　　　　B. 该期货公司

C. 刘某和期货公司　　　D. 都不承担

122. 小赵委托 A 期货公司进行期货交易已经满 2 年，之后与 B 期货公司订立了期货经纪合同，B 未提示小赵注意《期货交易风险说明书》内容，小赵已签字确认，对于在交易中的损失，下列各项中说法正确的是（　）。

A. 由小赵承担

B. 由期货公司承担

C. 如果小赵已有交易经历，可以免除期货公司的责任

D. 即使小赵有交易经历，也不能免除期货公司的责任

123. 某期货公司在执行客户张某的交易指令时，以高于客户指令价格卖出，从中赚取差价 200 万元。张某得知后要求该期货公司返还 100 万元，结果被该期货公司拒绝。现张某对此提起诉讼。下列说法正确的是（　　）。

A. 200 万元属于非法所得，应上交国库

B. 200 万元属于该期货公司的经营所得，应归期货公司所有

C. 客户张某和期货公司应各分得 100 万元

D. 200 万元的差价利益应归还张某，法院应予支持

某期货公司共有 15 家营业部，现有净资产人民币 8 700 万元，资产调整值为人民币 230 万元，负债调整值为人民币 380 万元，有三家客户需要追加保证金，但经催告后仍然未足额追加，未足额追加的保证金数额为人民币 1 800 万元。该期货公司客户权益总额为人民币 15 亿元。问：

124. 根据《期货公司风险监管指标管理办法》的规定，该期货公司的净资本是人民币（　　）。

A. 8 470 万元　　　　　B. 6 290 万元

C. 7 050 万元　　　　　D. 8 090 万元

125. 根据《期货公司风险监管指标管理办法》的规定，下列说法正确的是（　　）。

A. 该期货公司的净资本符合风险监管指标标准

B. 该期货公司净资本按营业部数量平均折算额低于 500 万元，不符合风险监管指标标准

C. 该期货公司净资本与净资产的比例高于 40%，符合风险监管指标标准

D. 该期货公司的净资本不符合从事全面结算业务的标准，但符合从事交易结算业务的标准

126. 甲被选举成为某期货公司的董事，根据规定，任职前证监会的派出机构可以采取（　　）方式对其进行审查。

A. 资格考试　　　　　B. 审核材料

C. 考察谈话　　　　　D. 调查从业经历

127. 唐某是某期货公司期货从业人员，在工作中唐某由于多次从事违法行为，严重侵害了广大投资者的合法权益，下列选项中，有权撤销其从业资格的是（　　）。

A. 中国证监会　　　　B. 中国期货业协会

C. 期货交易所　　　　D. 期货公司

128. 某期货公司董事会认为王某无法胜任首席

风险官的职务而做出免除其职务的决议，王某对此不服。对此，下列说法正确的有（　　）。

A. 公司董事会应该提前通知本人

B. 公司董事会不需要提前通知本人，可以随时免除王某职务

C. 公司董事会应将免职理由、首席风险官履行职责情况及替代人名单书面报告中国证监会

D. 王某可以向公司住所地中国证监会派出机构解释说明情况

张某是甲期货公司的副总经理，李某是该公司的客户。甲期货公司指派张某为李某提供交易服务。后张某离职到了乙期货公司工作，但甲期货公司和张某都没有将此情况告知李某。李某继续在甲期货公司交易，并继续把下达的指令交给张某，而张某并没有把收到的指令交回甲期货公司，导致了李某的损失。乙公司对此事完全知情并采取默认态度。

根据以上情况，回答下列问题。

129. 在本案中，（　　）应承担该损失。

A. 甲期货公司　　　　B. 乙期货公司

C. 张某　　　　　　　D. 张某和乙期货公司

130. 假设张某在甲期货公司任副总经理期间被举报其在证券公司涉嫌从事期货自营业务，张某是直接责任人，经证监会派出机构核实情况属实。张某可能受到的行政处罚是（　　）。

A. 给予警告

B. 暂停或者撤销任职资格、期货从业人员资格

C. 并处 1 万元以上 5 万元以下的罚款

D. 刑事起诉

131. 张某在从事期货业务工作期间，从事的下列行为中符合法律规定的是（　　）。

A. 向李某承诺一定会使李某盈利

B. 当自身利益或者相关方利益与客户的利益发生冲突时，及时向李某披露

C. 代理客户进行期货交易

D. 发现李某保证金不足，通知李某追加保证金

132. 孙某原来是北京某食品公司的职员，没有期货从业经历。现拟申请某期货公司的独立董事一职，根据《期货公司董事、监事和高级管理人员任职资格管理办法》规定，申请该职位必须由两名推荐人的书面意见，孙某找到了以下四个人，其中可以作为推荐人的是（　　）。

A. 张某是某期货公司的监事

B. 王某是某期货公司的总经理，任职 11 个月

C. 陈某是孙某原单位的总经理

D. 钱某在某期货公司任监事会主席 2 年以上

133. A 证券公司取得了为期货公司提供中间介绍业务的资格，现公司拟向下列期货公司提供介绍业务服务，其中符合规定的是（   ）。

A. B 期货公司是 A 证券公司的全资子公司

B. C 期货公司与 A 证券公司均属于某资产投资公司控制

C. A 证券公司是 D 期货公司的控股公司

D. E 期货公司与 A 证券公司之间业务关系密切

134. A 证券公司为具有向期货公司提供中间介绍业务资格的公司，一直以来都接受 B 期货公司的委托，为其提供介绍业务的服务，后来 A 公司经营的证券业违法经营被证监会撤销了其业务资格，此时 A 证券公司与 B 期货公司之间的介绍业务关系（   ）。

A. 自动终止

B. 由证监会责令终止

C. 不受影响，仍然有效

D. 由双方协商决定是否终止

135. 某期货公司 2007 年 2 月由于严重违规期货交易被当地证监局要求整改，公司董事长受到中国证监会的行政处罚。后该期货公司被另一证券公司投资控股，原期货公司董事长、总经理均被证券公司人员所取代，原期货公司副总经理仍任原职，整改完成后，经证监会检验合格，2008 年 4 月，新期货公司欲申请金融期货结算业务资格，除其他条件之外，是否会受到原期货公司严重违规事件的影响而不予批准？（   ）

A. 不受影响，应当予以批准

B. 受影响，应当不予批准

C. 受影响，中国证监会应当给予其一定考察期限，考察期限内无违法行为的才予以批准

D. 不受影响，应当予以批准，但结算业务范围应当受到限制

136. 某期货公司注册资本 5 000 万元，董事长张某在期货公司里面工作 10 余年，总经理李某曾经在证券公司里面任职达 6 年之久，副总经理孙某在期货公司里从事期货业务已满 5 年，张某、孙某在期货公司里面连续担任董事长、副总经理分别达 5 年、4 年之久，张某已经获得了期货从业人员资格。2008 年由于期货行情稳定，形势好良，于是该期货公司开始申请金融期货全面结算会员资格，但未被批准，其原因可能是（   ）。

A. 该期货公司董事长、总经理和副总经理中只有一人获得了具有期货从业资格，不符合法律规定

B. 该期货公司注册资本不符合法律规定

C. 该期货公司董事长、总经理和副总经理期货或者证券从业时间不符合规定

D. 该期货公司高级管理人员连续任职不符合规定

137. 钱某是持有某期货公司 3% 股权的股东。钱某看到，随着期货市场的不断发展和完善，金融期货的逐步推出，从事期货交易的人们越来越多，期货经纪业务大有潜力，期货公司前景看好。于是钱某增资扩大其股权份额，把持有该期货公司 3% 的股权增加到 6%，那么这次股权变更应当报（   ）批准。

A. 期货交易所

B. 期货业协会

C. 期货公司住所地中国证监会派出机构

D. 国务院

138. 上海某期货公司经营不善，面临破产，某银行对该公司的 1 亿元贷款申请法律保护，下列关于法院处理不正确的是（   ）。

A. 划拨客户在期货公司保证金账户中的资金

B. 冻结客户在期货公司保证金账户中的资金

C. 冻结保证金账户中属于期货公司的自由资金

D. 期货公司有其他财产的，先行冻结、查封

139. 某期货公司为了吸引更多的客户在本公司交易，在许多方面都实施了宽松的政策。张姓客户的保证金不足，该期货公司履行了通知义务，但张某称资金一周后才能到位，要求暂时保留持仓，期货公司予以默认。之后行情一直不利于张某，造成巨大损失。张某声称该期货公司未履行通知义务，要求该期货公司承担损失。下列关于责任的说法，正确的是（   ）。

A. 该期货公司如果未与张某书面协商一致，该期货公司应当承担全部责任

B. 该期货公司如果未与张某书面协商一致，损失应该由二者共同承担

C. 该期货公司如果与张某书面协商一致，损失由客户承担，穿仓的损失由该期货公司承担

D. 该期货公司如果未与张某书面协商一致，该期货公司应当承担主要赔偿责任，赔偿金额不超过损失的 80%

140. 某外地期货公司欲在上海发展业务，委派李某任上海业务部经理。李某创业一段时间后，感到开展业务艰难。于是就凭借期货公司经理的身份，引诱许多客户与其个人签署了"委托理财协议"，由其封闭运作 1 年，承诺保底和高额回报。李某又代客户

签字，办理了与期货公司的开户手续，公司为客户出具了保证金收据。半年以后，交易状况并不好，李某便将这些客户的剩余的资金提走，逃之夭夭。客户在封闭期满后，发现这个情况，纷纷找期货公司要钱。下列关于赔偿办法正确的是（　　）。

A. 期货公司先赔偿客户的损失，然后再对李某追索

B. 李某和客户签订的"委托理财协议"是无效的，因此期货合同无效，无需赔偿

C. 因期货经纪合同无效给客户造成经济损失的，应当根据无效行为与损失之间的因果关系确定责任的承担。

D. 期货公司接受客户全权委托进行期货交易的，对交易产生的损失，承担主要赔偿责任，赔偿额不超过损失的百分之八十

练习题答案与解析

期货交易管理条例

一、单项选择题

1.【答案】D

【解析】根据《期货交易管理条例》第五条规定，国务院期货监督管理机构对期货市场实行集中统一的监督管理。

2.【答案】C

【解析】根据《期货交易管理条例》第九条规定，因违法行为或者违纪行为被撤销资格的律师、注册会计师或者投资咨询机构、财务顾问机构、资信评级机构、资产评估机构、验证机构的专业人员，自被撤销资格之日起未逾5年，不得担任期货交易所的负责人、财务会计人员。

3.【答案】A

【解析】期货公司办理下列事项，应当经国务院期货监督管理机构批准：

（一）合并、分立、停业、解散或者破产；

（二）变更业务范围；

（三）变更注册资本且调整股权结构；

（四）新增持有5%以上股权的股东或者控股股东发生变化；

（五）国务院期货监督管理机构规定的其他事项。

4.【答案】D

【解析】根据《期货交易管理条例》第十六条第二款规定，申请设立期货公司，其注册资本应当是实缴资本。股东应当以货币或者期货公司经营必需的非货币财产出资，货币出资比例不得低于85%。

5.【答案】C

【解析】期货公司办理下列事项，应当经国务院期货监督管理机构批准：

（一）合并、分立、停业、解散或者破产；

（二）变更业务范围；

（三）变更注册资本且调整股权结构；

（四）新增持有5%以上股权的股东或者控股股东发生变化；

（五）国务院期货监督管理机构规定的其他事项。

前款第三项、第五项所列事项，国务院期货监督管理机构应当自受理申请之日起20日内做出批准或者不批准的决定；前款所列其他事项，国务院期货监督管理机构应当自受理申请之日起2个月内做出批准或者不批准的决定。

6.【答案】C

【解析】同上题。

7.【答案】A

8.【答案】D

【解析】期货公司或者其分支机构有《中华人民共和国行政许可法》第七十条规定的情形或者下列情形之一的，国务院期货监督管理机构应当依法办理期货业务许可证注销手续：

（一）营业执照被公司登记机关依法注销；

（二）成立后无正当理由超过3个月未开始营业，或者开业后无正当理由停业连续3个月以上；

（三）主动提出注销申请；

（四）国务院期货监督管理机构规定的其他情形。

9.【答案】A

【解析】期货公司接受客户委托为其进行期货交易，应当事先向客户出示风险说明书，经客户签字确认后，与客户签订书面合同。期货公司不得未经客户委托或者不按照客户委托内容，擅自进行期货交易。

10.【答案】B

11.【答案】D

【解析】国家机关、事业单位，国务院期货监督管理机构、期货交易所、期货保证金安全存管监控机构和期货业协会的工作人员，不得从事期货交易，期货公司不得接受其委托为其进行期货交易。因此，选项A、B、C不得从事期货交易。选项D可以依法从事期货交易。

12.【答案】D

【解析】期货交易所应当及时公布上市品种合约的成交量、成交价、持仓量、最高价与最低价、开盘价与收盘价和其他应当公布的即时行情，并保证即时行情的真实、准确。期货交易所不得发布价格预测信息。

13.【答案】B

【解析】期货公司向客户收取的保证金，属于客户所有。

14.【答案】B

【解析】期货公司经营期货经纪业务又同时经营

其他期货业务的，应当严格执行业务分离和资金分离制度，不得混合操作。

二、多项选择题

1.【答案】BCD

【解析】金融期货合约的标的物包括有价证券、利率、汇率等金融产品及其相关指数产品。选项A属于商品期货合约的标的物。

2.【答案】CD

【解析】会员大会是期货业协会的权力机构。期货业协会还设理事会。

3.【答案】ABCD

【解析】根据《期货交易管理条例》第三条的规定，从事期货交易活动，应当遵循公平、公正、公开和诚实信用的原则，禁止欺诈、内幕交易和操纵期货交易价格等违法行为。该法第四条还规定，禁止在国务院期货监督管理机构批准的期货交易场所之外进行期货交易，禁止变相期货交易。

4.【答案】ABCD

【解析】期货交易内幕信息，是指可能对期货交易价格产生重大影响的尚未公开的信息，包括国务院期货监督管理机构以及其他相关部门制定的对期货交易价格可能发生重大影响的政策，期货交易所做出的可能对期货交易价格发生重大影响的决定，期货交易所会员、客户的资金和交易动向以及国务院期货监督管理机构认定的对期货交易价格有显著影响的其他重要信息。

5.【答案】ABCD

【解析】期货交易内幕信息的知情人员，是指由于其管理地位、监督地位或者职业地位，或者作为雇员、专业顾问履行职务，能够接触或者获得内幕信息的人员，包括期货交易所的管理人员以及其他由于任职可获取内幕信息的从业人员，国务院期货监督管理机构和其他有关部门的工作人员以及国务院期货监督管理机构规定的其他人员。

6.【答案】ABCD

【解析】下列单位和个人不得从事期货交易，期货公司不得接受其委托为其进行期货交易：

（一）国家机关和事业单位；

（二）国务院期货监督管理机构、期货交易所、期货保证金安全存管监控机构和期货业协会的工作人员；

（三）证券、期货市场禁止进入者；

（四）未能提供开户证明材料的单位和个人；

（五）国务院期货监督管理机构规定不得从事期

货交易的其他单位和个人。

7.【答案】ABCD

【解析】根据《期货交易管理条例》第三十九条第二款规定，交割仓库不得有下列行为：出具虚假仓单；违反期货交易所业务规则，限制交割商品的入库、出库；泄露与期货交易有关的商业秘密；违反国家有关规定参与期货交易；国务院期货监督管理机构规定的其他行为。

8.【答案】ABC

【解析】期货业协会是期货业的自律性组织，其业务活动应当接受国务院期货监督管理机构的指导和监督。

9.【答案】ABCD

【解析】期货业协会履行下列职责：

（一）教育和组织会员遵守期货法律法规和政策；

（二）制定会员应当遵守的行业自律性规则，监督、检查会员行为，对违反协会章程和自律性规则的，按照规定给予纪律处分；

（三）负责期货从业人员资格的认定、管理以及撤销工作；

（四）受理客户与期货业务有关的投诉，对会员之间、会员与客户之间发生的纠纷进行调解；

（五）依法维护会员的合法权益，向国务院期货监督管理机构反映会员的建议和要求；

（六）组织期货从业人员的业务培训，开展会员间的业务交流；

（七）组织会员就期货业的发展、运作以及有关内容进行研究；

（八）期货业协会章程规定的其他职责。

10.【答案】ABCD

【解析】国务院期货监督管理机构对期货市场实施监督管理，依法履行下列职责：

（一）制定有关期货市场监督管理的规章、规则，并依法行使审批权；

（二）对品种的上市、交易、结算、交割等期货交易及其相关活动，进行监督管理；

（三）对期货交易所、期货公司及其他期货经营机构、非期货公司结算会员、期货保证金安全存管监控机构、期货保证金存管银行、交割仓库等市场相关参与者的期货业务活动，进行监督管理；

（四）制定期货从业人员的资格标准和管理办法，并监督实施；

（五）监督检查期货交易的信息公开情况；

（六）对期货业协会的活动进行指导和监督；

（七）对违反期货市场监督管理法律、行政法规的行为进行查处；

（八）开展与期货市场监督管理有关的国际交流、合作活动；

（九）法律、行政法规规定的其他职责。

11. 【答案】ABCD

【解析】国务院期货监督管理机构依法履行职责，可以采取下列措施：

（一）对期货交易所、期货公司及其他期货经营机构、非期货公司结算会员、期货保证金安全存管监控机构和交割仓库进行现场检查；

（二）进入涉嫌违法行为发生场所调查取证；

（三）询问当事人和与被调查事件有关的单位和个人，要求其对与被调查事件有关的事项做出说明；

（四）查阅、复制与被调查事件有关的财产权登记等资料；

（五）查阅、复制当事人和与被调查事件有关的单位和个人的期货交易记录、财务会计资料以及其他相关文件和资料；对可能被转移、隐匿或者毁损的文件和资料，可以予以封存；

（六）查询与被调查事件有关的单位的保证金账户和银行账户；

（七）在调查操纵期货交易价格、内幕交易等重大期货违法行为时，经国务院期货监督管理机构主要负责人批准，可以限制被调查事件当事人的期货交易，但限制的时间不得超过 15 个交易日；案情复杂的，可以延长至 30 个交易日；

（八）法律、行政法规规定的其他措施。

12. 【答案】ABCD

【解析】国务院期货监督管理机构应当制定期货公司持续性经营规则，对期货公司的净资本与净资产的比例，净资本与境内期货经纪、境外期货经纪等业务规模的比例，流动资产与流动负债的比例等风险监管指标做出规定；对期货公司及其分支机构的经营条件、风险管理、内部控制、保证金存管、关联交易等方面提出要求。

13. 【答案】ABD

【解析】期货公司及其分支机构不符合持续性经营规则或者出现经营风险的，国务院期货监督管理机构可以对期货公司及其董事、监事和高级管理人员采取谈话、提示、记入信用记录等监管措施或者责令期货公司限期整改，并对其整改情况进行检查验收。

三、判断是非题

1. 【答案】错误

【解析】持仓限额，是指期货交易所对期货交易者的持仓量规定的最高数额。

2. 【答案】正确

3. 【答案】错误

【解析】内幕信息，是指可能对期货交易价格产生重大影响的尚未公开的信息。

4. 【答案】错误

【解析】期货公司在注销期货业务许可证前，应当结清相关期货业务，并依法返还客户的保证金和其他资产。

5. 【答案】正确

6. 【答案】错误

【解析】期货交易所向会员收取的保证金，属于会员所有，除用于会员的交易结算外，严禁挪作他用。

7. 【答案】正确

8. 【答案】错误

【解析】期货交易所向会员、期货公司向客户收取的保证金，不得低于国务院期货监督管理机构、期货交易所规定的标准，并应当与自有资金分开，专户存放。

9. 【答案】正确

10. 【答案】错误

【解析】期货公司客户保证金不足时，应当及时追加保证金或者自行平仓。客户未在期货公司规定的时间内及时追加保证金或者自行平仓的，期货公司应当将该客户的合约强行平仓。

11. 【答案】错误

【解析】交割仓库由期货交易所指定。期货交易所不得限制实物交割总量，并应当与交割仓库签订协议，明确双方的权利和义务。

12. 【答案】错误

【解析】客户在期货交易中违约的，期货公司先以该客户的保证金承担违约责任；保证金不足的，期货公司应当以风险准备金和自有资金代为承担违约责任，并由此取得对该客户的相应追偿权。

13. 【答案】正确

四、综合题

（1）【答案】A

【解析】根据《期货交易管理条例》规定，期货交易中所谓保证金，是指期货交易者按照规定标准交纳的资金，用于结算和保证履约。据此，我们可以首先界定在该案例中，吴某存入的 5000 万元为保证金。

另据《期货交易管理条例》规定，期货公司向客户收取的保证金，属于客户所有，除下列可划转的情形外，严禁挪作他用：①依据客户的要求支付可用资金；②为客户交存保证金，支付手续费、税款；③国务院期货监督管理机构规定的其他情形。

期货公司营业部经理李某擅自利用客户吴某开户存入的 5 000 万元的行为并非规定的三种情形，是挪用客户保证金的违规行为。

（2）【答案】C

【解析】期货公司挪用客户保证金的，对直接负责的主管人员和其他直接责任人员给予警告，并处 1 万元以上 10 万元以下的罚款；情节严重的，暂停或者撤销期货从业人员资格。

期货投资者保障基金管理暂行办法

一、单项选择题

1.【答案】D

【解析】《期货投资者保障基金管理暂行办法》经中国证监会和财政部审议通过，自 2007 年 8 月 1 日起施行。

2.【答案】B

【解析】期货投资者保障基金按照取之于市场、用之于市场的原则筹集。

3.【答案】A

【解析】根据《期货投资者保障基金管理暂行办法》第十一条规定，若期货交易所、期货公司遭受重大突发市场风险或者不可抗力，经中国证监会、财政部批准，期货交易所、期货公司可以暂停缴纳期货投资者保障基金。

4.【答案】D

【解析】保障基金产生的利息以及运用所产生的各种收益等孳息均属保障基金。

5.【答案】A

【解析】保障基金管理机构应当定期编报保障基金的筹集、管理、使用报告，经会计师事务所审计后，报送中国证监会和财政部。

6.【答案】B

【解析】财政部负责保障基金财务监管。

7.【答案】A

【解析】中国证监会负责保障基金业务监管，对保障基金的筹集、管理和使用等情况进行定期核查。

8.【答案】C

【解析】保障基金的年度收支计划和决算报财政部批准。

9.【答案】B

【解析】中国证监会定期向保障基金管理机构通报期货公司总体风险状况。存在较高风险的期货公司应当每月向保障基金管理机构提供财务监管报表。

10.【答案】B

【解析】中国证监会定期向保障基金管理机构通报期货公司总体风险状况。存在较高风险的期货公司应当每月向保障基金管理机构提供财务监管报表。

11.【答案】A

【解析】现有保障基金不足补偿的，由后续缴纳的保障基金补偿。

12.【答案】A

【解析】期货公司因严重违法违规或者风险控制不力等导致保证金出现缺口的，中国证监会可以按照本办法规定决定使用保障基金，对不能清偿的投资者保证金损失予以补偿。

13.【答案】D

【解析】使用保障基金前，中国证监会和保障基金管理机构应当监督期货公司核实投资者保证金权益及损失，积极清理资产并变现处置，应当先以自有资金和变现资产弥补保证金缺口。不足弥补或者情况危急的，方能决定使用保障基金。

二、多项选择题

1.【答案】ABD

【解析】期货交易活动实行公平、公正、公开和投资者投资决策自主、投资风险自担的原则。

2.【答案】BD

【解析】期货投资者保障基金的使用遵循保障投资者合法权益和公平救助原则。

3.【答案】ABCD

【解析】保障基金的资金运用限于银行存款、购买国债、中央银行债券（包括中央银行票据）和中央级金融机构发行的金融债券，以及中国证监会和财政部批准的其他资金运用方式。

4.【答案】ABCD

【解析】本题考查期货投资者保障基金的管理和监管的相关规定，要求考生予以识记。

5.【答案】AD

【解析】根据《期货投资者保障基金管理暂行办

法》第二十条规定，对期货投资者的保证金损失，保障基金按照下列原则予以补偿：①对每位个人投资者的保证金损失在 10 万元以下（含 10 万元）的部分金额补偿，超过 10 万元的部分按 90% 补偿；②对每位机构投资者的保证金损失在 10 万元以下（含 10 万元）的部分全额补偿，超过 10 万元的部分按 80% 补偿。

三、判断是非题

1.【答案】错误

【解析】根据《期货投资者保障基金管理暂行办法》第二十三条规定，动用保障基金对期货投资者的保证金损失进行补偿后，保障基金管理机构依法取得相应的受偿权，可以依法参与期货公司清算。

2.【答案】正确

【解析】保障基金管理机构应当及时将保障基金的使用、补偿、追偿等情况报告中国证监会和财政部。

3.【答案】错误

【解析】根据《期货投资者保障基金管理暂行办法》第十二条规定，鼓励期货投资者保障基金来源多元化，保障基金可以接受社会捐赠和其他合法财产。

4.【答案】正确

【解析】中国证监会、财政部可以指定相关机构作为保障基金管理机构，代为管理保障基金。

5.【答案】正确

四、综合题

1.（1）【答案】B

【解析】根据 2007 年 8 月 1 日起施行的《期货投资者保障基金管理暂行办法》第九条规定，保障基金的后续资金来源于：①期货交易所按其向期货公司会员收取的交易手续费的 3% 缴纳；②期货公司从其收取的交易手续费中按照代理交易额的千万分之五至千万分之十的比例缴纳；③保障基金管理机构追偿或者接受的其他合法财产。由此，若不含代缴期货公司的保障基金后续资金，该期货交易所 2009 年第二季

度应缴纳 30 万元保障基金后续资金。

（2）【答案】ABCD

【解析】本题考查保障基金的管理和监管。依据《期货投资者保障基金管理暂行办法》关于保障基金的管理和监管的具体规定（第十三至第十八条），期货交易所应妥善保存有关保障基金的财务凭证、账簿和报表等资料；确保财务记录和档案完整、真实；保障基金应当实行独立核算，分别管理；保障基金总额达到 8 亿元后，可向中国证监会、财政部申请暂停缴纳。

2.（1）【答案】B

【解析】根据《期货投资者保障基金管理暂行办法》第二十条规定，期货投资者保障基金对每位个人投资者的保证金损失在 10 万元以下（含 10 万元）的部分全额补偿。因此，甲可以得到 9 万元的保障基金补偿。

（2）【答案】D

【解析】根据《期货投资者保障基金管理暂行办法》第二十条规定，期货投资者保障基金对每位个人投资者的保证金损失在 10 万元以下（含 10 万元）的部分全额补偿，超过 10 万元的部分按 90% 补偿。因此，甲可以得到的保障基金补偿金额为 46 万元。

（3）【答案】C

【解析】根据《期货投资者保障基金管理暂行办法》第二十条规定，期货投资者保障基金对每位机构投资者的保证金损失在 10 万元以下（含 10 万元）的部分全额补偿，超过 10 万元的部分按 80% 补偿。因此，甲可以得到的保障基金补偿金额为 402 万元。

（4）【答案】D

【解析】根据《期货投资者保障基金管理暂行办法》第二十二条规定，对投资者因参与非法期货交易而遭受的保证金损失，保障基金不予补偿。

（5）【答案】B

【解析】对机构投资者以个人名义参与期货交易而遭受保证金损失的，按照机构投资者补偿规则进行补偿。

期货交易所管理办法

一、单项选择题

1.【答案】B

【解析】《期货交易所管理办法》经 2007 年 3 月 28 日中国证券监督管理委员会第 203 次主席办公会议审议通过，自 2007 年 4 月 15 日起施行。

2.【答案】B

【解析】根据《期货交易所管理办法》第一百零八条规定，中国证监会可以向期货交易所派驻督察员。

3.【答案】A

【解析】期货交易所应当按照国家有关规定及时缴纳期货市场监管费。

4.【答案】B

【解析】期货交易所因合并、分立或者解散而终止的,由中国证监会予以公告。

5.【答案】B

【解析】有下列情形之一的,应当召开临时会员大会:

(一)会员理事不足期货交易所章程规定人数的2/3;

(二)1/3以上会员联名提议;

(三)理事会认为必要。

6.【答案】A

7.【答案】B

【解析】会员制期货交易所会员大会由理事长主持。

8.【答案】C

【解析】会员大会由理事长主持。召开会员大会,应当将会议审议的事项于会议召开10日前通知会员。临时会员大会不得对通知中未列明的事项做出决议。

9.【答案】B

【解析】会员大会有2/3以上会员参加方为有效。会员大会应当对表决事项制作会议纪要,由出席会议的理事签名。

10.【答案】B

【解析】会员大会结束之日起10日内,期货交易所应当将大会全部文件报告中国证监会。

11.【答案】B

【解析】期货交易所设理事会,每届任期3年。理事会是会员大会的常设机构,对会员大会负责。

12.【答案】D

【解析】理事会会议至少每半年召开一次。每次会议应当于会议召开10日前通知全体理事。

13.【答案】A

【解析】理事会由会员理事和非会员理事组成;其中会员理事由会员大会选举产生,非会员理事由中国证监会委派。

二、多项选择题

1.【答案】ABCD

【解析】根据《期货交易所管理办法》第一百零三条规定,发生下列重大事项,期货交易所应当及时向中国证监会报告:①发现期货交易所工作人员存在或者可能存在严重违反国家有关法律、行政法规、规章、政策的行为;②期货交易所涉及占其净资产10%以上或者对其经营风险有较大影响的诉讼;③期货交易所的重大财务支出、投资事项以及可能带来较大财务或者经营风险的重大财务决策;④中国证监会规定的其他事项。

2.【答案】ABCD

【解析】根据《期货交易所管理办法》第一百零五条规定,中国证监会认为期货市场出现异常情况的,可以决定采取延迟开市、暂停交易、提前闭市等必要的风险处置措施。

3.【答案】ABC

【解析】D属于会员大会行使的职权。

4.【答案】ABC

【解析】根据《期货交易所管理办法》第二十八条规定,选项A、B、C属于理事长行使的职权。选项D属于总经理行使的职权。

5.【答案】ABCD

【解析】会员制期货交易所理事会可以根据需要设立监察、交易、结算、交割、会员资格审查、纪律处分、调解、财务和技术等专门委员会。

6.【答案】ABCD

【解析】参见《期货交易所管理办法》第三十四条规定。

7.【答案】ABCD

【解析】根据《期货交易所管理办法》第二十条和第三十七条规定,公司制期货交易所股东大会行使的职权除选项A、B、C、D所列事项外,还包括审议批准期货交易所的财务预算方案、决算报告;决定期货交易所的合并、分立、解散和清算事项等。

8.【答案】ABCD

【解析】本题考查公司制期货交易所董事会行使的职权。考生要将此考点与股东大会、会员制期货交易所理事会的职权相比较来掌握。

9.【答案】ABC

【解析】公司制期货交易所设监事会,而会员制期货交易所不设。

10.【答案】AD

【解析】根据《期货交易所管理办法》第四十九条规定,公司制期货交易所监事会成员不得少于3人。监事会设主席1人,副主席1~2人。

11.【答案】BCD

【解析】根据《期货交易所管理办法》第五十条规定,公司制期货交易所监事会行使下列职权:①检查期货交易所财务;②监督期货交易所董事、高级管理人员执行职务行为；③向股东大会会议提出提案；④期货交易所章程规定的其他职权。

12.【答案】ABCD

【解析】会员制期货交易所会员享有下列权利：①参加会员大会，行使选举权、被选举权和表决权；②在期货交易所从事规定的交易、结算和交割等业务；③使用期货交易所提供的交易设施，获得有关期货交易的信息和服务；④按规定转让会员资格；⑤联名提议召开临时会员大会；⑥按照期货交易所章程和交易规则行使申诉权；⑦期货交易所章程规定的其他权利。

三、判断是非题

1.【答案】错误

【解析】根据《期货交易所管理办法》第二十七条规定，会员制期货交易所理事长不得兼任总经理。

2.【答案】正确

3.【答案】错误

【解析】会员制期货交易所理事会会议结束之日起10日内，理事会应当将会议决议及其他会议文件报告中国证监会。

4.【答案】正确

5.【答案】正确

6.【答案】错误

【解析】会员制期货交易所总经理每届任期3年，连任不得超过两届。

7.【答案】正确

8.【答案】正确

9.【答案】错误

【解析】公司制期货交易所设董事会，每届任期3年。

10.【答案】正确

四、综合题

【答案】A

【解析】根据《期货交易所管理办法》第七十二条第二款规定，国债充抵保证金的，期货交易所以充抵日前一交易日该国债在上海证券交易所、深圳证券交易所较低的收盘价为基准计算价值。

期货公司监督管理办法

一、单项选择题

1.【答案】B

【解析】期货公司单个股东的持股比例或者有关联关系的股东合计持股比例增加到5%以上，应当经期货公司住所地中国证监会派出机构批准。

2.【答案】D

【解析】未经中国证监会批准，任何个人或者单位及其关联人擅自持有期货公司5%以上股权，或者通过提供虚假申请材料等方式成为期货公司股东，情节严重的，给予警告，单处或者并处3万元以下罚款。

3.【答案】A

【解析】持有期货公司5%以上股权的股东或者实际控制人所持有的期货公司股权被冻结、查封或者被强制执行，应当在3个工作日内通知期货公司。

4.【答案】B

【解析】期货公司变更法定代表人，拟任法定代表人应当具备任职资格。期货公司应当向住所地中国证监会派出机构提交请材料。

5.【答案】D

【解析】期货公司变更住所，应当向拟迁入地中国证监会派出机构提交下列申请材料。

6.【答案】D

【解析】期货公司申请设立分支机构，应当向公司所在地中国证监会派出机构提交申请日前3个月的风险监管报表。

7.【答案】B

【解析】期货公司应当向分支机构住所地中国证监会派出机构提交下列申请材料：

（一）申请书；

（二）拟终止分支机构的决议文件；

（三）关于处理客户资产、结清分支机构业务并终止经营活动的情况报告；

（四）中国证监会规定的其他材料。

8.【答案】D

【解析】期货公司停业的，应当向中国证监会提交下列申请材料：

（一）申请书；

（二）停业决议文件；

（三）关于处理客户资产、处置或者清退客户情况的报告；

（四）中国证监会规定的其他材料。

9.【答案】B

【解析】期货公司及其分支机构的许可证由中国

证监会统一印制。

10.【答案】C

【解析】许可证正本或者副本遗失或者灭失的，期货公司应当在 30 个工作日内在中国证监会指定的媒体上声明作废，并持登载声明向中国证监会重新申领。

二、多项选择题

1.【答案】ABC

【解析】期货公司股东、实际控制人、其他关联人，为期货公司提供相关服务的会计师事务所、律师事务所、资产评估机构等中介服务机构违反本办法规定的，中国证监会及其派出机构可以对其采取监管谈话、责令改正、出具警示函等监督管理措施。

2.【答案】ABCD

【解析】根据《期货公司监督管理办法》第八十八条规定，选项 A、B、C、D 符合题干要求。

3.【答案】ABCD

【解析】期货公司的股东、实际控制人或者其他关联人有下列情形之一的，中国证监会及其派出机构可以责令其限期整改：

（一）占用期货公司资产；

（二）直接任免期货公司董事、监事、高级管理人员，或者非法干预期货公司经营管理活动；

（三）股东未按照出资比例或者所持股份比例行使表决权；

（四）报送、提供或者出具的材料、信息或者报告等存在虚假记载、误导性陈述或者重大遗漏。

因前款情形致使期货公司不符合持续性经营规则或者出现经营风险的，中国证监会及其派出机构可以依据《期货交易管理条例》第五十六条的规定责令控股股东转让股权或者限制其行使股东权利。

4.【答案】BD

【解析】期货公司变更住所，应当妥善处理客户资产，拟迁入的住所和拟使用的设施应当符合业务需要。期货公司在中国证监会不同派出机构辖区变更住所的，还应当符合下列条件：

（一）符合持续性经营规则；

（二）近 2 年未因重大违法违规行为受到行政处罚或者刑事处罚；

（三）中国证监会根据审慎监管原则规定的其他条件。

5.【答案】ABD

【解析】期货公司变更住所，应当向拟迁入地中国证监会派出机构提交下列申请材料：

（一）申请书；

（二）拟变更后的住所所有权或者使用权证明和相关消防合格证明材料；

（三）客户资产处理情况报告；

（四）中国证监会规定的其他材料。

6.【答案】ACD

【解析】期货公司申请设立分支机构，应当具备下列条件：

（一）公司治理健全，内部控制制度符合有关规定并有效执行；

（二）申请日前 3 个月符合风险监管指标标准；

（三）符合有关客户资产保护和期货保证金安全存管监控的规定；

（四）未因涉嫌违法违规经营正在被有权机关调查，近 1 年内未因违法违规经营受到行政处罚或者刑事处罚；

（五）具有符合业务发展需要的分支机构设立方案；

（六）中国证监会根据审慎监管原则规定的其他条件。

7.【答案】ABC

【解析】期货公司应当按照明晰职责、强化制衡、加强风险管理的原则，建立并完善公司治理。

8.【答案】ABC

【解析】期货公司与其控股股东、实际控制人在业务、人员、资产、财务等方面应当严格分开，独立经营，独立核算。

三、判断是非题

1.【答案】错误

【解析】中国期货业协会、期货交易所按照自律规则对期货公司实行自律管理。

2.【答案】错误

【解析】期货公司开立、变更或者撤销期货保证金账户的，应于当日向期货保证金安全存管监控机构备案，并通过规定方式向客户披露账户开立、变更或者撤销情况。

3.【答案】错误

【解析】期货公司存管的客户保证金应当全额存放在期货保证金账户和期货交易所专用结算账户内，严禁在期货保证金账户和期货交易所专用结算账户之外存放。

4.【答案】正确

【解析】客户应当向期货公司登记以本人名义开立的用于存取期货保证金的结算账户。期货公司和客户应当通过备案的期货保证金账户和登记的期货结算账户转账存取保证金。

5.【答案】正确

【解析】期货公司年度报告、月度报告签字人员应当保证报告内容真实、准确、完整；对报告内容有异议的，应当注明意见和理由。

6.【答案】错误

【解析】期货公司聘请或者解聘会计师事务所的，应当自做出决定之日起5个工作日内向住所地中国证监会派出机构报告；解聘会计师事务所的，应当说明理由。

7.【答案】错误

【解析】未经中国证监会或其派出机构批准，任

何个人或者单位及其关联人擅自持有期货公司5%以上股权，或者通过提供虚假申请材料等方式成为期货公司股东的，中国证监会或其派出机构可以责令其限期转让股权。该股权在转让之前，不具有表决权、分红权。

8.【答案】正确

【解析】期货公司及其分支机构接受未办理开户手续的单位或者个人委托进行期货交易，或者将客户的资金账号、交易编码借给其他单位或者个人使用的，给予警告，单处或者并处3万元以下罚款。

9.【答案】错误

【解析】期货公司解散、破产的，应当先行妥善处理客户资产，结清业务。

期货公司董事、监事和高级管理人员任职资格管理办法

一、单项选择题

1.【答案】B

【解析】中国证监会依法对期货公司董事、监事和高级管理人员进行监督管理。

2.【答案】D

【解析】根据《期货公司董事、监事和高级管理人员任职资格管理办法》第十一条规定，申请经理层人员的任职资格，应当具备下列条件：①具有期货从业人员资格；②具有大学本科以上学历或者取得学士以上学位；③通过中国证监会认可的资质测试。

3.【答案】A

【解析】期货公司任用董事、监事和高级管理人员，应当自做出决定之日起5个工作日内，向中国证监会相关派出机构报告。

4.【答案】D

【解析】根据《期货公司董事、监事和高级管理人员任职资格管理办法》第三十二条规定，期货公司任用境外人士担任经理层人员职务的比例不得超过公司经理层人员总数的30%。

5.【答案】C

【解析】期货公司董事长、总经理辞职，或者被认定为不适当人选而被解除职务，或者被撤销任职资格的，期货公司应当委托具有证券、期货相关业务资格的会计师事务所对其进行离任审计，并自其离任之日起3个月内将审计报告报中国证监会及其派出机构备案。

6.【答案】B

【解析】申请人或者拟任人以欺骗、贿赂等不正

当手段取得任职资格的，应当予以撤销，对负有责任的公司和人员予以警告，并处3万元以下罚款。

7.【答案】D

【解析】申请除董事长、监事会主席、独立董事以外的董事、监事和财务负责人的任职资格，应当由拟任职期货公司向公司住所地的中国证监会派出机构提出申请，并提交下列申请材料：

（一）申请书；

（二）任职资格申请表；

（三）身份、学历、学位证明；

（四）中国证监会规定的其他材料。

申请财务负责人任职资格的，还应当提交期货从业人员资格证书，以及会计师以上职称或者注册会计师资格的证明。

8.【答案】B

【解析】申请营业部负责人的任职资格，应当由拟任职期货公司向营业部所在地的中国证监会派出机构提出申请，并提交下列申请材料：

（一）申请书；

（二）任职资格申请表；

（三）身份、学历、学位证明；

（四）期货从业人员资格证书；

（五）中国证监会规定的其他材料。

9.【答案】D

【解析】期货公司应当自拟任董事、监事、财务负责人、营业部负责人取得任职资格之日起30个工作日内，按照公司章程等有关规定办理上述人员的任职手续。

10. 【答案】C

【解析】期货公司免除董事、监事和高级管理人员的职务，应当自做出决定之日起5个工作日内，向中国证监会相关派出机构报告。

11. 【答案】C

【解析】期货公司拟免除首席风险官的职务，应当在做出决定前10个工作日将免职理由及其履行职责情况向公司住所地的中国证监会派出机构报告。

12. 【答案】B

【解析】期货公司董事、监事和高级管理人员兼职的，应当自有关情况发生之日起5个工作日内向中国证监会相关派出机构报告。

13. 【答案】C

【解析】期货公司董事、监事和高级管理人员的近亲属在期货公司从事期货交易的，有关董事、监事和高级管理人员应当在知悉或者应当知悉之日起5个工作日内向公司报告，并遵循回避原则。

14. 【答案】A

【解析】中国证监会对取得经理层人员任职资格但未实际任职的人员实行资格年检。上述人员应当自取得任职资格的下一个年度起，在每年第一季度向住所地的中国证监会派出机构提交由单位负责人或者推荐人签署意见的年检登记表，对是否存在本办法第十九条所列举的情形做出说明。

15. 【答案】D

【解析】代为履行职责的时间不得超过6个月。

16. 【答案】B

【解析】期货公司调整高级管理人员职责分工的，应当在5个工作日内向中国证监会相关派出机构报告。

二、多项选择题

1. 【答案】ACD

【解析】根据《期货公司董事、监事和高级管理人员任职资格管理办法》第一条规定，选项A、C、D属于本办法的制定目的。选项B属于《期货从业人员管理办法》的制定目的。

2. 【答案】ABCD

【解析】期货公司总经理应当认真执行董事会决议，有效执行公司制度，防范和化解经营风险，确保经营业务的稳健运行和客户保证金安全完整。

3. 【答案】ABCD

【解析】根据《期货公司董事、监事和高级管理人员任职资格管理办法》第五十一条规定，期货公司有下列情形之一的，中国证监会及其派出机构可以责令改正，并对负有责任的主管人员和其他直接责任人员进行监管谈话，出具警示函：

（一）法人治理结构、内部控制存在重大隐患；

（二）未按规定报告高级管理人员职责分工调整的情况；

（三）未按规定报告相关人员代为履行职责的情况；

（四）未按规定报告董事、监事和高级管理人员的近亲属在本公司从事期货交易的情况；

（五）未按规定对离任人员进行离任审计；

（六）中国证监会认定的其他情形。

4. 【答案】ABCD

【解析】期货公司董事、监事和高级管理人员有下列情形之一的，中国证监会及其派出机构可以责令改正，并对其进行监管谈话，出具警示函：

（一）未按规定履行职责；

（二）未按规定参加业务培训；

（三）违规兼职或者未按规定报告兼职情况；

（四）未按规定报告近亲属在本公司从事期货交易的情况；

（五）中国证监会认定的其他情形。

5. 【答案】ABD

【解析】期货公司董事、监事和高级管理人员在任职期间出现下列情形之一的，中国证监会及其派出机构可以将其认定为不适当人选：

（一）向中国证监会提供虚假信息或者隐瞒重大事项，造成严重后果；

（二）拒绝配合中国证监会依法履行监管职责，造成严重后果；

（三）擅离职守，造成严重后果；

（四）1年内累计3次被中国证监会及其派出机构进行监管谈话；

（五）累计3次被行业自律组织纪律处分；

（六）对期货公司出现违法违规行为或者重大风险负有责任；

（七）中国证监会认定的其他情形。

6. 【答案】ABD

【解析】申请财务负责人、营业部负责人的任职资格，应当具备下列条件：

（一）具有期货从业人员资格；

（二）具有大学本科以上学历或者取得学士以上学位。

申请财务负责人的任职资格，还应当具有会计师以上职称或者注册会计师资格；申请营业部负责人的任职资格，还应当具有从事期货业务 3 年以上经验，或者其他金融业务 4 年以上经验。

7. 【答案】CD

【解析】具有从事期货业务 10 年以上经验或者曾担任金融机构部门负责人以上职务 8 年以上的人员，申请期货公司董事长、监事会主席、高级管理人员任职资格的，学历可以放宽至大学专科。

8. 【答案】ABC

【解析】有下列情形之一的，不得申请期货公司董事、监事和高级管理人员的任职资格：

（一）《公司法》第一百四十七条规定的情形；

（二）因违法行为或者违纪行为被解除职务的期货交易所、证券交易所、证券登记结算机构的负责人，或者期货公司、证券公司的董事、监事、高级管理人员，自被解除职务之日起未逾 5 年；

（三）因违法行为或者违纪行为被撤销资格的律师、注册会计师或者投资咨询机构、财务顾问机构、资信评级机构、资产评估机构、验证机构的专业人员，自被撤销资格之日起未逾 5 年；

（四）因违法行为或者违纪行为被开除的期货交易所、证券交易所、证券登记结算机构、证券服务机构、期货公司、证券公司的从业人员和被开除的国家机关工作人员，自被开除之日起未逾 5 年；

（五）国家机关工作人员和法律、行政法规规定的禁止在公司中兼职的其他人员；

（六）因违法违规行为受到金融监管部门的行政处罚，执行期满未逾 3 年；

（七）自被中国证监会或者其派出机构认定为不适当人选之日起未逾 2 年；

（八）因违法违规行为或者出现重大风险被监管部门责令停业整顿、托管、接管或者撤销的金融机构及分支机构，其负有责任的主管人员和其他直接责任人员，自该金融机构及分支机构被停业整顿、托管、接管或者撤销之日起未逾 3 年；

（九）中国证监会认定的其他情形。

9. 【答案】ACD

【解析】申请期货公司董事长、监事会主席、独立董事的任职资格，应当由拟任职期货公司向中国证监会或者其授权的派出机构提出申请，并提交下列申请材料：

（一）申请书；

（二）任职资格申请表；

（三）2 名推荐人的书面推荐意见；

（四）身份、学历、学位证明；

（五）资质测试合格证明；

（六）中国证监会规定的其他材料。

10. 【答案】ABCD

【解析】申请经理层人员的任职资格，应当由本人或者拟任职期货公司向中国证监会或者其授权的派出机构提出申请，并提交下列申请材料：

（一）申请书；

（二）任职资格申请表；

（三）2 名推荐人的书面推荐意见；

（四）身份、学历、学位证明；

（五）期货从业人员资格证书；

（六）资质测试合格证明；

（七）中国证监会规定的其他材料。

11. 【答案】ABC

【解析】申请营业部负责人的任职资格，应当由拟任职期货公司向营业部所在地的中国证监会派出机构提出申请，并提交下列申请材料：

（一）申请书；

（二）任职资格申请表；

（三）身份、学历、学位证明；

（四）期货从业人员资格证书；

（五）中国证监会规定的其他材料。

12. 【答案】ABC

【解析】中国证监会或者其派出机构通过审核材料、考察谈话、调查从业经历等方式，对拟任人的能力、品行和资历进行审查。

13. 【答案】ABCD

【解析】申请人或者拟任人有下列情形之一的，中国证监会或者其派出机构可以做出终止审查的决定：

（一）拟任人死亡或者丧失行为能力；

（二）申请人依法解散；

（三）申请人撤回申请材料；

（四）申请人未在规定期限内针对反馈意见做出进一步说明、解释；

（五）申请人或者拟任人因涉嫌违法违规行为被有权机关立案调查；

（六）申请人被依法采取停业整顿、托管、接管、限制业务等监管措施；

（七）申请人或者拟任人因涉嫌犯罪被司法机关立案侦查；

（八）中国证监会认定的其他情形。

14. 【答案】ABCD

【解析】期货公司任用董事、监事和高级管理人员，应当自做出决定之日起 5 个工作日内，向中国证监会相关派出机构报告，并提交下列材料：

（一）任职决定文件；

（二）相关会议的决议；

（三）相关人员的任职资格核准文件；

（四）高级管理人员职责范围的说明；

（五）中国证监会规定的其他材料。

15.【答案】ABCD

【解析】期货公司董事、监事、财务负责人、营业部负责人离任的，其任职资格自离任之日起自动失效。

有以下情形的，不受前款规定所限：

（一）期货公司除董事长、监事会主席、独立董事以外的董事、监事，在同一期货公司内由董事改任监事或者由监事改任董事；

（二）在同一期货公司内，董事长改任监事会主席，或者监事会主席改任董事长，或者董事长、监事会主席改任除独立董事之外的其他董事、监事；

（三）在同一期货公司内，营业部负责人改任其他营业部负责人。

三、判断是非题

1.【答案】错误

【解析】推荐人签署的意见有虚假陈述的，自中国证监会及其派出机构做出认定之日起 2 年内不再受理该推荐人的推荐意见和签署意见的年检登记表，并记入该推荐人的诚信档案。

2.【答案】正确

【解析】期货公司董事、监事和高级管理人员收受商业贿赂或者利用职务之便牟取其他非法利益的，没收违法所得，并处 3 万元以下罚款；情节严重的，暂停或者撤销任职资格。

3.【答案】错误

【解析】申请营业部负责人的任职资格，应当由拟任职期货公司向营业部所在地的中国证监会派出机构提出申请。

4.【答案】错误

【解析】期货公司应当自拟任董事、监事、财务负责人、营业部负责人取得任职资格之日起 30 个工作日内，按照公司章程等有关规定办理上述人员的任职手续。自取得任职资格之日起 30 个工作日内，上述人员未在期货公司任职，其任职资格自动失效，但有正当理由并经中国证监会相关派出机构认可的除外。

5.【答案】错误

【解析】期货公司董事、监事和高级管理人员不

得在党政机关兼职。

6.【答案】正确

【解析】期货公司高级管理人员最多可以在期货公司参股的 2 家公司兼任董事、监事，但不得在上述公司兼任董事、监事之外的职务，不得在其他营利性机构兼职或者从事其他经营性活动。

7.【答案】错误

【解析】期货公司营业部负责人不得兼任其他营业部负责人。

8.【答案】错误

【解析】独立董事最多可以在 2 家期货公司兼任独立董事。

9.【答案】正确

【解析】期货公司董事、监事、财务负责人、营业部负责人离任的，其任职资格自离任之日起自动失效。

10.【答案】错误

【解析】期货公司董事长、监事会主席、独立董事离任后到其他期货公司担任董事长、监事会主席、独立董事的，应当重新申请任职资格。

11.【答案】错误

【解析】取得经理层人员任职资格的人员，担任董事（不包括独立董事）、监事、营业部负责人职务，不需重新申请任职资格，由拟任职期货公司按照规定依法办理其任职手续。

12.【答案】正确

【解析】期货公司独立董事应当重点关注和保护客户、中小股东的利益，发表客观、公正的独立意见。

四、综合题

【答案】ABCD

【解析】内幕信息的知情人员，是指由于其管理地位、监督地位或者职业地位，或者作为雇员、专业顾问履行职务，能够接触或者获得内幕信息的人员，包括：期货交易所的管理人员以及其他由于任职可获得内幕信息的从业人员，国务院期货监督管理机构和其他有关部门的工作人员以及国务院期货监督管理机构规定的其他人员。据此，可以断定本案例中李某属于"知情人士"，按照相关规定，不得向外透露期货交易的内幕，选项 A 正确。根据我国《刑法》相关规定，本案例中，李某的行为符合商业受贿行为的相关要件，选项 B 正确。根据《期货公司董事、监事和高级管理人员任职资格管理办法》规定，选项 C、D 正确。

期货从业人员管理办法

一、单项选择题

1.【答案】D

【解析】根据《期货从业人员管理办法》第三十一条规定，未取得从业资格，擅自从事期货业务的，中国证监会责令改正，给予警告，单处或者并处 3 万元以下罚款。

2.【答案】A

【解析】《期货从业人员管理办法》经中国证券监督管理委员会第 207 次主席办公会议审议通过，自 2007 年 7 月 4 日起施行。

3.【答案】C

4.【答案】B

5.【答案】A

6.【答案】C

【解析】期货从业人员辞职、被解聘或者死亡的，机构应当自上述情形发生之日起 10 个工作日内向协会报告，由协会注销其从业资格。

7.【答案】A

【解析】取得从业资格考试合格证明或者被注销从业资格的人员连续 2 年未在机构中执业的，在申请从业资格前应当参加协会组织的后续职业培训。

8.【答案】A

【解析】期货从业人员违反《期货从业人员管理办法》以及协会自律规则的，协会应当进行调查、给予纪律惩戒。

9.【答案】C

【解析】协会应当自对期货从业人员做出纪律惩戒决定之日起 10 个工作日内，向中国证监会及其有关派出机构报告，并及时在协会网站公示。

10.【答案】D

【解析】期货从业人员受到机构处分，或者从事的期货业务行为涉嫌违法违规被调查处理的，机构应当在做出处分决定、知悉或者应当知悉该期货从业人员违法违规被调查处理事项之日起 10 个工作日内向协会报告。

11.【答案】D

【解析】协会应当定期向中国证监会报告期货从业人员管理的有关情况。

二、多项选择题

1.【答案】ABCD

【解析】根据《期货从业人员管理办法》第三条规定，期货公司、期货交易所的非期货公司结算会员、期货投资咨询机构、为期货公司提供中间介绍业务的机构，都属于从事期货经营业务的机构。

2.【答案】ABCD

【解析】期货从业人员自律管理的具体办法，包括从业资格考试、从业资格注册和公示、执业行为准则、后续职业培训、执业检查、纪律惩戒和申诉等。

3.【答案】ABCD

【解析】根据《期货从业人员管理办法》第四条规定，期货从业人员是指：①期货公司的管理人员和专业人员；②期货交易所的非期货公司结算会员中从事期货结算业务的管理人员和专业人员；③期货投资咨询机构中从事期货投资咨询业务的管理人员和专业人员；④为期货公司提供中间介绍业务的机构中从事期货经营业务的管理人员和专业人员；⑤中国证监会规定的其他人员。

4.【答案】AB

【解析】参加从业资格考试的，应当符合下列条件：①年满 18 周岁；②具有完全民事行为能力；③具有高中以上文化程度；④中国证监会规定的其他条件。

5.【答案】ABC

【解析】机构任用具有从业资格考试合格证明且符合下列条件的人员从事期货业务的，应当为其办理从业资格申请：①品行端正，具有良好的职业道德；②已被本机构聘用；③最近 3 年内未受过刑事处罚或者中国证监会等金融监管机构的行政处罚；④未被中国证监会等金融监管机构采取市场禁入措施，或者禁入期已经届满；⑤最近 3 年内未因违法违规行为被撤销证券、期货从业资格；⑥中国证监会规定的其他条件。

6.【答案】ABCD

7.【答案】BC

【解析】期货公司的期货从业人员不得有下列行为：①进行虚假宣传，诱骗客户参与期货交易；②挪用客户的期货保证金或者其他资产；③中国证监会禁止的其他行为。

8.【答案】BCD

【解析】期货从业人员违反《期货从业人员管理办法》规定的，中国证监会及其派出机构可以采取责令改正、监管谈话、出具警示函等监管措施。

三、判断是非题

1.【答案】正确

【解析】协会应当对期货从业人员的执业行为进行定期或者不定期检查，期货从业人员及其所在机构应当予以配合。

2.【答案】正确

【解析】协会应当组织期货从业人员后续职业培训，提高期货从业人员的职业道德和专业素质。

3.【答案】错误

【解析】中国证监会及其派出机构依法对期货从业人员进行监督管理。

4.【答案】错误

5.【答案】正确

6.【答案】错误

【解析】机构的相关期货业务许可被注销的，由协会注销该机构中从事相应期货业务的期货从业人员的从业资格。

7.【答案】正确

8.【答案】正确

9.【答案】正确

10.【答案】错误

【解析】根据《期货从业人员管理办法》第十六条规定，期货交易所的非期货公司结算会员的期货从业人员不得代理客户从事期货交易。

11.【答案】错误

【解析】为期货公司提供中间介绍业务的机构的期货从业人员不得收付、存取或者划转期货保证金，不得代理客户从事期货交易。

12.【答案】错误

【解析】期货投资咨询机构的期货从业人员不得代理客户从事期货交易。

四、综合题

1.【答案】ABCD

【解析】根据《期货从业人员管理办法》第十条规定，选项 A、B、C、D 都符合题干要求。本题属识记内容，要求考生熟练掌握。

2.【答案】C

【解析】根据《期货从业人员管理办法》第二十七条规定，期货从业人员受到机构处分，或者从事的期货业务行为涉嫌违法违规被调查处理的，机构应当在做出处分决定、知悉或者应当知悉该期货从业人员违法违规被调查处理事项之日起 10 个工作日内向协会报告。

期货公司首席风险官管理规定（试行）

一、单项选择题

1.【答案】C

【解析】首席风险官不能够胜任工作，期货公司董事会可以免除首席风险官的职务。

2.【答案】A

【解析】期货公司董事会拟免除首席风险官职务的，应当提前通知本人，并按规定将免职理由、首席风险官履行职责情况及替代人选名单书面报告公司住所地中国证监会派出机构。

被免职的首席风险官可以向公司住所地中国证监会派出机构解释说明情况。

3.【答案】D

【解析】首席风险官提出辞职的，应当提前 30 日向期货公司董事会提出申请，并报告公司住所地中国证监会派出机构。

4.【答案】C

【解析】首席风险官应当在每季度结束之日起 10 个工作日内向公司住所地中国证监会派出机构提交季度工作报告。

5.【答案】B

【解析】首席风险官应当在每年 1 月 20 日前向公司住所地中国证监会派出机构提交上一年度全面工作报告。

6.【答案】B

【解析】自被中国证监会及其派出机构认定为不适当人选之日起 2 年内，任何期货公司不得任用该人员担任董事、监事和高级管理人员。

7.【答案】D

【解析】期货公司股东、董事和经理层限制、阻挠首席风险官正常开展工作的，首席风险官可以向中国证监会派出机构报告，中国证监会派出机构依法进行调查和处理。

8.【答案】A

【解析】首席风险官连续两次不参加培训，或者连续两次培训考试成绩不合格的，中国证监会及其派出机构可以采取监管谈话、出具警示函等监管措施。

二、多项选择题

1.【答案】ABCD

【解析】首席风险官根据履行职责的需要，享有下列职权：

（一）参加或者列席与其履职相关的会议；

（二）查阅期货公司的相关文件、档案和资料；

（三）与期货公司有关人员、为期货公司提供审计、法律等中介服务的机构的有关人员进行谈话；

（四）了解期货公司业务执行情况；

（五）公司章程规定的其他职权。

2.【答案】ABCD

【解析】首席风险官应当在每季度结束之日起10个工作日内向公司住所地中国证监会派出机构提交季度工作报告；每年1月20日前向公司住所地中国证监会派出机构提交上一年度全面工作报告，报告期货公司合规经营、风险管理状况和内部控制状况，以及首席风险官的履行职责情况，包括首席风险官所作的尽职调查、提出的整改意见以及期货公司整改效果等内容。

3.【答案】BCD

【解析】根据《期货公司首席风险官管理规定》第二十九条规定，首席风险官不履行职责或者有第13条所列行为的，中国证监会及其派出机构可以依照《期货公司董事、监事和高级管理人员任职资格管理办法》对首席风险官采取监管谈话、出具警示函、责令更换等监管措施；情节严重的，认定其为不适当人选。

4.【答案】ABD

【解析】中国证监会及其派出机构将下列事项记入期货公司及首席风险官诚信档案：

（一）中国证监会及其派出机构对首席风险官采取的监管措施；

（二）首席风险官的培训情况和考试成绩；

（三）中国证监会及其派出机构认定的与首席风险官有关的其他事项。

5.【答案】ABCD

【解析】首席风险官不得有下列行为：

（一）擅离职守，无故不履行职责或者授权他人代为履行职责；

（二）在期货公司兼任除合规部门负责人以外的其他职务，或者从事可能影响其独立履行职责的活动；

（三）对期货公司经营管理中存在的违法违规行为或者重大风险隐患知情不报、拖延报告或者作虚假报告；

（四）利用职务之便牟取私利；

（五）滥用职权，干预期货公司正常经营；

（六）向与履职无关的第三方泄露期货公司秘密或者客户信息，损害期货公司或者客户的合法权益；

（七）其他损害客户和期货公司合法权益的行为。

6.【答案】ABC

【解析】期货公司董事会拟免除首席风险官职务的，应当提前通知本人，并按规定将免职理由、首席风险官履行职责情况及替代人选名单书面报告公司住所地中国证监会派出机构。

7.【答案】ABD

【解析】首席风险官应当向期货公司总经理、董事会和公司住所地中国证监会派出机构报告公司经营管理行为的合法合规性和风险管理状况。

8.【答案】ABCD

【解析】根据《期货公司首席风险官管理规定》第二十条规定，首席风险官应当对期货公司经营管理中可能发生的违规事项和可能存在的风险隐患进行质询和调查，并重点检查期货公司是否依据法律、行政法规及有关规定，建立健全和有效执行以下制度：①期货公司客户保证金安全存管制度；②期货公司风险监管指标管理制度；③期货公司治理和内部控制制度；④期货公司经纪业务规则、结算业务规则、客户风险管理制度和信息安全制度；⑤期货公司员工近亲属持仓报告制度；⑥其他对客户资产安全、交易安全等期货公司持续稳健经营有重要影响的制度。

9.【答案】ABCD

【解析】根据《期货公司首席风险官管理规定》第二十一条规定，对于依法委托其他机构从事中间介绍业务的期货公司，除第二十条所列事项外，首席风险官还应当监督检查以下事项：①是否存在非法委托或者超范围委托等情形；②在通知客户追加保证金、客户出入金、与中间介绍机构风险隔离等关键业务环节，期货公司是否有效控制风险；③是否与中间介绍机构建立了介绍业务的对接规则，在办理开户、行情和交易系统的安装维护、客户投诉的接待处理等方面，与中间介绍机构的职责协作程序是否明确且符合规定。

10.【答案】ABC

【解析】根据《期货公司首席风险官管理规定》第二十二条规定，对于取得实行会员分级结算制度的交易所的全面结算业务资格的期货公司，除第20条所列事项外，首席风险官还应当监督检查以下事项：①是否建立与全面结算业务相适应的结算业务制度和与业务发展相适应的风险管理制度，并有效执行；②是否公平对待本公司客户的权益和受托结算的其他期货公司及其客户的权益，是否存在滥用结算权利侵害受托结算的其他期货公司及其客户的利益的情况。

11.【答案】ABCD

【解析】首席风险官发现期货公司有下列违法违规行为或者存在重大风险隐患的，应当立即向公司住所地中国证监会派出机构报告，并向公司董事会和监事会报告：

（一）涉嫌占用、挪用客户保证金等侵害客户权益的；

（二）期货公司资产被抽逃、占用、挪用、查封、冻结或者用于担保的；

（三）期货公司净资本无法持续达到监管标准的；

（四）期货公司发生重大诉讼或者仲裁，可能造成重大风险的；

（五）股东干预期货公司正常经营的；

（六）中国证监会规定的其他情形。

对上述情形，期货公司应当按照公司住所地中国证监会派出机构的整改意见进行整改。首席风险官应当配合整改，并将整改情况向公司住所地中国证监会派出机构报告。

三、判断是非题

1.【答案】正确

2.【答案】正确

【解析】首席风险官连续两次不参加培训，或者连续两次培训考试成绩不合格的，中国证监会及其派出机构可以采取监管谈话、出具警示函等监管措施。

3.【答案】错误

【解析】首席风险官提出辞职的，应当提前30日向期货公司董事会提出申请，并报告公司住所地中国证监会派出机构。

4.【答案】错误

【解析】期货公司总经理或者相关负责人对公司经营管理行为的合法合规性、风险管理等方面存在的问题不整改或者整改未达到要求的，首席风险官应当及时向期货公司董事长、董事会常设的风险管理委员会或者监事会报告，必要时向公司住所地中国证监会派出机构报告。

5.【答案】正确

6.【答案】错误

【解析】期货公司股东、董事不得违反公司规定的程序，越过董事会直接向首席风险官下达指令或者干涉首席风险官的工作。

7.【答案】正确

8.【答案】正确

【解析】期货公司发生严重违规或者出现重大风险，首席风险官未及时履行本规定所要求的报告义务的，应当依法承担相应的法律责任。但首席风险官已按照要求履行报告义务的，中国证监会可以从轻、减轻或者免予行政处罚。

9.【答案】正确

【解析】首席风险官因正当履行职责而被解聘的，中国证监会及其派出机构可以依法对期货公司及相关责任人员采取相应的监管措施。

期货公司金融期货结算业务试行办法

一、单项选择题

1.【答案】B

【解析】全面结算会员期货公司与非结算会员签订、变更或者终止结算协议的，应当在签订、变更或者终止结算协议之日起3个工作日内向协议双方住所地的中国证监会派出机构、期货交易所和期货保证金安全存管监控机构报告。

2.【答案】A

【解析】《期货公司金融期货结算业务试行办法》自2007年4月19日起施行。

3.【答案】D

【解析】期货公司取得金融期货结算业务资格之日起6个月内，未取得期货交易所结算会员资格的，

金融期货结算业务资格自动失效。

4.【答案】A

【解析】取得期货交易所全面结算会员资格的期货公司，可以受托为其客户以及非结算会员办理金融期货结算业务。

5.【答案】A

【解析】非结算会员下达的交易指令应当经全面结算会员期货公司审查或者验证后进入期货交易所。全面结算会员期货公司可以按照结算协议的约定对非结算会员的指令采取必要的限制措施。

6.【答案】B

【解析】非结算会员向客户收取的保证金属于客户所有，除用于客户的期货交易外，任何机构或者个

人不得占用、挪用。

7.【答案】B

【解析】期货公司被期货交易所接纳为会员、暂停或者终止会员资格的，应当在收到期货交易所的通知文件之日起 3 个工作日内向期货公司住所地的中国证监会派出机构报告。

二、多项选择题

1.【答案】AC

【解析】全面结算会员期货公司调整非结算会员结算准备金最低余额的，应当在当日结算前向期货交易所和期货保证金安全存管监控机构报告。

2.【答案】ABCD

【解析】全面结算会员期货公司应当在定期报告中向中国证监会派出机构报告下列事项：

（一）非结算会员名单及其变化情况；

（二）金融期货结算业务所涉及的内部控制制度的执行情况；

（三）金融期货结算业务所涉及的风险管理制度的执行情况；

（四）中国证监会规定的其他事项。

3.【答案】ABCD

【解析】除下列情形外，全面结算会员期货公司不得划转非结算会员保证金：

（一）依据非结算会员的要求支付可用资金；

（二）收取非结算会员应当交存的保证金；

（三）收取非结算会员应当支付的手续费、税款及其他费用；

（四）双方约定且不违反法律、行政法规规定的其他情形。

4.【答案】ABCD

【解析】本题考查全面结算会员期货公司的业务规则，属识记内容。

5.【答案】ABD

【解析】全面结算会员期货公司与非结算会员签订、变更或者终止结算协议的，应当在签订、变更或者终止结算协议之日起 3 个工作日内向协议双方住所地的中国证监会派出机构、期货交易所和期货保证金安全存管监控机构报告。

三、判断是非题

1.【答案】错误

【解析】非结算会员在期货交易中违约的，应当承担违约责任。全面结算会员期货公司先以该非结算会员的保证金承担该非结算会员的违约责任；保证金不足的，全面结算会员期货公司应当以风险准备金和自有资金代为承担违约责任，并由此取得对该非结算会员的相应追偿权。

2.【答案】正确

3.【答案】正确

4.【答案】错误

【解析】全面结算会员期货公司不得向非结算会员收取结算担保金。

5.【答案】错误

【解析】全面结算会员期货公司可以按照结算协议的约定对非结算会员的指令采取必要的限制措施。

6.【答案】正确

7.【答案】正确

8.【答案】正确

9.【答案】错误

【解析】非结算会员是期货公司的，其与全面结算会员期货公司期货业务资金往来，只能通过各自的期货保证金账户办理。

10.【答案】正确

11.【答案】错误

【解析】结算准备金最低余额应当由非结算会员以自有资金向全面结算会员期货公司缴纳。

12.【答案】错误

【解析】全面结算会员期货公司向非结算会员收取的保证金，不得低于期货交易所向全面结算会员期货公司收取的保证金标准。

13.【答案】正确

14.【答案】正确

15.【答案】正确

四、综合题

1.【答案】ACD

2.【答案】ABCD

期货公司风险监管指标管理办法

一、单项选择题

1.【答案】A

【解析】期货公司应当每半年向公司董事会提交书面报告，说明净资本等各项风险监管指标的具体情况，该书面报告应当经期货公司法定代表人签字确认。该报告经董事会审议通过后，应当向公司全体股东提交或进行信息披露。

2. 【答案】C

【解析】净资本与风险资本准备的比例与上月相比变动超过 20% 的，期货公司应当向公司住所地中国证监会派出机构提交书面报告，说明原因，并在 5 个工作日内向全体董事提交书面报告。

3. 【答案】D

【解析】期货公司未按期报送风险监管报表或者报送的风险监管报表存在虚假记载、误导性陈述或者重大遗漏的，中国证监会派出机构应当要求期货公司限期报送或者补充更正。

4. 【答案】A

【解析】中国证监会派出机构应当在 5 个工作日内对公司风险监管指标触及预警标准的情况和原因进行核实，对公司的影响程度进行评估。

5. 【答案】C

【解析】期货公司风险监管指标优于预警标准并连续保持 3 个月的，风险预警期结束。

6. 【答案】A

【解析】期货公司风险监管指标不符合规定标准的，中国证监会派出机构应当在 2 个工作日内对公司进行现场检查，对不符合规定标准的情况和原因进行核实，并责令期货公司限期整改，整改期限不得超过 20 个工作日。

7. 【答案】D

【解析】期货公司风险监管指标不符合规定标准的，中国证监会派出机构应当在 2 个工作日内对公司进行现场检查，对不符合规定标准的情况和原因进行核实，并责令期货公司限期整改，整改期限不得超过 20 个工作日。

8. 【答案】B

【解析】期货公司风险监管指标符合规定标准的，中国证监会派出机构应当自验收合格之日起 3 个工作日内解除对期货公司采取的有关措施。

9. 【答案】B

【解析】在《期货公司风险监管指标管理办法》中，重大业务是指可能导致期货公司净资本等风险监管指标发生 10% 以上变化的业务。

10. 【答案】D

【解析】《期货公司风险监管指标管理试行办法》自 2007 年 4 月 18 日起施行。《期货公司风险监管指标管理办法》的施行时间是 2013 年 7 月 1 日。

二、多项选择题

1. 【答案】CD

【解析】期货公司应当持续符合以下风险监管指标标准：

（一）净资本不得低于人民币 1500 万元；

（二）净资本与公司的风险资本准备的比例不得低于 100%；

（三）净资本与净资产的比例不得低于 40%；

（四）流动资产与流动负债的比例不得低于 100%；

（五）负债与净资产的比例不得高于 150%；

（六）规定的最低限额的结算准备金要求。

2. 【答案】ABCD

【解析】期货公司法定代表人、经营管理主要负责人、首席风险官、财务负责人、结算负责人、制表人应当在风险监管报表上签字确认，并应当保证其真实、准确、完整。

3. 【答案】ABCD

【解析】期货公司风险监管指标达到预警标准的，进入风险预警期。

中国证监会派出机构应当在 5 个工作日内对公司风险监管指标触及预警标准的情况和原因进行核实，对公司的影响程度进行评估，并视情况采取下列措施：

（一）向公司出具关注函，并抄送其主要股东；

（二）对公司高级管理人员进行监管谈话，要求其优化公司风险监管指标水平；

（三）要求公司进行重大业务决策时，应当至少提前 5 个工作日向公司住所地中国证监会派出机构报送临时报告，说明有关业务对公司财务状况和风险监管指标的影响；

（四）责令公司增加内部合规检查的频率，并提交合规检查报告。

4. 【答案】ABCD

【解析】风险监管报表，包括期货公司风险监管指标汇总表、净资本计算表、资产调整值计算表、风险资本准备计算表、客户分离资产报表、客户权益变动表、经营业务报表和客户管理报表等。

三、判断是非题

1. 【答案】正确

【解析】客户保证金未足额追加的，期货公司在计算符合规定的最低限额的结算准备金时，应当相应扣除。

2. 【答案】错误

【解析】中国证监会根据审慎监管原则，结合市场发展形势及期货公司风险管理能力，可以在征求行业意见基础上对期货公司净资本计算标准及最低要求、风险监管指标标准、风险资本准备计算标准等内容等进行调整。

3. 【答案】错误

【解析】规定"不得高于"一定标准的风险监管指标，其预警标准是规定标准的80%。

4. 【答案】正确

【解析】期货公司应当指定专人负责风险监管报表的编制和报送工作。

5. 【答案】正确

【解析】期货公司应当按照中国证监会规定的方式报送风险监管报表。期货公司应当保留书面风险监管报表，相应责任人员应当在书面报表上签字，并加盖公司印章。该报表的保存期限应当不少于5年。

6. 【答案】错误

【解析】期货公司应当每半年向公司董事会提交书面报告，说明净资本等各项风险监管指标的具体情况，该书面报告应当经期货公司法定代表人签字确认。该报告经董事会审议通过后，应当向公司全体股东提交或进行信息披露。

7. 【答案】错误

【解析】期货公司风险监管指标达到预警标准

的，期货公司应当于当日向公司住所地中国证监会派出机构书面报告，详细说明原因、对公司的影响、解决问题的具体措施和期限，还应当向公司全体董事书面报告。

8. 【答案】正确

9. 【答案】正确

10. 【答案】正确

【解析】经过整改，风险监管指标符合规定标准的，期货公司应当向公司住所地中国证监会派出机构报告，中国证监会派出机构应当进行验收。

11. 【答案】正确

【解析】资产、流动资产，是指期货公司的自身资产，不含客户保证金；负债、流动负债，是指期货公司的对外负债，不含客户权益。

四、综合题

1. 【答案】C

【解析】净资本的计算公式为：净资本＝净资产－资产调整值＋负债调整值－客户未足额追加的保证金－/＋其他调整项。

净资本＝8700－230＋380－1800＝7050（万元）

2. 【答案】AC

证券公司为期货公司提供中间介绍业务试行办法

一、单项选择题

1. 【答案】D

【解析】中国证监会自受理申请材料之日起20个工作日内，做出批准或者不予批准的决定。

2. 【答案】B

【解析】证券公司与期货公司签订、变更或者终止委托协议的，双方应当在5个工作日内报各自所在地的中国证监会派出机构备案。

3. 【答案】A

【解析】证券公司介绍其控股股东、实际控制人等开户的，证券公司应当将其期货账户信息报所在地中国证监会派出机构备案，并按照中国证监会的规定履行信息披露义务。

4. 【答案】A

【解析】证券公司应当在营业场所妥善保存有关介绍业务的凭证、单据、账簿、报表、合同、数据信息等资料。证券公司保存上述文件资料的期限不得少于5年。

5. 【答案】A

【解析】证券公司应当建立并有效执行介绍业务的合规检查制度。证券公司应当定期对介绍业务规则、内部控制、风险隔离等制度的执行情况和营业部介绍业务的开展情况进行检查，每半年向中国证监会派出机构报送合规检查报告。发生重大事项的，证券公司应当在2个工作日内向所在地中国证监会派出机构报告。

6. 【答案】B

【解析】《证券公司为期货公司提供中间介绍业务试行办法》自2007年4月20日起施行。

二、多项选择题

1. 【答案】ABC

【解析】期货公司与证券公司应当建立介绍业务的对接规则，明确办理开户、行情和交易系统的安装维护、客户投诉的接待处理等业务的协作程序和规则。

2. 【答案】ABD

【解析】证券公司应当按照合规、审慎经营的原则，制定并有效执行介绍业务规则、内部控制、合规检查等制度，确保有效防范和隔离介绍业务与其他业务的风险。

3. 【答案】ABCD

【解析】证券公司应当在其经营场所显著位置或者其网站，公开下列信息：

（一）受托从事的介绍业务范围；

（二）从事介绍业务的管理人员和业务人员的名单和照片；

（三）期货公司期货保证金账户信息、期货保证金安全存管方式；

（四）客户开户和交易流程、出入金流程；

（五）交易结算结果查询方式；

（六）中国证监会规定的其他信息。

4. 【答案】ABCD

【解析】证券公司为期货公司介绍客户时，应当向客户明示其与期货公司的介绍业务委托关系，解释期货交易的方式、流程及风险，不得作获利保证、共担风险等承诺，不得虚假宣传、误导客户。

5. 【答案】ABCD

【解析】证券公司不得代客户下达交易指令，不得利用客户的交易编码、资金账号或者期货结算账户进行期货交易，不得代客户接收、保管或者修改交易密码。

6. 【答案】ACD

【解析】证券公司违反《证券公司为期货公司提供中间介绍业务试行办法》业务规则的，中国证监会及其派出机构可以采取责令限期整改、监管谈话、出具警示函等监管措施；逾期未改正，其行为可能危及期货公司的稳健运行、损害客户合法权益的，中国证监会可以责令期货公司终止与该证券公司的介绍业务关系。

三、判断是非题

1. 【答案】正确

【解析】证券公司应当及时将客户开户资料提交期货公司，期货公司应当复核后与客户签订期货经纪合同，办理开户手续。

2. 【答案】错误

【解析】证券公司不得代客户下达交易指令，不得利用客户的交易编码、资金账号或者期货结算账户进行期货交易，不得代客户接收、保管或者修改交易密码。

3. 【答案】错误

【解析】证券公司不得直接或者间接为客户从事期货交易提供融资或者担保。

4. 【答案】错误

【解析】期货、现货市场行情发生重大变化或者客户可能出现风险时，证券公司及其营业部可以协助期货公司向客户提示风险。

5. 【答案】错误

【解析】证券公司应当定期对介绍业务规则、内部控制、风险隔离等制度的执行情况和营业部介绍业务的开展情况进行检查，每半年向中国证监会派出机构报送合规检查报告。

6. 【答案】正确

7. 【答案】错误

【解析】证券公司因其他业务涉嫌违法违规或者出现重大风险被暂停、限制业务或者撤销业务资格的，中国证监会可以责令期货公司终止与该证券公司的介绍业务关系。

四、综合题

1. 【答案】BCD

【解析】A应该是"6个月"。

2. 【答案】A

3. 【答案】BC

【解析】A应该是"12亿元"，D应该是"70%"。

期货市场客户开户管理规定

一、单项选择题

1. 【答案】A

2. 【答案】B

【解析】特殊单位客户的实名制要求及核对应当遵循实质重于形式的原则，确保特殊单位客户、分户管理资产和期货结算账户对应关系准确。

3. 【答案】A

【解析】中国期货保证金监控中心有限责任公司

负责客户开户管理的具体实施工作。期货公司为客户申请、注销各期货交易所交易编码，以及修改与交易编码相关的客户资料，应当统一通过监控中心办理。

4. 【答案】B

【解析】期货公司为客户申请交易编码，应当向监控中心提交客户交易编码申请。客户交易编码申请填写内容应当完整并与期货经纪合同所记载的内容一致。

5. 【答案】A

【解析】对于实行会员分级结算制度期货交易所的非结算会员，监控中心应当将其申请和注销客户交易编码的结果及时通知其结算会员。

6. 【答案】B

【解析】监控中心应当将当日通过复核的客户交易编码申请资料转发给相关期货交易所。

7. 【答案】C

【解析】期货公司应当登录监控中心统一开户系统办理客户交易编码的注销。

8. 【答案】A

【解析】中国证监会依法对期货市场客户开户进行监督检查。

9. 【答案】B

【解析】中国证监会派出机构对期货公司客户开户进行监督检查。

10. 【答案】D

【解析】监控中心应当依据本规定制定期货市场客户开户管理的业务操作规则，并报告中国证监会。

11. 【答案】A

【解析】监控中心应当建立健全相应的应急处理机制，防范和化解统一开户系统的运行风险。

12. 【答案】B

【解析】期货公司、证券公司违反本规定的，中国证监会及其派出机构可以采取责令限期整改、监管谈话、出具警示函等监管措施；逾期未改正，其行为可能危及期货公司稳健运行、损害客户合法权益的，中国证监会及其派出机构可以责令期货公司、证券公司暂停开户或办理相关业务。

13. 【答案】B

【解析】期货公司、证券公司违反本规定的，中国证监会及其派出机构可以采取责令限期整改、监管谈话、出具警示函等监管措施；逾期未改正，其行为可能危及期货公司稳健运行、损害客户合法权益的，中国证监会及其派出机构可以责令期货公司、证券公司暂停开户或办理相关业务。

二、多项选择题

1. 【答案】ABC

2. 【答案】ABCD

【解析】期货公司为客户开立账户，应当对客户开户资料进行审核，确保开户资料的合规、真实、准确和完整。

3. 【答案】ABCD

【解析】客户开户应当符合《期货交易管理条例》及中国证监会有关规定，并遵守以下实名制要求：

（一）个人客户应当本人亲自办理开户手续，签署开户资料，不得委托代理人代为办理开户手续。除中国证监会另有规定外，个人客户的有效身份证明文件为中华人民共和国居民身份证；

（二）单位客户应当出具单位客户的授权委托书、代理人的身份证和其他开户证件。除中国证监会另有规定外，一般单位客户的有效身份证明文件为组织机构代码证和营业执照；证券公司、基金管理公司、信托公司和其他金融机构，以及社会保障类公司、合格境外机构投资者等法律、行政法规和规章规定的需要资产分户管理的特殊单位客户，其有效身份证明文件由监控中心另行规定；

（三）期货经纪合同、期货结算账户中客户姓名或者名称与其有效身份证明文件中的姓名或者名称一致；

（四）在期货经纪合同及其他开户资料中真实、完整、准确地填写客户资料信息。

4. 【答案】ABCD

【解析】确保客户交易编码申请表、期货结算账户登记表、期货经纪合同等开户资料所记载的客户姓名或者名称与其有效身份证明文件中的姓名或者名称一致。

5. 【答案】AB

【解析】期货公司应当按照规定要求定期向监控中心提交客户的以下资料：

（一）个人客户的头部正面照和身份证正反面扫描件；

（二）单位客户的开户代理人头部正面照和身份证正反面扫描件。

6. 【答案】ABCD

【解析】监控中心在复核中发现以下情况之一的，监控中心应当退回客户交易编码申请，并告知期货公司：

（一）客户资料不符合实名制要求；

（二）客户交易编码申请表及相关资料内容不完整、格式不正确；

（三）中国证监会规定的其他情形。

7. 【答案】ABC

【解析】期货公司申请对客户姓名或者名称、客户有效身份证明文件号码、客户期货结算账户户名进行修改的，监控中心重新按本规定第十七条进行复核。通过复核的，监控中心将修改后的资料转发相关期货交易所和期货公司并由其进行相应处理。

8.【答案】ABC

【解析】期货公司、证券公司违反本规定的，中国证监会及其派出机构可以采取责令限期整改、监管谈话、出具警示函等监管措施；逾期未改正，其行为可能危及期货公司稳健运行、损害客户合法权益的，中国证监会及其派出机构可以责令期货公司、证券公司暂停开户或办理相关业务。

9.【答案】AB

【解析】期货公司、证券公司违反本规定的，中国证监会及其派出机构可以采取责令限期整改、监管谈话、出具警示函等监管措施；逾期未改正，其行为可能危及期货公司稳健运行、损害客户合法权益的，中国证监会及其派出机构可以责令期货公司、证券公司暂停开户或办理相关业务。

10.【答案】ABCD

【解析】监控中心应当按以下标准对期货公司提交的客户交易编码申请表及其他相关资料进行复核：

（一）客户交易编码申请表内容完整性、格式正确性；

（二）个人客户姓名和身份证号码与全国公民身份信息查询服务系统反馈结果的一致性；

（三）一般单位客户名称和组织机构代码证号码与全国组织机构代码管理中心反馈结果的一致性；

（四）客户姓名或者名称与其期货结算账户户名的一致性；

（五）其他应当复核的内容。

三、判断是非题

1.【答案】正确

2.【答案】错误

【解析】期货交易所收到监控中心转发的客户交易编码申请资料后，根据期货交易所业务规则对客户交易编码进行分配、发放和管理，并将各类申请的处理结果通过监控中心反馈期货公司。

3.【答案】正确

4.【答案】错误

【解析】期货公司应当按照监控中心规定的格式要求采集并以电子文档方式在公司总部集中统一保存客户影像资料，并随其他开户材料一并存档备查。各营业部也应当保存所办理的客户开户资料及其影像资料。

5.【答案】正确

6.【答案】正确

7.【答案】错误

【解析】监控中心应当将当日通过复核的客户交易编码申请资料转发给相关期货交易所。

8.【答案】错误

【解析】期货交易所应当将客户交易编码申请的处理结果发送监控中心，由监控中心当日反馈给期货公司。

9.【答案】正确

10.【答案】正确

11.【答案】正确

12.【答案】正确

13.【答案】错误

【解析】期货交易所注销客户交易编码的，应当于注销当日通知监控中心，监控中心据此通知期货公司。

14.【答案】正确

15.【答案】正确

16.【答案】正确

17.【答案】正确

18.【答案】正确

19.【答案】正确

20.【答案】正确

关于建立金融期货投资者适当性制度的规定

一、单项选择题

1.【答案】D

【解析】期货公司应当根据中金所制定的标准和指引，制定投资者适当性标准的实施方案，建立并有效执行客户开发管理制度和开户审核工作制度，完善业务流程与内部分工，加强责任追究。

2.【答案】D

【解析】期货公司应当完善客户纠纷处理机制，明确承担此项职责的部门和岗位，负责处理投资者参与金融期货交易所产生的投诉等事项，及时化解相关矛盾纠纷。

3.【答案】A

【解析】中金所对期货公司执行投资者适当性制度的情况进行检查，检查中发现从事中间介绍业务的证券公司存在违法违规行为的，应将有关情况通报相关派出机构。

二、多项选择题

1.【答案】ABCD

【解析】中金所、监控中心、中期协应当按照"统一领导、各司其职、各负其责、加强协作、联合监管"的原则，严格落实本规定的各项工作要求。

2.【答案】AD

【解析】期货公司应当及时将投资者适当性制度实施方案及相关制度报中金所和公司所在地中国证监会派出机构备案。

3.【答案】ABCD

【解析】自然人投资者应当全面评估自身的经济实力、产品认知能力、风险控制能力、生理及心理承受能力等，审慎决定是否参与金融期货交易。

三、判断是非题

1.【答案】错误

【解析】中国证监会及其派出机构对从事中间介绍业务的证券公司进行日常监督检查，发现证券公司违反投资者适当性制度要求的，依法采取监管措施或者予以行政处罚。

2.【答案】正确

【解析】投资者应当遵守"买卖自负"的原则，承担金融期货交易的履约责任，不得以不符合投资者适当性标准为由拒绝承担金融期货交易履约责任。

期货公司期货投资咨询业务试行办法

一、单项选择题

1.【答案】B

【解析】期货公司营业部应当在公司总部的统一管理下对外提供期货投资咨询服务。

2.【答案】A

【解析】期货投资咨询业务人员应当以期货公司名义开展期货投资咨询业务活动，不得以个人名义为客户提供期货投资咨询服务。

3.【答案】C

【解析】期货公司应当按照规定的内容与格式要求，每月向住所地中国证监会派出机构报送期货投资咨询业务信息。

4.【答案】D

【解析】期货公司首席风险官负责监督期货投资咨询业务管理制度的制定和执行，对期货投资咨询业务的合规性定期检查，并依法履行督促整改和报告职责。

二、多项选择题

1.【答案】ABD

【解析】期货公司应当事前了解客户的身份、财务状况、投资经验等情况，认真评估客户的风险偏好、风险承受能力和服务需求，并以书面和电子形式保存客户相关信息。

2.【答案】ABCD

【解析】期货公司提供的投资方案或者期货交易策略应当以本公司的研究报告、合法取得的研究报告、相关行业信息资料以及公开发布的相关信息等为主要依据。

3.【答案】BCD

【解析】期货投资咨询业务人员应当与交易、结算、风险控制、财务、技术等业务人员岗位独立，职责分离。

三、判断是非题

1.【答案】正确

【解析】中国期货业协会对期货公司及其从业人员从事期货投资咨询业务实行自律管理。

2.【答案】错误

【解析】期货投资咨询业务人员在开展期货投资咨询服务时，不得接受客户委托代为从事期货交易。

3.【答案】错误

【解析】期货公司应当针对客户期货投资咨询具体服务需求，揭示期货市场风险，明确告知客户独立承担期货市场风险。

4.【答案】正确

期货公司资产管理业务试点办法

一、单项选择题

1.【答案】B

【解析】根据《期货公司资产管理业务试点办法》第十三条的规定，期货公司与第三方发生债务纠纷、期货公司破产或者清算时，客户委托资产不得用于清偿期货公司债务，且不属于其破产财产或者清算财产。

2.【答案】A

【解析】期货公司首席风险官负责监督资产管理业务有关制度的制定和执行，对资产管理业务的合规性定期检查，并依法履行督促整改和报告义务。

3.【答案】C

【解析】期货公司应当每日向监控中心报送非期货类投资账户的盈亏、净值等数据信息。

4.【答案】B

【解析】期货公司应当于年度结束后 3 个月内向中国证监会及其派出机构提交上一年度资产管理业务年度报告。

5.【答案】C

【解析】资产管理业务的投资范围包括：

（一）期货、期权及其他金融衍生品；

（二）股票、债券、证券投资基金、集合资产管理计划、央行票据、短期融资券、资产支持证券等；

（三）中国证监会认可的其他投资品种。

二、多项选择题

1.【答案】ABCD

【解析】依据《期货公司资产管理业务试点办法》第二十七条、第二十八条、第二十九条、第三十条的规定。

2.【答案】ABC

【解析】根据《期货公司资产管理业务试点办法》第三十五条的规定，发生以下情形之一的，期货公司资产管理部门应当立即向公司总经理和首席风险官报告：（一）资产管理业务被交易所调查或者采取风险控制措施，或者被有权机关调查；（二）客户提前终止资产管理委托；（三）其他可能影响资产管理业务开展和客户权益的情形。

3.【答案】ABCD

【解析】根据《期货公司资产管理业务试点办法》第四十九条的规定，期货公司限期未能完成整改或者发生下列情形之一的，中国证监会可以暂停其开展新的资产管理业务：（一）风险监管指标不符合规定；（二）高级管理人员和业务人员不符合规定要求；（三）超出本办法规定或者合同约定的投资范围从事资产管理业务；（四）其他影响资产管理业务正常开展的情形。

4.【答案】ABCD

【解析】期货公司从事资产管理业务，应当遵循公平、公正、诚信、规范的原则，恪守职责、谨慎勤勉，保护客户合法权益，公平对待所有客户，防范利益冲突，禁止各种形式的利益输送，维护期货市场的正常秩序。

三、判断是非题

1.【答案】错误

【解析】根据《期货公司资产管理业务试点办法》第十八条的规定，资产管理合同应当明确约定，由客户自行独立承担投资风险。

2.【答案】正确

3.【答案】错误

【解析】期货交易所应当对期货公司的期货资产管理账户及其交易编码进行重点监控，发现期货资产管理账户违法违规交易的，应当按照职责及时处置并报告中国证监会。

四、综合题

1.【答案】ABCD

2.【答案】C

【解析】根据《最高人民法院关于审理期货纠纷案件若干问题的规定》第十六条规定，期货公司在与客户订立期货经纪合同时，未提示客户注意《期货交易风险说明书》内容，并由客户签字或者盖章，对于客户在交易中的损失，应当依据合同法规定承担相应的赔偿责任。但是，根据以往交易结果记载，证明客户已有交易经历的，应当免除期货公司的责任。

期货从业人员执业行为准则（修订）

一、单项选择题

1.【答案】A

2.【答案】D

【解析】从业人员受到机构处分，或者从事的期货业务行为涉嫌违法违规被调查处理的，机构应当在做出处分决定、知悉或者应当知悉该从业人员违法违规被调查处理事项之日起 10 个工作日内向协会报告。

3.【答案】B

【解析】从业人员违反本准则，情节轻微，且没有造成严重后果的，予以训诫，训诫以训诫信的形式向个人发出。

4.【答案】D

【解析】根据《期货从业人员执业行为准则（修订）》第三十九条规定，期货从业人员采用虚假或容易引起误解的宣传方式进行自我夸大或者损害其他同业者的名誉的，暂停其从业资格 6 个月至 12 个月。

5.【答案】D

【解析】从业人员违反《期货从业人员执业行为准则（修订）》，情节严重，并造成严重后果的，予以公开谴责。

6.【答案】D

【解析】根据《期货从业人员执业行为准则（修订）》第四十条规定，期货从业人员从事或者协同他人从事欺诈、内幕交易、操纵期货交易价格等行为，情节严重的，撤销其从业资格并在3年内或永久性拒绝受理其资格申请。

7.【答案】C

【解析】《期货从业人员执业行为准则（修订）》于2008年4月30日公布，自公布之日起施行。

二、多项选择题

1.【答案】ABCD

【解析】《期货从业人员执业行为准则（修订）》是对期货从业人员的职业品德、执业纪律、专业胜任能力及职业责任等方面的基本要求和规定，是从业人员在执业过程中必须遵守的行为规范。

2.【答案】ABCD

【解析】本题考查期货从业人员执业行为的基本准则，属于识记内容。

3.【答案】ABCD

4.【答案】BCD

【解析】期货公司的从业人员不得有下列行为：①以个人名义接受客户委托代理客户从事期货交易；②进行虚假宣传，诱骗客户参与期货交易；③挪用客户的期货保证金或者其他资产；④中国证监会禁止的其他行为。选项A是期货从业人员对投资者的责任。

5.【答案】ABC

【解析】期货从业人员在向投资者提供服务前，应当了解投资者的财务状况、投资经验及投资目标，并应谨慎、诚实、客观地告知投资者期货投资的特点以及在期货投资中可能出现的各种风险，不得向投资者做出不符合有关法律、法规、规章、政策等规定的承诺或保证。

6.【答案】ABCD

【解析】从业人员有下列情形之一，情节严重的，撤销其从业资格并在3年内或永久性拒绝受理其

资格申请：

（一）有本准则第十条至第十五条所禁止行为之一的；

（二）违反有关法律、法规、规章和政策规定向投资者承诺或者保证收益的；

（三）违反有关从业机构的业务管理规定导致重大经济损失的；

（四）为了个人或投资者的不当利益而严重损害社会公共利益、所在机构或者他人的合法权益的。

7.【答案】BCD

【解析】从业人员受到训诫、公开谴责和暂停从业资格的纪律惩戒的，应当参加协会组织的专项后续职业培训。

三、判断是非题

1.【答案】错误

【解析】根据《期货从业人员执业行为准则（修订）》第八条第二款规定，期货从业人员对投资者服务结束或者离开所在机构后，仍应当保守投资者或者原所在机构的秘密。

2.【答案】正确

3.【答案】正确

4.【答案】错误

【解析】根据《期货从业人员执业行为准则（修订）》第十三条规定，期货交易所的非期货公司结算会员的从业人员不得代理客户从事期货交易。

5.【答案】正确

6.【答案】正确

【解析】从业人员违反本准则，情节显著轻微，且没有造成后果的，可免于纪律惩戒，由协会责成从业人员所在机构予以批评教育。

7.【答案】错误

【解析】根据《期货从业人员执业行为准则（修订）》第四十四条规定，期货从业人员对纪律惩戒不服的，可向协会申诉委员会申诉，申诉委员会做出的审议决定为最终决定。

8.【答案】正确

【解析】从业人员受到纪律惩戒的，协会将纪律惩戒信息录入协会从业资格数据库。

期货公司执行金融期货投资者适当性制度管理规则（修订）

一、单项选择题

1. 【答案】A

2. 【答案】C

【解析】根据《期货公司执行金融期货投资者适当性制度管理规则（修订）》第八条中规定，会员单位应当完善客户纠纷处理机制，为投资者提供合理的投诉渠道，告知投诉的途径、方法和程序，妥善处理纠纷。

3. 【答案】A

二、多项选择题

1. 【答案】AC

【解析】《期货公司执行金融期货投资者适当性制度管理规则（修订）》第二条规定，期货公司会员单位应按照中国证监会和中国金融期货交易所的有关规定，遵循将适当的产品销售给适当的投资者的原则，建立健全内控合规制度，严格执行投资者适当性制度。

2. 【答案】ABCD

【解析】应当参照《期货公司执行金融期货投资者适当性制度管理规则（修订）》的第二条至第四条相关规则。

3. 【答案】ABCD

【解析】参照《期货公司执行金融期货投资者适当性制度管理规则（修订）》第六条会员单位应当建立并有效执行客户开发责任追究制度，明确客户开发人员、审核人员、服务人员、相关部门负责人、公司高级管理人员等相关期货从业人员的责任。

4. 【答案】ABCD

【解析】根据《期货公司执行金融期货投资者适当性制度管理规则（修订）》中的第三条至第八条的相关条例。

三、判断是非题

【答案】正确

中华人民共和国刑法修正案

一、单项选择题

1. 【答案】B

【解析】证券、期货交易内幕信息的知情人员或者非法获取证券、期货交易内幕信息的人员，在涉及证券的发行，证券、期货交易或者其他对证券、期货交易价格有重大影响的信息尚未公开前，买入或者卖出该证券，或者从事与该内幕信息有关的期货交易，或者泄露该信息，情节严重的，处五年以下有期徒刑或者拘役，并处或者单处违法所得一倍以上五倍以下罚金；情节特别严重的，处五年以上十年以下有期徒刑，并处违法所得一倍以上五倍以下罚金。

单位犯前款罪的，对单位判处罚金，并对其直接负责的主管人员和其他直接责任人员，处五年以下有期徒刑或者拘役。

2. 【答案】C

【解析】证券、期货交易内幕信息的知情人员或者非法获取证券、期货交易内幕信息的人员，在涉及证券的发行，证券、期货交易或者其他对证券、期货交易价格有重大影响的信息尚未公开前，买入或者卖出该证券，或者从事与该内幕信息有关的期货交易，或者泄露该信息，情节严重的，处五年以下有期徒刑或者拘役，并处或者单处违法所得一倍以上五倍以下罚金；情节特别严重的，处五年以上十年以下有期徒刑，并处违法所得一倍以上五倍以下罚金。

单位犯前款罪的，对单位判处罚金，并对其直接负责的主管人员和其他直接责任人员，处五年以下有期徒刑或者拘役。

3. 【答案】B

【解析】编造并且传播影响证券、期货交易的虚假信息，扰乱证券、期货交易市场，造成严重后果的，处五年以下有期徒刑或者拘役，并处或者单处一万元以上十万元以下罚金。

二、多项选择题

1. 【答案】BD

【解析】未经国家有关主管部门批准，擅自设立商业银行、证券交易所、期货交易所、证券公司、期货经纪公司、保险公司或者其他金融机构的，处三年以下有期徒刑或者拘役，并处或者单处二万元以上二十万元以下罚金；情节严重的，处三年以上十年以下有期徒刑，并处五万元以上五十万元以下罚金。

2. 【答案】ABCD

【解析】有下列情形之一，操纵证券、期货交易价格，获取不正当利益或者转嫁风险，情节严重的，处五年以下有期徒刑或者拘役，并处或者单处违法所得一倍以上五倍以下罚金：

（一）单独或者合谋，集中资金优势、持股或者持仓优势或者利用信息优势联合或者连续买卖，操纵证券、期货交易价格的；

（二）与他人串通，以事先约定的时间、价格和方式相互进行证券、期货交易，或者相互买卖并不持有的证券，影响证券、期货交易价格或者证券、期货交易量的；

（三）以自己为交易对象，进行不转移证券所有权的自买自卖，或者以自己为交易对象，自买自卖期货合约，影响证券、期货交易价格或者证券、期货交易量的；

（四）以其他方法操纵证券、期货交易价格的。

"单位犯前款罪的，对单位判处罚金，并对其直接负责的主管人员和其他直接责任人员，处五年以下有期徒刑或者拘役。"

三、判断是非题

1.【答案】错误

【解析】证券交易所、期货交易所、证券公司、期货经纪公司的从业人员，证券业协会、期货业协会或者证券期货监督管理部门的工作人员，故意提供虚假信息或者伪造、变造、销毁交易记录，诱骗投资者买卖证券、期货合约，造成严重后果的，处五年以下有期徒刑或者拘役，并处或者单处一万元以上十万元以下罚金；情节特别恶劣的，处五年以上十年以下有期徒刑，并处二万元以上二十万元以下罚金。

2.【答案】正确

【解析】未经国家有关主管部门批准，擅自设立商业银行、证券交易所、期货交易所、证券公司、期货经纪公司、保险公司或者其他金融机构的，处三年以下有期徒刑或者拘役，并处或者单处二万元以上二十万元以下罚金；情节严重的，处三年以上十年以下有期徒刑，并处五万元以上五十万元以下罚金。伪造、变造、转让商业银行、证券交易所、期货交易所、证券公司、期货经纪公司、保险公司或者其他金融机构的经营许可证或者批准文件的，依照前款的规定处罚。

中华人民共和国刑法修正案（六）摘选

一、单项选择题

1.【答案】A

【解析】公司、企业或者其他单位的工作人员利用职务上的便利，索取他人财物或者非法收受他人财物，为他人谋取利益，数额较大的，处 5 年以下有期徒刑或者拘役；数额巨大的，处 5 年以上有期徒刑，可以并处没收财产。

2.【答案】A

【解析】银行或者其他金融机构的工作人员违反规定，为他人出具信用证或者其他保函、票据、存单、资信证明，情节严重的，处 5 年以下有期徒刑或者拘役；情节特别严重的，处 5 年以上有期徒刑。

二、多项选择题

【答案】ABCD

三、判断是非题

【答案】正确

最高人民法院关于审理期货纠纷案件若干问题的规定

一、单项选择题

1.【答案】A

【解析】期货交易所在期货公司没有保证金或者保证金不足的情况下，允许期货公司开仓交易或者继续持仓，应当认定为透支交易。

2.【答案】A

【解析】审查期货公司或者客户是否透支交易，应当以期货交易所规定的保证金比例为标准。

3.【答案】B

【解析】期货公司的交易保证金不足，期货交易

所未按规定通知期货公司追加保证金的，由于行情向持仓不利的方向变化导致期货公司透支发生的扩大损失，期货交易所应当承担主要赔偿责任，赔偿额不超过损失的 60%。

4.【答案】B

【解析】期货交易所允许期货公司开仓透支交易的，对透支交易造成的损失，由期货交易所承担主要赔偿责任，赔偿额不超过损失的 60%。

5.【答案】D

【解析】期货交易所允许期货公司透支交易，并

与其约定分享利益，共担风险的，对透支交易造成的损失，期货交易所承担相应的赔偿责任。

6.【答案】C

【解析】期货公司允许客户开仓透支交易的，对透支交易造成的损失，由期货公司承担主要赔偿责任，赔偿额不超过损失的80%。

7.【答案】A

【解析】客户的交易保证金不足，又未能按期货经纪合同约定的时间追加保证金的，按期货经纪合同的约定处理；约定不明确的，期货公司有权就其未平仓的期货合约强行平仓，强行平仓造成的损失，由客户承担。

8.【答案】A

【解析】期货交易所因期货公司违规超仓或者其他违规行为而必须强行平仓的，强行平仓所造成的损失，由期货公司承担。

9.【答案】B

【解析】期货交易所依法或依交易规则强行平仓发生的费用，由被平仓的期货公司承担；期货公司承担责任后有权向有过错的客户追偿。期货公司依法或依约定强行平仓所发生的费用，由客户承担。

10.【答案】C

【解析】期货公司应当对客户的交易指令是否入市交易承担举证责任。

二、多项选择题

【答案】AB

【解析】期货交易所、期货公司为债务人的，人民法院不得冻结、划拨期货公司在期货交易所或者客户在期货公司保证金账户中的资金。

三、判断是非题

1.【答案】正确

2.【答案】正确

【解析】客户下达的交易指令没有品种、数量、买卖方向的，期货公司未予拒绝而进行交易造成客户的损失，由期货公司承担赔偿责任，客户予以追认的除外。

3.【答案】错误

【解析】客户下达的交易指令数量和买卖方向明确，没有有效期限的，应当视为当日有效；没有成交价格的，应当视为按市价交易；没有开平仓方向的，应当视为开仓交易。

4.【答案】正确

【解析】期货公司超出客户指令价位的范围，将高于客户指令价格卖出或者低于客户指令价格买入后的差价利益占为己有的，客户要求期货公司返还的，人民法院应予支持，期货公司与客户另有约定的除外。

5.【答案】正确

6.【答案】正确

7.【答案】错误

【解析】客户对当日交易结算结果的确认，应当视为对该日之前所有持仓和交易结算结果的确认，所产生的交易后果由客户自行承担。

8.【答案】正确

9.【答案】正确

10.【答案】正确

四、综合题

【答案】D

【解析】根据最高人民法院《关于审理期货纠纷案件若干问题的规定》第二十四条规定，期货公司超出客户指令价位的范围，将高于客户指令价格卖出或者低于客户指令价格买入后的差价利益占为己有的，客户要求期货公司返还的，人民法院应予支持，期货公司与客户另有约定的除外。

最高人民法院关于审理期货纠纷案件若干问题的规定（二）

一、单项选择题

【答案】B

二、多项选择题

1.【答案】ABD

2.【答案】CD

【解析】期货公司为债务人，债权人请求冻结、

划拨以下账户中资金或者有价证券的，人民法院不予支持：

（一）客户在期货公司保证金账户中的资金；

（二）客户向期货公司提交的用于充抵保证金的有价证券。

三、判断是非题

【答案】正确

金融期货投资者适当性制度实施办法

一、单项选择题

1.【答案】C

【解析】《金融期货投资者适当性制度实施办法》第八条规定，期货公司会员应当根据中国证监会的有关规定、本办法及交易所制定的投资者适当性制度操作指引，制定本公司的实施方案，建立相关工作制度，完善内部分工与业务流程。

2.【答案】A

【解析】《金融期货投资者适当性制度实施办法》第十条规定，期货公司会员开展金融期货开户业务，应当及时将投资者适当性制度实施方案及相关工作制度报交易所备案。交易所无异议的，期货公司会员才能为投资者申请开立金融期货交易编码。

3.【答案】D

【解析】《金融期货投资者适当性制度实施办法》第十九条规定，交易所对期货公司会员落实投资者适当性制度相关要求的情况进行检查时，期货公司会员应当配合，如实提供投资者开户材料、资金账户情况等资料，不得隐瞒、阻碍和拒绝。交易所在检查中发现从事中间介绍业务的证券公司存在违规行为的，进行必要的延伸检查，并将有关违规情况通报中国证监会相关派出机构。

二、多项选择题

1.【答案】ABCD

【解析】《金融期货投资者适当性制度实施办法》第二十一条规定，期货公司会员违反投资者适当性制度的，交易所可以对其采取责令整改、谈话提醒、书面警示、通报批评、公开谴责、暂停受理申请开立新的交易编码、暂停或者限制业务、调整或者取消会员。期货公司会员工作人员对违规行为负有责任的，交易所可以采取通报批评、公开谴责、暂停从事交易所期货业务和取消从事交易所期货业务资格等处理措施；情节严重的，交易所可以向中国证监会、中国期货业协会提出撤销任职资格、取消从业资格等行政处罚或者纪律处分建议。

2.【答案】BC

【解析】《金融期货投资者适当性制度实施办法》第二十二条规定，期货公司会员工作人员对违规行为负有责任的，交易所可以采取通报批评、公开谴责、暂停从事交易所期货业务和取消从事交易所期货业务资格等处理措施；情节严重的，交易所可以向中国证监会、中国期货业协会提出撤销任职资格、取消从业资格等行政处罚或者纪律处分建议。

3.【答案】ABD

【解析】《金融期货投资者适当性制度实施办法》第六条规定，期货公司会员可以为特殊单位客户申请开立交易编码。

前款所称特殊单位客户是指证券公司、基金管理公司、信托公司、银行和其他金融机构，以及社会保障类公司、合格境外机构投资者等法律、行政法规和规章规定的需要资产分户管理的单位客户，以及交易所认定的其他单位客户；一般单位客户系指特殊单位客户以外的单位客户。

三、判断是非题

1.【答案】错误

【解析】期货公司会员可以为特殊单位客户申请开立交易编码。

2.【答案】正确

【解析】《金融期货投资者适当性制度实施办法》第十七条规定，投资者应当遵守"买卖自负"的原则，承担金融期货交易的履约责任，不得以不符合投资者适当性标准为由拒绝承担金融期货交易履约责任。

金融期货投资者适当性制度操作指引

一、单项选择题

1.【答案】D

【解析】期货公司会员为投资者向交易所申请开立交易编码，应当确认该投资者前一交易日日终保证金账户可用资金余额不低于人民币50万元。

2.【答案】C

【解析】期货公司会员不得为测试得分低于80

分的投资者申请开立交易编码。

3.【答案】B

【解析】期货公司会员为投资者向交易所申请开立交易编码的时间距投资者通过知识测试的时间不得超过两个月。

4.【答案】A

【解析】投资者期货交易经历应当以加盖相关期

货公司结算专用章的最近三年内期货交易结算单作为证明，且具有 10 笔以上（含）的成交记录。

二、多项选择题

1.【答案】ABCD

【解析】综合评估满分为 100 分，其中基本情况、相关投资经历、财务状况、诚信状况的分值上限分别为 15 分、20 分、50 分、15 分。

2.【答案】ABCD

【解析】投资者金融类资产包括银行存款、股票、基金、期货权益、债券、黄金、理财产品（计划）等资产。

三、判断是非题

1.【答案】错误

【解析】投资者投资经历包括期货交易经历与金融现货交易经历两个方面，评估分值上限分别为 20 分与 10 分，两项评分较高者为投资经历得分。

2.【答案】错误

【解析】投资者可以提供近两个月内的中国人民银行征信中心个人信用报告或者其他信用证明文件作为诚信记录的证明。

法 律 法 规 模 拟 试 题 答 案 与 解 析

模拟试题（一）

一、单项选择题

1.【答案】C

【解析】《期货公司金融期货结算业务试行办法》第十八条规定，非结算会员的客户申请或者注销其交易编码的，由非结算会员按照期货交易所的规定办理。

2.【答案】C

【解析】《期货交易所管理办法》第一百零二条规定，期货交易所应当向中国证监会履行下列报告义务：（一）每一年度结束后4个月内提交经具有证券、期货相关业务资格的会计师事务所审计的年度财务报告；（二）每一季度结束后15日内、每一年度结束后30日内提交有关经营情况和有关法律、行政法规、规章、政策执行情况的季度和年度工作报告；（三）中国证监会规定的其他事项。

3.【答案】C

【解析】《期货交易所管理办法》第一百零六条规定，中国证监会认为有必要的，可以对期货交易所高级管理人员实施提示。

4.【答案】B

【解析】《期货公司风险监管指标管理试行办法》第十二条规定，期货公司计算净资本时，可以将"期货风险准备金"等有助于增强抗风险能力的负债项目加回。

5.【答案】A

【解析】会员制期货交易所的注册资本划分为均等份额。

6.【答案】B

【解析】《证券公司为期货公司提供中间介绍业务试行办法》第二十六条规定，发生重大事项的，证券公司应当在2个工作日内向所在地中国证监会派出机构报告。

7.【答案】C

【解析】《证券公司为期货公司提供中间介绍业务试行办法》第六条规定，本办法第五条第（一）项所称风险控制指标标准是指：（四）净资本不低于净资产的70%。

8.【答案】B

【解析】《期货公司金融期货结算业务试行办法》第三十五条规定，非结算会员的结算准备金余额小于零并未能在约定时间内补足的，全面结算会员期货公司应当按照约定的原则和措施对非结算会员或者其客户的持仓强行平仓。

9.【答案】A

【解析】《期货公司董事、监事和高级管理人员任职资格管理办法》第五十七条规定，推荐人签署的意见有虚假陈述的，自中国证监会及其派出机构做出认定之日起2年内不再受理该推荐人的推荐意见和签署意见的年检登记表，并记入该推荐人的诚信档案。

10.【答案】B

【解析】《期货公司董事、监事和高级管理人员任职资格管理办法》第四十四条规定，取得期货公司的总经理、副总经理、首席风险官任职资格但未实际任职的人员，未按规定参加资格年检，或者未通过资格年检，或者连续5年未在期货公司担任期货公司的总经理、副总经理、首席风险官职务的，应当在任职前重新申请取得期货公司的总经理、副总经理、首席风险官的任职资格。

11.【答案】C

【解析】《期货公司风险监管指标管理试行办法》第三十条规定，期货公司风险监管指标达到预警标准的，进入风险预警期。中国证监会派出机构应当在5个工作日内对公司风险监管指标触及预警标准的情况和原因进行核实，对公司的影响程度进行评估，并视情况采取措施。

12.【答案】D

【解析】《期货公司风险监管指标管理试行办法》第二十四条规定，期货公司法定代表人、经营管理主要负责人、首席风险官、财务负责人、结算负责人、制表人应当在风险监管报表上签字确认，并应当保证其真实、准确、完整。上述人员对风险监管报表内容持有异议的，应当书面说明意见和理由，向公司住所地中国证监会派出机构报送。

13.【答案】D

【解析】《期货从业人员执业行为准则（修订）》第六条规定，期货从业人员在执业过程中应当对期货交易各方高度负责，诚实守信，恪尽职守，珍惜和维护期货业和从业人员的职业声誉，保障期货市场稳健运行。

14.【答案】B

【解析】《期货公司风险监管指标管理试行办法》第三十六条规定，本办法自 2013 年 7 月 1 日起施行。

15.【答案】C

【解析】《期货公司风险监管指标管理试行办法》第九条规定，期货公司持有的金融资产，按照分类和流动性情况采取不同比例进行风险调整，分类中同时符合两个或者两个以上标准的，应当采用最高的比例进行风险调整。

16.【答案】B

【解析】《期货公司风险监管指标管理试行办法》第十八条规定，期货公司应当持续符合净资本与净资产的比例不得低于40%。

17.【答案】D

【解析】《期货公司风险监管指标管理试行办法》第二十二条规定，期货公司应当报送月度和年度风险监管报表。期货公司应当于月度终了后的 7 个工作日内向公司住所地中国证监会派出机构报送月度风险监管报表，在年度终了后的 4 个月内报送经具备证券、期货相关业务资格的会计师事务所审计的年度风险监管报表。

18.【答案】A

【解析】《期货公司风险监管指标管理试行办法》第二十八条规定，期货公司风险监管指标达到预警标准的，期货公司应当于当日向公司住所地中国证监会派出机构提交书面报告，详细说明原因、对公司的影响、解决问题的具体措施和期限，还应当向公司全体董事提交书面报告。

19.【答案】D

【解析】《期货从业人员执业行为准则（修订）》第一条规定，为规范期货从业人员执业行为，促使其提高职业道德和业务素质，维护期货市场秩序，根据《期货交易管理暂行条例》《期货从业人员资格管理办法》以及《中国期货业协会章程》的有关规定，制定本准则。

20.【答案】C

【解析】《期货从业人员执业行为准则（修订）》第十九条规定，期货从业人员在向投资者提供服务前，应当了解投资者的财务状况、投资经验及投资目标，并应谨慎、诚实、客观地告知投资者期货投资的特点以及在期货投资中可能出现的各种风险，不得向投资者做出不符合有关法律、法规、规章、政策等规定的承诺或保证。

21.【答案】B

【解析】从业人员有下列情形之一的，暂停其从业资格 6 个月至 12 个月；情节严重的，撤销其从业资格并在 3 年内拒绝受理其从业资格申请：

（五）违反保密义务，泄露、传递他人未公开重要信息的。

22.【答案】D

【解析】《期货从业人员执业行为准则（修订）》第三十二条规定，当从业人员与其所服务的投资者存在利益冲突或因其他原因无法继续提供期货业务服务时，应当通过所在机构及时与投资者协商，采取更换从业人员或其他办法妥善予以妥善解决。

23.【答案】D

【解析】《期货从业人员管理办法》第十一条规定，期货从业人员辞职、被解聘或者死亡的，从事期货经营业务的机构应当自上述情形发生之日起 10 个工作日内向中国期货业协会报告，由中国期货业协会注销其从业资格。

24.【答案】D

【解析】国务院期货监督管理机构对期货市场实行集中统一的监督管理。

25.【答案】C

【解析】因违法行为或者违纪行为被撤销资格的律师、注册会计师或者投资咨询机构、财务顾问机构、资信评级机构、资产评估机构、验证机构的专业人员，自被撤销资格之日起未逾 5 年，不得担任期货交易所的负责人、财务会计人员。

26.【答案】A

【解析】期货公司办理下列事项，应当经国务院期货监督管理机构批准：

（一）合并、分立、停业、解散或者破产；

（二）变更业务范围；

（三）变更注册资本且调整股权结构；

（四）新增持有 5% 以上股权的股东或者控股股东发生变化；

（五）国务院期货监督管理机构规定的其他事项。

27.【答案】D

【解析】申请设立期货公司，其注册资本应当是实缴资本。股东应当以货币或者期货公司经营必需的非货币财产出资，货币出资比例不得低于85%。

28.【答案】C

【解析】期货公司办理下列事项，应当经国务院期货监督管理机构批准：

（一）合并、分立、停业、解散或者破产；

（二）变更业务范围；

（三）变更注册资本且调整股权结构；

（四）新增持有 5% 以上股权的股东或者控股股东发生变化；

（五）国务院期货监督管理机构规定的其他事项。

前款第三项、第五项所列事项，国务院期货监督管理机构应当自受理申请之日起 20 日内做出批准或者不批准的决定；前款所列其他事项，国务院期货监督管理机构应当自受理申请之日起 2 个月内做出批准或者不批准的决定。

29.【答案】B

【解析】《期货从业人员管理办法》第三十一条规定，未取得从业资格，擅自从事期货业务的，中国证监会责令改正，给予警告，单处或者并处 3 万元以下罚款。

30.【答案】A

【解析】《期货交易所管理办法》第九十五条规定，期货交易所制定或者修改交易规则的实施细则，应当征求中国证监会的意见，并在正式发布实施前，报告中国证监会。

31.【答案】B

【解析】申请设立期货公司，应当符合《中华人民共和国公司法》的规定，注册资本最低限额为人民币 3 000 万元。

32.【答案】A

【解析】《期货交易所管理办法》第六十八条规定，实行会员分级结算制度的期货交易所可以根据结算会员资信和业务开展情况，限制结算会员的结算业务范围，但应当于 3 日内报告中国证监会。

33.【答案】B

【解析】《期货交易所管理办法》第七十八条规定，期货交易所应当按照手续费收入的 20% 的比例提取风险准备金，风险准备金应当单独核算，专户存储。

34.【答案】C

【解析】期货公司办理下列事项，应当经国务院期货监督管理机构批准：

（一）合并、分立、停业、解散或者破产；

（二）变更业务范围；

（三）变更注册资本且调整股权结构；

（四）新增持有 5% 以上股权的股东或者控股股东发生变化；

（五）国务院期货监督管理机构规定的其他事项。

前款第三项、第五项所列事项，国务院期货监督管理机构应当自受理申请之日起 20 日内做出批准或者不批准的决定；前款所列其他事项，国务院期货监督管理机构应当自受理申请之日起 2 个月内做出批准或者不批准的决定。

35.【答案】C

【解析】期货交易所的负责人由国务院期货监督管理机构任免。期货交易所的管理办法由国务院期货监督管理机构制定。

36.【答案】A

37.【答案】D

【解析】期货公司或者其分支机构有《中华人民共和国行政许可法》第七十条规定的情形或者下列情形之一的，国务院期货监督管理机构应当依法办理期货业务许可证注销手续：

（一）营业执照被公司登记机关依法注销；

（二）成立后无正当理由超过 3 个月未开始营业，或者开业后无正当理由停业连续 3 个月以上；

（三）主动提出注销申请；

（四）国务院期货监督管理机构规定的其他情形。

38.【答案】A

【解析】期货公司接受客户委托为其进行期货交易，应当事先向客户出示风险说明书，经客户签字确认后，与客户签订书面合同。期货公司不得未经客户委托或者不按照客户委托内容，擅自进行期货交易。

39.【答案】B

40.【答案】C

【解析】《证券公司为期货公司提供中间介绍业务试行办法》规定，证券公司申请介绍业务资格，申请日前 6 个月各项风险控制指标符合规定标准。

41.【答案】A

【解析】《期货公司风险监管指标管理试行办法》第十一条第一款规定，期货公司计算净资本时，应当按照企业会计准则的规定对相关项目充分计提资产减值准备。

42.【答案】A

【解析】《期货公司风险监管指标管理试行办法》第十四条第一款规定，客户保证金未足额追加的，期货公司应当相应调减净资本。

43.【答案】D

【解析】经中国证监会批准，期货交易所可以实行全员结算制度或者会员分级结算制度。

44.【答案】A

【解析】《期货交易所管理办法》第六十七条规定，申请成为结算会员的，应当取得中国证监会批准的结算业务资格。

45.【答案】A

【解析】《期货交易所管理办法》第七十七条第三款规定，期货交易所调整基础结算担保金标准的，应当在调整前报告中国证监会。

46.【答案】A

【解析】《期货交易所管理办法》第九十六条规定，期货交易所的交易结算系统和交易结算业务应当满足期货保证金安全存管监控的要求，真实、准确和完整地反映会员保证金的变动情况。

47.【答案】D

【解析】期货交易所应当及时公布上市品种合约的成交量、成交价、持仓量、最高价与最低价、开盘价与收盘价和其他应当公布的即时行情，并保证即时行情的真实、准确。期货交易所不得发布价格预测信息。

48.【答案】C

【解析】C项应为申请日前3个月末的风险监管报表。

49.【答案】B

【解析】期货公司向客户收取的保证金，属于客户所有。

50.【答案】B

【解析】期货公司经营期货经纪业务又同时经营其他期货业务的，应当严格执行业务分离和资金分离制度，不得混合操作。

51.【答案】C

【解析】《期货交易所管理办法》第五十四条规定，取得期货交易所会员资格，应当经期货交易所批准。

52.【答案】A

53.【答案】B

【解析】《期货公司监督管理办法》第二十一条规定，期货公司变更住所，应当妥善处理客户资产，拟迁入的住所和拟使用的设施应当符合业务需要。

54.【答案】C

【解析】《期货公司监督管理办法》第二十三条的规定，期货公司可以设立营业部、分公司等分支机构。

期货公司申请设立分支机构，应当具备下列条件：

（一）公司治理健全，内部控制制度符合有关规定并有效执行；

（二）申请日前3个月符合风险监管指标标准；

（三）符合有关客户资产保护和期货保证金安全存管监控的规定；

（四）未因涉嫌违法违规经营正在被有权机关调查，近1年内未因违法违规经营受到行政处罚或者刑事处罚；

（五）具有符合业务发展需要的分支机构设立方案；

（六）中国证监会根据审慎监管原则规定的其他条件。

55.【答案】C

【解析】期货公司与其控股股东、实际控制人在业务、人员、资产、财务等方面应当严格分开，独立经营，独立核算。

56.【答案】C

【解析】《期货公司监督管理办法》第三十三条，期货公司设立、变更、停业、解散、破产、被撤销期货业务许可或者其分支机构设立、变更、终止的，期货公司应当在中国证监会指定的媒体上公告。

57.【答案】D

【解析】期货公司的独立董事不得在期货公司担任董事会以外的职务，不得与本期货公司存在可能妨碍其做出独立、客观判断的关系。

58.【答案】A

【解析】首席风险官发现涉嫌占用、挪用客户保证金等违法违规行为或者可能发生风险的，应当立即向住所地中国证监会派出机构和公司董事会报告。

59.【答案】C

【解析】期货公司的董事长、总经理、首席风险官之间不得存在近亲属关系。董事长和总经理不得由一人兼任。

60.【答案】C

【解析】《最高人民法院关于审理期货纠纷案件若干问题的规定》第十七条规定，期货公司接受客户全权委托进行期货交易的，对交易产生的损失，承担主要赔偿责任，赔偿额不超过损失的百分之八十，法律、行政法规另有规定的除外。

二、多项选择题

61.【答案】ABC

【解析】参见《期货交易所管理办法》。

62.【答案】AC

【解析】期货交易所合并可以采取吸收合并和新

设合并两种方式，合并前各方的债权、债务由合并后存续或者新设的期货交易所承继。

63.【答案】ABC

【解析】召开会员大会，应当将会议审议的事项于会议召开10日前通知会员。

64.【答案】ABCD

【解析】参见《期货交易所管理办法》第二十五条规定，ABCD四项均属于理事会的职能。

65.【答案】AB

【解析】理事会由会员理事和非会员理事组成；其中会员理事由会员大会选举产生，非会员理事由中国证监会委派。

66.【答案】ABCD

【解析】参见《期货交易所管理办法》第三十四条规定。

67.【答案】ABD

【解析】《期货交易所管理办法》第四十一条、第四十五条和第四十六条规定，董事长、副董事长和董事会秘书都由中国证监会提名，董事会通过；独立董事则是由中国证监会提名，由股东大会通过。

68.【答案】ABC

【解析】《期货交易所管理办法》第五十条规定，监事会的职权如下：（一）检查期货交易所财务；（二）监督期货交易所董事、高级管理人员执行职务行为；（三）向股东大会会议提出提案；（四）期货交易所章程规定的其他职权。

69.【答案】AB

【解析】实行全员结算制度的期货交易所会员由期货公司会员和非期货公司会员组成。

70.【答案】CD

【解析】实行会员分级结算制度的期货交易所会员由结算会员和非结算会员组成。

71.【答案】ACD

【解析】《最高人民法院关于审理期货纠纷案件若干问题的规定》第四十条规定，期货交易所对期货公司、期货公司对客户未按期货交易所交易规则规定或者期货经纪合同约定的强行平仓条件、时间、方式进行强行平仓，造成期货公司或者客户损失的，期货交易所或者期货公司应当承担赔偿责任。

72.【答案】ABD

【解析】《期货交易所管理办法》第二十一条规定，会员大会由理事会召集，每年召开一次。有下列情形之一的，应当召开临时会员大会：（一）会员理事不足期货交易所章程规定人数的2/3；（二）1/3以上会员联名提议；（三）理事会认为必要。

73.【答案】ABCD

【解析】《期货交易所管理办法》第一百条规定，期货交易所工作人员不得从事期货交易，不得泄露内幕消息或者利用内幕消息获取非法利益，不得从期货交易所会员、客户处谋取利益。期货交易所的工作人员履行职务，遇有与本人或者其亲属有利害关系的情形时，应当回避。

74.【答案】ABC

【解析】《期货交易所管理办法》第一百零五条规定，中国证监会认为期货市场出现异常情况的，可以决定采取延迟开市、暂停交易、提前闭市等必要的风险处置措施。

75.【答案】ABD

【解析】《期货公司监督管理办法》第二十条规定，期货公司变更法定代表人，拟任法定代表人应当具备任职资格。期货公司应当向住所地的中国证监会派出机构提交下列申请材料：（一）申请书；（二）关于变更法定代表人的决议文件；（三）拟任法定代表人任职资格证明；（四）中国证监会规定的其他材料。

76.【答案】ACD

【解析】《期货公司监督管理办法》第二十二条规定，期货公司变更住所，应当向拟迁入地中国证监会派出机构提交下列申请材料：

（一）申请书；

（二）拟变更后的住所所有权或者使用权证明和相关消防合格证明材料；

（三）客户资产处理情况报告；

（四）中国证监会规定的其他材料。

77.【答案】ABCD

【解析】《期货公司监督管理办法》第三十一条规定，期货公司停业的，应当向中国证监会提交下列申请材料：

（一）申请书；

（二）停业决议文件；

（三）关于处理客户资产、处置或者清退客户情况的报告；

（四）中国证监会规定的其他材料。

78.【答案】ABD

【解析】《期货公司监督管理办法》第七十八条规定，中国证监会及其派出机构可以要求下列机构或者个人，在指定期限内报送与期货公司经营相关的资料：

（一）期货公司及其董事、监事、高级管理人员及其他工作人员；

（二）期货公司股东、实际控制人或者其他关联人；

（三）期货公司控股、参股或者实际控制的企业；

（四）为期货公司提供相关服务的会计师事务所、律师事务所、资产评估机构等中介服务机构。

79.【答案】ABCD

80.【答案】AD

【解析】国务院期货监督管理机构对期货交易所和期货保证金安全存管监控机构的董事、监事、高级管理人员，实行资格管理制度。

81.【答案】ABCD

【解析】期货交易所应当及时公布上市品种合约的成交量、成交价、持仓量、最高价与最低价、开盘价与收盘价和其他应当公布的即时行情，并保证即时行情的真实、准确。期货交易所不得发布价格预测信息。

82.【答案】ABCD

【解析】国务院期货监督管理机构、期货交易所、期货保证金安全存管监控机构和期货保证金存管银行等相关单位的工作人员，泄露知悉的国家秘密或者会员、客户商业秘密，或者徇私舞弊、玩忽职守、滥用职权、收受贿赂的，依法给予行政处分或者纪律处分。

83.【答案】AD

【解析】期货公司的交易软件、结算软件，应当满足期货公司审慎经营和风险管理以及国务院期货监督管理机构有关保证金安全存管监控规定的要求。期货公司的交易软件、结算软件不符合要求的，国务院期货监督管理机构有权要求期货公司予以改进或者更换。

84.【答案】ABCD

【解析】《期货公司首席风险官管理规定（试行)》第二十五条规定，期货公司首席风险官根据履行职责的需要，享有下列职权：（一）参加或者列席与其履职相关的会议；（二）查阅期货公司的相关文件、档案和资料；（三）与期货公司有关人员、为期货公司提供审计、法律等中介服务的机构的有关人员进行谈话；（四）了解期货公司业务执行情况；（五）公司章程规定的其他职权。

85.【答案】BC

【解析】《期货公司首席风险官管理规定（试行)》第二十六条规定，期货公司董事、高级管理人员、各部门应当支持和配合期货公司首席风险官的工作，不得以涉及商业秘密或者其他理由限制、阻挠期货公司首席风险官履行职责。第二十七条规定，期货公司股东、董事不得违反公司规定的程序，越过董事会直接向期货公司首席风险官下达指令或者干涉期货公司首席风险官的工作。

86.【答案】AD

【解析】《期货公司首席风险官管理规定（试行)》第二十八条规定，期货公司首席风险官应当在每季度结束之日起10个工作日内向公司住所地中国证监会派出机构提交季度工作报告；每年1月20日前向公司住所地中国证监会派出机构提交上一年度全面工作报告。

87.【答案】ABCD

【解析】《期货公司董事、监事和高级管理人员任职资格管理办法》第三十条规定，期货公司任用董事、监事和高级管理人员，应当自做出决定之日起5个工作日内，向中国证监会相关派出机构报告，并提交下列材料：（一）任职决定文件；（二）相关会议的决议；（三）相关人员的任职资格核准文件；（四）高级管理人员职责范围的说明；（五）中国证监会规定的其他材料。

88.【答案】ABD

【解析】《期货投资者保障基金管理暂行办法》第四条规定，期货投资者保障基金按照取之于市场、用之于市场的原则筹集。

第五条规定，期货投资者保障基金由中国证监会集中管理、统筹使用。

第六条规定，期货投资者保障基金的管理和运用遵循公开、合理、有效的原则。

89.【答案】CD

【解析】《期货投资者保障基金管理暂行办法》第七条规定，期货投资者保障基金的使用遵循保障投资者合法权益和公平救助原则，实行比例补偿。

90.【答案】AD

【解析】《期货公司金融期货结算业务试行办法》第五条规定，中国证监会及其派出机构依法对期货公司从事金融期货结算业务实行监督管理。中国期货业协会和期货交易所依法对期货公司的金融期货结算业务实行自律管理。

91.【答案】BCD

【解析】《期货交易所管理办法》第八十七条规定，期货交易所实行风险警示制度。期货交易所认为必要的，可以分别或同时采取要求会员和客户报告情况、谈话提醒、发布风险提示函等措施，以警示和化解风险。

92.【答案】ABCD

【解析】从业人员必须遵守有关法律、行政法规和中国证监会的规定，遵守协会和期货交易所的自律规则，不得从事或者协同他人从事欺诈、内幕交易、操纵期货交易价格、编造并传播有关期货交易的虚假信息等违法违规行为。

93.【答案】BCD

【解析】金融期货合约的标的物包括有价证券、利率、汇率等金融产品及其相关指数产品。选项A属于商品期货合约的标的物。

94.【答案】ABD

【解析】《最高人民法院关于审理期货纠纷案件若干问题的规定》第二十条规定，客户下达的交易指令没有品种、数量、买卖方向的，期货公司未予拒绝而进行交易造成客户的损失，由期货公司承担赔偿责任，客户予以追认的除外。

95.【答案】CD

【解析】会员大会是期货业协会的权力机构。期货业协会还设理事会。

96.【答案】ABCD

【解析】期货交易内幕信息，是指可能对期货交易价格产生重大影响的尚未公开的信息，包括：国务院期货监督管理机构以及其他相关部门制定的对期货交易价格可能发生重大影响的政策，期货交易所做出的可能对期货交易价格发生重大影响的决定，期货交易所会员、客户的资金和交易动向以及国务院期货监督管理机构认定的对期货交易价格有显著影响的其他重要信息。

97.【答案】ABCD

【解析】期货交易所应当按照国家有关规定建立、健全下列风险管理制度：（一）保证金制度；（二）当日无负债结算制度；（三）涨跌停板制度；（四）持仓限额和大户持仓报告制度；（五）风险准备金制度；（六）国务院期货监督管理机构规定的其他风险管理制度。实行会员分级结算制度的期货交易所，还应当建立、健全结算担保金制度。

98.【答案】ABCD

【解析】根据《期货公司监督管理办法》第八十八条规定，选项A、B、C、D符合题干要求。

99.【答案】ABD

【解析】《期货公司董事、监事和高级管理人员

任职资格管理办法》第五十四条规定，期货公司董事、监事和高级管理人员在任职期间出现下列情形之一的，中国证监会及其派出机构可以将其认定为不适当人选：（一）向中国证监会提供虚假信息或者隐瞒重大事项，造成严重后果；（二）拒绝配合中国证监会依法履行监管职责，造成严重后果；（四）1年内累计3次被中国证监会及其派出机构进行监管谈话；（六）对期货公司出现违法违规行为或者重大风险负有责任。

100.【答案】ABC

【解析】期货公司或者其分支机构有《中华人民共和国行政许可法》第七十条规定的情形或者下列情形之一的，国务院期货监督管理机构应当依法办理期货业务许可证注销手续：

（一）营业执照被公司登记机关依法注销；

（二）成立后无正当理由超过3个月未开始营业，或者开业后无正当理由停业连续3个月以上；

（三）主动提出注销申请；

（四）国务院期货监督管理机构规定的其他情形。

期货公司在注销期货业务许可证前，应当结清相关期货业务，并依法返还客户的保证金和其他资产。期货公司分支机构在注销经营许可证前，应当终止经营活动，妥善处理客户资产。

三、判断是非题（正确的用A表示，错误的用B表示）

101.【答案】B

【解析】持仓限额，是指期货交易所对期货交易者的持仓量规定的最高数额。

102.【答案】B

【解析】《证券公司为期货公司提供中间介绍业务试行办法》第二十二条规定，证券公司不得直接或者间接为客户从事期货交易提供融资或者担保。

103.【答案】A

104.【答案】B

【解析】期货业协会是期货业的自律性组织，是社会团体法人。

105.【答案】A

106.【答案】B

【解析】《期货公司董事、监事和高级管理人员任职资格管理办法》第一条规定，期货公司董事、监事和高级管理人员的任职资格管理，适用本办法。本办法所称高级管理人员，是指期货公司的总经理、副总经理、首席风险官，财务负责人、营业部负责人

以及实际履行上述职务的人员。

107.【答案】A

108.【答案】A

【解析】《期货从业人员管理办法》第三十条规定，期货从业人员自律管理的具体办法，包括从业资格考试、从业资格注册和公示、执业行为准则、后续职业培训、执业检查、纪律惩戒和申诉等，由协会制订，报中国证监会核准。

109.【答案】A

110.【答案】A

111.【答案】B

【解析】期货交易所向会员收取的保证金，属于会员所有，除用于会员的交易结算外，严禁挪作他用。

112.【答案】B

【解析】期货业协会对期货从业人员进行自律管理，负责组织期货从业人员的资格考试。

113.【答案】B

【解析】期货交易所向会员、期货公司向客户收取的保证金，不得低于国务院期货监督管理机构、期货交易所规定的标准，并应当与自有资金分开，专户存放。

114.【答案】B

【解析】期货公司不得任用未取得任职资格的人员担任董事、监事和高级管理人员。

115.【答案】B

【解析】客户在期货交易中违约的，期货公司先以该客户的保证金承担违约责任；保证金不足的，期货公司应当以风险准备金和自有资金代为承担违约责任，并由此取得对该客户的相应追偿权。

116.【答案】A

117.【答案】A

118.【答案】A

119.【答案】A

120.【答案】B

【解析】监控中心应当将当日通过复核的客户交易编码申请资料转发给相关期货交易所。

四、综合题

121.【答案】B

【解析】根据《最高人民法院关于审理期货纠纷案件若干问题的规定》规定，题中由于甲某与期货公司的约定不明确，期货公司有权将其未平仓的期货合约强行平仓，强行平仓数额应当与其需追加的保证金数额基本相当。

122.【答案】D

【解析】根据《最高人民法院关于审理期货纠纷案件若干问题的规定》第三十四条的规定，期货公司允许客户开仓透支交易的，对透支交易造成的损失，由期货公司承担主要赔偿责任，赔偿额不超过损失的百分之八十。

123.【答案】A

【解析】《最高人民法院关于审理期货纠纷案件若干问题的规定》第三十六条规定，强行平仓造成的损失，由客户承担。

124.【答案】AC

【解析】《最高人民法院关于审理期货纠纷案件若干问题的规定》第四十一条规定，期货交易所依法或依交易规则强行平仓发生的费用，由被平仓的期货公司承担；期货公司承担责任后有权向有过错的客户追偿。本题中客户具有过错，期货公司承担费用后有权向客户追偿。

125.【答案】A

【解析】《最高人民法院关于审理期货纠纷案件若干问题的规定》第五十七条规定，期货交易所通知期货公司追加保证金，期货公司否认收到上述通知的，由期货交易所承担举证责任。据此规定，应当由期货公司承担举证责任。

甲期货公司共有 10 家营业部，现有净资产 5 000万元，资产调整值为 100 万元，负债调整值为 200 万元，有两家客户需要追加保证金，但经催告后仍然未足额追加，未足额追加的保证金数额达到 1 000 万元，该期货公司客户权益总额为 10 亿元。根据以上数据，回答下列问题：

126.【答案】A

【解析】《期货公司风险监管指标管理试行办法》第七条第二款规定，净资产的计算公式为：净资本＝净资产－资产调整值＋负债调整值－客户未足额追加的保证金－/＋其他调整项，根据该公式可以得出选项 A 是正确的。

127.【答案】AC

【解析】期货公司应当持续符合以下风险监管指标标准：

（一）净资本不得低于人民币 1 500 万元；

（二）净资本与公司的风险资本准备的比例不得低于 100%；

（三）净资本与净资产的比例不得低于 40%；

（四）流动资产与流动负债的比例不得低于 100%；

（五）负债与净资产的比例不得高于150%；

（六）规定的最低限额的结算准备金要求。

甲期货国内公司的净资本为4 100万元，净资本与净资产比例为82%，符合要求。

128.【答案】A

【解析】期货公司应当于月度终了后的7个工作日内向公司住所地中国证监会派出机构报送月度风险监管报表，在年度终了后的4个月内报送经具备证券、期货相关业务资格的会计师事务所审计的年度风险监管报表。

某期货公司接受客户张某委托为其进行豆粕期货交易，张某根据豆粕期货近期的表现，总结经验得出豆粕处于多头行情中，并有加速上涨的趋势，于是下达交易指令，买入豆粕期货合约100手。

但是，期货公司根据自己以往的经验，预测豆粕期货的走势不十分明朗，有下跌危险，于是擅自做主没有为张某下达交易指令。结果豆粕期货价格迅速上涨，造成张某没有获利。

129.【答案】D

130.【答案】ABD

【解析】期货公司有下列欺诈客户行为之一的，责令改正，给予警告，没收违法所得，并处违法所得1倍以上5倍以下的罚款；没有违法所得或者违法所得不满10万元的，并处10万元以上50万元以下的罚款；情节严重的，责令停业整顿或者吊销期货业务许可证：

（一）向客户作获利保证或者不按照规定向客户出示风险说明书的；

（二）在经纪业务中与客户约定分享利益、共担风险的；

（三）不按照规定接受客户委托或者不按照客户委托内容擅自进行期货交易的；

（四）隐瞒重要事项或者使用其他不正当手段，诱骗客户发出交易指令的；

（五）向客户提供虚假成交回报的；

（六）未将客户交易指令下达到期货交易所的；

（七）挪用客户保证金的；

（八）不按照规定在期货保证金存管银行开立保证金账户，或者违规划转客户保证金的；

（九）国务院期货监督管理机构规定的其他欺诈客户的行为。

期货公司有前款所列行为之一的，对直接负责的主管人员和其他直接责任人员给予警告，并处1万元以上10万元以下的罚款；情节严重的，暂停或者撤

销期货从业人员资格。

任何单位或者个人编造并且传播有关期货交易的虚假信息，扰乱期货交易市场的，依照本条第一款、第二款的规定处罚。

131.【答案】C

132.【答案】B

133.【答案】A

【解析】期货交易所会员的保证金不足时，应当及时追加保证金或者自行平仓。会员未在期货交易所规定的时间内追加保证金或者自行平仓的，期货交易所应当将该会员的合约强行平仓，强行平仓的有关费用和发生的损失由该会员承担。

134.【答案】CD

【解析】《最高人民法院关于审理期货纠纷案件若干问题的规定》第三十三条规定，客户的交易保证金不足，期货公司履行了通知义务而客户未及时追加保证金，客户要求保留持仓并经书面协商一致的，对保留持仓期间造成的损失，由客户承担；穿仓造成的损失，由期货公司承担。

135.【答案】AB

【解析】《最高人民法院关于审理期货纠纷案件若干问题的规定》第五十九条规定，期货交易所、期货公司为债务人的，人民法院不得冻结、划拨期货公司在期货交易所或者客户在期货公司保证金账户中的资金。

136.【答案】B

137.【答案】B

【解析】甲是国家工作人员，利用自己职务上的便利为乙非法谋取利益，并收受乙的"信息费"，属于受贿行为。

138.【答案】B

【解析】根据《刑法修正案》第六条的规定，甲与妻子之间已经构成了操纵期货交易价格罪，属于共同犯罪。

139.【答案】B

【解析】很明显，乙构成行贿罪。对单位行贿罪的对象是单位，而本题中对象是甲，不构成对单位行贿罪；乙的行为只是利用甲告诉他的内幕信息获得利益，并没有操纵期货交易价格的行为，也不构成操纵期货交易价格罪。

140.【答案】B

【解析】根据《期货投资者保障基金管理暂行办法》第二十条规定，期货投资者保障基金对每位个人投资者的保证金损失在10万元以下（含10万元）

的部分全额补偿。因此，甲可以得到9万元的保障基金补偿。

模拟试题（二）

一、单项选择题

1.【答案】D

【解析】《期货投资者保障基金管理暂行办法》经中国证监会和财政部审议通过，自2007年8月1日起施行。

2.【答案】B

【解析】《期货交易所管理办法》第八十六条规定，期货价格出现同方向连续涨跌停板的，期货交易所可以采用调整涨跌停板幅度、提高交易保证金标准及按一定原则减仓等措施化解风险。

3.【答案】C

【解析】期货交易所应当按照手续费收入的20%的比例提取风险准备金，风险准备金应当单独核算，专户存储。

【解析】参见《期货交易所管理办法》第七十八条规定。

4.【答案】C

【解析】《期货交易所管理办法》第八十九条规定，期货交易所宣布进入异常情况并决定暂停交易的，暂停交易的期限不得超过3个交易日。但经中国证监会批准延长的除外。

5.【答案】D

【解析】《最高人民法院关于审理期货纠纷案件若干问题的规定》第二十六条规定，期货公司与客户对交易结算结果的通知方式未作约定或者约定不明确，期货公司未能提供证据证明已经发出上述通知的，对客户因继续持仓而造成扩大的损失，应当承担主要赔偿责任，赔偿额不超过损失的百分之八十。

6.【答案】C

【解析】《期货交易所管理办法》第九十二条规定，期货交易所对期货交易、结算、交割资料的保存期限应当不少于20年。

7.【答案】D

【解析】《期货交易所管理办法》第九十六条规定，期货交易所的交易结算系统和交易结算业务应当满足期货保证金安全存管监控的要求，真实、准确和完整地反映会员保证金的变动情况。

8.【答案】D

【解析】《期货交易所管理办法》第九十七条规定，期货交易所应当按照中国证监会有关期货保证金安全存管监控的规定，向期货保证金安全存管监控机构报送相关信息。

9.【答案】B

【解析】期货投资者保障基金按照取之于市场、用之于市场的原则筹集。

10.【答案】D

【解析】《期货交易所管理办法》第一百零一条规定，期货交易所的所得收益按照国家有关规定管理和使用，但应当首先用于保证期货交易场所、设施的运行和改善。

11.【答案】D

【解析】根据《期货交易所管理办法》第八条规定，A、B、C三项均属于期货交易所的职责。根据《期货交易所管理办法》第一百零四条规定，D项属于中国证监会的职权。

12.【答案】C

【解析】参见《期货交易所管理办法》第十五条规定。

13.【答案】A

【解析】根据《期货投资者保障基金管理暂行办法》第十一条规定，若期货交易所、期货公司遭受重大突发市场风险或者不可抗力，经中国证监会、财政部批准，期货交易所、期货公司可以暂停缴纳期货投资者保障基金。

14.【答案】D

【解析】根据《期货交易所管理办法》第三十四条规定，A、B、C三项均属于总经理的职权。

15.【答案】D

16.【答案】D

【解析】保障基金产生的利息以及运用所产生的各种收益等孳息归属保障基金。

17.【答案】A

【解析】保障基金管理机构应当定期编报保障基金的筹集、管理、使用报告，经会计师事务所审计后，报送中国证监会和财政部。

18.【答案】B

【解析】财政部负责保障基金财务监管。

19.【答案】A

【解析】中国证监会负责保障基金业务监管，对保障基金的筹集、管理和使用等情况进行定期核查。

20. 【答案】C

【解析】保障基金的年度收支计划和决算报财政部批准。

21. 【答案】A

【解析】《期货公司董事、监事和高级管理人员任职资格管理办法》第六十二条规定，期货公司董事、监事和高级管理人员收受商业贿赂或者利用职务之便牟取其他非法利益的，没收违法所得，并处 3 万元以下罚款；情节严重的，暂停或者撤销任职资格。

22. 【答案】C

【解析】根据《证券公司为期货公司提供中间介绍业务试行办法》第二十六条第一款、第二款规定，证券公司应当定期对介绍业务规则、内部控制、风险隔离等制度的执行情况和营业部介绍业务的开展情况进行检查，每半年向中国证监会派出机构报送合规检查报告。

23. 【答案】B

【解析】《期货公司金融期货结算业务试行办法》第七条的规定，结算和风险管理部门或者岗位负责人具有担任期货公司交易、结算或者风险管理部门或者岗位负责人 2 年以上经历。

24. 【答案】D

【解析】《期货公司金融期货结算业务试行办法》第八条的规定，期货公司申请金融期货交易结算业务资格，董事长、总经理和副总经理中，至少 2 人的期货或者证券从业时间在 5 年以上，其中至少 1 人的期货从业时间在 5 年以上且具有期货从业人员资格、连续担任期货公司董事长或者高级管理人员时间在 3 年以上。

25. 【答案】D

【解析】《期货公司金融期货结算业务试行办法》第九条的规定，期货公司申请金融期货全面结算业务资格，注册资本不低于人民币 1 亿元。

26. 【答案】C

【解析】《期货公司金融期货结算业务试行办法》第十一条规定，中国证监会在受理金融期货结算业务资格申请之日起 3 个月内，做出批准或者不批准的决定。

27. 【答案】A

28. 【答案】C

【解析】《证券公司为期货公司提供中间介绍业务试行办法》第八条规定，中国证监会自受理申请材料之日起 20 个工作日内，做出批准或者不予批准的决定。

29. 【答案】D

【解析】《证券公司为期货公司提供中间介绍业务试行办法》第二十五条规定，证券公司应当在营业场所妥善保存有关介绍业务的凭证、单据、账簿、报表、合同、数据信息等资料。证券公司保存上述文件资料的期限不得少于 5 年。

30. 【答案】B

【解析】《期货公司金融期货结算业务试行办法》第七条的规定，期货公司申请金融期货结算业务资格，高级管理人员应该近 2 年内未受过刑事处罚或者行政处罚。

31. 【答案】B

【解析】《最高人民法院关于审理期货纠纷案件若干问题的规定》第七条规定，期货纠纷案件由中级人民法院管辖。

32. 【答案】B

【解析】《最高人民法院关于审理期货纠纷案件若干问题的规定》第二十一条规定，客户下达的交易指令数量和买卖方向明确，没有有效期限的，应当视为当日有效；没有成交价格的，应当视为按市价交易；没有开平仓方向的，应当视为开仓交易。

33. 【答案】C

【解析】《最高人民法院关于审理期货纠纷案件若干问题的规定》第三十七条规定，期货交易所因期货公司违规超仓或者其他违规行为而必须强行平仓的，强行平仓所造成的损失，由期货公司承担。

34. 【答案】D

【解析】《最高人民法院关于审理期货纠纷案件若干问题的规定》第五十条规定，因期货交易所的过错导致信息发布、交易指令处理错误，造成期货公司或者客户直接经济损失的，期货交易所应当承担赔偿责任，但其能够证明系不可抗力的除外。

35. 【答案】B

【解析】中国证监会定期向保障基金管理机构通报期货公司总体风险状况。存在较高风险的期货公司应当每月向保障基金管理机构提供财务监管报表。

36. 【答案】B

【解析】参见《期货公司监督管理办法》第二十一条规定。

37. 【答案】B

【解析】参见《期货公司监督管理办法》第二十三条规定。

38. 【答案】B

【解析】持有期货公司 5% 以上股权的股东或者

实际控制人出现下列情形之一的,应当在 3 个工作日内通知期货公司:

(一)所持有的期货公司股权被冻结、查封或者被强制执行;

(二)质押所持有的期货公司股权;

(三)决定转让所持有的期货公司股权;

(四)不能正常行使股东权利或者承担股东义务,可能造成期货公司治理的重大缺陷;

(五)涉嫌重大违法违规被有权机关调查或者采取强制措施;

(六)因重大违法违规行为受到行政处罚或者刑事处罚;

(七)变更名称;

(八)合并、分立或者进行重大资产、债务重组;

(九)被采取停业整顿、撤销、接管、托管等监管措施,或者进入解散、破产、关闭程序;

(十)其他可能影响期货公司股权变更或者持续经营的情形。

持有期货公司 5% 以上股权的股东发生前款规定情形的,期货公司应当自收到通知之日起 3 个工作日内向期货公司住所地中国证监会派出机构报告。

39.【答案】B

【解析】中国证监会定期向保障基金管理机构通报期货公司总体风险状况。存在较高风险的期货公司应当每月向保障基金管理机构提供财务监管报表。

40.【答案】A

【解析】现有保障基金不足补偿的,由后续缴纳的保障基金补偿。

41.【答案】D

【解析】使用保障基金前,中国证监会和保障基金管理机构应当监督期货公司核实投资者保证金权益及损失,积极清理资产并变现处置,应当先以自有资金和变现资产弥补保证金缺口。不足弥补或者情况危急的,方能决定使用保障基金。

42.【答案】C

【解析】《中华人民共和国公司法》第一百四十七条规定的情形或者下列情形之一的,不得担任期货交易所的负责人、财务会计人员:(一)因违法行为或者违纪行为被解除职务的期货交易所、证券交易所、证券登记结算机构的负责人,或者期货公司、证券公司的董事、监事、高级管理人员,以及国务院期货监督管理机构规定的其他人员,自被解除职务之日起未逾 5 年;(二)因违法行为或者违纪行为被撤销

资格的律师、注册会计师或者投资咨询机构、财务顾问机构、资信评级机构、资产评估机构、验证机构的专业人员,自被撤销资格之日起未逾 5 年。

43.【答案】BD

【解析】期货公司变更住所,应当妥善处理客户资产,拟迁入的住所和拟使用的设施应当符合业务需要。期货公司在中国证监会不同派出机构辖区变更住所的,还应当符合下列条件:

(一)符合持续性经营规则;

(二)近 2 年未因重大违法违规行为受到行政处罚或者刑事处罚;

(三)中国证监会根据审慎监管原则规定的其他条件。

44.【答案】A

【解析】国有以及国有控股企业进行境内外期货交易,应当遵循套期保值的原则,严格遵守国务院国有资产监督管理机构以及其他有关部门关于企业以国有资产进入期货市场的有关规定。

45.【答案】C

【解析】期货交易所、非期货公司结算会员有下列行为之一的,责令改正,给予警告,没收违法所得:

(一)违反规定接纳会员的;

(二)违反规定收取手续费的;

(三)违反规定使用、分配收益的;

(四)不按照规定公布即时行情的,或者发布价格预测信息的;

(五)不按照规定向国务院期货监督管理机构履行报告义务的;

(六)不按照规定向国务院期货监督管理机构报送有关文件、资料的;

(七)不按照规定建立、健全结算担保金制度的;

(八)不按照规定提取、管理和使用风险准备金的;

(九)违反国务院期货监督管理机构有关保证金安全存管监控规定的;

(十)限制会员实物交割总量的;

(十一)任用不具备资格的期货从业人员的;

(十二)违反国务院期货监督管理机构规定的其他行为。

有前款所列行为之一的,对直接负责的主管人员和其他直接责任人员给予纪律处分,处 1 万元以上 10 万元以下的罚款。

46. 【答案】D

【解析】会计师事务所、律师事务所、资产评估机构等中介服务机构未勤勉尽责，所出具的文件有虚假记载、误导性陈述或者重大遗漏的，责令改正，没收业务收入，暂停或者撤销相关业务许可，并处业务收入1倍以上5倍以下的罚款。对直接负责的主管人员和其他直接责任人员给予警告，并处3万元以上10万元以下的罚款。

47. 【答案】B

【解析】中国证监会依法对期货公司董事、监事和高级管理人员进行监督管理。

48. 【答案】B

【解析】《期货交易所管理办法》第四十一条规定，期货交易所设董事长1人，副董事长1至2人。董事长、副董事长的任免，由中国证监会提名，董事会通过。董事长不得兼任总经理。

49. 【答案】B

【解析】《期货交易所管理办法》第四十七条规定，期货交易所设总经理1人，副总经理若干人。总经理、副总经理由中国证监会任免。总经理每届任期3年，连任不得超过两届。总经理是期货交易所的法定代表人，总经理应当由董事担任。

50. 【答案】B

【解析】《期货交易所管理办法》第七十二条规定，标准仓单充抵保证金的，期货交易所以充抵日前一交易日该标准仓单对应品种最近交割月份期货合约的结算价为基准计算价值。

51. 【答案】D

【解析】根据《期货公司董事、监事和高级管理人员任职资格管理办法》第十一条规定，申请经理层人员的任职资格，应当具备下列条件：①具有期货从业人员资格；②具有大学本科以上学历或者取得学士以上学位；③通过中国证监会认可的资质测试。

52. 【答案】A

【解析】期货公司任用董事、监事和高级管理人员，应当自做出决定之日起5个工作日内，向中国证监会相关派出机构报告。

53. 【答案】D

【解析】根据《期货公司董事、监事和高级管理人员任职资格管理办法》第三十二条规定，期货公司任用境外人士担任经理层人员职务的比例不得超过公司经理层人员总数的30%。

54. 【答案】C

55. 【答案】B

【解析】期货交易应当严格执行保证金制度。期货交易所向会员、期货公司向期货公司、客户收取的保证金，不得低于国务院期货监督管理机构、期货交易所规定的标准，并应当与自有资金分开，专户存放。

56. 【答案】B

【解析】《期货公司董事、监事和高级管理人员任职资格管理办法》第三条规定，期货公司董事、监事和高级管理人员应当在任职前取得中国证券监督管理委员会核准的任职资格。期货公司不得任用未取得任职资格的人员担任董事、监事和高级管理人员。

57. 【答案】B

【解析】《期货公司董事、监事和高级管理人员任职资格管理办法》第四十五条规定，期货公司董事长、监事会主席、独立董事、经理层人员和取得经理层人员任职资格但未实际任职的人员，应当至少每2年参加1次由中国证监会认可、行业自律组织举办的业务培训，取得培训合格证书。

58. 【答案】B

【解析】《期货公司董事、监事和高级管理人员任职资格管理办法》第二十九条规定，期货公司应当自拟任董事、监事、财务负责人、营业部负责人取得任职资格之日起30个工作日内，按照公司章程等有关规定办理上述人员的任职手续。自取得任职资格之日起30个工作日内，上述人员未在期货公司任职，其任职资格自动失效，但有正当理由并经中国证监会相关派出机构认可的除外。

59. 【答案】C

【解析】期货公司董事长、总经理辞职，或者被认定为不适当人选而被解除职务，或者被撤销任职资格的，期货公司应当委托具有证券、期货相关业务资格的会计师事务所对其进行离任审计，并自其离任之日起3个月内将审计报告报中国证监会及其派出机构备案。

60. 【答案】C

【解析】《最高人民法院关于审理期货纠纷案件若干问题的规定》第二十三条规定，期货公司不当延误执行客户交易指令给客户造成损失的，应当承担赔偿责任，但由于市场原因致客户交易指令未能全部或者部分成交的，期货公司不承担责任。

二、多项选择题

61. 【答案】BCD

【解析】《期货交易所管理办法》第十七条规定，期货交易所因下列情形之一解散：（一）章程规定的营业期限届满；（二）会员大会或者股东大会决定解散；（三）中国证监会决定关闭。期货交易所因前款第（一）项、第（二）项情形解散的，由中国证监会批准。

62.【答案】ABCD

【解析】《期货交易所管理办法》第七十条规定，期货交易所应当建立保证金管理制度。保证金管理制度应当包括下列内容：（一）向会员收取保证金的标准和形式；（二）专用结算账户中会员结算准备金最低余额；（三）当会员结算准备金余额低于期货交易所规定最低余额时的处置方法。

63.【答案】AC

【解析】实行会员分级结算制度的期货交易所应当建立结算担保金制度。结算担保金包括基础结算担保金和变动结算担保金。

64.【答案】ACD

【解析】《期货交易所管理办法》第一百零三条规定，发生下列重大事项，期货交易所应当及时向中国证监会报告：（一）发现期货交易所工作人员存在或者可能存在严重违反国家有关法律、行政法规、规章、政策的行为；（二）期货交易所涉及占其净资产10%以上或者对其经营风险有较大影响的诉讼；（三）期货交易所的重大财务支出、投资事项以及可能带来较大财务或者经营风险的重大财务决策；（四）中国证监会规定的其他事项。

65.【答案】ABD

【解析】《期货公司金融期货结算业务试行办法》第一条规定，为了规范期货公司金融期货结算业务，维护期货市场秩序，防范风险，根据《期货交易管理条例》，制定本办法。

66.【答案】ABCD

【解析】《期货公司金融期货结算业务试行办法》第二十八条规定，除下列情形外，全面结算会员期货公司不得划转非结算会员保证金：（一）依据非结算会员的要求支付可用资金；（二）收取非结算会员应当交存的保证金；（三）收取非结算会员应当支付的手续费、税款及其他费用；（四）双方约定且不违反法律、行政法规规定的其他情形。

67.【答案】AB

【解析】申请人或者拟任人以欺骗、贿赂等不正当手段取得任职资格的，应当予以撤销，对负有责任的公司和人员予以警告，并处以3万元以下罚款。

68.【答案】ABD

【解析】《证券公司为期货公司提供中间介绍业务试行办法》第九条规定，证券公司受期货公司委托从事介绍业务，应当提供下列服务：（一）协助办理开户手续；（二）提供期货行情信息、交易设施；（三）中国证监会规定的其他服务。证券公司不得代理客户进行期货交易、结算或者交割，不得代期货公司、客户收付期货保证金，不得利用证券资金账户为客户存取、划转期货保证金。

69.【答案】ABC

【解析】《证券公司为期货公司提供中间介绍业务试行办法》第十四条规定，期货公司与证券公司应当建立介绍业务的对接规则，明确办理开户、行情和交易系统的安装维护、客户投诉的接待处理等业务的协作程序和规则。

70.【答案】BD

【解析】参照《期货交易所管理办法》第九条规定

71.【答案】ACD

【解析】根据《期货公司董事、监事和高级管理人员任职资格管理办法》第一条规定，选项A、C、D属于本办法的制定目的。选项B属于《期货从业人员管理办法》的制定目的。

72.【答案】ABCD

73.【答案】ABC

【解析】根据《期货交易所管理办法》第四十六条第二款规定，董事会秘书负责期货交易所股东大会和董事会会议的筹备、文件保管以及期货交易所股东资料的管理等事宜。

74.【答案】ABCD

【解析】根据《期货公司董事、监事和高级管理人员任职资格管理办法》第五十一条规定，期货公司有下列情形之一的，中国证监会及其派出机构可以责令改正，并对负有责任的主管人员和其他直接责任人员进行监管谈话，出具警示函：①法人治理结构、内部控制存在重大隐患；②未按规定报告高级管理人员职责分工调整的情况；③未按规定报告相关人员代为履行职责的情况；④未按规定报告董事、监事和高级管理人员的近亲属在本公司从事期货交易的情况；⑤未按规定对离任人员进行离任审计；⑥中国证监会认定的其他情形。

75.【答案】AB

【解析】根据《期货从业人员管理办法》第一条规定，为了加强期货从业人员的资格管理，规范期货从业人员的执业行为，根据《期货交易管理条例》，制定本办法。

76. 【答案】AC

【解析】机构任用具有从业资格考试合格证明且符合下列条件的人员从事期货业务的，应当为其办理从业资格申请：①品行端正，具有良好的职业道德；②已被本机构聘用；③最近3年内未受过刑事处罚或者中国证监会等金融监管机构的行政处罚；④未被中国证监会等金融监管机构采取市场禁入措施，或者禁入期已经届满；⑤最近3年内未因违法违规行为被撤销证券、期货从业资格；⑥中国证监会规定的其他条件。

77. 【答案】ABCD

【解析】根据《期货从业人员管理办法》第三条规定，本办法所称机构是指：（一）期货公司；（二）期货交易所的非期货公司结算会员；（三）期货投资咨询机构；（四）为期货公司提供中间介绍业务的机构；（五）中国证券监督管理委员会（以下简称中国证监会）规定的其他机构。

78. 【答案】ABC

【解析】根据《期货从业人员管理办法》第三十一条规定，未取得从业资格，擅自从事期货业务的，中国证监会责令改正，给予警告，单处或者并处3万元以下罚款。

79. 【答案】ABCD

【解析】根据《期货公司董事、监事和高级管理人员任职资格管理办法》第二条规定，本办法所称高级管理人员，是指期货公司的总经理、副总经理、首席风险官，财务负责人、营业部负责人以及实际履行上述职务的人员。

80. 【答案】ABD

【解析】根据《期货公司董事、监事和高级管理人员任职资格管理办法》第十条规定，申请董事长和监事会主席的任职资格，应当具备下列条件：（一）具有从事期货业务3年以上经验，或者其他金融业务4年以上经验，或者法律、会计业务5年以上经验；（二）具有大学本科以上学历或者取得学士以上学位；（三）通过中国证监会认可的资质测试。

81. 【答案】ABCD

【解析】《期货公司董事、监事和高级管理人员任职资格管理办法》第五十一条规定，期货公司有下列情形之一的，中国证监会及其派出机构可以责令改正，并对负有责任的主管人员和其他直接责任人员进行监管谈话，出具警示函：（一）法人治理结构、内部控制存在重大隐患；（二）未按规定报告高级管理人员职责分工调整的情况；（三）未按规定报告相

关人员代为履行职责的情况；（四）未按规定报告董事、监事和高级管理人员的近亲属在本公司从事期货交易的情况；（五）未按规定对离任人员进行离任审计；（六）中国证监会认定的其他情形。

82. 【答案】ABCD

【解析】参见《证券公司为期货公司提供中间介绍业务试行办法》第五条第（五）项的规定。

83. 【答案】AD

【解析】参见《证券公司为期货公司提供中间介绍业务试行办法》第九条的规定。

84. 【答案】ABCD

【解析】参见《证券公司为期货公司提供中间介绍业务试行办法》第十九条的规定。

85. 【答案】ABCD

【解析】参见《期货公司风险监管指标管理试行办法》第三十条的规定。

86. 【答案】ABCD

【解析】参见《证券公司为期货公司提供中间介绍业务试行办法》第七条的规定。

87. 【答案】ABCD

【解析】根据《期货交易所管理办法》第一百零三条规定，发生下列重大事项，期货交易所应当及时向中国证监会报告：①发现期货交易所工作人员存在或者可能存在严重违反国家有关法律、行政法规、规章、政策的行为；②期货交易所涉及占其净资产10%以上或者对其经营风险有较大影响的诉讼；③期货交易所的重大财务支出、投资事项以及可能带来较大财务或者经营风险的重大财务决策；④中国证监会规定的其他事项。

88. 【答案】ABC

【解析】根据《期货交易所管理办法》第一百零五条规定，中国证监会认为期货市场出现异常情况的，可以决定采取延迟开市、暂停交易、提前闭市等必要的风险处置措施。

89. 【答案】ABC

【解析】从业人员在向投资者提供服务前，应当了解投资者的财务状况、投资经验及投资目标，并应谨慎、诚实、客观地告知投资者期货投资的特点以及在期货投资中可能出现的各种风险，不得向投资者做出不符合有关法律、法规、规章、政策等规定的承诺或保证。

90. 【答案】ABC

【解析】《证券公司为期货公司提供中间介绍业务试行办法》第十五条规定，证券公司与期货公司

应当独立经营,保持财务、人员、经营场所等分开隔离。

91.【答案】BC

【解析】《期货公司金融期货结算业务试行办法》第五条规定,中国证监会及其派出机构依法对期货公司从事金融期货结算业务实行监督管理。中国期货业协会和期货交易所依法对期货公司的金融期货结算业务实行自律管理。

92.【答案】AD

【解析】《期货公司金融期货结算业务试行办法》第六条规定,期货公司金融期货结算业务资格分为交易结算业务资格和全面结算业务资格。

93.【答案】ABCD

【解析】《期货公司金融期货结算业务试行办法》第七条规定,期货公司申请金融期货结算业务资格,应当具备下列基本条件:(二)具有从事金融期货结算业务的详细计划,包括部门设置、人员配置、岗位责任、金融期货结算业务管理制度和风险管理制度等。

94.【答案】ABCD

【解析】参见《期货公司金融期货结算业务试行办法》第七条规定。

95.【答案】ABCD

【解析】《期货公司风险监管指标管理试行办法》第二条规定,期货公司应当按照本办法的规定编制、报送风险监管报表。第三条规定,期货公司应当建立与风险监管指标相适应的内部控制制度,应当建立动态的风险监控和资本补足机制,确保净资本等风险监管指标持续符合标准。

96.【答案】ABC

【解析】《期货公司风险监管指标管理试行办法》第五条规定,期货公司应当聘请具备证券、期货相关业务资格的会计师事务所对期货公司年度风险监管报表进行审计。会计师事务所及其注册会计师应当勤勉尽责,对出具报告所依据的文件资料内容的真实性、准确性和完整性进行核查和验证,并对出具审计报告的合法性和真实性负责。

97.【答案】BCD

【解析】《期货公司董事、监事和高级管理人员任职资格管理办法》第三十四条规定,期货公司董事、监事、财务负责人、营业部负责人离任的,其任职资格自离任之日起自动失效。有以下情形的,不受前款规定所限:(一)期货公司除董事长、监事会主席、独立董事以外的董事、监事,在同一期货公司内

由董事改任监事或者由监事改任董事;(二)在同一期货公司内,董事长改任监事会主席,或者监事会主席改任董事长,或者董事长、监事会主席改任除独立董事之外的其他董事、监事;(三)在同一期货公司内,营业部负责人改任其他营业部负责人。

98.【答案】ABCD

【解析】《期货公司风险监管指标管理试行办法》第六条规定,期货公司风险监管指标包括期货公司净资本、净资本与净资产的比例、流动资产与流动负债的比例、负债与净资产的比例、规定的最低限额的结算准备金要求等衡量期货公司财务安全的监管指标。

99.【答案】ABC

【解析】D属于会员大会行使的职权。

100.【答案】BD

【解析】《期货公司董事、监事和高级管理人员任职资格管理办法》第四十条规定,期货公司董事、监事和高级管理人员的近亲属在期货公司从事期货交易的,有关董事、监事和高级管理人员应当在知悉或者应当知悉之日起5个工作日内向公司报告,并遵循回避原则。公司应当在接到报告之日起5个工作日内向中国证监会相关派出机构备案,并定期报告相关交易情况。

三、判断是非题(正确的用A表示,错误的用B表示)

101.【答案】A

【解析】期货交易的交割,由期货交易所统一组织进行。

102.【答案】A

103.【答案】A

104.【答案】A

105.【答案】B

【解析】《期货公司监督管理办法》的制定依据是《公司法》和《期货交易管理条例》等法律、行政法规。

106.【答案】B

【解析】会员制期货交易所理事会会议结束之日起10日内,理事会应当将会议决议及其他会议文件报告中国证监会。

107.【答案】B

【解析】在期货交易所进行期货交易的,应当是期货交易所会员。

108.【答案】B

【解析】期货公司变更法定代表人,应当向住所地的中国证监会派出机构提交申请材料。

109. 【答案】B

【解析】期货公司不得向股东做出最低收益、分红的承诺。

110. 【答案】A

111. 【答案】A

【解析】参见《期货公司金融期货结算业务试行办法》第三十八条的规定。

112. 【答案】A

113. 【答案】B

【解析】中国证监会对取得经理层人员任职资格但未实际任职的人员实行资格年检。

114. 【答案】B

【解析】期货公司董事、监事和高级管理人员累计3次被行业自律组织纪律处分的，中国证监会及其派出机构可以将其认定为不适当人选。

115. 【答案】A

116. 【答案】B

【解析】证券公司不得直接或者间接为客户从事期货交易提供融资或者担保。

117. 【答案】A

【解析】参见《期货公司金融期货结算业务试行办法》第二十二条的规定。

118. 【答案】B

【解析】会员制期货交易所总经理每届任期3年，连任不得超过两届。

119. 【答案】A

120. 【答案】A

四、综合题

121. 【答案】AB

122. 【答案】ABC

123. 【答案】AD

124. 【答案】AC

【解析】《期货从业人员管理办理》第十条规定，甲虽有从业资格考试合格证明，但因其最近3年内曾因违法违规行为被撤销证券、期货从业资格，该期货公司不应当为其办理从业资格申请。该期货公司可以继续聘用甲，只要其在公司中不开展期货业务活动。

125. 【答案】D

赵某是某期货公司从业人员，在从业过程中，赵某为了发展业务，对其客户谎称另一期货从业人员经常出去赌钱，现在欠了很多赌债，千万不要把自己的期货交易委托给他管理。

126. 【答案】B

【解析】赵某为了发展业务，编造谎言来阻止客户与其他期货从业人员建立委托关系，很明显属于诋毁其他期货从业人员的不正当竞争行为。

127. 【答案】AB

【解析】根据《期货从业人员执业行为准则（修订)》第四十四条规定，对从业人员的纪律惩戒由协会纪律委员会做出，从业人员对纪律惩戒不服的，可以向协会申诉委员会申诉，申诉委员会做出的审议决定为最终决定。

128. 【答案】A

129. 【答案】C

【解析】根据《期货投资者保障基金管理暂行办法》第十五条第二款的规定，保障基金管理机构应当定期编报保障基金的筹集、管理、使用报告，经会计事务所审计后，报送中国证监会和财政部。

130. 【答案】ACD

【解析】根据《期货交易所管理办法》第十七条规定，期货交易所有下列情形之一解散：（一）章程规定的营业期限届满；（二）会员大会或者股东大会决定解散；（三）中国证监会决定关闭。

131. 【答案】A

【解析】根据《期货交易所管理办法》第七十二条第二款规定，国债充抵保证金的，期货交易所以充抵日前一交易日该国债在上海证券交易所、深圳证券交易所较低的收盘价为基准计算价值。

132. 【答案】ABCD

【解析】内幕信息的知情人员，是指由于其管理地位、监督地位或者职业地位，或者作为雇员、专业顾问履行职务，能够接触或者获得内幕信息的人员，包括期货交易所的管理人员以及其他由于任职可获得内幕信息的从业人员，国务院期货监督管理机构和其他有关部门的工作人员以及国务院期货监督管理机构规定的其他人员。据此，可以断定本案例中李某属于"知情人士"，按照相关规定，不得向外透露期货交易的内幕，选项A正确。根据我国《刑法》相关规定，本案例中，李某的行为符合商业受贿行为的相关要件，选项B正确。根据《期货公司董事、监事和高级管理人员任职资格管理办法》规定，选项C、D正确。

133. 【答案】ACD

134. 【答案】ABCD

135. 【答案】C

【解析】净资本的计算公式为：净资本 = 净资产 − 资产调整值 + 负债调整值 − 客户未足额追加的保证金 − / + 其他调整项。

净资本 = 8 700 − 230 + 380 − 1 800 = 7 050（万元）

136.【答案】AC

137.【答案】BCD

【解析】A 应该是"6 个月"。

138.【答案】A

139.【答案】AC

【解析】B 应该是"150%"，D 应该是"70%"。

140.【答案】C

【解析】根据《最高人民法院关于审理期货纠纷案件若干问题的规定》第十六条规定，期货公司在与客户订立期货经纪合同时，未提示客户注意《期货交易风险说明书》内容，并由客户签字或者盖章，对于客户在交易中的损失，应当依据合同法规定承担相应的赔偿责任。但是，根据以往交易结果记载。证明客户已有交易经历的，应当免除期货公司的责任。

模拟试题（三）

一、单项选择题

1.【答案】D

【解析】《期货从业人员执业行为准则（修订）》于 2008 年 4 月 30 日公布施行。

2.【答案】B

【解析】客户可以通过书面、电话、互联网或者国务院期货监督管理机构规定的其他方式，向期货公司下达交易指令。客户的交易指令应当明确、全面。期货公司不得隐瞒重要事项或者使用其他不正当手段诱骗客户发出交易指令。

3.【答案】A

【解析】国务院商务主管部门对境内单位或者个人从事境外商品期货交易的品种进行核准。境外期货项下购汇、结汇以及外汇收支，应当符合国家外汇管理有关规定。

4.【答案】C

【解析】国务院期货监督管理机构依法履行职责，进行监督检查或者调查时，被检查、调查的单位和个人应当配合，如实提供有关文件和资料，不得拒绝、阻碍和隐瞒；其他有关部门和单位应当给予支持和配合。

5.【答案】D

【解析】期货交易所的管理办法由国务院期货监督管理机构制定。

6.【答案】B

【解析】期货公司单个股东的持股比例或者有关联关系的股东合计持股比例增加到 5% 以上，应当经期货公司住所地中国证监会派出机构批准。

7.【答案】A

8.【答案】B

9.【答案】C

【解析】国务院商务主管部门对境内单位或者个人从事境外商品期货交易的品种进行核准。

10.【答案】D

【解析】期货投资者保障基金的筹集、管理和使用的具体办法，由国务院期货监督管理机构会同国务院财政部门制定。

11.【答案】C

【解析】首席风险官不能够胜任工作，期货公司董事会可以免除首席风险官的职务。

12.【答案】C

13.【答案】D

14.【答案】D

【解析】根据《期货交易所管理办法》第三十四条规定，A、B、C 三项均属于总经理的职权。

15.【答案】A

【解析】申请设立期货公司：（一）具有期货从业人员资格的人员不少于 15 人；（二）具备任职资格的高级管理人员不少于 3 人。

16.【答案】D

【解析】持有 5% 以上股权的股东为法人或者其他组织的，应当具备下列条件：

（一）实收资本和净资产均不低于人民币 3 000 万元；

（二）净资产不低于实收资本的 50%，或有负债低于净资产的 50%，不存在对财务状况产生重大不确定影响的其他风险；

（三）没有较大数额的到期未清偿债务；

（四）近 3 年未因重大违法违规行为受到行政处罚或者刑事处罚；

（五）未因涉嫌重大违法违规正在被有权机关立案调查或者采取强制措施；

（六）近 3 年作为公司（含金融机构）的股东或者实际控制人，未有滥用股东权利、逃避股东义务等不诚信行为；

（七）不存在中国证监会根据审慎监管原则认定

的其他不适合持有期货公司股权的情形。

17.【答案】A

【解析】期货公司董事会拟免除首席风险官职务的，应当提前通知本人，并按规定将免职理由、首席风险官履行职责情况及替代人选名单书面报告公司住所地中国证监会派出机构。

被免职的首席风险官可以向公司住所地中国证监会派出机构解释说明情况。

18.【答案】D

【解析】首席风险官提出辞职的，应当提前30日向期货公司董事会提出申请，并报告公司住所地中国证监会派出机构。

19.【答案】C

【解析】首席风险官应当在每季度结束之日起10个工作日内向公司住所地中国证监会派出机构提交季度工作报告。

20.【答案】B

【解析】首席风险官应当在每年1月20日前向公司住所地中国证监会派出机构提交上一年度全面工作报告。

21.【答案】A

【解析】首席风险官连续两次不参加培训，或者连续两次培训考试成绩不合格的，中国证监会及其派出机构可以采取监管谈话、出具警示函等监管措施。

22.【答案】A

23.【答案】B

24.【答案】A

【解析】根据《期货公司董事、监事和高级管理人员任职资格管理办法》第七条规定，申请除董事长、监事会主席、独立董事以外的董事、监事的任职资格，应当具备下列条件：（一）具有从事期货、证券等金融业务或者法律、会计业务3年以上经验，或者经济管理工作5年以上经验；（二）具有大学专科以上学历。

25.【答案】A

【解析】根据《期货公司董事、监事和高级管理人员任职资格管理办法》第十七条规定，具有期货等金融或者法律、会计专业硕士研究生以上学历的人员，申请期货公司董事、监事和高级管理人员任职资格的，从事除期货以外的其他金融业务，或者法律、会计业务的年限可以放宽1年。

26.【答案】B

【解析】依据《期货公司董事、监事和高级管理人员任职资格管理办法》第二十一条规定，申请期

货公司董事长、监事会主席、独立董事的任职资格，应当提交2名推荐人的书面推荐意见。

27.【答案】B

【解析】根据《期货公司董事、监事和高级管理人员任职资格管理办法》第二十九条规定，期货公司应当自拟任董事、监事、财务负责人、营业部负责人取得任职资格之日起30个工作日内，按照公司章程等有关规定办理上述人员的任职手续。

28.【答案】B

【解析】根据《期货公司董事、监事和高级管理人员任职资格管理办法》第三十三条规定，期货公司高级管理人员最多可以在期货公司参股的2家公司兼任董事、监事，但不得在上述公司兼任董事、监事之外的职务，不得在其他营利性机构兼职或者从事其他经营性活动。

29.【答案】A

【解析】根据《期货公司董事、监事和高级管理人员任职资格管理办法》第四十八条规定，期货公司董事、监事和高级管理人员因涉嫌违法违规行为被有权机关立案调查或者采取强制措施的，期货公司应当在知悉或者应当知悉之日起3个工作日内向中国证监会相关派出机构报告。

30.【答案】A

【解析】根据《期货公司董事、监事和高级管理人员任职资格管理办法》第六十二条规定，期货公司董事、监事和高级管理人员收受商业贿赂或者利用职务之便牟取其他非法利益的，没收违法所得，并处3万元以下罚款；情节严重的，暂停或者撤销任职资格。

31.【答案】A

32.【答案】B

【解析】自被中国证监会及其派出机构认定为不适当人选之日起2年内，任何期货公司不得任用该人员担任董事、监事和高级管理人员。

33.【答案】D

【解析】期货公司接受客户委托为其进行期货交易，应当事先向客户出示风险说明书，经客户签字确认后，与客户签订书面合同。期货公司不得未经客户委托或者不按照客户委托内容，擅自进行期货交易。

34.【答案】A

35.【答案】D

【解析】期货交易所、期货公司、非期货公司结算会员应当按照国务院期货监督管理机构、财政部门的规定提取、管理和使用风险准备金，不得挪用。

36. 【答案】B

37. 【答案】C

【解析】《期货公司金融期货结算业务试行办法》第十一条规定，中国证监会在受理金融期货结算业务资格申请之日起 3 个月内，做出批准或者不批准的决定。

38. 【答案】C

39. 【答案】C

40. 【答案】A

【解析】《期货从业人员执业行为准则》第三十三条规定，从业人员因执业过错给机构造成损失的，应当承担相应责任。故 A 选项符合题意。

41. 【答案】D

42. 【答案】B

【解析】期货公司及其分支机构的许可证由中国证监会统一印制。

43. 【答案】D

【解析】期货公司违法经营或者出现重大风险，严重危害期货市场秩序、损害客户利益的，国务院期货监督管理机构可以对该期货公司采取责令停业整顿、指定其他机构托管或者接管等监管措施。

44. 【答案】A

【解析】首席风险官连续两次不参加培训，或者连续两次培训考试成绩不合格的，中国证监会及其派出机构可以采取监管谈话、出具警示函等监管措施。

45. 【答案】C

【解析】《期货投资者保障基金管理暂行办法》规定，保障基金按照取之于市场，用之于市场的原则筹集。

46. 【答案】D

【解析】保障基金的启动资金由期货交易所从其积累的风险准备金中按照截至 2006 年 12 月 31 日风险准备金账户总额的百分之十五缴纳形成。

47. 【答案】A

【解析】《期货交易所管理办法》规定，期货交易所变更名称、注册资本的，或者合并、分立的，由中国证监会批准。

48. 【答案】B

49. 【答案】B

50. 【答案】B

【解析】《期货交易所管理办法》第三章第四十九条规定：期货交易所设监事会，每届任期 3 年。监事会成员不得少于 3 人。监事会设主席 1 人，副主席 1 至 2 人。监事会主席、副主席的任免，由中国证监会提名，监事会通过。

51. 【答案】A

【解析】会员在期货交易中违约的，期货交易所先以该会员的保证金承担违约责任；保证金不足的，期货交易所应当以风险准备金和自有资金代为承担违约责任，并由此取得对该会员的相应追偿权。

52. 【答案】C

【解析】理事会会议应当由理事本人出席。理事因故不能出席的，应当以书面形式委托其他理事代为出席；委托书中应当载明授权范围。每位理事只能接受一位理事的委托。

53. 【答案】C

54. 【答案】B

【解析】根据《期货公司金融期货结算业务试行办法》第十二条规定，期货公司取得金融期货结算业务资格后，应当向期货交易所申请相应结算会员资格期货公司取得金融期货结算业务资格之日起 6 个月内，未取得期货交易所结算会员资格的，金融期货结算业务资格自动失效。

55. 【答案】A

【解析】根据《期货从业人员执业行为准则（修订）》第四十四条规定，对从业人员的纪律惩戒由协会纪律委员会做出，从业人员对纪律惩戒不服的，可以向协会申诉委员会申诉，申诉委员会做出的审议决定为最终决定。

56. 【答案】C

【解析】根据《最高人民法院关于审理期货纠纷案件若干问题的规定》第五十条规定，因期货交易所的过错导致信息发布、交易指令处理错误，造成期货公司或者客户直接经济损失的，期货交易所应当承担赔偿责任，但其能够证明系不可抗力的除外。

57. 【答案】C

【解析】根据《期货公司金融期货结算业务试行办法》第七条的规定，期货公司申请金融期货结算业务资格，应当在近 3 年内未因违法违规经营受过刑事处罚或者行政处罚。

58. 【答案】D

【解析】《期货公司首席风险官管理规定（试行)》第三章第二十六条规定：期货公司董事、高级管理人员、各部门应当支持和配合首席风险官的工作，不得以涉及商业秘密或者其他理由限制、阻挠首席风险官履行职责。

59. 【答案】B

【解析】《期货公司风险监管指标管理试行办法》

第四章第二十七条规定：风险监管指标与上月相比变动超过20%的，期货公司应当向公司住所地中国证监会派出机构书面报告，说明原因，并在5个工作日内向全体董事和全体股东书面报告。

60.【答案】B

【解析】《最高人民法院关于审理期货纠纷案件若干问题的规定》第二十一条规定：客户下达的交易指令数量和买卖方向明确，没有有效期限的，应当视为当日有效；没有成交价格的，应当视为按市价交易；没有开平仓方向的，应当视为开仓交易。

二、多项选择题

61.【答案】ABD

【解析】《期货从业人员执业行为准则（修订）》第十五条规定，为期货公司提供中间介绍业务的机构的从业人员不得有下列行为：（一）收付、存取或者划转期货保证金；（二）代理客户从事期货交易；（三）中国证监会禁止的其他行为。

62.【答案】ABC

【解析】《期货投资者保障基金管理暂行办法》第九条规定，期货投资者保障基金的启动资金由期货交易所从其积累的风险准备金中按照截至2006年12月31日风险准备金账户总额的百分之十五缴纳形成。

期货投资者保障基金的后续资金来源包括：（一）期货交易所按其向期货公司会员收取的交易手续费的百分之三缴纳；（二）期货公司从其收取的交易手续费中按照代理交易额的千万分之五至千万分之十的比例缴纳；（三）期货投资者保障基金管理机构追偿或者接受的其他合法财产。对于因财务状况恶化、风险控制不力等存在较高风险的期货公司，应当按照较高比例缴纳期货投资者保障基金，各期货公司的具体缴纳比例由中国证监会根据期货公司风险状况确定。期货交易所、期货公司缴纳的期货投资者保障基金在其营业成本中列支。

63.【答案】ABD

【解析】《期货投资者保障基金管理暂行办法》第十条规定，期货交易所应当在本办法实施之日起1个月内，将应当缴纳的启动资金划入期货投资者保障基金专户。期货交易所、期货公司应当按季度缴纳后续资金。期货交易所应当在每季度结束后15个工作日内，缴纳前一季度应当缴纳的期货投资者保障基金，并按照本办法第九条确定的比例代扣代缴期货公司应当缴纳的期货投资者保障基金。

64.【答案】BC

【解析】《期货投资者保障基金管理暂行办法》

第十一条规定，有下列情形之一的，经中国证监会、财政部批准，期货交易所、期货公司可以暂停缴纳期货投资者保障基金：（一）期货投资者保障基金总额达到8亿元人民币；（二）期货交易所、期货公司遭受重大突发市场风险或者不可抗力。期货投资者保障基金的规模、缴纳比例和缴纳方式，由中国证监会根据期货市场发展状况、市场风险水平等情况调整确定。

65.【答案】AC

【解析】《期货投资者保障基金管理暂行办法》第十三条规定，中国证监会、财政部可以指定相关机构作为期货投资者保障基金管理机构，代为管理期货投资者保障基金。

66.【答案】BC

【解析】《期货公司金融期货结算业务试行办法》第三十七条规定，非结算会员在期货交易中违约的，应当承担违约责任。全面结算会员期货公司先以该非结算会员的保证金承担该非结算会员的违约责任；保证金不足的，全面结算会员期货公司应当以风险准备金和自有资金代为承担违约责任，并由此取得对该非结算会员的相应追偿权。

67.【答案】AC

【解析】《期货公司金融期货结算业务试行办法》第四十三条规定，全面结算会员期货公司应当建立并实施风险管理、内部控制等制度，保证金融期货结算业务正常进行，确保非结算会员及其客户资金安全。

68.【答案】ABCD

【解析】《期货公司金融期货结算业务试行办法》第四十五条规定，全面结算会员期货公司应当在定期报告中向中国证监会派出机构报告下列事项：（一）非结算会员名单及其变化情况；（二）金融期货结算业务所涉及的内部控制制度的执行情况；（三）金融期货结算业务所涉及的风险管理制度的执行情况；（四）中国证监会规定的其他事项。

69.【答案】BCD

【解析】《期货公司金融期货结算业务试行办法》第四十一条规定，期货公司被期货交易所接纳为会员、暂停或者终止会员资格的，应当在收到期货交易所的通知文件之日起3个工作日内向期货公司住所地的中国证监会派出机构报告。

70.【答案】ABC

【解析】《期货公司金融期货结算业务试行办法》第四十四条规定，全面结算会员期货公司应当谨慎、勤勉地办理金融期货结算业务，控制金融期货结算业务风险；建立金融期货结算业务风险隔离机制和保密制度，平等对待本公司客户、非结算会员及其客户，防范利益冲突，不得利用结算业务关系及由此获得的信息损害非结算会员及其客户的合法权益。

71.【答案】ABCD

【解析】《期货交易所管理办法》第七十九条规定，期货交易实行客户交易编码制度。会员和客户应当遵守一户一码制度，不得混码交易。第八十条规定，期货交易实行限仓制度和套期保值审批制度。第八十一条规定，期货交易实行大户持仓报告制度。

72.【答案】ABC

【解析】《期货交易所管理办法》第八十六条规定，期货价格出现同方向连续涨跌停板的，期货交易所可以采用调整涨跌停板幅度、提高交易保证金标准及按一定原则减仓等措施化解风险。

73.【答案】ACD

【解析】根据《最高人民法院关于审理期货纠纷案件若干问题的规定》第二十一条规定，客户下达的交易指令数量和买卖方向明确，没有有效期限的，应当视为当日有效；没有成交价格的，应当视为按市价交易；没有开仓方向的，应当视为开仓交易。

74.【答案】ACD

【答案】ACD

【解析】根据《最高人民法院关于审理期货纠纷案件若干问题的规定》第二十六条规定，期货公司与客户对交易结算结果的通知方式未作约定或者约定不明确，期货公司未能提供证据证明已经发出上述通知的，对客户因继续持仓而造成扩大的损失，应当承担主要赔偿责任，赔偿额不超过损失的百分之八十。

75.【答案】ABCD

【解析】参见《期货公司首席风险官管理规定》第一条。

76.【答案】ABCD

【解析】投资者金融类资产包括银行存款、股票、基金、期货权益、债券、黄金、理财产品（计划）等资产。

77.【答案】AD

【解析】《期货公司董事、监事和高级管理人员任职资格管理办法》第二十条规定，除董事长、监事会主席、独立董事以外的董事、监事和财务负责人的任职资格，由期货公司住所地的中国证监会派出机构依法核准。

78.【答案】ABCD

【解析】《金融期货投资者适当性制度实施办法》

第二十一条规定，期货公司会员违反投资者适当性制度的，交易所可以对其采取责令整改、谈话提醒、书面警示、通报批评、公开谴责、暂停受理申请开立新的交易编码、暂停或者限制业务、调整或者取消会员。期货公司会员工作人员对违规行为负有责任的，交易所可以采取通报批评、公开谴责、暂停从事交易所期货业务和取消从事交易所期货业务资格等处理措施；情节严重的，交易所可以向中国证监会、中国期货业协会提出撤销任职资格、取消从业资格等行政处罚或者纪律处分建议。

79.【答案】AC

80.【答案】BC

【解析】《金融期货投资者适当性制度实施办法》第二十二条规定，期货公司会员工作人员对违规行为负有责任的，交易所可以采取通报批评、公开谴责、暂停从事交易所期货业务和取消从事交易所期货业务资格等处理措施；情节严重的，交易所可以向中国证监会、中国期货业协会提出撤销任职资格、取消从业资格等行政处罚或者纪律处分建议。

81.【答案】ABD

【解析】《金融期货投资者适当性制度实施办法》第六条规定，期货公司会员可以为特殊单位客户申请开立交易编码。

前款所称特殊单位客户是指证券公司、基金管理公司、信托公司、银行和其他金融机构，以及社会保障类公司、合格境外机构投资者等法律、行政法规和规章规定的需要资产分户管理的单位客户，以及交易所认定的其他单位客户；一般单位客户系指特殊单位客户以外的单位客户。

82.【答案】ABD

83.【答案】ABCD

【解析】参见《期货公司董事、监事和高级管理人员任职资格管理办法》第二十二条的规定。

84.【答案】AC

【解析】参见《期货公司首席风险官管理规定》第二条。

85.【答案】ABCD

【解析】参见《期货公司首席风险官管理规定》第六条第二款。

86.【答案】ABCD

【解析】参见《期货公司风险监管指标管理试行办法》第十四条、第十七条的规定。

87.【答案】ABCD

88.【答案】ABCD

【解析】《期货公司风险监管指标管理试行办法》第二十八条规定，期货公司风险监管指标达到预警标准的，期货公司应当于当日向公司住所地中国证监会派出机构书面报告，详细说明原因、对公司的影响、解决问题的具体措施和期限，还应当向公司全体董事书面报告。

89. 【答案】ABC

【解析】《期货从业人员执业行为准则》第五条规定，期货从业人员在执业过程中应当坚持期货市场的公平、公正、公开原则，维护期货交易各方的合法权益。

90. 【答案】BCD

91. 【答案】ACD

【解析】《期货交易所管理办法》第一百零三条规定，发生下列重大事项，期货交易所应当及时向中国证监会报告：（一）发现期货交易所工作人员存在或者可能存在严重违反国家有关法律、行政法规、规章、政策的行为；（二）期货交易所涉及占其净资产10%以上或者对其经营风险有较大影响的诉讼；（三）期货交易所的重大财务支出、投资事项以及可能带来较大财务或者经营风险的重大财务决策；（四）中国证监会规定的其他事项。

92. 【答案】CD

【解析】期货公司为债务人，债权人请求冻结、划拨以下账户中资金或者有价证券的，人民法院不予支持：

（一）客户在期货公司保证金账户中的资金；

（二）客户向期货公司提交的用于充抵保证金的有价证券。

93. 【答案】AB

【解析】《期货交易所管理办法》第三十条规定，理事会会议须有2/3以上理事出席方为有效，其决议须经全体理事1/2以上表决通过。理事会会议结束之日起10日内，理事会应当将会议决议及其他会议文件报告中国证监会。

94. 【答案】ABCD

【解析】参见《期货交易所管理办法》第八条规定。

95. 【答案】ABCD

【解析】《期货交易所管理办法》第五十条规定，监事会行使下列职权：（一）检查期货交易所财务；（二）监督期货交易所董事、高级管理人员执行职务行为；（三）向股东大会会议提出提案；（四）期货交易所章程规定的其他职权。

96. 【答案】ACD

【解析】《最高人民法院关于审理期货纠纷案件若干问题的规定》第十三条规定，有下列情形之一的，应当认定期货经纪合同无效：（一）没有从事期货经纪业务的主体资格而从事期货经纪业务的；（二）不具备从事期货交易主体资格的客户从事期货交易的；（三）违反法律、法规禁止性规定的。

97. 【答案】BCD

【解析】理事会会议须有2/3以上理事出席方为有效，其决议须经全体理事1/2以上表决通过。

98. 【答案】ABCD

【解析】依据《期货公司资产管理业务试点办法》第二十七条、第二十八条、第二十九条、第三十条的规定。

99. 【答案】ABC

【解析】根据《期货公司资产管理业务试点办法》第三十五条的规定，发生以下情形之一的，期货公司资产管理部门应当立即向公司总经理和首席风险官报告：（一）资产管理业务被交易所调查或者采取风险控制措施，或者被有权机关调查；（二）客户提前终止资产管理委托；（三）其他可能影响资产管理业务开展和客户权益的情形。

100. 【答案】ABCD

【解析】根据《期货公司资产管理业务试点办法》第四十九条的规定，期货公司限期未能完成整改或者发生下列情形之一的，中国证监会可以暂停其开展新的资产管理业务：（一）风险监管指标不符合规定；（二）高级管理人员和业务人员不符合规定要求；（三）超出本办法规定或者合同约定的投资范围从事资产管理业务；（四）其他影响资产管理业务正常开展的情形。

三、判断是非题（正确的用 A 表示，错误的用 B 表示）

101. 【答案】B

【解析】期货交易所不得直接或者间接参与期货交易。

102. 【答案】B

【解析】根据《期货公司资产管理业务试点办法》第十八条的规定，资产管理合同应当明确约定，由客户自行独立承担投资风险。

103. 【答案】A

104. 【答案】B

【解析】期货交易所应当对期货公司的期货资产管理账户及其交易编码进行重点监控，发现期货资产管理账户违法违规交易的，应当按照职责及时处置并报告中国证监会。

105. 【答案】A

106. 【答案】B

【解析】期货公司不得向股东做出最低收益、分红的承诺；期货公司向股东、实际控制人及其关联人提供期货经纪服务的，不得降低风险管理要求。

107. 【答案】B

【解析】期货投资咨询业务人员在开展期货投资咨询服务时，不得接受客户委托代为从事期货交易。

108. 【答案】B

109. 【答案】A

【解析】参见《期货公司董事、监事和高级管理人员任职资格管理办法》第五十五条的规定。

110. 【答案】B

【解析】中国期货业协会和期货交易所依法对期货公司的金融期货结算业务实行自律管理。

111. 【答案】B

【解析】期货公司应当针对客户期货投资咨询具体服务需求，揭示期货市场风险，明确告知客户独立承担期货市场风险。

112. 【答案】A

113. 【答案】A

114. 【答案】A

115. 【答案】B

116. 【答案】A

【解析】参见《期货从业人员执业行为准则（修订)》第八条的规定。

117. 【答案】B

【解析】根据《最高人民法院关于审理期货纠纷案件若干问题的规定》第七条规定，期货纠纷案件由中级人民法院管辖。高级人民法院根据需要可以确定部分基层人民法院受理期货纠纷案件。

118. 【答案】A

119. 【答案】B

【解析】根据《期货投资者保障基金管理暂行办法》第二条规定，期货投资者保障基金是在期货公司严重违法违规或者风险控制不力等导致保证金出现缺口，可能严重危及社会稳定和期货市场安全时，补偿投资者保证金损失的专项基金。

120. 【答案】B

四、综合题

121. 【答案】A

122. 【答案】C

【解析】根据《最高人民法院关于审理期货纠纷案件若干问题的规定》第十六条规定，期货公司在与客户订立期货经纪合同时，未提示客户注意《期货交易风险说明书》内容，并由客户签字或者盖章，对于客户在交易中的损失，应当依据合同法规定承担相应的赔偿责任。但是，根据以往交易结果记录。证明客户已有交易经历的，应当免除期货公司的责任。

123. 【答案】D

【解析】根据最高人民法院《关于审理期货纠纷案件若干问题的规定》第二十四条规定，期货公司超出客户指令价位的范围，将高于客户指令价格卖出或者低于客户指令价格买入后的差价利益占为己有的，客户要求期货公司返还的，人民法院应予支持，期货公司与客户另有约定的除外。

124. 【答案】C

净资本的计算公式为：净资本 = 净资产 − 资产调整值 + 负债调整值 − 客户未足额追加的保证金 − / + 其他调整项。

净资本 = 8 700 − 230 + 380 − 1 800 = 7 050（万元）

125. 【答案】AC

126. 【答案】BCD

【解析】根据《期货公司董事、监事和高级管理人员任职资格管理办法》第二十七条规定，中国证监会或者其派出机构通过审核材料、考察谈话、调查从业经历等方式，对拟任人的能力、品行和资历进行审查。

127. 【答案】B

【解析】根据《期货从业人员管理办法》第五条第二款的规定，中国期货业协会依法对期货从业人员实行自律管理，负责从业资格的认定、管理及撤销。

128. 【答案】AD

【解析】根据《期货公司首席风险官管理规定（实行)》第十六条规定，期货公司董事会拟免除首席风险官职务的，应当提前通知本人，并按规定将免职理由、首席风险官履行职务情况及替代人名单书面报告公司住所地中国证监会派出机构。被免职的首席风险官可以向公司住所地中国证监会派出机构解释说明情况。

129. 【答案】AC

【解析】《最高人民法院关于审理期货纠纷案件若干问题的规定》第三条规定，人民法院审理期货侵权纠纷和无效的期货交易合同纠纷案件，应当根据各方当事人是否有过错，以及过错的性质、大小、过错和损失之间的因果关系，确定过错方承担的民事责任。本案中，甲期货公司与张某解除劳动关系后，应当及时将该情况通知客户李某，未经通知而对李某造成的损失，应当由甲期货公司和张某共同承担责任。

130.【答案】ABC

【解析】《期货交易管理条例》第六十六条规定，期货公司有下列行为之一的，责令改正，给予警告，没收违法所得，并处违法所得1倍以上3倍以下的罚款；没有违法所得或者违法所得不满10万元的，并处10万元以上30万元以下的罚款；情节严重的，责令停业整顿或者吊销期货业务许可证：

（五）从事或者变相从事期货自营业务的；

期货公司有前款所列行为之一的，对直接负责的主管人员和其他直接责任人员给予警告，并处1万元以上5万元以下的罚款；情节严重的，暂停或者撤销任职资格、期货从业人员资格。

131.【答案】BD

132.【答案】CD

【解析】《期货公司董事、监事和高级管理人员任职资格管理办法》第二十三条规定，推荐人应当是任职1年以上的期货公司现任董事长、监事会主席或者经理层人员。拟任人不具有期货从业经历的，推荐人中可有1名是其原任职单位的负责人。拟任人为境外人士的，推荐人中可有1名是拟任人曾任的境外期货经营机构的经理层人员。

133.【答案】ABC

【解析】《证券公司为其期货公司提供中间介绍业务试行办法》第十二条规定，证券公司只能接受其全资拥有或者控股的、或者被同一机构控制的期货公司的委托从事介绍业务，不能接受其他期货公司的委托从事介绍业务。D不属于可以接受委托的情形。

134.【答案】B

【解析】《证券公司为期货公司提供中间介绍业务试行办法》第三十一条规定，证券公司因其他业务涉嫌违法违规或者出现重大风险被暂停、限制业务或者撤销业务资格的，中国证监会可以责令期货公司终止与该证券公司的介绍业务关系。

135.【答案】A

【解析】《期货公司金融期货结算业务试行办法》第七条第（八）项规定，近3年内未因违法违规经营受过刑事处罚或者行政处罚。但期货公司控股股东或者实际控制人变更，高级管理人员变更比例超过

50%，对出现上述情形负有责任的高级管理人员和业务负责人已经不在公司任职，且已整改完成并经期货公司住所地的中国证监会派出机构验收合格的，可不受此限制。

136.【答案】AB

【解析】《期货公司金融期货结算业务试行办法》第九条第（一）项、第（二）项规定，期货公司申请金融期货全面结算业务资格，除应当具备本办法第七条规定的基本条件外，还应当具备以下条件：（一）董事长、总经理和副总经理中，至少3人的期货或者证券从业时间在5年以上，其中至少2人的期货从业时间在5年以上且具有期货从业人员资格、连续担任期货公司董事长或者高级管理人员时间在3年以上；（二）注册资本不低于人民币1亿元，申请日前2个月的风险监管指标持续符合规定的标准。

137.【答案】C

【解析】参见《期货公司监督管理办法》第十七条规定。

138.【答案】AB

【解析】《最高人民法院关于审理期货纠纷案件若干问题的规定》第五十九条规定，期货交易所、期货公司为债务人的，人民法院不得冻结、划拨期货公司在期货交易所或者客户在期货公司保证金账户中的资金。有证据证明该保证金账户中有超出期货公司、客户权益资金的部分，期货交易所、期货公司在人民法院指定的合理期限内不能提出相反证据的，人民法院可以依法冻结、划拨该账户中属于期货交易所、期货公司的自有资金。

139.【答案】CD

【解析】《最高人民法院关于审理期货纠纷案件若干问题的规定》第三十三条规定，客户的交易保证金不足，期货公司履行了通知义务而客户未及时追加保证金，客户要求保留持仓并经书面协商一致的，对保留持仓期间造成的损失，由客户承担；穿仓造成的损失，由期货公司承担。

140.【答案】AD

【解析】《最高人民法院关于审理期货纠纷案件若干问题的规定》第十七条规定，期货公司接受客户全权委托进行期货交易的，对交易产生的损失，承担主要赔偿责任，赔偿额不超过损失的百分之八十，法律、行政法规另有规定的除外。